CHINA AND LATIN AMERICA

中国与拉美

第二辑

崔忠洲 主编

西南科技大学拉美研究中心 编

朝华出版社
BLOSSOM PRESS

图书在版编目（ＣＩＰ）数据

中国与拉美.第二辑/崔忠洲主编;西南科技大学
拉美研究中心编.-- 北京:朝华出版社,2022.12
　　ISBN 978-7-5054-5072-1

　　Ⅰ.①中… Ⅱ.①崔… ②西… Ⅲ.①中外关系—文
化交流—研究—中国、拉丁美洲 Ⅳ.①G125②G173.05

　　中国版本图书馆CIP数据核字（2022）第196793号

中国与拉美（第二辑）

主　　编　崔忠洲
编　　者　西南科技大学拉美研究中心
责任编辑　刘小磊
责任印制　陆竞赢　崔　航
装帧设计　杜　帅
出版发行　朝华出版社
社　　址　北京市西城区百万庄大街24号　　　　邮政编码　100037
订购电话　（010）68996050 68996522
传　　真　（010）88415258（发行部）
联系版权　zhbq@cipg.org.cn
网　　址　http://zhcb.cipg.org.cn
印　　刷　天津融正印刷有限公司
经　　销　全国新华书店
开　　本　710mm×1000mm　1/16　　　　　　字　　数　250千字
印　　张　24
版　　次　2022年12月第1版　　2022年12月第1次印刷
装　　别　平
书　　号　ISBN 978-7-5054-5072-1
定　　价　58.00元

"中国与拉美"
丛书学术委员会和编委会名单

1

人类为什么要移动（代序）

崔忠洲

　　移民（migration），或曰人的流动（mobility of human）——包括对其的限制——是人类历史上极为寻常的现象。根据分子生物学的证据，如今地球上的所有人，都可以追溯到一个人数仅有几十个的智人（Homo Sapiens）部落。在随后的7万年中，他们所繁衍的后代——包括与其他直立人（homo erectus）交配，虽然数量极少——便分散流徙到全球。可以说，人类自诞生起，就几乎没有停止过迁徙，也正是这种不停的流动，才使得智人成为这颗蓝色星球上的"主宰"。

　　不过，migration和mobility在指称人类的移动时，二者有所区别——前者更多的是指人的物理性迁移，而后者则延展至社会性。意大利社会学家帕累托（Vilfredo Pareto）对人类社会的流动有着精妙的分类与阐述。他将人类的移动分成平行移动和垂直移动，关于后者的讨论，启发了社会分层理论、结构功能主义等社会学经典话题。即言之，mobility的含义要更宽泛。在帕累托的意义上，migration就可视为其中的水平移动，但对于垂直移动的想象是不足的，因而其本义并不能揭示人类移动的复杂性。而在实际生活中，人类在物理或者地理上的位移，极少仅仅是为了追求地理位置变更的乐趣，其所牵涉的相关因素足够复杂，以至于migration本身就逐渐"染上"帕累托意义上的"垂直流动"之意。极言之，任何**自然发生**的人类在物理或地理上的位移，都必然蕴含着人们对于垂直向上流动的美好向往，尽管未必总如人愿。

研究者们观察到非常多样的人类移动的行为，并对之进行了分类，如基于居住时限的（temporary vs. permanent）、国内和国际的（internal vs. international）、移出和移入的（emigration vs. immigration）、起源与目的国的（origin vs. destination）、母国与接收国的（home vs. host country）、合法与否的（legal vs. illegal）、强制与自愿的（forced vs. voluntary），以及基于劳力、求学、退休和家庭（labor, student, retirement, family）等原因的。这些分类的存在，表明移民是一个复杂的社会现象，而非简单的人的物理性位移。这些分类，既有对人类迁徙行为的简单描述，也有对这些现象的原因分析，以及对这些现象所产生的影响的研究。

从另一个角度来看，我们也可以将人类的移动用一种二分法来区分：自然发生的和被动发生的。这里的自然发生，并不必然是自愿的——"自愿"则表明有意志的介入，而自然发生的移动，从初始起，就是指生物本能的驱使；（个体）意志的介入，即所谓自愿，则是随后发生的，甚至在（个体）意志介入后，有些移动就被终止了。因此，这里所谓的自然发生的移动，在我看来，指的是受基因记忆和生物本能驱动的，是对美好生活不断追求和对不利环境进行规避的能力展现与结果；移动，或曰**不满足于稳定性/确定性**，才是推动人类种群不停前进的本质动力。

移动是根植于基因的天赋

理查德·道金斯（Richard Dawkins）提出人类之所以有利他的倾向，并不是因为有所谓利他基因的存在；恰恰相反，人类的利他行为是基于基因的自私——正是这种"自私"，才导致基因组不停地复制自己、修补缺陷，直至成为一个完整的生命体。在后来的生活中，人类把自身的考虑放在了核心地位，从而演化出与他人恰当相处、利于自己生存的环境。所谓利他，在生物本能上其实是为了利己。其两类繁衍，基因层次的复制是如此，社会生产的目的也是如此。

如果说，道金斯的理论有其一定的合理性，那么这个理论也颇为适用于解释人类的迁徙。进言之，人类的移动，从其本质而言，就是基于基因的驱动，从人类自身发展的历史长河看来，这种驱动始终存在，伴随着人类的过去和现在，也必将伴随着人类的未来。

萨林斯（Marshall Sahlins）的研究表明，原始社会总体上是一个"丰裕社会"（affluent society），而非人们通常以为的资源短缺（scarcity）的世界——后者正是马尔萨斯（T.R. Malthus）、罗马俱乐部（Club of Rome）等理论对现代和未来社会危机判定的前提基础。那么，在一个"丰裕社会"里，是什么原因促使智人离开非洲大陆（Out of Africa）——如果这个主流理论是可靠的话——不停地向世界各地四散迁徙？从动机需求的角度来看，早期的智人似乎没有动力不停迁徙，也就是说，相比于人口稀少的"智人"而言，从7万年以降，至距今1万年前后，人类不需要因为资源的稀缺而不停游徙，就如当下仍然有一些游牧、游耕的部落一样，在一定范围内的反复游走已经足以供养足够的人口，即便是遭遇到自然灾害。一般而言，对于人口很小、需求不多的群落而言，似乎也不必在全球如此大的范围内进行移动。起码，人类一路向北，横跨更为寒冷的白令海峡而至另一个充满不确定的遥远大陆来说，似乎是没有必要的——无疑，西伯利亚的古人，一路向南到更为温暖的东亚、东南亚，食物才会更丰富。这种反常的行为，让后来的我们不禁对他们行为的合理性充满疑问——其中的横跨必有我们未曾料到的缘由。

当然，在智人出现并活跃于地球的年代，地球的气候条件曾经发生过剧烈的变化，特别是第四纪冰河时期末期一些间冰期的突然出现，导致人类不适合其逐渐习惯的生存条件，不得不四处迁徙以寻找更为适合生存的地方。这样的气候变化，只要没有直接导致人类这个物种的毁灭，那么人类就会继续游徙，这是本能的驱使。不过，这样的间冰期并不常见，或者很多时候并不太剧烈；相反，在新仙女木期（Younger Dryas，距今约12800—11500年）之前，地球的温度是在逐渐升高的，也就是更适合人类生存的。那么人类为什么还要不停迁徙？

更重要的一点是，在距今1万年前后，有些地区（主要是各河口的冲积平原地带）的人类从自然中观察、总结出一些规律，领悟到作物种植的技艺，于是基于定居的农业开始发展起来，果腹之需理应没有问题，起码在私有制和国家的起源之前，如果风调雨顺、作物耕种有保障，又没有剥削和不当占取的存在，则更当如此——寻找食物的驱动而不停迁徙的理论无疑是不太站得住脚的。对于那些已经形成游耕、游牧生活习俗的部落而言，同样不太需要做大规模的、长途的迁徙——当一种经济生活方式足以养活其人口，人们不太可能主动去改变其主要的生存方式，尤其是对于前现代社会群体而言。当然，当私有制开始出现，暴力权力机构因之逐步建构，人类社会的演化方式、迁徙的方式，才会发生根本的改变，但那无疑是比较晚近的事情。

人口压力会不会是导致早期人类不停迁徙的主要动力？这是马尔萨斯两类增长理论的基础。如果说，他的理论在工业革命之后的社会中会有所显现——尽管是非常直观和简单的显现——在农业社会到来之前，这一点也是不太成立的。我们无法想象，在一个"丰裕社会"中，人们会感受到人口的压力，以致不得不四散流徙，更大的可能是人口越多越好，只有这样，一个部落才能有足够的人手去做采集、种植、养殖的活计，才能有足够强壮的猎手去捕猎和抵御外敌或猛兽的侵袭，"人多力量大"应该是朴素的共识。

一个人际关系极其简单、生存生活方式相对单一、外部自然环境同样相对简单的前现代世界，用"生存需求"假设来解释人类的不停迁徙行为，无疑是不太具有完美说服力的。这种驱动力，只能反躬自身，从人类自身的生物性特征中寻找，才是可靠和必要的。这个生物特性，就是任何有机体所具备的物的完整性，是蕴含在基因中的本能，尽管在演化的途径中常常出现基因的突变，以至于后来又演化出新的特性、新的物种，但其中的本能特性才能既驱动每一个独立个体的形成，也成就其基本的社会特性，例如，群居、语言、智力上的拓展，以及迁徙的躁动。

在部落的发展中，无论是农业、游牧业或者采集业，都存在一定概率的人口走失，因而不停地扩大其分布。但这种延伸扩散，是偶然发生的，而非常态的，是随机的和无目的性，而非方向明确的。因此，这种例外不宜用来解释这样一个现象：在人类进入工业文明乃至农业文明时代之前，为什么在地球的每一个点上几乎都有人类的足迹——概率分布并不是平均分布，偶然指数在每一个点上不可能是一样的。换言之，这种分布的背后必然存在着其他的逻辑，并且这个逻辑不仅仅可以用来解释农业文明之前的时代，也可以解释之后的时代。

在笔者看来，深植于人类从古至今移动的根本动因，就是基于基因的本能——尽管这个本能会受到很多因素的制约，尤其是在进入私有制时代之后。即便没有外力的推动，人类总是要过一段时间就要变动一下，总是不太能够忍受单调的生活。这种力量，就是深植于基因的本能，是人类不停迁徙的根本动力。那些社会性的需求，如对财富、更多的食物、家庭的重聚，等等，都是次之的因素。这些相对次要的因素在生产力相对低下的社会里，往往会掩盖了真正的动力，因为对仅仅处于温饱或略欠的群体而言，相对稳定的生活才易于存活下去，变动不居往往更具风险，精神性的和深层本能的需求在这个时候就会被隐匿下去，不会得到彰显。也就是说，人类的迁徙一定程度上是遵循马斯洛（A.H.Maslow）的需求层次理论的——生产力水平，或者说物质拥有的程度，会对人类的迁徙有正相关的影响；精神性需求则在前者的基础上，越来越活跃，逐渐成为主导的因素。需要重申的是，这些由马斯洛需求层次理论所描述的人类迁徙，是社会性的、表面的因素；根本的则是人类基因中那种（追求）不确定的本能，这才是其"永动"的真实秘密。

生产力发展水平与人类迁徙

人类的迁徙与生产力发展水平息息相关。在频度和广度上，生产力发展水平越高，人类迁徙的频度越高，范围越广。这是因为，生产力发展水平的高低，说明了人类发现、发明和借助工具水平的高低，也同样说明了人口数量的多少，这即是人的两类繁衍对迁徙的影响。更高的生产力发展水平让人类的迁徙有了更多的保障，特别是交通工具的运用和升级，让人类得以更为便捷地到达更远的地方；人口数量的增长，一方面有了可迁之人，另一方面则说明迁徙的必要性——单位空间里人口密度的增加，则表明生活成本的增加，同质竞争乃至内卷就会成为必要选择，生存的难度增加，那么相应的，如果不愿意卷入这种竞争中去，或者无法在这种竞争中很好地活下来，迁徙无疑是一个很容易选择的策略。

私有制的出现，本质上是对财产均分做法的不满，或者说是对于劳动、权力、性别、年龄等因素差异性的体察。当财产成为人们比较重视的一个所有物之后，人类迁徙的幅度就相对缩窄了。物质性拥有对于人类社会的异化，在人类发明可携带装置和高级的记账、存储方式出现之前，对人类的移动是有阻碍作用的。因为，长距离的移动即表明，财物不多，或者需要直接丢弃辛苦累积的财物，这对于生产力水平相对低下的社会而言，无疑是很大的挑战。所以在石器时代以降至农业文明时代前期，人类的移动范围是相对有限的，人口也是稀少的。正因此，智人花了6万年，才逐渐遍布地球。

当定居农业出现后，一个直接后果就是人口的增长，随之各类政治势力也开始出现和蓬勃发展。当政治势力发展到一定程度，乃至于不同的政治势力相互直接接壤，则基于几何级数增长的财富追求，必然会导致暴力战争的发生。战争无疑是强大的推动人类群体进行迁徙的力量。再加上旧大陆马、驴和骆驼等大型牲口的驯化、马鞍的发明和传播使用等，人类的迁徙范围又开始扩展开来。此时的人类迁徙，逐渐融入了一定的文化认同心理，以氏族、部族为基础的整体搬迁成为主要方式，虽然有些人群也在搬迁中逐渐消亡。

工业文明之前，迁徙主要是基于陆地的，其速度是相当缓慢的，移动的幅度是有限的，真正改变人类迁徙形态的是大航海时代的来临。大航海时代带来的不仅仅是迁徙方式的改变，也包含着数量、地域和人类融合方式的改变。从以陆上为主到以海上为主、以氏族部落方式到散布全球的迁徙，其规模、频率和范围，都呈现出逐渐加速的态势。此时的人类迁徙，是自最初的六七万年前流徙之后，第二次真正意义上的大迁徙，并产生了全球性的混杂。人类不再是基于基因表型（phenotype）的自然肤色分布，终于在全球意义上植入了"人种"（race）的概念。

人类再一次迎来大迁徙，则是进入20世纪，特别是第一次世界大战之后。尽管第一次世界大战为欧洲乃至世界带来了沉重打击，但战争也为科学技术应用、扩散到普通社会提供了绝佳机会。特别是飞机和汽车的发明与使用，为移动提供了极大的便利，人类的迁徙因此发生了重大变革，水陆空组合的、立体的移动方式成为可能。随着第二次世界大战的全球动员和战后的世界重建，这种迁徙被更大范围、更快频率地延续和推进了下来，进而构成了当前世界迁徙的大体格局。这个格局无疑还会持续很长一段时间，如果未来不会出现第三次世界大战或者全球性的极端灾害的话。自20世纪80年代开启的新的全球化时代，一定意义上也只是这个格局的延续和加深，而非开启了具有革命性的另一个层级的迁徙类型。

　　未来人类社会能够称之为"革命"的大迁徙，将是太空时代的迁徙，或者数据式的、抛弃肉身的迁徙。那将是人类社会的第四次、第五次大迁徙，如果人类在进入那样的时代之前并没有被（自我）毁灭的话。

移动与定居的选择

　　不过，人类并不总是处于迁徙当中的，特别是有文字记载的农业文明时代，世代不迁徙的状况是相当普遍地存在着的，即便在今天，且不说那些与外界尚无接触的几十个亚马孙雨林部落，即便那些生活在发达国家的农民们，除了偶尔外出旅游与购物，很多人世代都没有离开过祖居地。长久的定居，同样是人们乐于选择的生活方式。那么，到底是追求不确定性的基因前定更为强大，还是现实中的追求"安居乐业"的生活更为主要？换言之，迁徙与定居，哪种生活方式对人类，或者对特定时期的特定人群更为重要？

　　如前所述，人类不满足于稳定生活是一种天性和本能，这是根植于基因的自然倾向。总体而言，人类在一个地方住久了，就会想方设法动一动。这种移动，并不简单地是为了适应自然环境的变化——当人类懂得制造工具和改造自然环境后，这一点就不再是主要的移动原因——或者如候鸟一般的迁徙，比如游牧或者游耕部落；此时的移动，主要是社会性的要求，或者是社会性的推动。特别是对于男性文化而言，几乎从其一开始，就特别强调要到狩猎场所、后来的"社会"中进行历练——缺少历练的男性，几乎都很难被视为勇敢者、群体的英雄，反而是（懦）弱者的代表。进入工业社会之后，人类可以根据个体在多大程度上脱离地缘、走向业缘的社会交往，来判定一个人的社会化程度，甚至是一个社会的发达程度。在中国的文学描述中，朱自清对于父亲"背影"的描写，也恰是反映人类对于男性的社会期望——（在男权社会里）男性的成长，就是背离家庭，尤其是父亲的过程；一个只生长在父母羽翼保护下的儿子，是不足以立世的。在"祖荫下"的中国宗法文化中如是，在淡漠父子轴文化而崇尚夫妻轴文化的西方主流文化中亦是如此。移动，而非长久停留在原地，才符合一个社会的期望，即便这个移动最后会有"荣归故里"、"叶落归根"的终极诉求——且这个文化也并非是普遍的（universal），特别是对于拉美人而言，"故乡"并不会引起太强的情绪涟漪。

当然，定居于某地、安定地发展，也是人类社会的常态，甚至是人类文明得以发生发展的基础性保障。安定的生活更能聚集财富，有利于繁衍，方便人们有闲去发展相应的文明；一个经常流徙的群体，很难发展出稳定的、高度发达的文明。所以，人类的四大古代文明都发源于有着定居农业的河口平原地带。同样，没有任何一个让人称道的文明，是由游牧部落所孕育的[①]。因此，追求"确定性"也是人类社会的一个重要特征。

但上面二者并不矛盾：追求不确定性和确定性，都是人类社会的特征；迁徙和定居，都是人类社会的常态。辩证地看，没有定居，就没有迁徙；反之，没有迁徙，就没有定居之说——二者是相互依存的一对概念。历史地看，人类社会就是在不停的迁移中占据了这颗蓝色星球的各个角落的，也在一次次较长时段的停留中创造出了众多灿烂的文明。决定具体历史时期的特定人群迁徙或定居的，除了上述本能的和一般意义上的文化性因素，还有其他一些力量和机制，这正是当前移民研究中所

---

①美洲的三大文明古国或许略微有所例外，即它们的核心文明并不是位于海拔很低的临海平原和河谷，而是在海拔比较高的高原河谷中。但美洲显然并不只有那三个文明；分布在低地河谷的文明，无疑更为普遍，且那三大古代文明并不是游牧部落，而是定居式的农耕文明。

要涉及的方方面面。

促使人类迁徙的力量与机制

当人类成长为"社会"性存在时，其迁徙就不再仅仅是基于单纯的生物性推动。当人类社会被部落、国家等社会性建制所规约时，行政性的力量就施加于人类自身，自由流动就开始受到限制。此时，人不再是作为自然人、而往往是作为资源而存在——生育性的和生产性的，前者带来人口，即劳动力，后者直接带来财富，二者都是财富之源。

自然流动人类的迁徙目的，所追求的往往是个体的、或者小群体（如家庭、家族等）的财富（有时是家庭的重圆），以及获得财富所需要的环境（如安全）与资源。在环境不利、资源不足的情况下，他们就会寻找和迁徙到更好的地方去。有时，即便现在的环境和资源是能够有保证的，但由于发现有更佳的财富或更有效率获取质量更高的财富的地方，他们也会考虑搬迁。衡量迁徙的关键就是代价/成本与收益之间的比例。做如此的考量，往往不只为了一代人的利益，而是更为长远的后代。

然而，社会性的人类受限于特定区域中的政治体（political entities），它们视具体的"自然人"为资源性的力量。它们为了自身的存在和发展，会制定相应的政策来控制人口，包括生育和流动。其控制的手段，既可以是对生育的控制——包括限制和鼓励——也可以包括吸引或者限制乃至驱逐外来人口。"自然人"在成为一种资源时，在一定程度上就丧失了自由迁徙的权利。相应地，此时的人类如果想重新获得自由迁徙的权利，就需要利用乃至冲破特定政治体的藩篱。当现代国家制度在全球范围普遍建立起来之后，这种冲破后的结果，就表明迁徙者需要接受另一个政治体的相应限定。在相当长的历史阶段，限制人类自由流动的政治体变得越来越多，人们的移动变得越来越艰难，直到殖民主义开始在全球扩张，特别是二战后区域一体化和全球化的推进，一些限制被取消，人类的流动又开始变得相对便利起来。

这即是说，当全球性的信息可以相互交流，人们对于各地状况的了解也前所未有的深入，那么各地之间的差异性就会变得透明，人们对差异性的了解也就变得更有可能，当做出迁移决定时，那就表明迁徙者会在一定程度上做好拥抱这些差异性的准备。当条件允许，比如，国际关系、交通、金钱、人际网络、移民政策等——这些方面也是相应限制现代人流动的条件——人们移动的频率和规模都变得越来越空前。《2022年世界移民报告》（*World Migration Report* 2022）对人类移民的统计就很能说明问题：全球国际移民人数从1970年的8400万人增加到2020年的2.81亿人，这增长的幅度不可谓不大。此外，还有非法移民和国际难民，他们也是现代国际社会移民的重要组成部分，也是让现代各类政治体颇为犯难的部分。

导致当前社会全球移民的因素还有很多，比如，战争、饥荒、环境污染、全球气候变化，等等，已经不再简单地限于财富、安全、家庭团圆或教育等传统的因素。但总体上，发达的、现代的、安全的、机会均等的城市、地区和国家会成为最为主要的移民目的地；相反的，那些欠发达的、落后的、社会安全系数低、社会机会不均等的地方就成为最为主要的移出地。这种总体趋势基本上是不会改变的。总而言之，移民，或曰人类的迁徙，就是人们实现其向往生活的一种方式，尽管未必总如人意。

拉美移民研究的意义

拉美移民是全球移民的一部分。但这个"全球"并不仅仅指自殖民主义拓殖以来，也不仅仅指当代的全球化以来，而是如本文开篇所言，可以追溯到更远的早期智人迁徙。

拉美最早期的"原住民"，学界公认的是大约1.2万年前从白令海峡横跨而去的一支或几支智人。也有考古学家根据太平洋岛链的发掘认为，或许早期也有人类从岛链漂洋过海而来。当然，同样不乏早期从欧洲跨越大西洋而来的推测，特别是维京海盗的存在。但根据DNA的测序，白令海峡的通道要更具说服力。

在此，有一个疑问值得探讨：智人的迁徙是否具有方向性？因为，根据已经绘制的人类基因组图谱，我们如今可以相对完整地描绘出远古智人的迁徙路线。那些粗细不一的迁徙线条，让人类的迁徙看起来似乎很有目的性，即从非洲扩散到遥远的欧亚大陆乃至穿过白令海峡直达美洲大陆，线条似乎有明确的方向，并且越变越细。无疑，这种图谱是根据现今染色体或线粒体的分布状况而绘制的，不精细地看，是很难知道其中的反复——如中国人的南北迁徙历经数次——以至于给人一种人类迁徙是具有明确方向性的错觉。但我认为，这种迁徙，其所谓的方向性，所遵循的只不过是距离的远近而已。换言之，在特定的空间里（地球陆地），理论上，自由粒子如果要占领其所有的空间，无疑是需要一定时间的，而且前期的时间应该要远远多于后期的时间，因为后期自由粒子（即人口）的数量增加了无数倍。就新大陆而言，在哥伦布抵达之前，美洲的原住民已经基本上占遍了所有土地，包括众多的海岛——毕竟，超过1万年的时间，足够这些早期的"移民"驰骋、探索这片相对平坦的大陆了。

对这片大陆具有颠覆意义的当然是欧洲人的拓殖。最早期的世居族群中，约有六七成以上的人口都被战争、病菌和奴役所消灭。随着拉丁美洲种植园、矿业开采等对劳动力的巨大需要，殖民者在自然生殖之外，考虑的则是通过贩卖黑奴和亚洲苦力等来充实这块大陆。这导致了这块新大陆出现了大量的"有色人种"，以及他们的混血后裔。同时，这里也是两次世界大战的避难所，这里没有因为战争而导致人口的减少，反而在战后吸收了（主要是）欧洲的大量人口。种种原因，造就了如今肤色多样的拉美人。其混杂的程度，超越了地球上其他所有的地区。同时，因为拉美持续的社会动荡，历来也是世界难民最主要的来源地之一。最近几年亦是如此，特别是自特朗普政府以来美国收紧移民政策，导致了穿越中美洲地峡的难民通道成了国际人道灾难关注的重点。

于中国而言，这早期的移民中，因为苦力而引起的各种社会、经济、外交等问题，以及中国早期的外交经验的积累，对于后来政府参与国际事务、开展国际交往具有重要的意义。更由于北美19世纪后半期的排华，拉美一度成为早期华人移民从北美回撤的避难所，而深具意义。同样，华人华侨因为参与拉美诸国的革命和争取独立的斗争，做出了诸多贡献，也让拉美华人成为拉美社会重要的组成部分，在古巴、秘鲁、委内瑞拉、圭亚那、苏里南、巴拿马等国尤其显著。

新中国建立后，中国与拉美的交往总体向好，尤其是新世纪以来，中拉之间的重要性凸显无疑：拉美不仅仅是中国海外投资存量仅次于亚洲的地方，同样也是与中国国际关系发展极为和谐的地方，当然也是中国移民海外的重要目的地。曾经的受迫害的过去都已经成为历史，并且多数都得到了较好的反省（如墨西哥）。但由于两地相距极为遥远，交通不便，中国方面对于拉美的研究远远不足，以致我们对于拉美的华人移民状况了解得极为有限。不过，一个好现象就是近年来越来越多的研究者——包括民间的——正在积极耕耘，在多个领域开展研究。相信不久的将来，拉美华侨华人的研究会更为蓬勃，我们对于他们的了解会更为深入。

值得指出的是，无论是国际还是国内，对于中国的拉美移民问题的研究，主要集中在对苦力问题的研究上，对20世纪80年代以来的中国新移民研究的成果很少。国际上关于拉美苦力的研究，本辑中任健博士做了一些梳理。国内的相关研究，也有一些相关成果，特别是暨南大学的高伟浓教授，这几年出版了大量著作，弥补了我国相关研究的一些空白。个别拉美国家，如古巴、秘鲁和巴西，尤其受国内相关研究的青睐，成为关注最多的国家。这类研究，基本上采取的是历史的视角，苦力或者老华侨是关注的焦点。因此，我们当前要做的，一方面要继续延续历史的研究，既要深挖，寻找相关材料，又要拓展到其他国家；另一方面则要加大对新移民的研究。20世纪80年代以来，尤其是中国加入世贸组织以来，中国的海外移民发生了很大的变化，新老侨转换的现象在许多国家都正在发生，老侨不再是多数，当地的中华文化的传播，也逐渐由繁体变更为简体，早年那种边缘化的社会角色也在逐渐发生转变，华侨华人与中国的联系也是前所未有的紧密，等等。这些新现象的出现，已经表明学术界应该给予专门的关注。很欣喜，我们这一辑正在做着尝试。

本辑文章的概况

本辑专注于"拉丁美洲的移民问题"，共收录了十七篇稿件。其中论文六篇，译作两篇，访谈与田野笔记两篇，随笔与传记四篇，书评三篇。

在本辑的六篇论文中，高伟浓教授近4万字篇幅的专论巴西的华人移民长文，是本辑特邀的文章，该文也是当前我国学术界第一次如此完整、详细地对巴西华侨华人问题进行梳理，再现了早期移民的种种艰辛。杜鹃副研究员关于巴西的日本移民论文，则是她多年就该主题深耕的又一篇佳作。该文回顾的则是日本移民巴西中的种种不易，一改学界对此的相反印象。罗格斯大学历史学博士生任健对于北美关于拉美华侨华人的综述，是当前中文学界极为难得地对海外研究拉美的华侨华人问题的综述文章，填补了我们此前的相关知识盲区。王子刚博士关于中国学生对于阿根廷刻板印象的研究，是对本辑刊两大宗旨之一的"拉美在中国"研究取向的实在贡献。拉美人和拉美文化对于中国（人）而言，意味着什么，或者有怎样的印象，无疑是双方"文化互鉴""各美其美、美美与共"不可忽视的组成部分。这篇规范的定量研究，也是本辑刊第一篇用相关方法研究的论文。巴塞罗那大学的博士生邬一帆对智利的五邑地区新侨民的研究，借用法国社会学家布迪厄（Pierre Bourdieu）的理论框架，是国内相关研究的新尝试，具有一定的理论意义。此外，这篇文章与王子刚博士的文章一起，都是对我国传统拉美华侨华人研究范围的拓展，即我们目光不再仅仅紧盯古巴、秘鲁等少数国家，也不再仅仅是历史上的移民。巴塞罗那大学博士生时光关于古巴华侨华人的研究，则呼应了访谈与田野笔记栏目中薛淇心博士关于古巴老华侨的访谈，再加上李柏达先生的访谈，前后三篇文章分别从历史和当下两个情境，对古巴的华侨华人问题进行了较为全方位的展现。

本辑所收录的两篇译作，一篇是对拉美移民的总体论述，一篇是对拉美研究中的诸多问题展开讨论。两篇文章都是各自领域的佳作。前者对于国内的相关研究具有重要的参考价值，后者则对拉美研究具有一定的指导意义。这篇文章也是本辑刊与布宜诺斯艾利斯大学合作的成果之一。

在访谈系列中，我们刊登了中国社会科学院大学硕士生戴扬对民间华侨华人研究专家、著名的集邮专家李柏达先生进行的专访。李柏达先生是华侨华人研究的有心人，善于发掘各类"侨"资源和文化，已经取得了令人瞩目的成果，对中国的侨文化、尤其是侨乡文化和侨批文化的保存有卓越贡献。

我们还在该栏目中收录了一篇极佳的田野笔记。田野调查是最为有效的收集第一手资料的手段。薛淇心博士整理的三个感人至深的访谈个案，对我们了解和研究古巴华人的历史、现状都具有极大的价值。刊登这类文章，也是本辑刊的创举。

在随笔和传记栏目，我们收录了四篇文章，分别讨论了墨西哥的中餐馆（陈勇）、秘鲁华侨领袖（柯裴）、秘鲁侨民（李柏达）和一篇古巴华侨著作的序言（黄卓才）。四篇文章从多个侧面展现拉美的华侨华人历史与现实。尽管随笔和传记看起来学术性不是很强，但与田野调查所收集的资料一样，对相关研究都极具参考价值。

　　书评栏目我们则采取了新的尝试，将之全权委托给中国社科院拉美所副研究员谭道明博士，请他邀稿、修订和定稿。限于篇幅，我们本期只刊登了其中的三篇，分别评价了三本著作：秘鲁著名华人学者陈汉基博士的《美洲华人简史》、中国传媒大学副教授付晓红的著作《拉美电影作品分析》、美国范德比尔特大学历史系教授马歇尔·C.埃金的《什么是拉美史》。书评是向学界介绍相关研究成果的重要媒介，也是对相关研究的肯定。我们期待有更多的佳作得到评介，以飨汉语拉美学界。

参考 文献

[1]Dawkins, Richard.(1990), *The Selfish Gene*, Oxford University Press.

[2]Sahlins,Marshall.2017(1972), *Stone Age Economics*, New York: Routledge.

[3]McAuliffe, M.and A. Triandafyllidou (eds.)(2021), *World Migration Report 2022*, International Organization for Migration (IOM), Geneva.

[4][以色列]尤瓦尔·赫拉利著，林俊宏译：《人类简史：从动物到上帝》，北京：中信出版社，2014年。

[5][德]弗里德里希·恩格斯著，中共中央马克思恩格斯列宁斯大林著作编译局译：《家庭、私有制和国家的起源》，北京：人民出版社，2018年。

[6]易富贤：《大国空巢：反思中国计划生育政策》，北京：中国发展出版社，2013年。

[7]李辉：《走向远东的两个现代人种》，《"国立""国父"纪念馆馆刊》，2004年第14期，第164—180页。

[8]李辉、金力编著：《Y染色体与东亚族群演化》，上海：上海科学技术出版社，2015年。

[9][美]许烺光著，王芃、徐隆德译：《祖荫下：中国乡村的亲属、人格与社会流动》，台北：南天书局有限公司，2001年。

[10][美]贾雷德·戴蒙德著，谢延光译：《枪炮、病菌与钢铁：人类社会的命运（修订版）》，上海：上海译文出版社，2014年。

[11][英]马尔萨斯著，黄立波译：《人口原理》，西安：陕西人民出版社，2007年。

目 录

研究论文 ◀

中国移民迁居巴西历史的梳理与思考

高伟浓 ①

内容提要：巴西是拉丁美洲出现华侨华人移民最早和最多的国家之一。在华侨华人移民历史的每个阶段，巴西出现过人数不等的华侨华人，其中很多人居留下来，逐渐融入当地，成为华裔。从晚清时期到中华民国时期，再到中华人民共和国成立后的前30年，最后到中国改革开放后的数十年，每一个历史阶段到巴西的华侨华人移民都有不同的历史背景、来源地、移民类型、人数规模和居住地分布。本文对此进行了粗略的梳理和思考。

关键词：巴西　华侨华人　移民史

一、晚清时期进入巴西的华侨

（一）晚清时期在官方背景下移居巴西的华侨

1790—1826年，中、南美洲地区爆发了声势浩大的独立战争。战争结束后，拉丁美洲一系列新兴国家相继建立。葡萄牙和西班牙等宗主国的

---

①高伟浓：暨南大学教授、博士生导师。长期从事华侨华人（中国移民）、中外关系史、东南亚问题研究。

殖民统治被推翻。这就是震动拉美地区的独立运动。对于历史上向拉美地区移民的华侨来说，独立运动的影响是至关重要的。主要表现在，拉美各国在独立战争期间或独立后不久，先后宣布废除奴隶制，或颁布禁止黑奴买卖及禁止输入黑奴的法律，史称"废奴运动"。黑奴制度之所以为后人所强烈谴责，主要是因为引进的黑奴数量之多及其所遭受的摧残之严重。巴西是西半球最早引进黑奴且引进人数最多的地方之一。据保守估计，1502—1860年，共有约950万非洲黑奴被掠夺并卖至美洲，其中巴西接收的人数最多。据统计，在巴西引进黑奴后的3个世纪中，横跨大西洋到达巴西的幸存奴隶数量多达约350万。虽说拉美各国的"废奴"时间有早有晚，但绝大多数拉美国家在19世纪初独立运动取得胜利后，就相继颁布了"废奴"法令。巴西面对历史大潮虽然不敢无动于衷，但"废奴"行动却姗姗来迟，足足拖了数十年，直到19世纪80年代才告收尾。

要明了事情的来龙去脉，还得从巴西的处境说起。笔者认为自19世纪初以来，有两股潮流推动着巴西的"废奴"运动一波三折地前行。这两股潮流是交合在一起的，相互交集，相互影响。

第一股潮流是国际"废奴"大势对葡萄牙宫廷和巴西殖民地的强烈撼动。就在拉美独立运动开始前，19世纪初，葡萄牙王室为躲避拿破仑入侵而纷纷逃到巴西避难。此举导致巴西在所有葡属殖民地中的地位迅速蹿升，以及葡萄牙本土在欧洲的地位下降。于是，葡萄牙王室在回归欧洲后，欲将巴西重新打回"原形"，引致巴西国内的激烈反抗，各地起义不断，从而催化了巴西的"废奴"运动。巴西众议院先是在1831年11月7日通过了结束贩卖黑奴的法令，后又在各国内外压力下，于1850年9月4日颁布禁止输入黑奴的法令，漫长的"废奴"过程算是由此开始。

第二股潮流是巴西国内奴隶与大种植园主等保守势力的反复斗争推动了"废奴"运动的缓慢前行。后者总是千方百计暗中操弄"废奴"

进程，本能地把"废奴"时间往后拖延，一直到1888年才告完成。独立后的拉美各国，随即成为西方各国相互竞争的对象，并逐渐成为列强的农业和矿业原料供应地、工业品销售市场和投资场所。与此同时，拉美各国开始修建铁路，开发矿业和垦辟种植园。随着世界市场对拉美农、矿产原料的需求不断增加，拉美国家当地大庄园主、种植园主、矿场主及外国资本家出于追逐高额利润的考量，都致力于本国单一产品制经济的片面发展，特别是少数几种专供出口外销的农产品种植与贵金属开采。拉美各国的"废奴"，虽然对非洲大陆和黑人来说是福音，但从另一方面来说，这一历史进步客观上也造成了拉美地区劳动力供应的突然失衡，导致拉美各国经济的疲沓。当时制约拉美大庄园、大种植园和大矿场经济发展的是奴隶制度的废除或限制所造成的贸易下降，廉价劳动力来源的减少和劳动力成本的上升。于是，拉美各国的大庄园主、种植园主和矿场主，对开辟新的廉价劳动力来源愈感迫切。就巴西的区域经济发展趋势来说，其时东北部蔗糖业衰落，导致那里的奴隶纷纷向咖啡种植业兴旺的东南部转移。实际上，即使东北部的奴隶全部南下，也不能满足其时发展迅速的咖啡业对劳动力的巨大需求。在这种情况下，巴西经济发展的头等大事，就是寻找新的劳动力来源。巴西在1850年开始"废奴"后，更是需要大力引进外来移民。

为了满足对劳动力的需求，拉美各国政府先后采取措施鼓励欧洲白人移居本国。巴西精英阶层开始时也选择被认为能给巴西带来"先进文明"的欧洲移民。但事与愿违，白人多不愿迁居到落后的拉美国家（包括巴西）去从事繁重的体力劳动，特别是从事热带作物种植园和矿场生产。这样，各国就不得不另辟蹊径，寻找新的廉价劳动力来源。恰当此时，中国很多地方（主要是沿海地带），正处于鸦片战争后经济萧条、农村破产、民不聊生的悲惨境地，沿海农村的人纷纷出外谋取生路。这对于拉美国家来说是一个天赐良机，于是，中国便成为拉美各国猎取廉价劳动力的重要目标。

围绕着欧洲和中国这两个方向的劳动力来源，巴西国内不同群体之间曾经发生激辩，主要表现在两大阶层的态度上：巴西精英阶层仍固执地要求输入欧洲劳工；种植园主、大农场主和大庄园主等倾向于输入中国劳工。后者念兹在兹的是获取实际利益，降低生产成本，实现利益最大化，表现出相对务实的一面。因为现实让他们忧心如焚：巴西劳动力短缺，种植园和农场大面积荒芜，高产的热带土地被废弃。残酷的现实，对巴西统治者产生强烈冲击。统治者希望在全球范围内吸引到廉价劳动力。他们想到，能够向巴西输送廉价劳工的国家，是人口众多的中国。他们一直主动遣使同清政府商谈招募华工。有关巴西政府方面引进华工的情况，可以分为依靠英国、依靠美国和依靠自己三个阶段：

依靠英国引进华工的阶段。在巴西禁止奴隶贸易前后，英国和巴西分别提出了引进华工的计划。1843年，为了说服巴西终止从非洲贩卖黑奴，英国外交大臣乔治·汉密尔顿·戈登（George Hamilton-Gordon）提议巴西可以输入6万名中国劳工，属于非洲黑奴替代计划，但遭到巴西众议院的拒绝。到1854年年底，奴隶贸易已被禁止，巴西国会再度讨论招募华工问题，并于12月19日出台《巴西帝国政府关于招聘中国垦农合同条款的指令》，希望引进6000名华工。此项指令对华工的出生地、身份、劳工合同、移民船的条件、旅行费用等均作出了具体规定，虽然还只是一项等待认真执行的计划，不过对移民公司肯定产生影响。1855年1月19日，巴西政府公共土地总管路易斯·佩德雷拉·杜科托·费拉斯（Luíz Pedreira do Coutto Ferraz）致函巴西驻英国公使塞尔西奥·特谢拉·德玛塞多（Sergio Teixeira de Macedo），要求他同英国商业公司商谈招募中国垦农到巴西的事宜，并随函附上了上项《指令》。但由于英国公司开价太高，双方并未谈妥，巴西此项计划遂搁浅。

巴西转向美国公司引进华工的阶段。1854年，巴西商人马诺埃尔·德·阿尔梅达·卡多佐（Manoel de Almeida Cardoso）同美国波士顿的"桑普森–塔潘"（Sampson and Tappan）公司接洽，欲在新加坡招募华工。

1855年2月9日，美国公司的"埃莉萨·安娜"号（Elisa Annah）搭载303名华工抵达里约热内卢萨普卡亚港（Sapucaia）。这批劳工合同期限为两年，被安排在皇家海军造船厂干活。但由于不能胜任造船工作，不久便被遣散，其中的40人于同年7月被聘至马拉尼昂州（Maranhão）金矿作矿工。6月25日，巴西同"桑普森–塔潘"公司签署合同，拟在18个月内输入2000名华工。1856年3月19日，368名华工分乘美国"萨拉"号（Sarah）和巴西"帕拉瓜苏"号（Fragata Paraguaçu）军舰抵达里约热内卢（Rio de Janeiro）港。这批劳工被分散到甘蔗园和植物园等地劳作，但不久后大部分人成了乞丐，许多人都进过"皇城劳教所"。1856年4月17日，"桑普森–塔潘"公司致函巴方，通知美国驻中国公使要求今后不得使用美国轮船运送中国"苦力"去巴西，故无法继续履行合同。1862年2月19日，林肯总统签署美国国会通过的一项法案，禁止美国公民利用美国船只从事"苦力贸易"。至此，巴西借助美国公司招募华工的路也被堵死。

巴西借助美国公司招募华工的路被断绝后开始依靠自己直接招募和运输华工的阶段。1859年和1866年，马诺埃尔·德·阿尔梅达·卡多佐公司的轮船分两批将大多从新加坡招募的华工共612名运至巴西。1870年7月9日，巴西政府颁布第4547号法令，授权马诺埃尔·若泽·达·科斯塔·利马·维亚纳（Manoel José da Costa Lima Viana）和若昂·安东尼奥·德·米兰达-席尔瓦（João Antonio de Miranda Silva）及其所组公司"巴西亚洲劳工引进社团基金会"（Fundão da Sociedade Importadora de Trabalhadores Asiáticos），负责输入务农的亚洲劳工（名为输入亚洲劳工，实意在为种植园征召长期合同的华工），规定从第一批劳工抵达巴西港口之日起10年有效。在此期间，不允许任何公司从同一地点输入用于相同目的的劳工。1872年10月2日，该法令有效期延长至1874年11月11日。该社团基金会随后在香港、澳门和广州开展招募工作。尽管当时全世界都在声讨苦力贸易，1874年年初巴西亚洲劳工引进社团基金会还是从广州贩运了约1000名华工到米纳斯吉拉斯州（Estado de Minas Gerais），在英资圣约翰·德尔·雷伊矿业公司（Saint John del Rey Mining Company）属下的"老山矿"（Mina de Morro Velho，位于今新利马市）开采黄金。1875年，该公司又试图从广东和加利福尼亚招募华工，但被清政府和美国拒绝。无奈之下，1877年，巴西亚洲劳工引进社团基金会敦促巴西政府尽快与清政府签署商贸协定，以便直接从中国引进华工。[1]但巴西方面这一努力也以失败告终。

在这一时期，巴西政府与清政府没有达成任何招工协议。实际上，在19世纪开始后的大部分时间里，当中国各色劳工纷至沓来的时候，巴西政府并没有正式与清朝政府磋商过引进华工问题。1850年之前和此后很长时期内，进入巴西的华工基本上是通过民间渠道。直到19世纪80年代，巴西才决定在引进华工问题上与清政府磋商。这时形势已对巴西不利：清朝政府通过调查得知拉美一些国家（如古巴、秘鲁）的"契约华工"的悲惨遭遇，遂对巴西输入华工采取消极态度。无论是官方的交涉还是私下的招募，不管是直接引进还是间接输入，巴西方面几乎所有尝试都以失败告终。最终结果是，巴西通过中国官方渠道输入华工的大门被清政府关上。于是我们可以看到，几乎在整个19世纪，华工的招募和输入都是通过"曲线方式"和民间渠道半明半暗地进行，来源断断续续，数量时多时少。后来到了中华民国期间，华侨才可通过办理中国政府正式护照的方式来到巴西。

---

[1]上述引进移民详情参见杜娟：《废奴前后巴西关于外来劳动力问题的争论》，《拉丁美洲研究》，2019年第21期。

巴西政府与清朝方面就华工输入/输出问题进行过长期交涉。实际上，至迟在1822年巴西独立后期，这种交涉就开始了。当时巴西便希望得近水楼台之便，通过澳门输入华工。葡萄牙王室政府也鼓励中国人到巴西做工，条件是"不以船资费用加剧王室政府财政负担"为前提。澳门方面极力成全，民政长官阿里亚加安排中国人在船上当夜间值班服务人员，以抵费用。[①]很多迹象表明，当时澳门在向巴西输入华工方面表现十分积极。原因很简单：澳门是向巴西输入中国劳工的必经之路，澳门可以从中得到好处。到1860年，澳门当局设立了专管"苦力贸易"的监督官，并开设了若干个"招工馆"，专营"苦力贸易"。巴西也在澳门设立了两个"招工馆"，一曰"华利栈"，一曰"万生栈"。巴西设立这两个"招工馆"，显然得到了澳门当局的支持。这些机构一直存在到清末，开始时是希望作为巴西政府的官方招工机构，但实际上几乎没有代表巴西政府在中国招工的机会，反而在帮助巴西民间（主要是巴西公司）对华招工方面发挥了不小作用。

如上所述，巴西引进华工也有一定的国际和国内压力在起作用。就清政府来说，这时候其对外移民政策已经发生了很大变化。回顾历史，清政府在1845—1859年的政策是严禁向海外移民，但到了1860—1874年，清政府已经承认其国中之民有自由移居海外的权利。清政府也懂得了区分"苦力贸易"和自由移民。这时候清政府禁止的是华工被当作奴隶的"苦力贸易"，显然是从对秘鲁的华工谈判中学到了一点，客观上也有了一定的护侨意识。究其起因是1874年，清政府鉴于秘鲁和古巴虐待华工愈演愈烈的传闻，派遣调查团赴古巴和秘鲁调查华工处境，并查禁"苦力贸易"，只允许向缔结商贸协定的国家输送自由移民。当时，在清政府中握有重权的总理衙门，对包括巴西在内的拉美国家此类请求

---

①陈太荣、刘正勤：《19世纪中国人移民巴西史》，北京：中国华侨出版社，2017年，第55页。

很不客气，经常让来自这些国家的使节吃闭门羹。1879年开始，被委任特命全权公使的巴西驻巴拉圭公使爱德华多·喀拉多（Eduardo Callado）和驻欧洲海军武官亚瑟·西尔维拉·达·穆达（Artur Silveira de Mota）受巴西方面派遣赴华洽谈建交与招工事宜。显然，巴西希望将建交与招工挂钩，建交的重要目的是招工。清朝参与谈判的李鸿章，其对巴西在华招工的条款细节寸步不让，结果使得巴西希望通过与清政府建交进而引进大量华工的愿望落空。此后，巴西政府曾多方努力，意在招收华工，但收效不大。

在巴西与清政府谈判的同时，巴西国内的利益相关方也在为招募华工积极游说奔走。1880年7月，巴西开始与清廷商谈建交事宜，负有开辟中巴航线使命的巴西专使喀拉多抵达天津，后经人引荐到上海，与轮船招商局总办唐廷枢直接会面。①巴西专使试图通过与唐廷枢的会谈，建立中国向巴西运送华工的航线，但最后还是以失败告终。在此基础上，1882年年中，轮船招商局拟定了招工草约。主要内容包含：给予3年每年10万墨西哥鹰洋的补贴；招商局享有同英国皇家邮政公司一样的特权；每年6个来回，每次运送1000~1200人；华工享有免费的住宿和餐食，工资按月付；为了避免出现旧（契约）体制的延续，旅费应直接付给轮船招商局而非巴西政府或雇主。喀拉多表示同意，并回国积极运作。1883年2月，"中国贸易与移民公司"（Companhia de Comércio e Imigraçao Chinesa, CCIC）在巴西政府支持下在里约热内卢成立，拟在3年内引进2.1万名华工，每人费用为3.5万雷伊（不到20美元）。1883年7月该公司与唐廷枢达成合同文本，待他来巴西访问时正式签署。10月，唐廷枢和巴特勒（G.C.Butler）到达巴西。唐廷枢先同圣保罗州（Prefeitura de St.Paul）、米纳斯吉拉斯州和里约热内卢州的种植园主进行会谈，并在其

---

①唐廷枢，号景星（外文中写作Tong King Sing），广东香山人，原为上海怡和洋行总买办，1873年7月（同治十二年六月）由李鸿章札委为轮船招商局总办。

下榻的圣保罗大酒店宣布将与巴西签署一个5年的招工合同。10月13日，他朝见了佩德罗二世（Pedro Ⅱ）。但颇为令人诧异的是，此次会晤后，唐廷枢和巴特勒突然离开巴西前往英国，中巴航线无疾而终。①这样，中国贸易与移民公司的计划破产了，谈判胎死腹中，再也没有恢复。该公司也于1883年11月解散。

查1881年《申报》一则新闻报道："美国新闻纸言巴西近来遣人至美国招募华人三千三百名往该国种植加非（笔者注：即咖啡），华人从未到过巴西，巴人以为华人于种植等事实所擅长，故急欲雇用，如美国不能口三千三百之数，尚需至香港添募吾知自是以后华人往巴西者将源源不绝者矣。"②这则报道显然是因不懂得赴巴西的华工是从澳门出国之故，将中国的出国口岸说成是香港。该报道应与巴西当时拟从中国招收华工的计划有关。报道发出的时间是1881年，其时巴西方面与唐廷枢的谈判尚未开始。看来急于招到华工的巴西相关方面已经开始"两手抓"，即一手向美国转招已经来美的华工，另一手通过谈判在中国直接招收。从这则报道来看，巴西似对从美国招工没有太大把握，因为美国本身对华工也有需求，而且巴西各方面的条件（主要是工薪）并不比美国好到哪里去。因此，巴西把更大的希望寄托在与唐廷枢的谈判上。

那么，是什么原因导致唐廷枢原拟定的"一揽子计划"无果而终？一个合理的推测是，唐廷枢踏上巴西国土后，发现该国仍处于奴隶制度之下。他很可能担心巴西方面利用虚假合同非法招募中国劳工到美洲做替代奴隶。其证据是，他向巴西佩德罗二世亮明了自由移民的立场。由于他的坚持，清廷维持了对包括巴西在内的南美国家输出中国契约劳工的禁令，虽然其时清廷并不反对中国人自由移民。③最后，在种族主义者

---

① 陈太荣、刘正勤：《19世纪中国人移民巴西史》，北京：中国华侨出版社，2017年，第33页。
② 《巴西招募华工》，《申报》，1881年7月20日。据束长生提供的影印件。
③ 束长生：《2018巴西华人移民研究国际研讨会议：地域特征和全球视角总结报告》，圣保罗大学，2018年8月23日。

和废奴主义者的强大压力下，1890年6月28日，巴西政府颁布第528号法令，宣布如无国会特别批准，禁止非洲人和亚洲人进入巴西，并设港口警察对过往船只进行监查，对违反此法令的船长予以罚款。至此，巴西国内有关引进华工问题的大辩论暂告一段落。①

最后导致关闭巴西在华招工之门的，是1893年的海军部长辣达略（Barão de Ladário）和巴驻奥地利公使华兰德（José Gurgel do Amaral Valente）的中国之行。辣达略和华兰德是巴西总统委派来华商谈招募华工事宜的全权专使（其间6月底华兰德病故，由辣达略一人担当）。6月27—28日，清政府公使馆代办与辣达略在巴黎进行了两次谈判，就招募华工达成原则协议。7月底辣达略由欧洲奉命赴华，抵上海后因该市发生流感，11月又离开上海赴香港待命。在港期间，发生了巴西在澳门非法招工、中日甲午战争等事件，清、日两国均无暇顾及在港待命的辣达略。辣达略对输入华工的热情逐渐消退，转而对输入日本劳工感兴趣。于是他主动放弃与清廷谈判招募华工，由香港赴日本考察。适其时辣达略在香港遭遇了一起外交丑闻（亦称"特托杜斯事件"）。事件的经过是：巴西设在澳门的招工站与德国籍运输船特托杜斯签订了合同，将350~400名中国苦力运送到巴西。此举违反了清朝禁止苦力贸易的禁令，同时也违反了英国法律（港英当局只允许将华工运送到英国殖民地），于是此船被港英港务局扣留。辣达略和巴西驻香港领事馆不得不贿赂港英官员，以便脱身逃离。结果事情闹大了，辣达略不得不向当地报纸宣布，巴西政府不会参与中国的苦力贸易，并会考虑进口日本移民，还说日本人拥有更高的教育水平，比中国人拥有更高智商云云。辣达略因此激怒了中国，被清政府宣布为"不受欢迎的人"。辣达略遂"就坡下驴"，于1894年8月离开香港前往东京，与日本官员探讨日本人移居巴西的可能性。

---

①上述数据来源为杜娟：《废奴前后巴西关于外来劳动力问题的争论》，《拉丁美洲研究》，2019年第21期。

在清王朝1911年落幕之前，巴西一如既往地引进外来移民。1892—1910年，圣保罗州有7年的移民开支超过全年预算的10%。巴西人在欧洲各大港口设立招募站，宣传内容主要突出"共和国"这一巴西新形象。此外，19世纪末科学技术水平的提高，大大缩短了跨洋航行的时间。医疗卫生条件的改善，降低了旅途中移民的死亡率，再加上欧洲的工业化和城市化进程，催生出大批失业工人。19世纪90年代，巴西的外来移民人数达到历史峰值，共有1198327人来到南美这片土地，其中葡萄牙、意大利、西班牙和德国等欧洲移民占比高达91%。[1]

中国对巴西的移民动议却是另一番景象。晚清政府似乎燃起了对巴西移民的兴趣，可惜为时已晚，当年的"卖方市场"已不复存在。辣达略当年在中国碰壁之后，巴西已不再对与这个东方人口大国签订引进劳工的官方协议感兴趣。向巴西移民成了清政府的一厢情愿。1909年9—10月，清政府驻法国、西班牙、葡萄牙与巴西的钦差大臣刘式训在两名随员陪同下首次访问巴西。他此访的目的是感谢巴西政府派特使出席光绪皇帝的葬礼，同时商签两国贸易协议，并说服巴西接受中国移民。[2]很明显，中国移民问题更具实质性意义。但刘式训在这个问题上无功而返，原因是日本在1908年已开始向巴西大规模移民，巴西的外来移民来源充足，中国已错失良机。

（二）晚清时期通过非官方渠道进入巴西的契约劳工与自由劳工

历史上中国的出国劳工，主要是"契约劳工"和"自由劳工"两大类型。过去到拉美的华工（特别是在种植园里劳作的华工），大部分是以超量体力付出为代价换取微薄收入的"苦力劳工"。"契约劳工"较大批量地流入拉丁美洲地区，是在1840年鸦片战争之后。实际上，早在鸦片战争之前，中国人已经小批量地流入拉丁美洲一些国家。他们的身

---

①杜娟：《废奴前后巴西关于外来劳动力问题的争论》，《拉丁美洲研究》，2019年第21期。
②陈太荣、刘正勤：《19世纪中国人移民巴西史》，北京：中国华侨出版社，2017年，第46页。

份应是"自由劳工"。

中国人开始移民巴西，是从1808年葡萄牙国王若昂六世（João Ⅵ）宣布开放巴西并准许外国人移居开始的。那时候中国人以茶农身份踏上巴西这块遥远而陌生的土地种茶和传授茶艺。虽然人们仍不十分清楚他们的出国细节，但可以肯定他们是从澳门出发，走澳门—南海—印度洋—大西洋航线，最后到达当时的巴西首都里约热内卢。按照正常航行计算，全程需要3~4个月。由于中国茶农的到来，巴西成了拉丁美洲国家中较早有"自由华工"的国家。

至迟在19世纪50年代，巴西同时出现了"契约华工"和"自由华工"。"契约华工"是正式签订了"契约"才从中国运送进来的，一般由巴西的民间移民公司从中国招聘，带有半官方性质。到巴西去的"自由华工"移民渠道，一是通过政府间的合法协议/条约引进，但因屡遭清政府消极对待，两国间的合法移民协议/条约一直没有签订，故这条渠道是虚拟的；二是通过"非法"渠道，晚清时期移居巴西的华侨，一般是通过巴西当地移民公司与以澳门为基地的中国地方人口贩进行暗箱操作；三是原先的"契约华工"在其契约期满后转换身份而成，缘起于"契约华工"期满后不愿意马上回乡而在原居住地继续寻找工作，乃至后来违背初衷而永久栖身巴西。可见，"契约华工"只有在苦苦熬过了"契约"年限而成为"自由人"后，才可以"自由流动"。所以，很多"契约华工"是"自由华工"的前身。实际上，几乎所有"契约华工"在转身为"自由华工"之初，只有身份上的自由而已，物质财富上一无所有。他们都渴望在契约期满后再通过一段时间的自由打工，赚得一点像样的财富，方有面目回乡见家中妻儿父母和村中"江东父老"。于是，很多人先是在当地落脚，靠走街串巷贩卖小商品维计。大部分"契约华工"获得人身自由后的打工范围，都以他们原先作为"契约华工"时所在的地区为中心。

晚清时期到巴西去的华侨，大部分属"契约华工"。他们多来自粤、闽沿海地带。这些地方一次次出现出洋潮，起缘于19世纪四五十年代美国和加拿大相继发现金矿，以及两国相继修建太平洋铁路。来自广东沿海地带的华侨，在前去北美的同时，也有人来到拉丁美洲（既有按照出国"路线图"来的，也有误上了船到了拉美后将错就错的）。他们的身份多为"契约华工"。

到巴西去的"契约华工"，当时从澳门出发到达目的地，一般要在海上航行4个多月。既往的研究表明，西方各国航运商为了攫取暴利，拼命超载，草菅人命。苦力船上的饮水、伙食和卫生条件极差，航程中华工的死亡率很高。在巴西，他们必须在种植园、农场或工地如牛似马地劳作，过着奴隶般的生活。由于劳累过度，契约期未到便惨死异乡的人比比皆是。根据一些资料估测，巴西很多"契约华工"的生活条件可能比其他一些拉美国家的华工略为优胜，但巴西的"契约华工"也多是被招工头以花言巧语蒙骗而来的，这一点与其他拉美国家的"契约华工"并无二致。很多穷愁潦倒的人也很容易相信工头的话。他们无一不希望到巴西辛苦干上几年，发一笔大财，然后腰缠万贯地荣归故里。但这只是镜花水月，美梦一场而已。等到了巴西后，他们只能如牛似马地干活，酬劳微薄，其待遇比当时的黑人好不到哪里去。

1855年1月19日，作为巴西帝国公共土地总管的路易斯·佩德雷拉·杜·科托·费拉斯（Luiz Pedreila do Coutto Ferraz）在巴西拟通过英国输入6000名中国垦农。他致函巴西驻英国公使塞尔西奥·特谢拉·德玛塞多，要他同伦敦、利物浦等地可靠、信誉好的任何一家大商业公司商谈招聘中国垦农的合同条款时，要参照1854年12月19日的《巴西帝国政府关于招聘中国垦农合同条款的指令》。这个指令的内容很多，提出了关于招募垦农的条件，但一个重要特征是多数条件只有上限而没有下限，或者说只有"封顶"而没有"保底"。1855年5月14日，该总管在回复巴西驻英国公使德玛塞多3月7日来函时，也提出诸多限制性警示，例如，"在合同中不要写上在中国人合同期满后由政府应承担他们的回程费用，而应是由他们自己本人全部自付。"（第4条）"政府绝不给登船垦民发补贴，只发给安全抵达巴西的那些人。这些人的费用由政府负责，账单应呈送王室。"（第6条）①当然这只是警示，未必实行，但从中仍可看出巴西在引进"契约华工"时是十分苛刻的。

由于巴西"契约华工"招工的相对隐蔽性，今天已经很难知悉19世纪"契约华工"的大略人数，同样也很难知悉19世纪"自由华工"的大略人数。可以肯定的是，"契约华工"的招工一直断断续续地进行，甚至到1893年巴西因"辣达略事件"断了官方在中国的招工之路后，私下招工之事还时有发生。

如上所述，"契约华工"的身份只是就他们入境后一段时期（一般是5~8年内）而言。所有的"契约华工"都不可能是"终身制"的。他们在苦苦熬过卖身年限后，一般都可以成为"自由人"。一旦有了"自由人"身份，就有了在当地自由经商或打工的资格。大部分人会靠走街串巷贩卖小商品维计。他们叫卖鱼虾、角仔（即油角，广东的一道特色小吃）、扇子、纸风车、鞭炮等，也有人开烟火鞭炮作坊、洗衣店、角仔店，等等，总之，不一而足。但实际上，对于"契约华工"来说，希望在期满后再做一段时间自由打工，赚上一笔钱然后回乡的想法是一个大"陷阱"。在此过程中，很多人筚路蓝缕而所赚无多。大多数人的日常所得只能勉强糊口，不少人穷困潦倒，有人染上了赌博和抽鸦片恶习，有人闷闷不乐，抑郁而终，有人被瘟疫夺去了生命，甚至有人厌世自杀。最后能苟存于俗世者，多因山迢水长又身无分文而无缘还乡。绝大多数人的结局是清贫一生，其中不少人在青壮年之时就与当地女子（多

---

①陈太荣、刘正勤：《19世纪中国人移民巴西史》，北京：中国华侨出版社，2017年，第18-19页。

是黑人女子）结婚生子，他们走到这一步，还乡之梦已然淡薄。所有无法回乡的华侨，精神世界肯定是痛苦的。

在"废奴"运动浪潮中，巴西在19世纪50年代开始陆续出现了一批半官方的主要聘用中国劳工的移民公司。这些移民公司有大有小，多集中在首都和一些大城市，相互竞争，各显神通。它们与政府的关系或紧密，或松散，因受制于各自的条件，招聘中国劳工的能力大小有别。笔者认为，由于当时巴西不同的种植园和农场所需要的中国劳工人数不一样，从数以百计到数十名不等，移民公司要根据劳工市场的需要进行招聘。但由于巴西与中国距离遥远，信息不畅，故移民公司很难使中国一边的劳工招聘与巴西方面的市场需求紧密对接。为此，移民公司采取了先招后用的方式，即先通过相关渠道向中国方面招工，人数并无规定。待将劳工运送到巴西之后，再根据需要分遣到各地种植园和农场，供雇主选用。这对移民公司来说并无不便，因为当时劳工市场供小于求，移民公司招到的中国劳工不愁雇不出去，反而还可以待价而沽，得到比预期更好的价码。当时相当一部分中国劳工到了巴西后，在进入种植园等工作场所的最初一段时间内，需要经过一个"市场拍卖"的过程。公司与劳工购买方进行劳工价格交易。这种交易可能是有中国劳工在场的，也可能是中国劳工不在场而直接由买卖双方讨价还价的。虽然当时巴西对外来劳动力的整体需求巨大，但劳工能否被移民公司卖到最好的"价码"，还视乎劳工的体质（包括个头、体力）和技能等要素。有迹象表明，在还没有被"拍卖"出去之前，有的劳工被派去做一些与原先计划不沾边的工作，公司从中发一笔"横财"再说。按照现有零星资料来看，当时移民公司从中国招到巴西的劳工，很可能是被整船"拍卖"的。这是因为，巴西种植园等招工场所的劳工买主通常批量地需要中国劳工，而中国劳工整船来到巴西，很多人是同乡甚至是亲戚，不愿意被拆分而后买卖。此时，他们仍然希望一起出洋打工，一起买棹返乡。

实际上，移民公司在中国劳工市场上虚哄承诺或乱承诺的"乱招工"怪象，对中国劳工十分不利。很多劳工到了巴西后因一下子找不到工作，或生活条件与原先承诺相差太远，就进行集体抗议、罢工甚至发生出走等现象。要处理诸如此类的事故，对移民公司来说十分头疼。事实表明，不是所有移民公司对这些现象都有能力处理妥当，大小事故经常发生。这也是后来有一部分中国劳工在巴西找不到工作，流落街头，乃至渐渐淡去回乡之念而在巴西留下来的一个原因。

这里有一个案例。《里约热内卢日报》在1855年2月19日刊登的一条消息称，将有中国劳工移民"萨普卡亚岛下船上岸，（有意者）可以在那里雇用他们的服务，或者到里约热内卢市中心的右马路（Rua Direita）70号，曼努埃尔·德·阿尔梅达·卡尔多索（Manuel de Almeida Cardoso）先生的办事处（商谈）雇用他们的服务"。[①]曼努埃尔·德·阿尔梅达·卡尔多索应就是这家移民公司的里约办事处的负责人，不排除就是公司老板。《里约热内卢日报》这则为中国劳工寻工的消息是他以公司名义刊登的。从广告来看，这些华工可能属于先招后用，即在澳门那边有招工公司招工，招满预定人数后，通过航船将他们从澳门运送到里约热内卢。里约热内卢这边早有劳工办事处在为他们寻找雇主，曼努埃尔·德·阿尔梅达·卡尔多索就是其中之一。他刊登广告显然就是为这批即将登岸的华工寻找雇主。从这种"招工"与"寻工"脱节的安排可以看出，巴西当时确实十分需要中国劳工，从中国招来的劳工不愁雇不出去。估计当时里约热内卢还存在着其他为刚到的华工代办寻工手续的办事处。从这则广告还看不出这批劳工是不是首批从中国自由招聘的劳工，但应是巴西较早一轮从中国招聘的自由劳工。

又据记载，1855年2月9日，从中国招到的一批华工共303人，乘美

---

① 《清国移民》，《里约热内卢日报》，1855年2月19日，第5页，来源：巴西国家图书馆的数字档案资料。该资料由（巴西）圣保罗大学东方文学系束长生副教授提供。

国的"埃莉萨·安娜"号轮船到达巴西。同年6月25日，巴西政府通过曼努埃尔·德·阿尔梅达·卡尔多索与美国波士顿的桑普森−塔潘公司签署合同，拟在18个月内从中国输入2000名劳工。这些劳工的条件是体格健壮，为人朴实，无抽鸦片恶习，年龄12~35岁，夫妻优先，月薪4~5美元，外加生活补贴。①不过美国人并没有完成2000名中国人的引进，只有368人被运达里约热内卢，分发给对中国劳工充满热情的巴西农场主。这是该美国公司向巴西运送的唯一的一批中国人，因为美国政府随后就禁止美国人参与贩运中国劳工活动。②1856年3月19日，这368名中国劳工先乘美国"萨拉"号轮船离开黄埔港，后乘"帕拉瓜苏"号军舰抵达里约热内卢，病号被直接送往医院。4月14日，洛盖列博士雇用42名劳工到他在里约热内卢州的马热甘蔗园劳动，但两个星期后，就有34人抗议伙食差，没有按照合同供应猪肉，工资低；庄园主若阿金·马诺埃尔·德萨也雇用了一批劳力到里约热内卢州的皮拉伊种地，这批中国人也抗议伙食极差，月薪由开始的10美元降至5美元，甚至还有体罚，警察当局予以证实。此外，1857年，里维耶雷工程师雇用6人，里约热内卢植物园雇用16人。据巴西历史学家玛利亚·若泽·埃利阿斯在一篇题为《关于19世纪中国劳工与劳动力问题辩论》（1971年9月18日）的文章中说，这批人不久之后成了在里约热内卢街头上流浪的乞丐。除18人外，其他人都进了"皇城劳教所"。③

　　根据上面所说的情况，这其间巴西可能招了多批中国劳工，每一批人数不一。各批华工可以看作是这其间巴西首轮尝试自主招收华工的组成部分。从移民公司的意愿和效果看，招工似乎不算成功，理由是招来的华工并不完全按照公司的安排寻找雇主，甚至出现逃亡现象。劳

---

① 陈太荣、刘正勤：《19世纪中国人移民巴西史》，北京：中国华侨出版社，2017年，第22页。
② Elias, Maria José, "Introdução ao estudo da imigração chinesa", *Anais do Museu Paulista*, São Paulo, v. XXIV, 1970, pp. 57−100.
③ 陈太荣、刘正勤：《19世纪中国人移民巴西史》，北京：中国华侨出版社，2017年，第22页。

工逃亡对移民公司信誉的打击是很大的。1857年2月某日，《里约热内卢日报》刊登的一则消息，大意是，有5个华工逃亡，其中一个叫阿才（Atoi），看上去20岁左右，身高正常，圆脸，喜欢笑，剪短发，会说一点葡萄牙语；另一个叫阿九（Akau），看上去25岁，长脸，正常身高，留短发，有小胡子，会说一点葡萄牙语和英语。怀疑他们正与其他中国人一起前往伊瓜苏。任何人如果发现他们并把他们带到Rua d'ajuda 61号①，会得到酬谢。如果有人窝藏，将会被依法追究责任。②从时间来判断，这5名逃亡华工可能是上面所列的1855年招收的三批中国劳工（曼努埃尔·德·阿尔梅达·卡尔多索所属的公司、桑普森−塔潘公司、乘"帕拉瓜苏"号军舰抵达者）中某一批的其中5人。记载说，他们会说一点葡萄牙语，这说明他们可能不是当年（1857年）才到巴西的，至少来了一两年（与1855年的招工时间吻合）。他们显然是因为移民公司与农场主的契约问题才被登报缉拿。招工的巴西公司是一个半官方的移民公司，农场主如果对招收的华工不满意，可以中止合同。至于这些华工出逃的原因，最大的可能是其时巴西废除奴隶制未久，农场主仍习惯于用过去对待黑人奴隶的方式对待华工，因而激起了华工的反抗。有的消极怠工，有的出逃。没有进一步资料说明这5人乃至其他华工的后续情况，这是巴西第一次从中国招工，虽然当时巴西急需劳工，但这次招工失利促使巴西方面加强了对招收华工过程的管理。

1893年，巴西因"辣达略事件"断了官方在中国的招工之路后，私下招工之事还时有发生。例如，1893年10月16日，巴西里约热内卢州在澳门非法招募的475名中国劳工乘德国"Tetartos"号轮船离开澳门，于12月6日抵达里约热内卢港。据巴西外交部资料，这批中国劳工被分配在里约热

---

① 此地当年在里约热内卢市边缘处，今地为市中心，路名仍在。
② 1857年《里约热内卢日报》刊登了一则题为《清人逃亡》的消息，报道了上述内容。这则消息由束长生提供。《里约热内卢日报》创刊于1821年，为皇家特许报刊，除官方消息，也刊登广告。

内卢州务工。里约人一反常态，纷纷表扬这批劳工，里约热内卢州州长称
赞他们是该州最好的劳工。《商报》赞扬中国劳工注意个人清洁卫生，一
天洗两次澡，聪明、能读写中文，是理想的劳工，很少有人因偷母鸡而被
抓。一些雇用中国劳工的庄园主也表示，认为中国人"认真""听话"，
完全遵守卫生规定，了解许多块根植物，劳动表现也不错。①

　　1894年中日甲午战争爆发。战争的结果一定程度上影响了巴西在中
国和日本这两个国家的招工倾向。中国在甲午战争中战败了，国家地位
一落千丈。本来，在清政府看来，西方和日本都是"蛮夷"，远比不上
具有数千年教化礼仪（文明）传统的中国。但在中日甲午战争后，中国
的话语权迅速丧失。日本打着"文明"的旗号，称甲午战争是"文明"
对"野蛮"的战争，并操纵"文明"话语，影响西方舆论。这种颠倒黑
白的"文明"话语，当时成为国际舆论中一种潜在力量，甚至作为一种
强加给中国的话语暴力。②已经来到巴西的中国劳工的地位也不可能不受
影响，难免更受居住国社会的冷眼，尤其是在与日本劳工的对比中处于
下风。

　　晚清时期关于巴西自由华工的资料很少，中国官方记载更少。傅云
龙③在他写的《游历巴西图经》中留下了不少关于巴西华侨的有价值资
料。当时傅云龙对巴西华侨的状况表示关心，他考察了华侨会馆和华工

---

① 陈太荣、刘正勤：《1900年圣保罗州庄园主招募120名中国劳工进住圣保罗"移民客栈"》，
（2018-09-15），巴西侨网。
② 刘文明：《"文明"话语与甲午战争——以美日报刊舆论为中心的考察》，《历史研究》，2019
年第3期。
③ 傅云龙（1840—1901年），字楼元，浙江德清人。光绪十三年（1887年），总理各国事务衙门奉
旨考试出洋游历官。傅云龙以第一名考取出洋游历大臣，奉派出洋游历六国。傅云龙和顾厚焜
分在第一组，专访日本、美国、英属加拿大、西班牙属地古巴、秘鲁和巴西六国，他们又顺访
了巴拿马（时属哥伦比亚）、厄瓜多尔、智利、阿根廷、英国属地巴别突斯岛（巴巴多斯）和
丹麦属地先塔卢西斯岛（圣卢西亚）。据傅云龙自己统计，共总日程为26个月，合770天，总行
程为120844华里（60422公里），其中海路81549华里（40774公里），陆路38264华里（19132公
里）。傅云龙每到一地，日间外出调查，晚上握笔疾书，至夜深不倦，总计完成游历各国的《图
经》86卷，其中《游历巴西图经》10卷，全部呈交光绪皇帝和总理各国事务衙门。

劳动的茶园。据他说，当时在巴西首都有500名中国侨民，他见过一位名叫李迟棠的江苏华侨，其祖父和父亲曾在贵州做过官，其兄仍在广东。李迟棠应是由于1882年以后美国实行"排华法案"，在美国生活越来越困难才从旧金山迁居巴西的。江苏只是李迟棠的故乡，他本人很可能是在外省出生的，且他的出洋地也可能是在广东。他自幼出洋，到了美国旧金山，之后又赴古巴、巴西，表明了当时华侨可以在美国、古巴、巴西几地之间自由来去。出身于"名门"的江苏华侨李迟棠在巴西"乐不思蜀"，隐约表明华侨已经适应了当地的生存环境，也可能过得不错。有趣的是，这样一位有"官吏子弟"出身背景的老资格华侨，漂洋过海到了遥远的他乡，从一个侧面说明当时出国已经蔚成风气。当傅云龙劝其时正在里约热内卢做厨师的李迟棠回国时，他不置可否地"漫应而去"。显然，李迟棠已经久经风霜，习惯了海外生活，归乡之念已然淡薄。此外，傅云龙还见过另一位叫郑东秀的华侨。他曾在前中国驻美公使陈兰彬的公使馆工作过，来到巴西后，以开饭馆维计。傅云龙还了解到，当初巴西茶园①由20余名华工管理，到他看到时已经没有华工，茶园遂荒。当时巴西的园林、农田、矿山都迫切需要劳动力，他认为华工"价廉可用"。②

    当然，那时从美国到巴西来的华侨，肯定不只李迟棠和郑东秀两人，更多的无名华侨也来到了巴西。只是已时过境迁，当年有多少华侨从美国来到巴西已无从查考。顺便说明，那时候从美国来巴西的华侨，很可能是单程的。由于美国在1882年"排华法案"实施后对进入美国的中国人严加检查，华侨出境易而入境难，但在巴西，则出入境都容易得多。那个时候从巴西到西印度群岛一些地方（如古巴、牙买加和特立尼

---

①即中国茶农最初种茶的里约热内卢植物园。
②王晓秋：《晚清中国人走向世界的一次盛举——1887年海外游历使初探》，《北京大学学报》（哲学社会科学版），2001年第3期。

达等地），已有航线直接或间接连通。巴西东海岸城市到南美洲北部海岸其他国家（圭亚那、苏里南和法属圭亚那等）也很容易。这些地方有华侨迁居巴西，也不难理解。就傅云龙提供的资料来看，在当时巴西首都这个有一定典型性的华侨社会中，虽然其职业和经济结构无从得知，但从华侨的社会规模——500多名华侨来看，可以说已经是一个足够大的群体。

资料表明，在19世纪，已有近万名中国劳工在巴西劳作，从事各种职业。大部分人居住分散，比较集中居住的地方是里约热内卢市、圣保罗市、新伊瓜苏市、巴纳纳尔市、贝伦市（Belem），以及米纳斯吉拉斯州东北部、巴伊亚州（Estado de bahia）南部等地。这里尤为值得注意的是，贝伦市在19世纪末20世纪初已有中国移民。[1]贝伦市是巴西帕拉州（Pará）首府，建于1616年。该市位于亚马孙河口，是该流域内河与海洋航运网的中心城市和进出口中心，也是巴西东部海岸线上最北部的城市，华侨到达这里的时间较晚是合乎情理的，但贝伦市出现华侨则标志着传统华人在巴西的生存发展区域已形成了在东海岸的基本覆盖。巴西虽然面积广袤，华侨的居住地域基本上是东部沿海的重要港口城市，以及以这些城市为中心向内陆延伸的城市，至今仍然如此。

这里应该指出，在晚清时期，几乎所有移民巴西的华工，在到达巴西后都没有留下姓名。这不是因为他们全都是故意隐姓埋名，而是因为葡萄牙当局一开始就要求他们将名字改为目的国名字入境，这在世界上殊为罕见。更麻烦的是，他们入境后，继续使用改换后的名字，今天只能猜测他们在熟悉的人群间（如乡亲间）才会彼此呼唤原先的中国名字。如陈太荣、刘正勤所指出，华工入境时均使用葡人姓名，这使得他们的后代难以查询。[2]对后来的研究者来说，其后果是造成华侨华人人口

---

①陈太荣、刘正勤：《巴西19世纪引进中国劳工简史》，（2012-11-06），巴西侨网。
②陈太荣、刘正勤：《巴西19世纪引进中国劳工简史》，（2012-11-06），巴西侨网。

数字的损失，特别是对华人后代的统计，更会造成人口数字的减少。越往后，就越少人知道他们的祖上是中国人。

　　中国劳工中使用过中文名字的唯一例外是《1808—1822年外国人登记簿》里的一则记载："从卡拉韦拉斯来了四个中国人，他们将住在阿劳若阁下的家里。他们没有一个人有外文名字，他们出示了护照，并用中文签下了名字。"巴西20世纪最重要的历史学家之一若泽·奥诺里奥·罗德里格斯（José Honório Rodrigues）在巴西国家档案馆1960年出版的《1808—1822年外国人登记簿》中，在上述中国人登记后面加了一个注释：四个受过教育的中国人名字的拼音（Chou Shian, Chou Liang, Huang Tsai和 Huang Ming）是请（巴西外交部）二等秘书本雅明·B.图（Benjamin B.Tu）翻译的，可能本雅明受中国方言的影响，把"赵"翻译成了"Chou"。巴尔卡伯爵的管家则是这样登记的，"9月10日，埃尔内斯托·克拉梅尔，德国人，卡拉韦拉斯居民，乘'拯救圣母'号船来，单身，39岁，是国务大臣安东尼奥·德·阿劳若阁下的熟人，将住在他的家里"。他们4个人是1809—1815年在巴西的300多名中国人中唯一没有使用葡文名字而留下中文名字的中国人（今天《1808—1822外国人登记簿》上还有其中文签名）。[1]再结合后来巴纳纳尔所有当地中国人都没有中文名字，而只有葡文名字的现象（有的华侨还用"中国"做名字），则可表明，19世纪到巴西的中国人不能使用中文名字而必须改为葡文名字可能是一种不成文"规矩"或习以为常的"惯例"。如前文所说，这一现象的后果是十分明显的：中国人取了葡萄牙文名字，从名到姓都全盘当地化，虽然在第一代甚至第二代都还可以自认为是中国人，但到了第三代以后，华裔意识必然逐渐淡化，他们就很难也不愿意再以中国人自居了。对于他们来说，更愿意认同自己是巴西人。由于这个缘

---

①陈太荣、刘正勤：《19世纪中国人移民巴西史》，北京：中国华侨出版社，2017年，第64-65页。

故，巴西公开透露的历史上的华侨华人数量（主要是包括后裔在内的传统华人数量），可能会比实际存在的人数要少得多。例如，根据上面关于传统移民时代的统计，直到1949年，旅居巴西的华侨华人未超过1000人。笔者认为这个数字是被严重低估了，很多第三代以后已经融入当地的使用葡文姓名的华人极可能没有被统计在内。

二、中华民国时期中巴关于侨民问题的官方交涉与移居巴西的华侨

1911年10月10日，中国爆发了辛亥革命，革命者推翻了清王朝，建立了中华民国。如前所述，19世纪70年代，拉美各国由于人力不足，纷纷请求以合法途径引入吃苦耐劳的华工。巴西的葡萄牙殖民当局也多次在广东、福建招募华工到巴西。到1881年，《中国—巴西和好通商航海条约》才得以签订。这个条约没有满足巴西取得廉价华工的需求。此后几十年中，巴西政府虽也竭尽全力，但一直收效不大。中华民国成立后，巴西率先予以承认。之后到1915年，巴西要求重新修订条约，专门针对华人陋习加入了"不准贩卖鸦片"条款。此外，巴西政府提出，华人犯案，虽然交由中国官役处置，但须知会巴西地方官员。

清朝晚期，清王朝与19国签署了含有领事裁判权的不平等条约。1928年年初，南京国民政府建立后，再次推行"修约"外交，其中包括拉美的巴西，但直到第二次世界大战爆发后，一些国家才相继放弃了在中国的领事裁判权等项特权。

在此背景下，巴西于1942年11月宣布，自1943年1月1日起，放弃在华一切特权。到1943年8月20日，中国驻巴西大使谭绍华同巴西外长奥斯瓦尔多·阿拉尼亚在巴西首都里约热内卢签署《中国巴西友好条约》。条约共六条，与华侨移民问题关系最密切的是第四条："两国人民在对方领土上享受与第三国人民所享受之旅游、居住、经商待遇相同。"该条约取代了两国于1881年10月3日在天津签订的《中国—巴西和好通商

航海条约》，巴西宣布放弃在中国一直享有的治外法权。[①]1946年3月27日，中国驻巴西大使程天固同巴西外长达丰多拉在里约热内卢签署《中国巴西文化专约》，只是寻求在科技与文化方面的合作。但由于国民党政权的腐败和第二次世界大战结束后不久中国就发生内战，该《专约》实际上未付诸实施。

可以看到，两国的贸易往来往往会导致侨民人数的正增长，因为进出口贸易需要大批常驻对方国家的业务工作人员和流动人员。他们中一些人本身就以华侨的身份居住在对方国家，还有一些人在卸任后转换成侨民身份在当地居住下来，或从事原来的职业，或转换新的职业。但华侨移民情况均难以找到具体记载。

中华民国时期（1911—1949年），自由地移居巴西的华侨多了起来，有关的记载也相对多了起来。这一时期其他国家移居巴西的人口也显著增加，华侨移民也随之水涨船高。Ｂ·沃列斯基和Ａ·Ｈ.格格林金所著的《巴西》一书记录巴西移民情况："1890—1900年移入巴西的人数达到1125000人，第一次世界大战结束时，移民人数稍微下降，但在1928—1933年世界经济危机前，又开始激增。1920—1930年，有835000人移入巴西。"这些移民大部分来自欧洲各国。[②]

相对来说，中国人移入巴西的比例是较低的。据中国驻巴西公使馆调查报告，1931年，旅巴华侨人数为820人，1940年为592人。直到1949年，旅居巴西的华侨也未超过1000人。按照这一数字，华侨自19世纪初开始移居巴西后的130年间，才增长到1000人左右。究其原因，有统计不准确的因素，有各种各样因素导致数据大幅减少（包括死亡）的因素，也有早期迁居巴西的华侨融入当地比较彻底的因素。

---

①陈太荣、刘正勤：《中华民国时期与巴西的关系》，（2011-02-13），巴西侨网。
②郭秉强：《巴西青田华侨纪实：1910—1994》，2005年由青田县政府出资刊印（内部出版）。

1911—1949年，前往巴西的传统华人（也称"老华侨"），大多数为来自广东省的自由移民。他们在巴西主要从事小本生意经营，或受雇于人。这一时期的打工者，一般由老板提供食宿，工时长，工资少，但可勉强维持生活。做小生意者多是白手起家，经营杂货店、小咖啡馆和中餐馆等。

中华民国时期移居巴西的华侨中，另一个较大的地缘群体是浙江人。浙江人中，以青田籍人数最多。如上所述，青田人是1910年前后纷纷从欧洲一些国家转移到巴西来的。此外，也有少数人从国内直接移居巴西的，但从两个方向来巴西的移民人数加起来都很少。根据现有记载，最早到达巴西的青田籍华人是油竹人陈瑞丰、邱仁丰，阜山黄寮人叶秀明，均于1910年前后移居巴西，之后情况不明。稍后，1877年同出生于青田县阜山的王益宗（1877—1966年）、徐志仁（1877—1962年），两人同乡同龄，自小情同手足，希望跳出穷山沟闯荡天下，乃于1914年持中华民国护照由上海登上日本轮船，经2个月漂泊后抵达阿根廷，翌年再持阿根廷政府签发的护照一起转到巴西。徐志仁在里约热内卢落户，王益宗前往阿雷格里港（又称愉港，Porto Alegre）落户，在各自居住地拼搏一生，先后在里约热内卢病逝。[①]

1920年后，随着欧洲人大量移居巴西，又有近百名青田人陆续来到巴西。[②]他们最早落地于当时的巴西首都和作为经济中心之一的里约热内卢，并逐渐形成第一批移民巴西的青田籍群体。其中，例如，徐伯岩，男，阜山人，生于1911年，1927年，他年仅16岁就到了巴西。其时他花了100银元让上海"新鹤鸣旅社"接洽青田人出国的承办者周宝兴，以出国留学为名，包办护照（中华民国政府签发）等出国手续，乘荷兰轮船

---

① 郭秉强：《巴西青田华侨纪实：1910—1994》，2005年由青田县政府出资刊印（内部出版）。
② 袁一平：《华人移民巴西二百周年简史》，《华人移民巴西200周年纪念特刊》，南美侨报社编印，第2页。

经过1个多月漂泊在法国马赛上岸，由接头人送到巴黎。2个月后，再由驻法国的巴西使馆签发护照，与桐桥人王进星、孙山人孙成福、方山人陈楚然坐轮船同往巴西。顺便一说，当徐伯岩等4人进入巴西领海时，全被海关押送到一个无名小岛上体检，主要检查沙眼（含有歧视成分），幸好无事才得以入境。[1]

第二次世界大战期间，移居巴西的青田籍华侨则长期处于断流状态。据统计，这一时期移居巴西的青田籍华侨有90余人，因资料匮缺，只能了解到88人的名单，其中居住里约热内卢的大约有67人，[2]可见人数不多。这是当时中国国际地位低，且迁徙巴西非常艰难的缘故。

从中国方面来看，1937—1949年，国内战乱不断，国内与巴西交通阻断，很少人能从家乡来到巴西，定居巴西的华侨也很难回国探亲。特别是抗日战争期间，中国东部、南部包括香港在内的很多地方都被日本侵占，但澳门幸免于难。原因就是当时巴西很大程度上还受葡萄牙控制。当时葡萄牙警告日本，如果日本占领澳门，那么葡萄牙将让巴西遣返所有在巴西的日本人。日本人不敢贸然试水，故澳门才免于被占领，中国与巴西才因里斯本和澳门的航路存在而保持着脆弱的联系。抗日战争期间，一些华侨也曾试图回国，但到达澳门后，听到当地人诉说家乡在战时的惨状，乃痛苦地折回巴西，从此老死异乡。

通过上述梳理，可以发现19世纪中国移民巴西的人口数据很零散，与跟巴西邻国，如秘鲁相比，巴西的中国移民的人数很少。中国移民入境巴西后，从事的劳动多为务农、筑路、采矿，等等。在合同期满或者雇主解聘之后，中国人基本上以开杂货店、饭店、洗衣店为生。进入20世纪后，在巴西的中国移民人数依旧不多。二战后，从中国内地（大陆）移民巴西的人数逐渐减少，而从中国香港、中国台湾地区，以及东

---

①郭秉强：《巴西青田华侨纪实：1910—1994》，2005年由青田县政府出资刊印（内部出版）。
②郭秉强：《巴西青田华侨纪实：1910—1994》，2005年由青田县政府出资刊印（内部出版）。

南亚地区移居巴西的人数有所增多。

三、20世纪50—70年代迁居巴西的华侨华人

　　20世纪五六十年代，为二战后中国移民的一次高峰期，巴西的华侨华人数量呈直线上升趋势。这一轮中国移民的历史背景是，从抗战胜利后的1945年到1949年，中国国内又经历了内战，正常的对外移民秩序已不存在。从20世纪50年代初开始，拉丁美洲地区的华侨华人移民形势在两个方面发生了重大变化。一方面，华侨华人从世界上一些地方纷纷移居拉美地区（主要是南美），其中来自中国香港和台湾地区的移民引人注目，并形成了一个小高潮（不少中国香港的移民其实是从中国内地过去的）。当时携有大量资金的国内大企业家热衷于寻找资金出路，其中巴西是大热门地区。后来在巴西经营成功的华人大企业家，是20世纪50年代初从中国内地（大陆）经中国香港等地来到巴西的，但他们人数很少。另一方面，从此时起，来自中国内地（大陆）的移民基本上处于断流状态。一直到1979年改革开放前，中国内地（大陆）只有少数人迁居包括巴西在内的各国。由于中国内地（大陆）移民的"涓流化"，极大地影响了包括巴西在内的拉美地区的华侨华人分布格局。

（一）来自中国香港、台湾地区的原江浙大企业家

　　这一部分移民还在中国内地（大陆）时，其身份就是民族资本家/企业家。在新中国成立前，他们迁移到中国香港、中国澳门和泰国等地，但以迁居中国香港的为多，后来一部分人先后来到巴西。他们的祖居地多为江苏、浙江等省份，后来拥有大产业者一般都在上海经营。他们移居巴西时，不仅带进了雄厚的资金，而且带进了丰富的科技知识和管理经验。他们的到来，有助于改善在巴西的中国人的形象和地位。他们中很多人在巴西的经营很成功，对巴西的经济发展做出了重要贡献。这是巴西华侨华人史上一个重要转折点。

从移民的角度来看，这个时期来自港、台地区的中国移民，不仅给巴西华侨社会带来生力军，也为当地经济注入活力。他们到巴西后投资设厂，既活跃了当地民族经济，也为华侨继续前来巴西创造了良好的条件。另外，这一时期华侨华人的受教育程度和文化层次总体上有所提升，非昔日的华工可以同日而语。就他们在巴西的创业起点来说，也有所提高。例如，1950年留德学生钱子宁约集港、台几十家富商到巴西开办中元造纸厂，招收一批华工，当时就有200余名华侨因此而入境巴西。①

（二）来自中国台湾地区的普通民众和国民党中下层军政人员

20世纪50—70年代，包括巴西在内，拉丁美洲只有少数的国家接收过来自台湾地区的移民，如从台湾地区前来拉美继承家族生意。此外，据台湾方面的资料，早在1949年，南京国民政府就曾接到民众上书，询问关于移居中南美洲的相关事宜。当时的外交部曾就此事向中国驻中南美洲的使领馆查询相关情况。当地使领馆的答复是，"中南美洲国家欢迎中国农工技术人员移垦，并告之相关资料"。②如按照此处所说，当时民众上书询问移居中南美洲相关事宜，可能是国民党政权迁居台湾之前的事情，因此这里的上书民众是否包括当时中国大陆一部分人，还需进一步探索。

1949年国民党政权迁台，带进了大量军民人口，加上台湾地区本身的年人口自然增长率迅速增长，高居世界前列，台湾地区面临着粮食供应不足的困境，因而加大了台湾本土向外移民以舒缓当地密集人口的推力。而在地球另一端的中南美洲，则移民拉力表现明显。包括巴西在

---

① 白俊杰：《巴西华侨华人概述》，周南京：《华侨华人百科全书·历史卷》，北京：中国华侨出版社，2002年，第35页。
② 林彦瑜：《1970—1990年代美浓客家人移民南美洲动机与跨国认同——以巴西、阿根廷为例》，台湾师范大学应用华语文学系华教与海外华人研究组硕士论文，2014年，第48页。关于台湾当局的有关移民情况可参《移民中南美洲各国资料》，藏"中央研究院"近代史研究所档案馆。

内，中南美洲地广人稀，土地广袤肥沃，气候温和，且拥有丰富的矿产。两次世界大战的战火均没有燃烧到这里，而且当地各国政府鼓励外来移民前来发展，特别是从事农业开垦。在"一推一拉"两种合力的共同作用下，台湾地区对中南美洲的移民流便由此催生。巴西是拉美地区最大的国家，在各国中的自然条件更为优越，因此成为台湾民众移民的首选地。在此背景下，台湾当局也对民众移居中南美洲地区表现出积极支持的意向。不过当时的政治形势瞬息万变，台湾当局的移民态度很快冷却下来，表示无法像当时的日本和韩国那样，由台湾当局主导向外移民转为接受台湾民众以"个人"方式移居南美洲，并要求申请者"最好具有农工技术及非役男身份"，且对移居者不提供资金等项支持。台湾当局移民态度改变的具体原因十分复杂，但可以肯定，台湾民众移民中南美洲的计划最后都转变为移居者的"个人"安排。总之，这时候台湾当局的态度是既不鼓励也不禁止。不过，这时候台湾民众移居巴西的积极性仍然很高。从1963年"六家族"起，台湾民众拖家带口移居巴西的现象就络绎不绝，其中以举家移居巴西的案例居多。这种情况一直持续到20世纪90年代台湾地区的经济发展状况有所好转，加上巴西等国陆续修改移民法规，台湾地区民众迁居巴西等南美国家的移民热才逐渐冷却下来。

另外，20世纪50年代后台湾民众的移居巴西潮之所以一直不断，还有一个重要因素是台湾方面多次断断续续地受到重大岛外因素的刺激。这些刺激主要是对1949年国民党政权撤到台湾地区后带来的一批家在中国大陆的军政人员及其家属而言。当时他们以台湾地区为"暂居地"的心态十分明显。他们包括两种人，一是随时准备随国民党政权回到家乡，二是随时准备拔腿就溜，溜往他国避难。特别是一些大陆来台的原国民党军政人士，一听到岛外有风吹草动，就很容易诱发移民情绪。这些已经移民他国或准备移居他国的台湾中上层人士之所以移民到巴西，更多考虑的，只是自己家人和那一份相当沉重的家族财产的安全。台湾地区移民的到来，可以说是巴西华侨华人历史上的重要转折，直接导致华侨华人数量直线上升。据统计，到1959年，巴西华侨人数增至6748人，1967年增至17490人。[①]

20世纪60年代至70年代初，台湾当局虽然获得了暂时的苟安，但并非太平无事，"不祥"的气氛始终压抑着面积不大的台湾岛，因此向外移民之流仍不断出现，其中包括以巴西为目的地的移民。但这个时候前去巴西的台湾地区的移民，已不全是为了"避祸"，甚至与"避祸"无关。例如，20世纪60年代有一部分从台湾地区到巴西的移民，是前去巴西从事农业的。

最明显的就是20世纪60年代初到巴西的"慕义六家族"（以下简称"六家族"），这是台湾地区一次性人数最多的集体移民。一般认为"六家族"是这类农业移民的代表和先驱者。"六家族"在移居巴西前做了十分细致的准备。首先，在移民前，已联系好了在巴西一方接应的台湾同胞，如下面所说的"六家族"的亲戚杨毓奇等人（他们已经先在巴西开了农场）。其次，准备好到巴西务农的工具。这说明杨毓奇等人是比"六家族"更早到巴西开始从事农业的台湾人，可惜移民的具体年份不详。1963年7月20日，这六个家庭获得巴西移民签证，随即订购船票、计划出发与接洽船期。实际上，这一次前往南美洲的乘客除了这6个家庭外，还有虎尾教会的简荣源长老一家7人，以及前往巴西"大使馆"任职的人员，合起来共50余人。轮船公司特地商请荷兰籍的客货轮从日本横滨前来基隆港靠岸载客。[②]顺便说明，实际上"六家族"不只是6个家庭，但"六家族"之说

---

①白俊杰：《巴西华侨华人概述》，周南京：《华侨华人百科全书·历史卷》，北京：中国华侨出版社，2002年，第35页。
②《慕义六家族》，巴西美洲华报编印：《巴西华人耕耘录》，1998年，第62页。

已约定俗成，成为巴西的台湾地区移民史上一个著名符号。① "六家族"第二代以后的后裔中，很多人仍居住在慕义，但相当一部分人已经散居其他城市，开枝散叶，枝繁叶茂，从事各种各样的行业。

除了"六家族"外，20世纪60年代后迁居巴西的台湾民众中，有相当一部分是客家人。客家人移居台湾地区的历史很早。康熙二十二年（1683年）施琅平台，次年台湾地区被划入清朝版图并设县派官治理，中国大陆民众（主要是福建人）随即在清政府的鼓励下开始移居台湾地区，其中很大一部分是客家人。他们主要来自广东省梅县（今称梅州）地区，其迁居地是台湾的美浓地区。据文献记载，美浓地区原为清朝禁开垦地，武洛六堆统领林丰山、林桂山兄弟借平定吴福山之乱向凤山县令申请开发，乾隆六年（1741年）清廷才准予客家人进入该地区开垦。由于该地区土地肥沃，气候适宜，当时不仅吸引了六堆客家人移至美浓，已经移居到美浓地区的客家人也回乡去招揽家乡的客家人前来此地开垦，这使得美浓地区成为大量外来人口集中之地。客家人在这里定居后，以务农为主，大部分为种芋农户，后来这里的芋田种植面积为全台最大的。当时美浓地区是台湾的高收入地区，但美浓地区作为客家人聚落，交通不便，民风保守，与外界的联系闭塞，人们家族观念和意识极为浓厚，后来移居巴西和其他南美国家的美浓客家人多为家族式移民。②

台湾美浓客家人从20世纪60年代初开始陆续移居巴西，至少延续到70年代。最早移居者是谁，今已无法查寻。他们移居巴西可能是受到屏东县内埔乡客家人的影响，还可能受到台湾当局20世纪60年代起陆续派出的农耕队的影响。那时被派往非洲和南美洲国家的农耕队员在回到台

---

① 据笔者2019年6月在巴西了解，最初移居慕义的"六家族"共32人，除了尚有一人在世外，其余均已不在人世。到当年12月，笔者在巴西再次了解，最后一位老者也于早些时候逝世。至此，"六家族"第一代已全部故去。
② 林彦瑜：《1970—1990年代美浓客家人移民南美洲动机与跨国认同——以巴西、阿根廷为例》，台湾师范大学应用华语文学系华教与海外华人研究组硕士论文，2014年，第26页。

湾后，向乡亲朋友讲述了他们的所见所闻。这其中当然不乏当地地大物博一类正面传闻，从而对客家人移民起了重要的宣传鼓动效应。

20世纪60年代移居巴西的台湾人中，也有一批身份地位显赫者。他们一般是1949年后跟随败退的国民党政权退居台湾地区的人。例如，1963年移居圣保罗、籍贯江苏连云港灌南的皋春湧。他原为国民党军队里一位将军。再如仲家治，父亲仲永锡（1925—1989年）是苏州人，上海某大学化工专业毕业，1945年抗日战争结束后，被南京国民政府派到台北市接收一家造纸厂，但他思念家乡，不愿待在台湾地区，于1964年11月乘轮船离开台湾地区移居巴西。

汤熙勇指出，台湾地区20世纪五六十年代前来巴西的移民多分布在南里奥格兰德州(Rio Grande do Sul)、巴拉那州（Paraná）及里约热内卢。另外，巴西东北的累西腓（Recife）是另一个台湾裔重点聚落，20世纪60年代有数百名高雄县美浓居民移居至此经营农场，现今包括其后裔有千余名。从台湾移民巴西的外省人务农的比较少，他们多经商，开餐饮店，少数人从事文化、教育和艺术事业。[1]

1971年7月，美国总统尼克松突然宣布将于次年访问中国。这一爆炸性消息令台湾全岛震荡。到这一年11月，中华人民共和国恢复了其在联合国的合法席位，台湾当局被驱逐出联合国。这一系列历史性事件，更是动摇了台湾民众的信心，于是一些由印度尼西亚、菲律宾及其他东南亚国家来的华人也移居巴西。这些国家的华人之所以也做出如此的决定，主要是因为此时巴西经济正在起飞，且巴西当局对外来移民抱欢迎态度。巴西顿时成了他们心目中的"移民天堂"。与此同时，由于美国酝酿从越南撤退而使局势变得扑朔迷离，东南亚地区许多人特别是与美国有关的军政人员都在寻找安全出路。在这种形势下，这些国家的华人

---

① 束长生、乔建珍：《2019年第二届巴西华人移民国际研讨会议总结报告》，《华人研究国际学报》，2019年12月，第11卷第2期，第97-107页。

便随港、台地区的移民流，纷纷流向巴西。但中国香港和东南亚华人移居巴西的流量可能较小，到巴西后可能以散居为主，因此今天在巴西很难找到他们的聚居"部落"。

这时期从台湾地区来巴西的移民，多数人是先到了巴西的邻国巴拉圭，然后再找机会进入巴西。还有一部分移民的最初目的地就是巴拉圭，他们在巴拉圭从事一段时间的各种职业后，又来到了巴西。他们主要居住在巴西一侧靠近巴拉圭边界的伊瓜苏地区一带，多数从事两国间的转运贸易及与之相关的行业，因而经常来往于边界两侧。他们中也有少数移民到了圣保罗等地。

台湾移民的经济条件和受教育程度总体上要比过去来巴西的中国大陆移民高。按台湾移民自己的说法，在巴西的台湾移民中，"知识分子"所占的比例较高。这一现象与巴西主管部门一开始对台湾移民的政策把控有关。据萧金铭神父说，1960年，有位从台湾地区来的新闻记者陈鸿祺告知他，台湾那边有很多朋友想来巴西，问是否有门路可以移民过来。萧金铭答应代他想办法找出路，事后跑了几趟里约热内卢的巴西外交部，幸遇一位在外交部的签证处当主管的巴西人，萧金铭于是邀客做东，请这位主管帮忙。他开出的条件是，来人（台湾移民）必须是工程师或是技工。经多次交涉，乃先由22家中选出20家移民来巴西，以后再来的10家移民亦都很顺利取得签证。1963年，萧金铭再到里约办第三批台湾移民时，那位巴西主管朋友已升任驻瑞士领事，接任的新主管不肯再帮忙。已移民来的这30家华侨，日后在巴西均有成就，子孙中有很多人成了工程师、大学教授、大农场主。[①]

这些生活相对优裕的台湾人之所以移居巴西，除了外部环境导致的岛内局势不稳的因素外，还应与台湾人当初的"巴西观"有关。在台湾

---

① 萧金铭神父文章：《回顾晋铎五十年》，（2014-06-09），据其博客所载。笔者认为其可信度较高，故摘引在此供参考。

人眼中，南美的巴西很长时间以来都是他们理想的移民目的地，是很多台湾人心目中的天堂。这主要是就他们在移民之前对这片梦幻般的南美大陆的憧憬来说的。这与台湾地区媒体的报道和推介有关。在很多台湾人看来，巴西毕竟是体量巨大的国家。于是一些台湾人就马上将冲动变成实践：把台湾的房子卖了，把待遇不错的工作辞了，三下五除二就移居巴西。但这些台湾"知识分子"移居巴西后，一个突出问题是寻找工作问题，他们总是高不成低不就。这个他们昔日向往的天堂，如今却如同世间的冷酷之地、丧尽家财的伤心地。[①]更多的人怀念起在台湾地区时自由自在的生活，对比眼下的"落魄"处境，难免"忆苦思甜"，很容易产生焦躁感、失落感。一想起隔着半个地球的双亲就牵肠挂肚，以泪洗面。

（三）来自中国大陆地区的移民

1949—1979年，由于历史原因，中国大陆公民出国的很少。不过，这期间中国大陆的移民人数却不能以"空白"来形容。实际上，也有少数中国大陆公民出于各不相同的原因出国，来到世界各地，包括巴西。1949年10月1日，中华人民共和国成立后，巴西政府继续与退逃台湾地区的国民党政权保持"外交关系"。这种不正常的局面一直维持了20多年，直到20世纪70年代初，在整个世界纷纷与中国建交的大背景下，1974年8月15日，时任中华人民共和国政府贸易代表团团长、外贸部副部长陈洁在访问巴西时与巴西外交部长西尔维拉在首都巴西利亚签署了两国建交公报，中巴关系从此进入了一个新的历史时期。而在此之前，中国大陆人民如想移居巴西（如家业财产继承等），就不得不通过"特殊"的渠道。

海外华侨华人中，有的家族生意是世代相传的。这种传承性，不因

---

①陈思绵：《旅巴杂感》，朱彭年编：《中国侨民在南美》，北京：文化艺术出版社，1990年，第5—7页。

社会和政局因素的改变而改变。第二次世界大战后，海外华侨华人由于自身事业的发展，越来越多需要在国内亲人中寻求前来帮助自己的家庭帮手；另外，一些人也需要在国内寻找自己财产的家庭继承人。于是，在海外亲人和国内亲戚朋友的劝说下，一批在国内生活的人开始出国。兹举几例：

浙江人孙特英的父亲出生于1906年。父亲5岁时，孙特英的爷爷孙玉福就离开家乡到欧洲，约1925年到巴西。1957年，孙特英父亲离开内地到香港办理手续，1958年5月乘荷兰船，58天后来到巴西。孙特英一家共两兄弟、四姐妹，后来先后来到巴西。时至今天，孙家在巴西已发展到200人左右，是个名副其实的大家族。孙特英两个姐姐已经有儿子、孙子、曾孙了。如按代计算，孙氏家族在巴西已有六代传人。[①]显然，在中国大陆移民稀少的情况下，包括巴西在内，拉美各国的华侨华人社会基本上是靠一代代华裔的产生来延续中华民族的血脉。巴西是历史上拉美地区华人移民较多的国家，因此这期间来自中国大陆的移民状况对拉美移民格局的影响相对较大。

广东台山石阁村的苏新亮的经历也颇具代表性。他爷爷的兄弟早在1922年就通过香港去了巴西，先在种植园里做劳工，种植茶叶和咖啡；随后开始从事餐饮业，赚钱后继续开分店，而爷爷的其他几个兄弟也去了香港。到了苏新亮这一辈，他们都选择去巴西。苏新亮父亲有十个兄弟姐妹，共七男三女。1955年，他大伯父从香港乘船去了巴西。1965年，其四伯父、六叔父和七叔父一起到香港谋生，后来在1970年又一起到了巴西。1986年，苏新亮的父亲移居巴西。1992年，苏新亮四兄弟和母亲一起移居巴西。1993年，苏新亮父亲又帮苏新亮二伯父一家以及村里其他亲戚移民到巴西。[②]他的家族大部分人都移居巴西。

---

① 据2020年5月孙特英与笔者的连续通信信息。
② 申鹏：《台山人里约大冒险》，《南方都市报》，2016年8月14日，AA06。

广东台山籍的梅裔辉家族就是用这种迁居方式从其家乡移居巴西的。20世纪80年代，先期移居巴西的梅裔辉曾给在国内的兄弟们写过一封信，承诺"千方百计办理你们到巴西来"。从那以后的30多年间，为了兄弟们能够来到巴西，他毅然放下了两间生意和刚出生的三女儿，回到中国去与相关干部陈情沟通。兄弟们来到巴西后，他又安置他们工作，学习葡萄牙语，尽心尽力地支持和帮助他们谋生，经营生意。30多年来，经过梅裔辉帮助移居巴西的族人有70多人。[①]

在中巴两国建交后几年，中国便开始改革开放，来自中国大陆的新移民大批出国。于是，巴西的华侨华人人数才迅速增长，成为远远多于其他华人群体（包括传统移民、台湾移民等）的新的华侨华人群体。

如上所述，这一时期能到巴西的中国大陆同胞，一般都有直系亲属或亲戚在巴西。他们跟以前来巴西的中国公民一样，多以家庭团聚或继承家族遗产的名义出国。这一类型的出国都是通过合法渠道。他们先让已经在海外定居的亲属或亲戚发来邀请信，然后到相关部门按规定办理出国申请手续。那时候办理出国手续烦琐，需要寻求批准的部门不只一个。最低一级需要出国申请人所在的生产队负责人的审批。办理手续的过程中，会有一定的人为性干扰因素。但过去生活在村子里的村民比较纯朴，他们的出国手续基本上是按照正常的审批渠道办理的。出国申请人一旦完成在生长地、居住地的出国手续，就循例来到深圳口岸，在那里住下来，排队等候进入香港。有时候排队的时间长达几个月。当出国申请人通过了审批到达香港后，国内的所有出国流程便算走完。剩下的，就是到台湾当局驻香港的办事处办理"护照"，到准备进入的国家驻港办事处办理签证，然后就是购买机票或者船票（可能是节省的缘故，以购买船票者为多），通过一个月甚至数个月的海上航程来到目的

---

①梅裔辉：《梅花香自苦寒来：梅裔辉传记》，2017年，第205-206页。

地。那时候去巴西的海上航程可能是世界上最长的出国路程之一。当时，如果在巴西没有自己的直系亲属，肯定就不存在来巴西的可能性。

（四）来自其他地区的华人移民

来自其他地区的华人移民也是巴西不可忽略的一部分华人移民来源。例如，来自葡萄牙殖民地的莫桑比克。莫桑比克是今天世界上说葡语的少数地区之一，除了葡萄牙本土和巴西外，就只有非洲的莫桑比克、安哥拉和中国的澳门等七个国家和地区了。20世纪六七十年代，莫桑比克有一批华侨华人移民巴西，但他们究竟有多少人，目前没有准确的数据。只知道这批华侨华人到达巴西后，集中在一些地方居住，导致这些地方的华侨华人一下子显得多起来。例如，巴拉那州的华侨华人本来很少，莫桑比克的华侨华人来后，一下子增至1500人。①

这批从莫桑比克到巴西来的华侨华人应属于多代以后的"再移民"。中国人开始移居莫桑比克，第一代移民大约发生在130年前，他们多是广东、福建等沿海省份的民众。另外，可能有被澳葡政府充军此处的。按照当时葡人的规定，澳门居民一旦触犯当地法律，会被澳葡政府充军到莫桑比克。如此过了数十年，到1975年，莫桑比克解放阵线宣告独立，随后，其宣布将主要经济命脉及土地收归国有，于是华侨华人富裕阶层受到冲击，纷纷移居他国。同为葡语国家的巴西，就成为他们最重要的移民目的地。

在2018年巴西圣保罗大学召开的华人移民研究国际研讨会上，巴拉那州联邦大学人类学副教授劳伦佐·马卡诺（Lorenzo Macagno）宣讲了他的论文《库里提巴市的莫桑比克华人：一个流散的历程》（*Mozambican Chinese in Curitiba: Itineraries and Dispersions*），对这批莫桑比克华人移民有详细的阐述。该论文描述了20世纪中叶，一群广东

---

① 《巴拉那大学著名华人教授刘凯》，李海安主编：《中国移民巴西190周年纪念特刊（1812—2012）》，巴中文化友好协会、南美侨报社出版，2012年，第76页。

移民在非洲的莫桑比克定居，他们与葡萄牙殖民者合作，跻身成为莫桑比克精英社会阶层。他们按照葡萄牙人的生活方式生活与行动，被葡萄牙殖民者称作"好葡萄牙人"（Good Portuguese）。20世纪70年代莫桑比克革命期间，他们加入了葡萄牙殖民者阵营，维护葡萄牙人的利益。革命成功后，他们被迫离开莫桑比克。他们选择的第一个流亡目的地是葡萄牙，因为葡萄牙当局已经给他们发了葡萄牙护照，但葡萄牙本土的海关拒绝了他们的入境申请。他们感到失望和愤怒，逐页撕毁了葡萄牙护照，将纸片扔在葡萄牙领事馆官员面前。最后，他们决定流亡巴西，并在库里蒂巴（Curitiba）定居。他们继续保持"好葡萄牙人"的生活习惯，希望有朝一日能够在葡萄牙生活。他们后来开始调整其文化认同，在恢复中国的文化传统的同时，仍然保持一些"好葡萄牙人"的习俗，并积极主动与巴西文化进行融合。[1]这是一个复杂而有趣的故事。这群"好葡萄牙人"移民巴西的时间已是新移民时代，但他们仍然保留了传统华人的身份。

　　来自各地的华侨华人在其移居巴西的过程中，常常得到已经在巴西居住的侨胞的帮助，这是华侨华人能够在巴西登岸、立足和生存的重要因素。离开了先来巴西的侨胞们的支持，后来侨胞的生存发展过程会非常艰难。例如，人们印象最深刻的是，20世纪五六十年代，印度尼西亚频频发生排华事件。于是，居住在这个国家的华侨纷纷移民他国，其中就有巴西。不过，这批印尼华侨来到巴西后的去向今已成谜，笔者问不到他们与其后裔的下落。可能他们来到巴西后没有像其他来自中国的移民那样集中居住，形成一个联系密切的社区群体，而是像蒲公英一般散落巴西各地，融入了当地社会。

---

① 束长生：《2018年首届巴西华人移民国际研讨会总结报告》，《华人研究国际学报》，第十卷第二期，第103–114页，2018年12月。

四、新移民时代巴西的华侨华人

（一）来自台湾地区和中国大陆地区的新移民

以1979年中国改革开放为时间标志，中国大陆各类型新移民（或"新华侨华人"）群体大量出国，从而开启了中国人出国的"新移民时代"。巴西的中国新移民来源地，比传统移民（大多来自广东、浙江和台湾地区）广泛得多。新移民大部分来自广东、福建、浙江、江苏、上海、北京等经济比较发达的省市，小部分来自中国中西部省市。他们的来源地覆盖了中国大部分省市自治区。同其他拉美国家一样，巴西新移民基本上都是以地缘为基础的。尽管不少人是通过血缘关系移民来巴西的，但血缘关系的网络体系比较小，因而，往往被包裹在比它大得多的地缘关系网络中。很多人到了目的地后，便在地缘关系的网络中集中居住，相互扶持。因而，新移民建立的社团中，地缘性社团往往起着举足轻重的作用，甚至主导着所有其他类型社团的运作。在其他类别社团的活动中，地缘因素也如影随形。

先说台湾地区的移民。在新移民时代，承接20世纪60年代开始的移民潮，台湾地区持续有人移居巴西。据1987年12月的调查资料显示，在商业方面，当时计有华侨经营之各类商业共1750余家，其中包括杂货业650余家（含批发商40余家，大型超级市场10余家，其余多为中小型杂货店），餐馆业820余家，服务业共160余家（含旅馆、旅行社、医院、诊所、理发、洗衣和经纪商等），进出口贸易业40余家，娱乐事业60余家。就营运业绩分析，服务业营收最佳，进出口贸易及娱乐事业次之，餐馆和杂货店由于发展太快，同业竞争激烈，利润微薄，经营日益困难。在工业方面，华侨经营较具规模之各类工业共200余家，其中以食品制造业最具规模。在农牧业方面，当时华侨经营之大小型农场多达40

余家，另有畜牧业30余家，以养牛养鸡为最多。①这里的数据应是包括了巴西所有华侨华人的行业统计。但这里无从区分中国台湾地区的移民和中国大陆新移民各自的职业情况。笔者注意到，1987年之时，中国大陆新移民已陆续迁居巴西，但那时距离改革开放的开始时间才八九年，中国大陆新移民迁居巴西尚处于初始阶段，在华侨华人的总体构成中尚不占多数。中国大陆新移民逐渐后来居上，乃至占绝对多数，是在20世纪90年代到21世纪10年代。因此，这里的行业统计数据，应以传统华人（多为1949年前来自中国大陆各省市）和20世纪60年代后到巴西来的台湾地区的新移民为主体。很可能是以台湾当局在巴西的代表机构所掌握的相关数据，以及圣保罗中华会馆等传统华人社团的数据为基础。笔者估计，就当时传统华人和台湾侨民两部分人来说，仍应以前者为多。至1987年，应是台湾移民人数和就业在巴西呈高峰状态的时候。到20世纪90年代，台湾移民已日渐减少。

中国大陆在改革开放后移居巴西的新移民，主要继承老一辈华侨华人的传统职业，例如餐饮业、杂货业等，最大的变化是从事巴西与中国间的进出口业的新移民大为增加，且进出口业与巴西国内新移民所从事的中国日常生活用品批发零售形成一条龙。这是因为改革开放后中国物美价廉的小商品制造业飞速发展，非常适应包括巴西在内的拉美国家的需求。实际上，这也是中国新移民大量迁居巴西的重要因素。有关资料很多，研究也相当充分，因此这里就不详细描述中国新移民的移居过程，只对其总体情况做一概括。

中国大陆新移民的到来，一方面壮大了巴西华侨华人社会的规模，另一方面也改变了华侨华人群体的结构。一说今天来自中国大陆的华侨华人约占华侨华人总人口的60%。过去的中国新移民主要来自台湾地区

---

①汤熙勇：《巴西招徕台湾人移民——1960年代"我国政府"的态度与人民的反应》，《人口学刊》，2013年第46期。

（一般从20世纪60年代中期算起），也有少数来自香港地区，但到改革开放后，则主要来自中国大陆，移民数量大大地超过了此前来自台湾等地区的新移民。其中很多人的家乡是广东台山和浙江青田。这是由于1949年前到巴西去的广东和浙江籍华人原先所占的比例就比较高，故改革开放后一段时期内通过家庭团聚等渠道前往巴西的广东和浙江籍新移民人数也就相对较多，今天广东和浙江籍新老华侨华人人数在巴西所有华侨华人中独占鳌头。此外，福建、山东省籍新移民在所有新移民中所占比例排在前列。例如，福建新移民（主要来自莆田、漳州、福清和福州）从20世纪90年代起就开始抵达巴西，他们主要居住在圣保罗。据施雪琴统计，1997年巴西的福清移民有31人，其中无合法身份的移民有20人。[1] 考虑到还有来自漳州市东山岛的36名移民——他们是台湾地区的远洋捕鱼船上的船员，1992年前后，在渔船停靠在巴西城市累西腓的时候，他们从渔船上登陆，辗转在巴西各地打工，后来在圣保罗定居下来。[2] 可以估计在2000年之前，生活在巴西的福建省华侨华人总数不会超过100名。如果按年增长12%计算，截至2018年，巴西有900~1000名来自福建省的华侨华人。这些新移民的生计几乎和他们的前辈一样：开餐馆、杂货店和商店，销售从中国进口的日用小商品。应注意的是，其中一些新移民为携资者。不过，中国大陆新移民文化程度高低不等，总体上偏低，有知识专长者不多，资金拥有量也或多或少不等。

可以说，到20世纪70年代，巴西华侨华人总数的增长，主要建立在台湾地区侨民移入人数增长的基础上。但到1979年后，巴西华侨华人总数增长，则主要是建立在中国大陆新移民大幅增长的基础上。这一轮中国到巴西的新移民潮的人数增长十分惊人。到1984年，已增至7万人；到

---

[1] 施雪琴：《改革开放以来福清侨乡的新移民——兼谈非法移民问题》，《华侨华人历史研究》，2000年第4期，第26–31页。
[2] 刘正奎、孙登光等人的口述资料，据陈怡辉（巴西圣保罗大学文学院硕士研究生）整理，由束长生提供。

1988年，再增至10万人，跃居拉美各国之首；再到1999年，已达到约13万人，其中来自台湾地区的约9万人，其他地区的3万多人。他们主要分布在巴西东南沿海的大中城市，如圣保罗市及其近郊有10万多人，原首都里约热内卢约7000人，伊瓜苏市约3000人，阿雷格里港约700人，首都巴西利亚有40多户，150多人。还有少数散居于库里提巴、萨尔瓦多、维多利亚、纳塔尔城（Natal）以及亚马孙河口等地。[①]此后，巴西华侨华人的城市有更大的扩展，分布地域和人数规模也有不同程度的增加。就分布地域来说，新移民除了传统移民生活的东部大城市外，还开始深入内陆一些城市；就人数规模来说，各个城市的华侨华人均在原来的基础上有不同的增长，有的城市还改变了在全国的"排位"。例如，东部沿海的累西腓和福塔莱萨（Fortaleza）等地，原来华侨华人的人数"排名"较后。但进入21世纪后，新移民增速加快，远高于其他一些城市。这些地方主要是交通比较便利、商机比较充分的城市。这些城市多数位于东部沿海，新移民到这些城市来，主要是从事中国小商品销售。由于中国小商品种类和数量越来越多，华人商铺也就越来越多。这些地方也可以看作是以圣保罗为中心的中国小商品分销市场。这与中国新移民的主要职业是从事巴中间的进出口贸易，以及中国小商品的批发和销售业务紧密相关。华侨华人的居住形态仍然是属于密集群居类型的，即以地缘关系为基础，聚居在某一片地方。这一点从过去到今天都没有多大变化。

除了上述地方外，中国新移民的足迹也进入巴西内陆地区一些城市，特别是靠近沿海城市的内陆城市。例如，据中国驻巴西大使馆消息，2013年6月22—26日，时任中国驻巴西大使李金章访问了巴西米纳斯吉拉斯州。在该州贝洛奥里藏特市（Belo Horizonte）停留期间，李大使由随行访问的时任中国驻里约热内卢总领事陈小玲等人陪同，看望了米

---

①白俊杰：《巴西华侨华人概述》，周南京：《华侨华人百科全书·历史卷》，北京：中国华侨出版社，2002年，第35页。

纳斯州贝洛奥里藏特市的侨胞代表。从照片上看，参加会见的侨胞代表有20多人。[①]又，2017年6月2—3日，时任中国驻里约热内卢总领事李杨率总领馆工作组赴巴西米纳斯吉拉斯州首府贝洛奥里藏特市开展领事巡视。他走访侨胞家庭，察看华人商铺，详细了解侨胞经商、生活情况。[②]贝洛奥里藏特市等少数内陆城市本来就存在着数量不等的传统华人，在新移民时代，这些城市也跟其他沿海城镇一样，迎接着中国新移民的到来。当然，包括贝洛奥里藏特市在内，居住在这些内陆城镇的中国新移民人数肯定还不多，且在城镇之间进行比较的话，不同城镇的新移民人数也有多有少。实际上，现在还难以肯定众多的巴西内陆城镇中，每一个城镇是否都有中国新移民，如果有的话，各自有多少。但从发展趋势来看，进入内陆地区城镇的中国新移民人数将会逐渐增加。

圣保罗和里约热内卢是巴西华侨华人最多的两个城市。里约热内卢作为首都的时候，应是巴西华侨华人最多的时候。伴随着巴西首都从里约热内卢迁到巴西利亚，特别是圣保罗作为巴西乃至南美洲第一大商港的迅速兴起，热衷于经商和从事进出口贸易的华侨华人便越来越多地选择定居在圣保罗。虽然萨尔瓦多（Salvador）对比圣保罗和里约来说华侨华人数量较少，但华侨华人的影响力在这座城市也随处可见。重要的是，萨尔瓦多在作为巴西首都时，华侨华人人口曾经达到高点。但当萨尔瓦多失去了首都地位时，华侨华人人数一下子降到低点。21世纪10年代的变化似乎表明，华侨华人回来了，但笔者认为已永远不可能恢复往昔的局面了。根据笔者在萨尔瓦多的调查，这里的新移民基本上以从事餐饮业为主，大部分人还处于起步阶段，倒是东部沿海其他后起的城市，特别是累西腓和福塔莱萨，新移民满目皆是，他们开的店铺鳞次

---

① 《李金章大使访米纳斯州会晤政要看望侨胞》，（2013-07-03），巴西华人协会网。
② 《李杨总领事赴米纳斯吉拉斯州开展领事巡视》，（2017-06-07），中华人民共和国驻里约热内卢总领事馆网站。

栉比。

马赛拉·阿莫林（Marcela S.M.A. Amorim）2016年的论文指出，中国移民群体跟来自其他国家的移民群体一样，主要聚居在巴西东南部的发达地区［包含4个州即圣保罗、里约、米纳斯吉拉斯和圣埃斯皮里图（Espírito Santo）］。东南部地区的中国移民占中国移民总数（37417）的80.7%，巴西南部发达地区中国移民占总人口的7.1%，东北部欠发达地区的中国移民占其总数的7.2%，地广人稀的北部和中西部，中国移民人数只占总人数的2.6%和2.4%。

马赛拉·阿莫林（2016年）认为，中国移民主要居住在东南4个州的首府及其附近的城市地区，其分布情况是：圣保罗大都会地区（MR-SP）有16331人，占圣保罗州中国移民总人口的77.1%；里约热内卢大都会地区（MR-RJ）有6556人，占里约热内卢州中国移民总人口的88.5%；贝洛奥里藏特大都会地区（MR-BH）有359人，占米纳斯吉拉斯州中国移民人口的26.3%；相比之下，维多利亚大都会地区（MR-GV）只有224名中国移民，占该州（圣埃斯皮里托州）中国移民人口的83.6%。

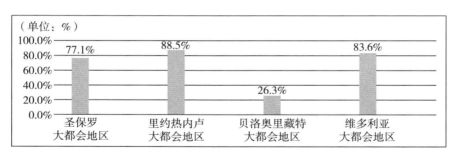

图1　中国籍移民主要聚居的几个大都市，2000—2014

马赛拉·阿莫林还指出，在米纳斯吉拉斯州总共有1364名中国移民，他们分别聚居在四个城市，一是首府贝洛奥里藏特市，该市的中国移民占该州中国移民总人数的26.3%；二是愉悦庄（Pouso Alegre），其占比是17.3%；三是白金市（Ouro Branco），占比是15%；四是伊帕廷加

（Ipatinga），占比是7.2%。

巴西学者吉赛莉·费雷拉（Gisele da Silva Ferreira）的研究表明，[①]在南大河州，有大约146名中国移民在SINCRE系统有登记。中国移民几乎全部生活在城市里。在该州首府阿雷格里港，中国移民占80.5%，在圣莱奥波尔多市（São Leopoldo），占6.4%。居住在阿雷格里港的中国移民主要经营商店，销售来自中国的小商品，其中，独立经营者占47.2%，雇员占30.5%。而居住在圣莱奥波尔多市的中国移民主要从事街头小商品贩卖的工作。

吉赛莉·费雷拉的数据来源是巴西地理统计局2000年和2010年人口普查数据。根据人口普查结果，2010年，在南大河州的中国移民中，大约36.7%是单身，48.0%已婚，其他人处于离婚、分居、寡居等状态。其中42.6%的人具有高中以上学历。费雷拉指出，在2010年，居住在南大河州的中国移民的平均工资为每月2320雷亚尔，人均月收入是1441雷亚尔。该研究发现，中国移民家庭平均只有1.1个孩子，而日本移民家庭平均有3.0个孩子。对这种差异，费雷拉做出这样的解释：中国政府自1979年以来推行独生子女政策，因此，来自中国大陆的移民家庭更倾向于少生，日本移民有不少家庭在南大河州从事农业生产，他们更愿意多生几个孩子。[②]

如果将传统移民时代与新移民时代的巴西华侨华人放在一起进行对照，可以看出，华侨华人的祖籍可分为以下几种情况：一是新中国成立之前到巴西居住的老华侨，祖籍多是广东；二是新中国成立之初到巴西的，多为江浙、山东人；三是20世纪70年代移居巴西的，以台湾地区的为主；四是改革开放后从中国大陆沿海各省市移居的华侨华人。今天

---

①FERREIRA, Gisele da Silva（2016），"*Expansão da População Asiática no Brasil e no Rio Grande do Sul*"，https://www.pucrs.br/face/wp-content/uploads/sites/6/2016/03/51_GISELE-DA-SILVA-FERREIRA.pdf.

②上述有关中国移民在巴西区域分布的数据由束长生提供。

巴西的中国新移民来源地，已经遍布中国大多数省、市、自治区，包括广东、福建、浙江、江苏、湖北、山东、北京、台湾、安徽、湖南、四川、广西、贵州、云南、吉林等省、市、自治区。这与拉美多数国家的新移民来源地集中于中国少数省（区）甚至一两个省（区）的情况大不相同。

到1978年，在巴西的华侨华人总人数也只有65000人左右。改革开放之后，中国大陆人不断移民巴西，由少变多，到1990年，巴西华侨华人总数达到10万人左右。1997年以后，中国大陆移民巴西的人数快速增长。21世纪后很长一段时间里，巴西华侨华人总数一直维持在20万人，到2019年下半年，这一数字已经增长到约30万。中国大陆的新移民中，来自广东、浙江、福建这些侨乡的移民，占新移民的大多数。他们基本上聚居在巴西东南部发达地区的几个大城市，以青壮年为主，多处于25~40岁年龄段。不管是短期签证移民还是长期签证移民，都占50%以上。中国新移民的文化水平不断提高。目前，高中以上学历人口占总人口的50%，有1%左右的中国移民甚至有硕士和博士学位。

如果要列举巴西华侨华人历史上的"双星座"的话，则可以以广东省台山市和浙江省青田县为代表。巴西大多数华侨华人来自中国广东省台山市。台山是中国的著名侨乡，海外侨民近160万。[①] 台山市旅居巴西侨民最多的，是海宴镇。2016年8月羊城晚报在网上发表报道称，海宴镇有很多个"巴西村"，成百上千的村民从这里移居巴西。目前有14650多名"巴西村"的村民移居去了巴西，约占巴西华侨华人总人口的7%。除广东台山市外，浙江省青田县则是巴西华侨华人另一个来源地。20世纪初，青田人开始移居法国，部分人从法国移居巴西，还有一些青田人直接从中国移居巴西。目前，在里约热内卢，青田移民有近5000人；在整

---

① 数据源自台山政府网。

个巴西，青田移民及其后代约有50000人，约占中国大陆华侨华人移民总人数的1/6。[①]

来自中国大陆的华侨华人的移民目的呈多元化样态，或是继承祖业，或是与亲人团聚，或是学习，或是经商。若按移民的文化程度来看，改革开放后来自中国大陆的新移民文化程度高低不等，资金拥有量多少不等，知识专长五花八门，但不少既拥有资金也拥有知识专长的新移民能将两者相结合，开始创建规模较大、技术含量较高、现代化水平较高的现代企业。重要的是，由于他们有现代化的商业知识，一来到巴西就能够甩掉前辈用于养家创业的提篮小卖、锅碗瓢盆，直接进入进出口贸易或实业领域。也有一部分新移民的文化程度不高，不懂得居住国语言，没有特殊技能，只能从餐馆或小工厂等做起。值得一提的是，2011—2018年，中国投资移民逐年增多，总数是918人。中国公民个人对巴西的投资，已经近2亿雷亚尔，在4个投资移民主要来源国中，继意大利和葡萄牙之后排名第三（第四名是法国）。[②]

（二）网络移民中的非正常渠道移民

巴西的新老移民中存在的血缘因素，表现为家庭化、家族化或宗亲化（统一称为"家庭化"）。所谓"家庭化"，有学者做过大意阐析：先是一个移民（通常是作为一家之主的男性）先行出国，其家眷和子女留在家乡，暂时两地（国）分居。等到他本人创业有成之后，便以家庭团聚名义将留守国内的成员一次或数次接到侨居地来，从而在海外建立起一个完整的迁居家庭，但这还是第一层级的海外家庭。等到这个家庭的成员经过几年拼搏并有了一定经济基础后，再充分利用侨居国的团聚政策，设法帮助家乡的近亲（如男女双方的兄弟姐妹等）依次出国。这些被引带出国的人，又经过若干年的创业和积累，如法炮制，将还留在

---

① 郭秉强：《巴西青田华侨纪实：1910—1994》，2005年由青田县政府出资刊印（内部出版）。
② 上述数据由束长生提供。

国内的家人接过来，这样，便形成第二层级的海外家庭。第二层级的家庭再依样画葫芦，通过同样的方式，再将仍然留在国内的近亲引带出国，形成第三层级的海外家庭。如果"游戏"继续玩下去，以此类推，后面层级的海外家庭也会相继出现。于是，具有中国特色的海外血缘家庭就可以一个接一个地在异国他乡产生。[①]巴西也有类似现象，在拉美国家中很可能是比较多的。不过就其延续性来说，笔者认为这种"家庭化"移民现象，具有一定程度上的推测成分，是不大可能长远持续下去的。在华侨华人的家乡发生越来越深刻变化的形势下，他们在家乡的家族后代，要沿着先辈的路继续走下去已经越来越难。

就巴西来说，较有典型特征的这类型移民方式是广东台山市海宴镇的"巴西村"。在海宴镇石阁村一带，多个"巴西村"连成一片。自1992年起，海宴人开始大规模移民巴西，陆续从这里走出去旅居巴西的华侨华人，占了目前旅居巴西华侨华人总数的7%之多，蔚为大观。当然，很多在巴西的海宴族人并不一定居住在一起，更不一定从事同一个行业。他们更愿意做不同的工作，彼此互补，避免同族竞争，但他们平时的联系十分密切。

上面的阐述只是海外家庭的一般迁居模式。事实上，这就是网络移民，只不过是血缘性的网络移民而已，与之相辅相成的是地缘性的网络移民。两类网络移民是巴西移民增长的基本模式。两相比较，血缘性的网络移民更具有秩序性、规范性和可预期性；地缘性的网络移民更具有随意性、广泛性。在巴西，不知道有多少个中国家庭曾经复制过这样的迁居模式，因而通过这种模式迁居出去的移民也不知道有多少。显而易见的是，到了第二层级后，家庭化移民的速度会相对加快。

一个希望移民的人，如果没有血缘关系而只存在着地缘关系，后

---

① 夏凤珍：《互动视野下的海外新移民研究：以浙江侨乡发展为例》，北京：中央编译出版社，2013年，第54页。

者就是其主要依赖的移民方式。他们移居国外的过程中，以及到了居住地后，也可以互相帮助。理论上，就血缘网络移民与地缘网络移民两者比较而言，后者拖带过来的移民人数应该更多。不过从现实情况来看，是很难将两类移民严格区分开来的。更多的情况是，血缘网络移民常被"淹没"在地缘网络移民中。

巴西一些血缘性的家庭化移民，往往是建立在地缘基础上的。这类移民家庭、家族或宗亲，多数来自中国农村，一般都生长在某一个不太广阔的方言地域内，移民过程往往离不开地缘网络的帮助。但移民过程的家庭化，并不意味着他们在居住地职业的家庭化。相反，一个大家族下的不同家庭，在居住地的职业选择往往是分散的、非同业的，目的是避免相互竞争，也是为了谋生上的互补。

不可否认，网络移民是"有偿"的。这种回报，一般是通过移民成功后在目的地践行先前的"承诺"来实现。这种情况下的"承诺"，是没有书面记载的"承诺"。一般流程是，一个出国者由已经在目的地做老板的亲属、亲戚或朋友出钱出力，帮助他办好各种手续，待出国者到达目的地后，便在帮他出国的那位做老板的亲属、亲戚或朋友的店里打工一段时间（一般3年左右），以偿还先前移民过程中办理出国手续、购买机票等项的债务。打工期间没有工资，但老板会包吃包住。一般3年期满，出国者本人便可自主选择到别处打工谋生（当然也可以留在老板的店里打工，如果双方都愿意的话）。在这里，出国者与帮他出国的老板的关系是亲属、亲戚或朋友。无疑，前者出国的整个过程均有赖于后者帮忙。没有后者的帮忙，前者寸步难行。一般来说，只有存在着这些关系，后者才愿意帮前者的忙。这是各取所需的事情，前者愿意出国，后者需要帮工。既然需要帮工，当然是亲属、亲戚或朋友更靠得住。不过从老板家乡来的帮工，也有可能是素不相识的人，但同样要经过上述出国流程。

　　循合法渠道从一个国家移民至另一个国家，是世界各国赋予一国公民的一项权利。所谓循合法渠道，包括了合法出国、合法进入移民目的地国、合法在目的地国定居（包括合法取得居留身份和合法取得居留国公民身份）等环节。世界各国对本国公民的出国、他国公民的入境和定居，都有详细的规定。包括中国公民在内，各国公民在移民他国时，一般都会遵循正常的法规、渠道和规范。这里所描述的是一小部分非正常渠道移民（巴西通常称作"不合规移民"）的情况。

　　客观地说，"非法移民"也是移民。他们的移民之所以被认定为"非法"，主要是在出国、入境和过期居留三个环节中的其中一个环节上，或者其中的两个乃至三个环节上。就移民吸收国而言，则是指三个环节中的第二、第三个环节。但是从"非法移民"在其居住国的经济贡献来说，他们的作用基本上还是正面的。他们以极不相称的低廉价格出卖自身劳动力，为居住国经济发展做出了比其收入大得多的贡献。所以对于各国"非法移民"来说，他们最关心的是尽早除掉箍在头上的"非法"二字。最令他们兴奋的事件是希望巴西政府颁布像2009年那样的"大赦"政策，从而获得合法居留身份。其实，就在2008年11月，巴西政府就计划修改移民法，对"非正常移民"进行新一轮"大赦"。这次"大赦"是对已在巴西居住了一定时间且没有犯罪记录的外国公民在法律上"脱非化"，并使之达到居留合法化的一种特殊手段。新移民法一改军政府时代制定的老移民法过分强调国家安全问题的弊端，更加注重"人道主义"，尽可能简化办理移民过程中的各种繁杂手续。这也是那时候吸引各国移民纷至沓来的重要动因。

　　"大赦"一词本是各国华侨华人对英文"Regularization"（规范化）的俗解，带有某种"戏说"的成分，与刑事上的"大赦"是两回事。对非法移民的"大赦"，指的是通过法律途径使在其境内滞留的"非法移民"的居留合法化的行为。一些西方国家，每隔一些年就要颁布一次"大赦",巴西亦然。据查,巴西近30来年已对"非正常移民"实行过3次"大赦"。上一次是1998年,当时由卡多佐(Fernando Henrique Silva Cardoso)总统签署"大赦令",有近4万名(一说2.5万)"非法移民"取得了合法身份;再上一次是1988年,共有3.8万外国人获得合法居留权;再上一次是1981年。可见巴西是个有"大赦"传统的国家。这也是巴西能够成为民族熔炉的原因之一。

2009年巴西的"大赦"是进入21世纪后实行的对国际移民问题影响较大的一次"大赦"。巴西政府于2007年下半年就开始研究相关政策,制订了实施方案。卢拉(Luiz Inácio Lula de Silva)总统原计划以总统颁发临时法令的方式公布"大赦令",意在避开以国会议案形式进行"大赦"的烦琐程序(这一程序是先由众议院表决再送参议院表决,因议案太多而可能旷日持久)。不过卢拉在2009年年初还是放弃了临时法令方式而改由国会表决。2009年2月18日,经过两年多的审议,巴西联邦众议院通过卡洛斯·扎巴吉尼起草的1664号法案,规定凡是2009年2月1日以前抵达巴西并滞留未归而符合该次"大赦"条件者,届时可在指定时间到指定地点办理在巴居住手续,而2月1日之后进入巴西者则不在"大赦"范围。[①]2009年6月4日,巴西众议院表决通过了针对非法移民的"大赦法案"。7月2日下午,举行总统签字仪式。7月3日,该法令将在政府公报刊出("大赦法案"正式生效是7月6日)。在举行总统签字仪式时,巴西司法部特意邀请了部分华侨华人社团代表出席,见证签署过程及了解办理"大赦"相关手续。受到司法部邀请的华人侨领及代表有:李炎昌、梅裔辉、陈沃康、李玉柏、吴耀宙、叶康雄、叶康妙、赵永平、

---

① 《巴西对非法移民大赦,对09年2月1日后入境者无效》,中国网据巴西南美侨报/巴西侨网报道,2009年3月16日。但在2009年4月,参议院在审议该法案时,对入境日期的规定做了修改,把入境时间限定在2008年11月1日之前。该法案又退回联邦众议院重新审议。结果仍然维持众议院所提议的2009年2月1日之前入境的期限,并获得众议院全体大会的通过。

田波等。[1]

根据1664号议案，估计将有5万多外国来的"非正常移民"通过大赦获得巴西的合法居留权。在此次大赦前，在巴西境内共有约87万名拥有合法居留身份的外国移民。[2]这样，加上即将被"大赦"的5万人，则在巴西境内拥有合法居留身份的外国移民便达到92万。

当然，巴西所承受的"非法移民"压力，没有也不可能因为2009年一次最新的"大赦"而消失。这是一个十分复杂的世界性现象，也是一个国际性的难题。对这些"非法移民"来说，他们往往因为没有合法身份而被迫打黑工，在恶劣条件下工作生活，还享受不到应有的医疗和教育等权益。巴西2009年"大赦"后，华侨华人中的这一问题得到缓解，有利于他们权益的维护，也有利于华侨华人更和谐地融入当地社会。

五、现有的关于中国移民人口的重要参考数据

（一）传统移民时代（1979年以前）

在19世纪初中国茶农开始来到巴西后，其他类型的移民也陆续而来。其中最为人熟知的，便是以"契约华工"方式来到巴西的华侨。有关"契约华工"的人数，不可能找到连贯的数字，甚至不可能找到每个时期的可靠数字。除了"契约华工"外，迁居巴西的自由劳工也很多，对于他们，同样难以看到完整的准确的数字。现在所能看到的若干有关传统移民时代的华侨数字，来自不同的出处。下面将之按照年份顺序排列在一起，仅供参考（不排除可能有重复）。

据不完全统计，巴西19世纪引进中国劳工的具体情况如下：1808年，1人；1809—1815年，300余人；1855年2月9日，303人；1855年6月11日，

---

[1]《巴西总统将签非法移民大赦令，华人代表出席》，2009年7月2日，中国新闻社。
[2]《巴西年底大赦四万名非法移民》，《温州日报》，2008年11月16日。

6000人；1856年3月19日，368人；1866年10月，312人；1874年，1000人；1893年12月6日，475人；1900年8月15日，107人；1909年，300人，共计约1万人。[①]可以说，1809—1909年的一个世纪期间，巴西多次运进的1万名左右的中国劳工，均是私自招募而来的，不是两国政府间的官方行为。

上列数字有两个特征：其一，这些数字多半是从中国引进时的"入境现时统计数字"，不包括他们进入巴西后的死亡、回国、生育的后代等方面的"折减数字"和"衍生数字"；其二，这些数字是有记载或曰有案可查的，不涉及可能更多的无案可查的数字。因而，这里的每一个数字都可能有各自的移民目的，同一个数字可能是朝着同一个移民目的而来的同一批人。例如，1809—1815年的300余人，是清一色的来里约热内卢、巴伊亚等州种茶的中国茶农；1855年6月11日的6000人，是清一色的来修建"唐佩德罗二世铁路"的华工（其中5000多人在其后的霍乱中死去）；1866年10月的312人，是被里约热内卢一个公共工程企业家雇用来干活；1874年的1000人（来自广州），是清一色的采金矿工，被米纳斯吉拉斯州一个南美洲最大的矿业公司（英资）招到其属下的"老山矿"开采金矿；1909年的300人，是清一色的来修建马代拉—马莫雷铁路的华工；等等。

到目前为止，各种各样的巴西华侨华人数字可谓五花八门，但每一个数字都有研究价值。由于当时巴西对外国人入境的记录档案不完整，以致我们今天很难得到完全而准确的数据，得到的只是片段性的且原始出处不详的数字，各个数字目前确实还不能进行有序的系统化整合。

除了上面比较可靠的单个数据外，还有以下数据可供参考：

——资料显示，从1810年到1874年，共有2633名华人来到巴西。[②]他

---

① 陈太荣、刘正勤：《19世纪中国人移民巴西史》，北京：中国华侨出版社，2017年，第48页。
② 袁一平：《华人移民巴西二百周年简史》，《华人移民巴西200周年纪念特刊》，南美侨报社编印，第1页。

们包括茶农和以其他身份来的人。

——1881年，中巴签订《通商友好条约》，但不能满足巴西对华工的需求。在以后的几十年中，巴西政府曾多方努力，企图大量招收华工，但收效不大。据中国驻巴西公使馆调查报告，1931年旅巴华侨人数为820人，1940年为592人。直到1949年，旅居巴西的华侨华人也未超过1000人。[①]

——巴西的葡萄牙殖民当局多次在广东、福建招募华工，还有些华工是从其他国家通过各种途径进入巴西的。到1881年中巴建交时，巴西约有华侨2000多人。这一年，中巴签订《通商友好条约》，但也不能满足巴西对于廉价华工的需求。但在1884年至1933年的50年间，由于清政府拒绝巴西的招工要求，华工进入巴西的只有1581人，其中1931年为820人。[②]

——在1884年至1933年的50年之间，由于清政府拒绝巴西的招工要求，华工进入巴西的只有1581人，其中1931年为820人，1940年为592人，到1949年新中国成立前，巴西华侨不超过1000人。[③]到20世纪50年代初，全巴西华侨华人不足千人，圣保罗市约300人。

到1959年，巴西的华侨人数增至6748人。进入新移民时代后（20世纪60年代台湾地区的移民已可归入新移民时代），1967年，巴西的华侨华人增至17490人，1972年已增至4万人。[④]根据以上数据可以看出，巴西华侨华人的增长曲线，在1949年后出现了迅猛增长的趋势：1949—1959年增长了5700多人，1959—1967年增长了1万多人，1967—1972年又增长

---

①白俊杰：《巴西华侨华人概述》，周南京：《华侨华人百科全书·历史卷》，北京：中国华侨出版社，2002年，第35页。
②卢海云、王垠：《华侨华人概述》，北京：九州出版社，2005年，第143页。
③白俊杰：《巴西华侨华人概述》，周南京：《华侨华人百科全书·历史卷》，北京：中国华侨出版社，2002年，第35页。如前所述，由于历史上华人从一入境开始就使用葡文名字，这些数字是被严重低估的。
④白俊杰：《巴西华侨华人概述》，周南京：《华侨华人百科全书·历史卷》，北京：中国华侨出版社，2002年，第35页。

了23000多人，此中应包括1971年中华人民共和国恢复在联合国合法权利后一部分来自台湾地区的移民。不难看出整条增长曲线是陡坡状的。他们基本上是从居住在中国大陆以外的地方移民巴西的。可以肯定，到20世纪70年代，巴西的华侨华人数量增长，主要是建立在台湾地区移民人数增长的基础上的。上面数字在一定程度上反映了一段较长时期内华侨华人在拉丁美洲的人口布局。这一人口布局，到1979年之后，由于大量新移民的到来才被打破。如今巴西华侨华人人数估计已增至约30万，其中新移民人数已远超过传统华人。

（二）新移民时代（1979年以后）

在传统移民时代移居巴西最多的中国人，分别来自广东、浙江和台湾三地，形成了三足鼎立局面。由于找不到历史上就这三大地缘群体的人口数据，这里且以今天三大地缘群体的数据做一个参照。粗略地看，今天的移民人口结构与历史上的结构应是高度吻合的。三大群体中，广东移民人数最多，广东人中又以台山籍人数最多，但相关情况最为模糊。只知道今天巴西的华侨华人（包括新移民）约有20万人，[1]其中圣保罗约18万人，广东籍就有约8万人；里约热内卢有1.8万人左右，广东籍约1.5万人。从巴西全国来看，广东华侨华人约占50%，约有10万人。[2]虽然目前尚难分辨广东籍华侨华人中的传统移民和新移民各自所占的人数和比例，但由于巴西的传统移民历史较久远，广东传统移民（包括华裔）人数所占的比例肯定很高。不管是什么时期的移民，来到巴西之初，一般会在一定范围内聚集而居，天长日久，一些人才因工作原因而他迁。

束长生教授得到了2000—2014年在SINCRE系统登记的中国移民总人

---

①约从2019年下半年开始，巴西侨社将这一数字更改为30万人，但后面的细分数字未见更改，这里仍据其旧。
②广东海外侨务资源调研组南美线小组：《南美地区侨务资源调研报告》，广东省人民政府侨务办公室、广东省社会科学院：《侨力资源新优势与广东转型发展——2011广东海外资源调研报告》，第234页。

数，这里列出来供参考。巴西政府根据其外国人登记系统（SINCRE）的数据，发表了2015年国际移民观察报告，对2000—2014年以来入境巴西的国际移民的基本情况做了详细的调查，对中国移民的基本数据也有公布。2000—2014年，拥有巴西永久居留权的大陆移民的年平均增长率是15%。

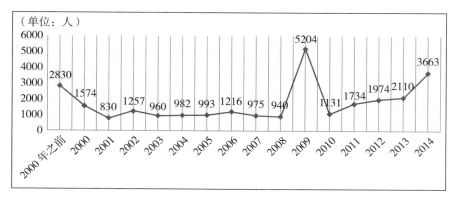

图 2　中国籍持巴西永久签证移民人数（SINCRE），2000—2014

资料来源：根据巴西国际移民观察站2015年度报告数据绘制（Tabelas1.2.2 & 1.2.5. Relatório Anual de 2015, pp.47-50），束长生提供。

另外，根据2015年年度报告，在28373名持有巴西永久居留权的中国移民中，女性占51%，男性占49%，男女人数大致持平，性别均衡。

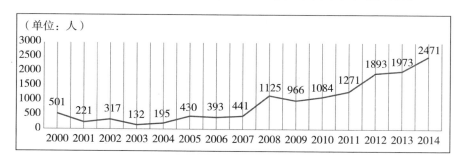

图 3　中国籍持巴西短期签证的移民人数（SINCRE），2000—2014

据图3所示，在巴西的国际移民登记系统中，2000—2014年，持短期签证的中国大陆新移民总共有13413名，年平均增长率为25%。这说明，在此期间，中国和巴西的人员交流很频繁，而且不断加快。他们持有巴西各类短期签证（留学、劳务、商务等），通常是一年期，可延长，也有些签证只有6个月且不可延长。 他们大多数在签证到期后就离开巴西了，但也有少数人留在巴西，具体情况不详。另外，持短期签证的中国大陆新移民人口中，男性人数是11022人，占总人数的82%，女性人数是2391人，占总人数的18% 。短期移民人口中，男多女少。这说明，大多数持短期签证来巴西的中国移民，主要以25~40岁的男性青壮年为主（59%），老人和小孩通常不会跟他们在一起。还有很多人把妻子也留在国内，一旦男方在巴西稳定地居留下来，就会把妻子接过来。但可以相信，夫妻俩在巴西都拿到永久居留权之后的中国移民，仍倾向于把老人和小孩留在国内。究其原因，一是小孩子要在中国念书，就需要老人照顾，二是老年人不愿离开熟悉的家乡，迁居一个路途遥远、语言不通并且文化迥异的陌生环境。根据孔令君报道，"据当地教育部门统计，2015年（浙江省）青田县在校学生中，双亲或单亲在国外的，占比为34.91%，而有海外关系的学生，占总数的88.66%"。[1]

六、结语

在拉丁美洲，巴西是出现华侨华人移民最早的国家之一，也是华侨华人移民地区来源地最多样的国家。在晚清时期（1911年前100年间），中国沿海地区的农民多通过澳门断断续续地迁居巴西；在中华民国时期（1911—1949年），巴西的华侨华人基本上来自中国的广东和浙江等省份；在中华人民共和国成立后的30年内（1949—1979年），巴西的华侨华人主要来自中国台湾地区，小部分来自中国大陆地区、东南亚地区以及东非地区的莫桑比克。其中在20世纪50年代初经过香港等地来到巴西

---

[1]《解放日报》记者孔令君2018年8月30日的报道。

的一批原生活在中国大陆的民族资本家，带来了大量资金和技术，他们于20世纪50年代后在巴西的企业经营中取得了巨大成功。1979年之后，巴西的华侨华人基本上来自中国大陆地区，遍及东部和中部大部分省市，少数来自西部省市，新移民人数远超历史上各个时期。另外在20世纪80年代，还有一小部分来自中国台湾地区。顺便指出，历史上拉美其他国家也有少量华人零零星星地迁居巴西，数量虽少但无法统计，本文从略。各个历史时期来到巴西的华侨华人，基本上居住在巴西东部沿海各大城市，少数散居在巴西内陆地区的大小城镇。历史上，多数华人都终老巴西而没有回到家乡。今天的中国大陆的新移民，一般多持当地居留证和中国护照居住在巴西，少部分加入了巴西国籍。巴西华侨华人历史上所从事的职业很多，但到了近现代，则集中在餐饮业、杂货业（含食品和日用小商品批发销售）和进出口贸易等领域，另外从事农业开发和耕垦的比例也很高。不同时期的华侨华人均能与当地人民和睦相处，为巴西的经济发展和社会进步做出了重要贡献，也成为中国与巴西经济文化交流的桥梁和纽带。

《雷斯法案》与 20 世纪 20 年代初 巴西的排日活动

杜 娟[①]

内容提要：20世纪初，巴西的民族主义意识开始萌生。社会精英们一方面努力摆脱在文化和经济层面对欧洲的认同和依附，寻求独立的发展地位，另一方面也在积极思考巴西民族的内涵和独特性，不再一味地追求复刻欧洲文明，而是要构建美洲地区的新的身份认同。在这个过程中，巴西的文化民族主义和经济民族主义思想高涨，促进民族融合和多元化发展是主流声音，但同时也存在极端民族主义和种族歧视的不和谐之音，加上受到美国排日运动的影响，这些势力将日本移民群体树立为民族认同对立面的"他者"，从而导致1923年《雷斯法案》的出台。但该法案实施不足3年便被废止。这表明相较于美国，巴西总体上仍是一个种族关系比较和谐、社会环境相对宽松的国家。

关键词：巴西　民族主义　种族主义　日本移民　雷斯法案

巴西在19世纪中叶禁奴后，便开始寻找新的劳动力来源。对此，巴西国内不同群体围绕引进欧洲移民还是中国移民展开了激烈的争论。

---

①杜娟：历史学博士，中国社会科学院世界历史研究所副研究员、中国拉丁美洲史研究会理事。

移民对于巴西而言不再只是经济符号，也是社会、文化和政治制度的符号。受欧洲近代生物学、人种学以及社会达尔文主义的影响，巴西的社会精英崇尚"白化"思想，鼓励引进欧洲移民，促进种族融合。19世纪末，巴西进入大移民时期。巴西的民族认同感在不断地塑造"他者"和固化"我们"的过程中逐渐清晰。但是，正如巴西独立运动的不彻底性和经济发展的依附性，近代"巴西人"的民族认同也缺少独立性，它是依附于欧洲文化的，是一种欧式巴西认同。[①]进入20世纪，巴西人开始发掘自身文化区别于欧洲文化的独特性。然而，一些极端民族主义者和种族主义者却将阻碍巴西民族认同构建的矛头指向了日本移民，指责他们不易被同化且具有扩张主义野心。1923年，巴西国会通过了限制移民的《雷斯法案》（*Reis Act*）。该法案带有强烈的种族主义色彩，将排日活动推向了高潮，也为巴西的种族关系抹上了不光彩的一笔。

近年来，国内史学界对拉美移民史和族裔史的研究方兴未艾，但是对于日本移民群体的关注仍然较少。1908年，日本人开始向巴西移民。现今，巴西是世界上海外日裔群体最为庞大的国家，日侨在巴西享有较高的经济和社会地位。巴西的日本移民甚至被视为近现代国际移民史上的成功典范。事实上，日本移民在巴西的境遇并非一帆风顺，而是充满波折。因此，研究巴西的日本移民具有一定的学术意义，可以进一步拓展和深化国内拉美外来移民史学。与此同时，本文对《雷斯法案》和20世纪20年代初巴西排日活动的剖析，也可以展现巴西种族关系的不同面向。

一、巴西民族主义意识的萌生

19世纪，巴西社会精英将欧洲尤其是法国看成文化导师，他们深受

---

①杜娟：《废奴前后巴西关于外来劳动力问题的争论》，《拉丁美洲研究》，2019年第2期。

欧洲人思想、行为、文学、艺术的影响，信奉种族理论，鼓吹"白化政策"，试图通过引进代表"先进文明"的欧洲移民，改造独立后"落后野蛮"的巴西，以欧洲为模板打造巴西。20世纪初，越来越多的巴西知识分子开始反思之前对欧洲文化的过度依赖，以及对本土文化的贬低和无视，他们不再一味地追捧欧洲文化，日渐强烈的民族情感促使他们发现、解释并鼓励巴西自己的文化，关注巴西的民族特性。文化民族主义思想意在摆脱巴西对欧洲文化的依赖，寻求自身的"文化独立"。

1922年2月11日至17日，在圣保罗州举办的"现代艺术周"（Modern Art Week）将知识分子的文化民族主义情绪推向了高潮。这一年，巴西举办了独立100周年庆典，浓烈的爱国主义氛围推动了此次艺术周活动的举办。巴西著名作家格拉萨·阿拉尼亚（Graça Aranha）致开幕辞，他说知识分子正在反抗巴西艺术的萧条状态。艺术家们通过诗歌、音乐、绘画和雕塑等形式阐发自己对巴西的理解和热爱。诗人罗纳德·德·卡瓦略（Ronald de Carvalho）称："让我们忘记雅典卫城的雕刻和哥特式教堂的塔楼……我们是高山和森林之子。不要再考虑欧洲，考虑一下美洲吧。"[1]诗人梅诺蒂·德尔·皮基亚（Menotti del Picchia）把这一时期的文化民族主义高度概括为"巴西的巴西化"。年轻的埃托尔·维拉-洛沃斯（Heitor Villa-Lobos）指挥着以乡村为题材并使用本地乐器演奏的音乐。埃尔纳尼·布拉加（Ernani Braga）创作了大量鼓舞人心的民族主义乐曲。1924年，阿拉尼亚在巴西文学会（Brazilian Academy of Letters）上发表演讲称，在新的世界形势下，作为欧洲遗产的巴西民族文化已经发生了变化，巴西文化应该感谢欧洲，但它也是自身环境的产物。作家们开始攻击他们原有的热爱欧洲的文体传统，抨击这一传统抑制了他们自己的创造力，鼓励要尊重民族传统，从国家原始资料中获取灵感，倾

---

① [美]E.布拉德福德·伯恩斯著，王龙晓译：《巴西史》，北京：商务印书馆，2013年，第276页。

听民族深处的声音。这一时期出现的巴西新文学呈现出解放形式、富于新形象和乡土主义题材和表现形式等特征。[①]

除此之外，巴西知识分子开始摒弃欧洲的种族学说，认为这是欧洲人企图采用精神殖民来征服自己国家的一种阴谋，新的民族主义不再妄自菲薄，不再谴责巴西人是劣等种族，而开始赞扬巴西文化的独特性——三个人种促成的文化和种族。阿丰索·赛尔索（Afonso Celso）是巴西早期文化民族主义的代表人物。他的专著《为什么我为自己的国家骄傲》（*Porque Me Ufano Do Meu País*）[②]被奉为民族主义文学的经典，书中洋溢着阿丰索对巴西种族融合的骄傲之情，认为美洲印第安人、非洲黑人和白人三者的任意组合都会拥有让人引以为豪的品质。由于迎合了大多数巴西民众的文化诉求，该书成了畅销书，于1901年首版后多次再版，甚至成为小学生的必读书目。知识分子对种族持更加开明、平等的态度，将种族融合视为一种成就，而非耻辱。

经济民族主义思想伴随着巴西工业化的不断推进而产生。阿尔贝托·托雷斯（Alberto Torres）是巴西国内最早倡导现代经济民族主义的人。围绕民族主义概念和巴西发展道路的问题，他曾于1909—1915年出版了系列丛书，其中1914年的《巴西国家问题》（*O Problema Nacional Brasileiro*）[③]一书集中阐释了经济民族主义思想。他认为，巴西经济最大的问题在于把命运交给了外国人，而要实现民族独立和真正的民族主义，就必须控制本国的财富来源、初级产品工业、经济流通部门、交通业和商业，同时要确保没有垄断和特权。

巴西工业在19世纪80年代开始勃兴，并在此后的30年间保持着良好的发展势头。1911—1920年，巴西工业产出的年增长率约为4.6%。1920

---

①[美]E.布拉德福德·伯恩斯著，王龙晓译：《巴西史》，北京：商务印书馆，2013年，第277页。

②Afonso Celso, *Porque Me Ufano Do Meu País*, Rio de Janeiro: Editora Expressao e Cultura, 1998.

③Alberto Torres, *O Problema Nacional Brasileiro*, Reprint from the Collections of the University of California Libraries, 1914.

年巴西的工业品总产值为15306万美元，约是1905年的5倍。[①]这一时期发展起来的工业结构是以轻工业为主导的。1907年，纺织品、服装、鞋类和食品工业的产出占工业总产出的57%，这一比例在1919年超过了64%。同英国和美国的工业化一样，纺织业是当时巴西最重要的工业部门，1919年占工业总产值的29.6%。1885—1921年，棉纺织工厂的数量由48家增至242家，工人数量从3172名升至108960名；产量从1885年的20595千米增到1905年的242087千米，增长了10倍多，在之后的十年内又翻了一番，增至470783千米，1921年继续攀升到552446千米。从工业机器进口的数值也可以看到这一时期巴西工业发展的速度。1918—1923年，巴西纺织机器的进口量由2194吨增加到8838吨，相应地，纺织机器的进口额也从31.4万英镑增至93.4万英镑；其他产业机器的进口额也增加了2倍多，从76万英镑升至153.7万英镑。[②]除了纺织业等传统产业，巴西的其他产业如钢铁、化工、冶金、烟草等也迅速增长。

需要指出的是，20世纪20年代巴西工业发展的活力植根于蓬勃发展的咖啡出口业。咖啡在巴西出口业中的份额从1919年的56%增至1924年的75%以上。[③]在种植园主和外国资本的推动下，旨在支持咖啡产业发展的基础设施投资，如铁路、电站等大量涌现，为本地工业生产的增加创造了条件。而咖啡经济的繁荣是建立在雇用大量外来移民的基础上的。外来移民对于巴西经济的发展具有双重作用，他们既是咖啡出口及相关产业的生产者，同时也是消费者，扩大了廉价消费品的国内市场。

此外，尽管在20世纪前20年巴西工业有了显著发展，但农业仍然是经济增长的引擎，1907—1919年，巴西的工业产值在实际生产总值中仅

---

①[美]E.布拉德福德·伯恩斯著，王龙晓译：《巴西史》，北京：商务印书馆，2013年，第257页。

②[美]维尔纳·贝尔著，罗飞飞译：《巴西经济：增长与发展》，北京：石油工业出版社，2014年，第37、41、42、50页。

③[美]维尔纳·贝尔著，罗飞飞译：《巴西经济：增长与发展》，北京：石油工业出版社，2014年，第40页。

占21%，与之相比，农业则占到了79%。虽然制造业在巴西进口结构中的占比有所下降，从1901—1910年的83.6%降至1911—1920年的78.7%，但仍然占有较大比重。①这说明巴西仍然是一个农业国，以农产品出口为主导的经济结构并未发生大的变化。巴西国内缺乏流动资本和完善的货币、信贷和银行体系，缺少熟练工人和技术人员，交通运输网络不发达等都是制约工业化的因素，但更深层的原因是社会精英根深蒂固的重商主义思想和农业部门的利己主义。咖啡经济的繁荣导致巴西形成"咖啡寡头"政治，拥有巨额财富的咖啡种植园主通过操控大选，与政界结盟，掌控着全国的政治、经济和外交大权。1894—1930年，巴西总统大多来自圣保罗、里约热内卢和米纳斯吉拉斯（Minas Geras）这一"咖啡三角区"。政府部门被既得利益集团农业寡头所控制，从政策层面上就无力推动全国的工业化，而只是针对服务于出口农业的行业出台扶持政策。

即便如此，巴西的工业发展仍然能为城市劳动力提供新的商机和就业机会。1907—1920年，巴西的工人数量从13.6万人增加到27.6万人，其中纺织业工人从5.3万人增至10.4万人，食品加工业工人从2.9万人增至4.1万人。工业最集中的联邦特区有3.5万名工人，圣保罗有2.4万名工人，南里奥格兰德（Rio Grande do Sul）有1.6万名工人，里约热内卢有1.4万名工人，伯南布哥（Pernambuco）有1.2万名工人。②庞大的外来移民充斥着巴西各行各业的岗位，不仅促进了巴西的咖啡经济繁荣，也为其工业发展做出了巨大贡献。铁路公路网的发展不断挑战种植园主的权威，并结束了契约农工的被隔绝状态，他们沿着铁路和公路去往城市和港口，加入装卸工人、建筑工人、服务工人和零售商的队伍。正因为有了他

① [美]维尔纳·贝尔著，罗飞飞译：《巴西经济：增长与发展》，北京：石油工业出版社，2014年，第49页。
② [美]E.布拉德福德·伯恩斯著，王龙晓译：《巴西史》，北京：商务印书馆，2013年，第256-257页。

们，巴西的工农业产值才能被一次次刷新。反过来讲，一方面巴西咖啡经济的持续扩张需要更多的契约农工，另一方面新兴的工业发展也为外来移民提供了更多的就业机会。

总之，20世纪20年代巴西经济在整体上呈现出产业多元化的趋势。这是由多种原因造成的。其一，外资进入了水泥、钢铁和一些耐用消费品行业，这些行业大部分从事产品组装。其二，巴西政府为新兴产业的企业发展提供了特别支持，如进口设备免税、保障利率贷款等倾斜政策。其三，第一次世界大战前就已经存在的许多维修厂，在战争期间扩大了经营活动，并在战后将利润用于扩大再生产。这种工业发展状况为此后巴西提升工业化水平奠定了基础。经济民族主义思想主张发展工业化的集约型经济，并引导经济多样化，防止把外汇收入用于本来可以在国内生产的进口产品上，强烈要求政府发展制造业，提高国家的自给能力，只有这样巴西才能实现真正的经济独立。

需要指出的是，在巴西民族主义意识萌生和民族认同形成的过程中，促进民族融合和多元化发展是主流声音，但同时也存在极端民族主义和种族歧视的不和谐之音。

二、极端民族主义的排日言论与《雷斯法案》的出台

整个19世纪，英国主导着巴西的商品和资本。然而，随着美国在19世纪末的强势崛起，并成为巴西出口商品最重要的目的地，巴西的外交重心也相应地从伦敦转移到华盛顿。20世纪初，里奥·布兰科（Rio Branco）担任巴西外交部部长期间，积极解决地区争端并构建全新的巴西国际形象，是民族主义外交的体现。在他任期内，巴西划定了同阿根廷、法属圭亚那、玻利维亚、秘鲁、厄瓜多尔、委内瑞拉、哥伦比亚、乌拉圭等邻国和地区的边界线，解决了困扰巴西数百年的领土争端问题，在为国家增加了88万平方公里领土的同时，消除了引发冲突和战

争的潜在危险。此外，布兰科还通过举办泛美大会等举措加强同其他拉美国家的关系，追求在南美地区的领导权及其在拉美乃至世界的大国地位。这一系列外交政策取得巨大成功的主要原因在于，布兰科确立了巴西和美国之间没有缔结条约的非正式联盟关系。布兰科十分清楚，与美国密切交往能够打破南美势力平衡，并使之偏向于巴西，提高本国外交在国际上的话语权。与美国建立非正式联盟关系、主张泛美主义、追求地区领导权和提升国际威望共同构成了里奥·布兰科的四大外交遗产。他结束了帝国时期聚焦于边界纠纷狭隘的外交视野，并为更加开放、更具国际眼光的共和国外交奠定了基础。由于他的外交政策不具体代表某一党派，回避国内政治斗争，而是以国家利益为根本出发点，所以，他的外交政策被巴西人视为"国家统一思想和民族主义发展的外在表现"[1]，后来的巴西统治者基本都遵从布兰科的外交理念，巴美关系一直都处于稳中向好的态势。

　　巴西与美国的特殊关系使其在移民政策上容易受到美国的影响。1908年的美日《君子协定》（*The Gentlemen's Agreement*）宣告日本大规模向美国输出契约劳工时代的终结，但并没阻止日本人移民美国的脚步。1909—1920年，共有92907名日本移民入境美国。[2]日趋合理的性别结构和稳定的家庭关系改变了早期赴美日本男性移民的心态和生活模式，他们逐渐转变了衣锦还乡的"寄居客"心态，期盼在美国定居，并从雇佣劳动中脱离出来，投入以家庭为单位的独立农业生产，土地经营规模不断扩大。1913—1920年，日本移民在美国的土地租赁面积从155488英亩[3]扩大至192150英亩，土地所有面积从26707英亩增加到74769

---

①[美]E.布拉德福德·伯恩斯著，王龙晓译：《巴西史》，北京：商务印书馆，2013年，第238页。
②Akemi Kikumura-Yano, *Encyclopedia of Japanese Descendants in the Americas: An Illustrated History of the Nikkei*, Altamira Pr，2015，p.279.
③1英亩≈4046.86米²。

英亩。①日裔人口的迅速膨胀，以及日侨在农业领域取得的成就让美国人
嫉妒和恐惧，再度激发了美国国内的种族主义和排日情绪，第一次世界
大战前后美国本土尤其在加利福尼亚地区再度掀起全面禁止日本移民的
运动。1913年5月2日至3日，加州参议院和众议院分别以高票通过《外籍
人土地法》（*Alien Land Laws*），规定没有资格获得美国公民身份的外
籍人无权拥有土地。1920年加州议会又通过了新《外籍人土地法》，规
定禁止向日本移民租售土地，禁止任何日本移民持主要份额的公司租赁
或购买土地，禁止非本国公民对本国公民的土地使用权执行监护权。此
后，又有12个州效仿加州颁布了《外籍人土地法》。排日势力一步步挤
压在美日本移民的生存空间，以达到禁止和驱逐日本移民的目的。

20世纪20年代初，受美国排日运动的煽动，巴西国内的排外主义和
种族主义死灰复燃。排外主义实际上是一种极端民族主义。持有这种思
想的人主张削减外来移民数量，理由是移民不易被同化、垄断巴西的商
业和传播极端思想，批判的对象主要是偏安巴西南部的德国移民和在城
市经商的葡萄牙移民。②种族主义者则主要针对黑人和日本移民。1921年
1月6日，巴西政府颁布第4247号联邦法令，禁止黑色人种的移民进入巴
西。③菲德利斯·雷斯（Fidélis Reis）是种族主义者的代表人物。他早年
在米纳斯吉拉斯大学任教，后来当选巴西联邦议会下院议员。他曾领导
当地的反黑人移民运动，并将攻击的范围扩大到亚洲移民尤其是日本移
民身上。

不易被同化且具有扩张主义野心是巴西极端民族主义和种族主义分

---

①Ronald Takaki, *Strangers from a Different Shore: A History of Asian Americans*, Boston: Little, Brown，1989，p.205.

②Stewart Lone, *The Japanese Community in Brazil,1908-1940:Between Samurai and Carnival*, Palgrave Mcmillian，2002，pp.62-63.

③Teresa Meade and Gregory Alonso Pirio，"In Search of the Afro-American 'Eldorado': Attempts by North American Blacks to Enter Brazil in the 1920s," *Luso-Brazilian Review*, Vol.25，No.1（Summer，1988），p.87.

子排斥日本移民的主要理由。根据巴西1920年的人口统计，日本移民约为巴西总人口（3010万）的0.09%。[1]日本移民数也仅占巴西外来移民总数的2.5%，尽管比值并不算高，但也足以对巴西社会造成冲击，因为巴西国土上从来没有如此多的黄种人涌入，更重要的是，日本移民的高度聚居特征及其对本民族语言、风俗、文化的坚持，使他们表现出高度的民族同质化，这被巴西本地人视为不可同化性。在雷斯眼中，亚洲移民就是"（巴西）国家有机体中存在的黄色囊肿，（他们的）血液、语言、习惯和宗教都是不可被同化的"[2]。里约热内卢教育系统负责人卡内罗·莱昂（A. Carneiro Leão）是巴西颇具影响力的现代主义教育家，曾任劳工部、工业部和商业部的顾问。他坚信巴西人具有强大的同化能力，教育则是同化外来移民的重要方法。但是，唯一被卡内罗·莱昂排斥的民族就是日本移民，他认为日本人"不可靠、鲁莽、骄傲自大、过于独立和不尊重契约"。巴西商会（Brazilian Chamber of Commerce）名誉领袖在《商报》上刊文称："日本人并没有做好融入巴西社会的准备，因此他们是不受欢迎的群体。"[3]

还有一些排日人物将日本移民的高度聚居和同质化特征视为其强烈民族主义的表现，认为日本人普遍受过教育且文明程度高，一旦日本移民有了立足之地，势必会轻而易举地占领民族主义情感还很脆弱、社会也比

[1]Alexandre Ratsuo Uehara, "Nikkei Presence in Brazil: Integration and Assimilation", trans. by Saulo Alencastre, in James C. Baxter, Hosokawa Shūhei and Junko Ota, eds., *Cultural Exchange between Brazil and Japan: Immigration, History, and Language,* International Research Center for Japanese Studies，2009，p.147.

[2] "Letter of Clovis Bevilaqua to Fidélis Reis"，October 17，1921，in Calvio Filho, ed., *Factos e Opinões Sobre a Immigração Japonesa*, Rio de Janeiro: n.p.，1934，p.44，cited in Jeffrey Lesser, "In Search of the Hyphen: Nikkei and the Struggle over Brazilian National Identity"，in Lane Hirabayashi, Akemi Kikumura-Yano and James Hirabayashi, eds., *New Worlds, New Lives: Globalization and People of Japanese Descent in the Americas and from Latin America in Japan*, Stanford University Press，2002，p.39.

[3]Jeffrey Lesser, *Negotiating National Identity: Immigrants, Minorities, and the Struggle for Ethnicity in Brazil*, Duke University Press，1999，p.101.

较分裂的巴西，因此日本移民带有扩张企图。巴西国家医学院（National Academy of Medicine）院长米格尔·德·奥利维拉·科托（Miguel de Oliveira Couto）曾在报纸上发表多篇社论，在称赞日本这个国家团结、有能力和成功的同时，抨击日本移民是"狡诈的、野心勃勃的、好战的、神秘的"。对于科托的言论，巴西时任外交部长的亚瑟·内瓦（Arthur Neiva）和《商报》主编若泽·菲利克斯·阿尔维斯·帕谢科（José Felix Alves Pacheco）表示赞同。三人也被称作"反日运动三杰"（Three Heroes of the Anti-Nipponic Campaign）。帕拉州（Pará）一位议员的说法更加危言耸听，他声称日本政府打算向巴西输送2000万移民，并侵占这个国家。①

除此之外，一战后欧洲移民的迅速"回潮"在客观上也助长了排日的声音。1918年，葡萄牙、意大利和西班牙分别向巴西输送移民7981人、1050人和4225人；1919年，三国移民人数分别增至17068人、5231人和6627人。可以看出，葡萄牙增加的人数最多，比上一年多了将近1万人；意大利的增幅最高，人数是上一年的5倍多，并在1920年再度突破万人大关，恢复到一战前的水平。1919—1923年，这三个国家共向巴西输出了228846名移民。②此外，由于地理距离更近，欧洲移民到巴西的旅费显然要比日本移民的更便宜，而且南欧移民基本不存在同化的问题。葡萄牙学者丹妮拉·德·卡瓦略（Daniela de Carvalho）一针见血地指出，"欧洲移民的回归似乎意味着巴西不再需要日本移民了"③。

对于巴西国内的种族言论和排日情绪，日本驻巴西公使和领事秉

---

①Stewart Lone, *The Japanese Community in Brazil, 1908–1940: Between Samurai and Carnival*, pp.63–64；Jeffrey Lesser, *Negotiating National Identity: Immigrants, Minorities, and the Struggle for Ethnicity in Brazil*, p.100.

②Maria Stella Ferreira Levy, "O Papel da Migração Internacional na Evolução da População Brasileira（1872 a 1972）", *Revista de Saúde Pública*, 1974, supplement, 8, p.72.

③Daniela de Carvalho, *Migrants and Identity in Japan and Brazil: The Nikkeijin*, Routledge, 2002, p.5.

持谨慎的态度，劝说日本移民要尽力避免与本地人产生摩擦，并倡导他们积极融入当地社会，力争不让事态升级。随着在巴西的日本移民人数和移民事务不断增多，日本政府相继在圣保罗市（1915年）和包鲁市（Bauru）（1921年）开设领事馆。由于绝大多数第一代日本移民仍然保持日本国籍，所以与日本领事馆的联系更为密切，领事也会不定期发布告示，对本国移民进行指导和控制。此时，日本驻圣保罗总领事藤田敏郎（Fujita Toshiro）非常敏锐地嗅出了巴西国内敏感的种族氛围和排日气息，发布信息提醒在本国的日本移民：（一）应遵守巴西的法律法规；（二）申报户籍要在最近的日本领事馆办理，且因有本国户籍所以也要尽义务，特别是因本人利益而为新生儿及婚姻申报之行为应予禁止，凡有未履行之时则所继承遗产之全部由官方没收；（三）儿童教育应以巴西语言教授为宜，望适龄学童速入学当地附近的学校，条件允许的话，可以每日辅学2~3小时日语；（四）尊重巴西的风俗习惯，不要把日本本国特有的风俗习惯或令本地人感到不适的风俗表现于外，言行要谨慎，否则容易将日本人孤立分居于一处，且排斥日本人；（五）在留巴西的日本臣民所有未登记之物和土地，且若借地自立以从事农业之物使用土地面积的人员，应事无巨细向最近的日本领事馆申报，有变更身份及住所等亦同样必须申报，如若不然，今后领事馆在保护侨民利益时，不仅会给机关事务处理带来不便，还会使各位利益受损。[1]除此之外，媒体也频频刊文提示日侨注意自己在巴西公共场所的言行举止。[2]

1922年，圣保罗州政府向日本领事馆发出通知，允许在该州出生

---

① 日本驻圣保罗总领事藤田敏郎：「在留民诸君に告ぐ」，『伯剌西爾時報』，1921年5月13日，日本国立国会图书馆：http://www.ndl.go.jp/brasil/text/t046.html，访问日期：2018年4月19日。

② 「風俗に注意せよ」，『伯剌西爾時報』大正七年（1918年）4月26日；「見ともないね日本婦人の背負兒」，『聖州新報』大正十五年（1926年）6月18日；「汽車の中」，『聖州新報』1926年8月20日，日本国立国会图书馆：http://www.ndl.go.jp/brasil/text/t047.html，访问日期：2018年4月19日。

的第二代移民无条件获得巴西国籍。不过，日本移民对此并不积极。这让圣保罗州政府非常难堪。同一年，圣保罗州政府下令再度取消对日本移民提供旅费补助。[①]1922年5月2日的《申报》也对巴西取消日本移民的旅费补贴给予关注，刊文称："日本人到处不受欢迎。近来巴西亦发生排斥日侨问题，从前巴西因人口缺乏、劳工不足，颇奖励世界各处移民入境……各州中欢迎日本移民最甚者，为沙保罗州（圣保罗州）。因该州缺乏劳工数千人，非得客民补充不可。凡日本农民至巴西作工者，其旅行费由巴西政府津贴，又专管此等移民事务之公司，政府亦予以补助，但该州政府以十三四年之经验，知输入日本农民并无利益，现已变更态度，决计不再津贴移民公司。其致日本驻巴公使馆之公文，声称因日人田工成绩不能满意，故出此举。但据政界中人主，实因该州南部某处日侨人数日多、于政治上亦颇危险之故然、日人生活程度甚低、凡百节省，其产物之售价亦复低廉，当地农民难与竞争，且日人售物所得之金钱多寄回本国、在巴西使用者甚少，凡此皆与巴人不利，故排斥之念，愈演愈烈，致成今日正式抵制之局。"[②]这一政策的效果立竿见影，日本移民的数量从1922年的1225人跌至1923年的895人。[③]此外，巴西政府还出台教育禁令，禁止非巴西国籍或双重国籍的学龄儿童就读巴西的公立学校。这从侧面反映出巴西社会对日本移民高度聚居，以及与本地农民产生竞争关系的排斥，也是圣保罗州政府取消补贴移民政策的原因。事实

[①] 第一次世界大战的爆发打断了日本向巴西输送移民的势头。圣保罗州政府也以该州经济低迷为由，终止与外国移民公司继续签订移民契约，并暂停对移民的旅费发放补贴，日本向巴西的早期移民进程被迫中断。可参见：杜娟：《日本人移民巴西初期的历程和特征》，《拉丁美洲研究》，2021年第5期；Márcia Takeuchi，"Brazilian Diplomacy before and during the Early Phase of Japanese Immigration（1897-1942）"，trans. by Narjara Mitsuoka, in James C. Baxter, Hosokawa Shūhei and Junko Ota, eds., *Cultural Exchange between Brazil and Japan: Immigration, History, and Language,* p.6.

[②] 《巴西排斥日本移民》，《申报》，1922年5月2日，第7版。

[③] Maria Stella Ferreira Levy，"O Papel da Migração Internacional na Evolução da População Brasileira（1872 a 1972）"，*Revista de Saúde Pública*，1974，supplement, 8，p.72.

上，高度聚居显示出日侨群体的封闭性和"寄居客"心态，这些归根结底还是日本移民缺乏主动融入巴西主流社会的意愿，也是不易被同化的表现。

1923年10月22日，巴西联邦议会通过了由雷斯提出的限制移民的议案，巴西国内的排日活动随之步入高潮。该议案主要包括七条内容：第一条，受巴西政府邀请以农民身份迁居国内的欧洲家庭可以获得补助；第二条，政府为按照迁入地移民的数量比例增加移民迁入产生的费用应由各州政府协商达成；第三条，改革殖民拓展局官制，以使掌管事务效果达至最佳；第四条，为防止对巴西国民人种精神和体质有害的人群入国，所有来巴西的外来移民都要进行严格监督；第五条，禁止黑种人移民巴西，黄种人的移民人数限定在其已在巴西移民人数的3%；第六条，政府为施行本法获得必要的经费支出；第七条，凡有悖于本法之规定皆为无效。[①]这就是著名的《雷斯法案》。

不难发现，该法案的核心要义就是鼓励欧洲白人移民排斥有色人种移民，带有浓厚的种族主义色彩。由于1888年巴西废除奴隶制后未再大量引进过黑人移民，[②]黄种人移民中除了日本人寥寥无几、不成规模，所以从这个意义上讲，《雷斯法案》基本就是针对日本移民的，可以被视为巴西第一份限制日本移民的法案。

---

① 「黒人の入伯を禁じ黄色人種は現在在留員数の三步に限らうとの移民法案連邦下院へ提出さる」，『伯剌西爾時報』大正十二年（1923年）10月26日，日本国立国会図書館：http://www.ndl.go.jp/brasil/text/t049.html，访问日期：2018年4月19日。

② 有学者认为，《雷斯法案》颁布的目的，除了文内所述，还在于阻止美国政府试图向巴西亚孙地区输出20万非洲裔美国人的计划。可参见：Teresa Meade and Gregory Alonso Pirio, "In Search of the Afro-American 'Eldorado': Attempts by North American Blacks to Enter Brazil in the 1920s", Stewart Lone, *The Japanese Community in Brazil, 1908–1940: Between Samurai and Carnival*, p.64.

三、巴西日侨和挺日派的抗议与《雷斯法案》的废止

　　《雷斯法案》一经颁布，便立刻遭到巴西的日本侨民的反对。1923年10月26日，圣保罗州的4万名日侨举行游行示威，并到州议会上院请愿，以表抗议。巴西联邦政府与日侨代表进行谈判，最终联邦议会做出一些让步，农工委员会同意把黄种人的限定比例调升至5%。①此后，日本驻巴西公使不断游说巴西联邦议会废除这个法案。

　　巴西国内的挺日派还试图从科学的角度阐释日本移民是可以被快速同化为巴西人的。一个最重要的论断就是，巴西的印第安人和日本移民有着相似的体貌特征。如果这个论断能被巴西社会接受，亚洲人就将会被视为亚马孙地区印第安人的祖先，那么相比当今居住在这片土地上的公民，亚洲人才是更"地道"的巴西人。巴西著名的人类学家埃德加德·罗凯特-品托（Edgard Roquette-Pinto）声称，现代日本人是一个混血民族，拥有白种人（阿伊努人，Ainus）、黄种人（蒙古人）和黑种人（印度尼西亚人）的基因，这与近代以来巴西的民族融合政策相吻合。布鲁诺·洛沃（Bruno Lobo）公开称赞日本如同东方升起的太阳，坚称蒙古人种的血液早已借助印第安人流淌在巴西人的体内，他们的混血后代让日本人和巴西人间的关系变得独特。他认为，正是由于印第安人与日本人非常相似，同时印第安人和葡萄牙人的结合产生了强大的班代兰蒂斯人（bandeirantes）②，所以日本移民可以在被欧洲人遗弃的地方创造一个更加原始纯正的民族，从而强化巴西社会。日本商人福原八郎（Hachiro

---

① 「正義の声伯国に万里長城は築けぬ 日本移民制限どころか増加さすべきだと聖州上院の日本移民擁護獅々吼」，『伯剌西爾時報』大正十二年（1923年）11月2日，日本国立国会図書館：http://www.ndl.go.jp/brasil/text/t049.html，访问日期：2018年4月19日。
② "班代兰蒂斯人"是对17世纪在巴西的葡萄牙探险者、殖民者，以及葡萄牙与印第安人混血后代的称呼。为了寻找金矿、银矿和钻石矿藏，这些人敢于涉足地图上没有标注的无人区、巴西南部和西部内地，拓展了殖民地巴西的边界范围，因此，在巴西"班代兰蒂斯人"也是勇敢无畏的代名词。

Fukuhara）在亚马孙地区考察后称"巴西是被亚洲人发现的"，因为"居住在亚马孙河流域的印第安人看起来太像日本人了。不只是外表，连行为和习惯都很相似……一位德国驻巴西使馆的华裔秘书在认真研究（印第安人的）语言后也得出印第安人是蒙古人后代的结论"。①

1924年12月，巴西联邦议员弗朗西斯科·查韦斯·德·奥利维拉·博特略（Francisco Chavez de Oliveira Botelho）视察圣保罗州咖啡种植园和日本移民拓殖地的实际状况。在调查报告中，他对日本农民的能力大加赞赏，认为他们正直、勤勉、优秀，在农场成功种植了多种作物，如米、棉、玉蜀黍（玉米）、甘蔗、马铃薯等，并能进行行之有效的管理，6368个日本移民家族为圣保罗州的经济做出了贡献。有关同化的问题，博特略曾直截了当地问第二代日侨："你们是日本人还是巴西人？"大多数二代移民给出的答案是"我们至少部分是巴西人"。博特略认为，日本移民在北美地区同化困难的原因恰恰在于当地政府对他们采取了强硬政策，因此巴西应该避免重蹈美国的覆辙，对日本移民采取包容的态度，因为"他们并不构成经济或文化威胁"。1925年7月8日，博特略在联邦议会提出修订《雷斯法案》，剔除其中关于欧洲移民的特殊条款，呼吁日本移民应享受和欧洲移民同等的待遇。同一年，巴西政府的一项民意调查显示，在有关引进亚洲移民的问题上，支持博特略的民众远远多于支持雷斯的民众。②

1926年，华盛顿·路易斯·德·佩雷拉·德·索萨（Washington

①Jeffrey Lesser, "In Search of the Hyphen: Nikkei and the Struggle over Brazilian National Identity", in Lane Hirabayashi, Akemi Kikumura-Yano and James Hirabayashi, eds., *New Worlds, New Lives: Globalization and People of Japanese Descent in the Americas and from Latin America in Japan*, pp.40–41.
②「連邦議会に於ける排日法案「ボ」氏の親日的修正説」，『聖州新報』1925年7月17日，日本国立国会図書館：http://www.ndl.go.jp/brasil/text/t049.html，访问日期：2018年4月20日；入江寅次：『邦人海外発展史』（下），原書房1981年，第294–296頁；Stewart Lone, *The Japanese Community in Brazil, 1908–1940: Between Samurai and Carnival*, p.65.

Luís de Pereira de Sousa）出任巴西总统，他任命博特略为财政部长，随后废除了《雷斯法案》。

《雷斯法案》最终被废止，不但意味着巴西国内挺日派的胜利，也说明这一时期在巴西排日的种族主义群体仍属少数，体现出现代巴西民族主义的文化包容性和多元化。事实上，这一时期巴西外来移民的入籍率普遍都不高。据统计，1871—1918年，共有3261146位移民入境巴西，其中仅有8962人加入了巴西国籍，包括5101名葡萄牙人、1388名意大利人、638名西班牙人、454名德国人和1381名其他国家的移民，入籍率仅为0.27%。圣保罗州的情况比整个国家的情况稍好一些。1920年，共有829851名国外出生的人居住在圣保罗州，9284人归化入籍，入籍率为1.1%。[①]这也从一个侧面说明了外来移民群体并未感受到巴西社会强制归化的巨大压力。

结　语

《雷斯法案》的出台和废止，说明20世纪20年代巴西民族主义意识萌生阶段的复杂性。巴西的社会精英一方面努力摆脱在文化和经济层面对欧洲的认同和依附，寻求独立的发展地位，另一方面也在积极思考巴西民族的内涵和独特性，不再一味地追求复刻欧洲文明，而是要构建美洲地区的新的身份认同。在这个过程中，巴西的文化民族主义和经济民族主义思想高涨，社会上存在一些极端民族主义和种族主义的杂音，再加上受到美国排日运动的影响，这些势力借机将日本移民群体树立为民族认同对立面的"他者"，由此便导致了《雷斯法案》的出台。

[①]Maria Stella Ferreira Levy，"O Papel da Migração Internacional na Evolução da População Brasileira（1872 a 1972）"，*Revista de Saúde Pública*，1974，supplement，8，pp.71-72；Thomas Holloway，*Immigrants on the Land: Coffee and Society in São Paulo, 1886-1934*，University of North Carolina Press，1980，pp.162+197.

　　美国《1924年移民法》(*The Immigration Act of 1924*) 为日本向美国的移民活动画上句号，同时也让日本人认清了美国紧张的种族环境；与之相比，这一时期巴西虽然也出现了排日活动，但是，《雷斯法案》实施不足3年便被废止，表明相较于美国，巴西在总体上还是一个种族关系比较和谐、社会环境相对宽松的国家。这也为此后日本政府大规模向巴西输送移民提供了相对良好的社会环境。这一点也可从日本人支持移民巴西的言论中得到证实。日本军官春见京平(Harumi Kyōhei)撰文称："巴西是一个幅员辽阔的国家，面积是日本的22倍，资源丰富，气候宜人，人口只有3000万，人口密度仅为日本的1/40……巴西人享受着真正的平等，黑人和白人可以同时乘坐轮船和火车，同时观看演出和电影……黑人、白人和黄种人，所有的种族能够平起平坐，谁也不主宰谁……都是自由和平等的公民。"他还强调非巴西人也有权购买巴西土地，而且目前日本移民已经在圣保罗州建设诸多农业拓殖地。日本北海道帝国大学(Hokkaido Imperial University)教授高岗熊雄(Takaoka Kumao)也称赞巴西的种族环境比北美地区要好很多，因为这里有大量的混血种人。圣保罗州一份日文报纸的社论写道，包容和国际主义是维系日本人和巴西人关系的纽带，这与盎格鲁—撒克逊人的种族主义和自私形成鲜明对比。[1]

　　此外，尽管巴西和美国在20世纪20年代初都出台了排外的移民政策，但两国处于不同的发展阶段，导致双方后期移民政策走向不同。美国自建国至19世纪末，为了开拓领土、开发西部和推进工业化，而采取鼓励自由移民的政策。20世纪初，伴随着西部开发的完成、工业化基本实现、农业机械化程度提高和人口的迅速增长，美国度过了劳动力短缺的时期，在排外主义者和种族主义者的煽动下，其移民政策开始收缩，倾向于吸收文化水平较高且有一定技能的移民。排日运动就是在这种情

---

[1]Stewart Lone, *The Japanese Community in Brazil, 1908–1940: Between Samurai and Carnival*, pp.66–67.

境下发生的。而此时的巴西工业发展方兴未艾，工业化仍处于初始阶段，对劳动力的需求仍然比较旺盛。因此，极端民族主义和种族主义对外来移民的排斥有违于巴西经济增速期对劳动力巨大需求的实际情况，必然要被历史淘汰。即便如此，面对美洲地区此起彼伏的排日运动，日本政府也不得不提高警惕，酝酿出台新的移民政策以适应新的国内外形势。

山海之遥：中国大学生群体对于阿根廷国家刻板印象的测量与分析 [①]

王子刚 [②]　祝文浩　卢倩仪　利曼婷　王旭晴 [③]

内容提要： 2022年中国与阿根廷迎来建交50周年，随着中国与阿根廷双边关系的疾速发展，中国大学生群体正在逐步成为中阿关系中的"中坚力量"。在这一背景下，了解该群体对于阿根廷国家的刻板印象将为把握两国"民心相通"的现状与未来提供重要参考。本文以在校大学生群体为样本，使用开放式问卷调查共获得该群体关于阿根廷国家的刻板印象28项，随后让412名在校大学生对这些形容词进行评定与测量，通过探索性因子分析发现该群体对于阿根廷存在五个维度的刻板印象。在此基础之上，研究使用回归分析确定了这些不同维度的刻板印象对被试对于阿根廷国家好感度、国民好感度，以及对该国兴趣程度的影响。同时研究也对不同信息渠道对不同刻板印象形成的影响进行了分析。最终，本文对所取得的上述结果进行了较为深入的讨论与思考。

---

①本文系中国侨联青年课题"西语世界华侨华人'一带一路'倡议中的作用研究"（项目编号：19CZQK215）和对外经济贸易大学中央高校基本科研业务费专项资金资助项目"'一带一路'背景下西语世界华人现状研究"（项目编号：19QD15）之阶段性成果。

②王子刚：博士，对外经济贸易大学外语学院讲师、对外经济贸易大学国家对外开放研究院太平洋联盟国家研究中心研究员。

③祝文浩、卢倩仪、利曼婷、王旭晴：对外经济贸易大学外语学院西班牙语系区域国别研究方向硕士生。

关键词： 阿根廷　刻板印象　大学生

一、问题的由来

　　"国家形象"是反映在媒介和群体心理中对于一个国家及其国民的历史、现实，政治、经济、文化、生活方式，以及价值观的综合印象，其中既包含对于国家的客观认识，也包含着主观态度与评价。国家形象的相关研究长期以来都是学界的热点问题，不仅是因为它作为一种主观印象在实际上构成了人们对于一个国家及其民众的心理预设，更因为其内容、结构与情感极性往往会对人们对这一国家及其民众的认知与评价产生显著影响，进而影响双边关系的发展。

　　阿根廷位于中国的对跖点（antipodes）之上，是世界上距离中国最为遥远的国家。无论从国土面积还是经济体量来看，阿根廷都堪称拉美大国，对于中国而言也是具有"标杆"意义的国家。[①]在进入21世纪后，中国与阿根廷的双边关系疾速发展，两国利益愈发紧密。正如现实主义学派所认为，"两国之间若无利益往来，便没有形象存在的前提，因为其中任何一国都没有在对方国家公共视野中出现的必要和可能性。"[②]那么反之，利益往来的加深便自然使得彼此间国家形象的表现与特点逐渐成为值得着重探索的问题。

　　得益于西班牙语在中国的不断普及，越来越多的中国在校大学生开始学习与了解其语言文化，曾经存在于中国与西班牙语世界间的语言区隔正在不断减弱。在中阿关系的不断发展与深入中，中国大学生群体正逐渐成为两国企业落地、外交活动与民间交流中的重要 "参与者""沟

---

①郭存海：《中阿人文交流机制建设：发展、挑战和建议》，《西南科技大学学报（哲学社会科学版）》，2019年第3期，第1-6页。

②匡文波、任天浩：《国家形象分析的理论模型研究——基于文化、利益、媒体三重透镜偏曲下的影像投射》，《国际新闻界》，2013年第2期，第92-101页。

通者"与"推动者"。作为中阿双边关系建设未来的中坚力量，关注中国当代大学生群体对阿根廷国家的"综合印象"情况，对于了解中阿关系未来的走向与发展有着重要意义。

正如梅里尔（Merrill）所说，印象和刻板印象（Stereotypes）是同义的；刻板印象是一个合成的印象，它代表的是人或事物的主要特征，而这种主要特征往往是在人们认识事物的过程中经过特质的范畴化与思维的简约化形成。[1]相似地，中国大学生群体在认识阿根廷这一国家的过程中同样会形成针对这一国家的刻板印象，但时至今日尚未有研究对其内容、结构、影响与来源进行探索。[2]

2022年是中阿建交50周年，两国关系正步入前景更加广阔的新时期，值此之际，本研究将以中国高校学生为研究对象，围绕该群体对于阿根廷的刻板印象展开研究。

本文期待深入了解以下四个问题：（1）中国大学生群体对于阿根廷都有哪些刻板印象？（2）这些刻板印象存在怎样的结构？（3）这些固有看法对中国大学生群体的阿根廷国家、国民好感度，以及探索该国的兴趣会产生怎样的影响？（4）这些刻板印象的形成与大学生群体获取有关阿根廷信息的来源是否有关？

二、理论框架与研究梳理

（一）国家刻板印象

"刻板印象"是由美国新闻评论家沃尔特·李普曼（Walter Lippmann）1922年在其著作《公共舆论》（*Public Opinion*）中首先提出的一个源于心理学的概念，具体是指按照性别、种族、年龄或者职业等

---

[1]Merrill, J. C. "The image of the United States in ten Mexican dailies", *Journalism Quarterly*, 1962, 39（2）: pp. 203–209.
[2]丁慧芬：《蒙汉大学生民族刻板印象的结构及差异研究》，内蒙古师范大学，学位论文，2011年。

进行社会分类而形成的关于某群体难以改变的固定印象。他发现人们头脑中的图像（pictures in our heads）对决定个体对于人与事的知觉起到了较大影响，并指出人们往往在考察某个出现在眼前的事物之前就用头脑中对此类事物的认知模式来对其进行解释。[1]而当群体的认知对象是某一具体国家时，便出现了"国家刻板印象"。

从某种程度而言，国家形象与国家刻板印象是同义的，所谓"国家形象"就是人们通过不同信息媒介对"国家"这一源像所产生的一系列主观认识。这种认识包含人的知觉、评价和情感等复杂心理要素，是一种存在于群体意识中针对具体国家所形成的固有、"刻板"的认知模式和内容。[2]尽管国家形象往往并非反映真实情况，有时甚至被认为是虚妄的、能够被人为塑造的，[3]但这种刻板印象并不意味着其等价于偏见（prejudice）或歧视（discrimination），更多的是一种认知主体基于源像表征进行范畴化（categorization）后所形成的主观认识。

国家刻板印象对于群体在跨文化交际中的行为具有明显影响，这种固有的经验认知将首先影响人们的思想感情，进而影响人们的行为，并成为人们最终采取某种行动的依据。[4]具体而言，负面的国家刻板印象会使人们对目标国家及其民众的所有相关信息和行为的认知评价带有或多或少、有意无意的敌对性、排斥性，进而导致双边交流的减少与阻塞；而正面的国家刻板形象则往往使群体对目标国家与国民的好感度上升，进而愿意以更理解、更亲和、更积极的方式参与到双方的人文交流之中。

---

①Lippmann W. & Michael C, *Public opinion*. London: Routledge, 2017.

②王玲玲、郭晓欣：《国家刻板印象对中国企业被东道国市场接受程度的影响——基于外国消费者调查数据的分析》，《阅江学刊》，2019年3月，第66–77页。

③O'sullivan, T., Hartley, J., Saunders, D., Montgomery, M., & Fiske, J, *Key concepts in communication and cultural studies*. London: Routledge, 1994, p. 267.

④刘继南、周积华、段鹏：《国际传播与国家形象——国际关系的新视角》，北京：北京广播学院出版社，2002年，第17页。

（二）前人著述与研究

探索不同国家、种族等社会群体之间刻板印象的表现是社会心理学领域中的重要问题。在相关研究中，青年群体，尤其是大学生群体往往受到学者的关注。若以中国为"内"，他国为"外"，那么这些著述大体可以根据其探索方向分为两类：其一是"由外向内"的，即以外国青年为被试，探究其对中国国家的刻板印象情况。较有代表性的有史媛媛等学者对来华留学生对中国人刻板印象进行了测度和研究，她发现相关刻板印象可分为四个维度，其中热情、能力、负面行为三个维度显著影响对中国人好感度。[1]吴炳璋则通过对推特（Twitter）上美国青年对中国的负面刻板印象文本进行筛选与抽样分析，得出了当代美国青年对中国人负面刻板印象的八大范畴。[2]鲁布勒（Ruble）和Zhang Yanbing对美国大学生进行了针对中国留学生刻板印象的调查，通过问卷量表具体分析了其内容，并将之划分为了五个维度。[3]除此之外赵士林、叶淑兰的相关研究亦提供了重要参考。[4][5]其二是"由内而外"的，即以中国国内青年群体为被试，探索该群体对于其他国家与国民的刻板印象。其中较有代表性的有孙利对中国青少年对不同国民或民族刻板印象的研究，该研究对武汉地区700名青少年进行调查，得出大学生对除日本及黑人以外的其他10个主要国家都具有良好印象，并归纳出了青少年国民印象生成所涉及的十个维度。[6]魏一平则通过对复旦大学300名本地学生和其家长的调

①史媛媛、佐斌、谭旭运，等：《来华留学生中国人刻板印象研究》，《青年研究》，2016年第5期，第17页。
②吴炳璋：《基于扎根理论下美国青年对中国刻板印象研究 ——以互联网推特中的文本为例》，《山东青年政治学院学报》，2020年第4期，第64-68页。
③Ruble R A, Zhang Y B, "Stereotypes of Chinese international students held by Americans", *International Journal of Intercultural Relations*, 2013, 37（2）, pp. 202-211.
④赵士林：《外国留学生的上海形象的影响因素研究》，《新闻大学》，2011年第1期，第94-98页。
⑤叶淑兰：《外国留学生的中国观：基于对上海高校的调查》，《外交评论》，2013年第6期，第87-107页。
⑥孙利：《青少年对若干国民或民族的刻板印象》，华中师范大学，学位论文，2004年。

查探索，发现了针对日本的代际间刻板印象差别，[①]其他还有吴君、郝倩均围绕相似的题目展开了研究。[②③]

具体到拉美地区或是阿根廷这一国家来看，现有研究仍然较少，有代表性的研究如郭存海对21世纪中国在拉丁美洲国家形象变化进行了回顾与分析，重点指出了加强中阿人文交流机制建设的重要意义。[④]张瑞文（R. Zhang）则基于社会调查详细分析了阿根廷留学生对于中国的刻板印象，发现该国青年来华前印象多偏消极，而留学生活经历能极大将之改善。[⑤]总体而言，尽管近年来学者开始愈发关注与阿根廷有关的国家形象问题，但可以发现，我们对于这一国家 "由内向外" 的刻板印象情况仍知之甚少。正如郭存海所说，与蒸蒸日上的中阿经贸与政治外交关系相比而言，两国人文交流与相互认识情况还相对滞后。[⑥]

在 "一带一路" 与 "中拉命运共同体" 的背景下，中国与阿根廷的往来不断密切，作为倡导者的中国，其青年群体对于阿根廷国家的经验认识应得到充分关注。在上述研究的启发下，本文将以阿根廷这一重要拉丁美洲国家为代表性认知对象，对中国大学生群体围绕该国家的刻板印象进行测量与分析，重点探索其内容、结构、影响与来源。

---

①魏一平：《中国大学生及其父辈对日刻板印象研究》，复旦大学，学位论文，2008年。

②吴君：《网络传播对中国大学生对日刻板印象的影响》，浙江大学，学位论文，2011年。

③郝倩：《跨文化传播视域下的中国大学生对日刻板印象研究》，山西大学，学位论文，2013年。

④郭存海：《中国的国家形象构建：拉美的视角》，《拉丁美洲研究》，2016年第5期，第43–58页。

⑤Zhang, R. (2021)，"Imagen de China entre los argentinos con experiencia de estudio en China"，*Ibero-América Studies*，2（1）.

⑥郭存海：《中阿人文交流机制建设：发展、挑战和建议》，《西南科技大学学报（哲学社会科学版）》，2019年第3期，第1–6页。

三、研究设计

（一）研究对象

本次研究的被试对象是中国高校大学生群体，学习层次为本科在读至研究生阶段，年龄分布在18~24岁。在样本选择上，本次研究选取了学习过或接触过西班牙语的高校学生。做出这一样本选择主要出于以下几点：从调研目的来看，本次研究希望探索中国大学生对于阿根廷的刻板印象结构与其施加于被试对阿根廷国家、国民好感程度及探索该国兴趣程度的影响，因此我们期待被试群体对阿根廷已经形成了一定初步认识；从前期调研来看，研究小组发现学习过西班牙语的学生对阿根廷的印象远较未接触过该语言的学生丰富多元，在刻板印象试述中，后者所提供的印象十分单一、模糊且均未超出前者所试述印象内容范围；从研究意义上来看，中国掌握西班牙语语言的青年群体往往将是建设中阿关系的重要"参与者""沟通者"与"推动者"，自1999年来全国高校西语专业在校生人数已增长近40倍[①]，不断扩张的数量使得这一人群在考察中国高校学生对于阿根廷刻板印象情况中具有代表性、典型性与重要性。

本次研究采用非概率抽样，以对外经济贸易大学为主要被试来源学校，北京外国语大学、西南科技大学、上海外国语大学等9所高校为次要被试来源学校，各学校的西语专业、兴趣微信群为主要问卷分发途径。为了降低时间跨度过长有可能对于被试回答情况所造成的影响，本次研究的研究时间为2021年5月7日—26日，所有问卷的分发与回收工作皆在这一阶段完成。

（二）研究方法

刻板印象的测量方法主要有直接测量和间接测量两大类型。前者包

[①]人民网：《第一份中国西语人才就业与流动调查报告在京发布》，2017年01月16日，http://world.people.com.cn/n1/2017/0116/c1002-29027361.html，访问日期：2022年4月26日。

括自由反应法（Free Reaction Measures）[1]、典型特质指定法[2]、Gardener
刻板分化法[3]和Brigham百分比法[4]；后者则包括直接联想测量、词汇决定
测量、认知干涉测量和内隐联想测量等[5]。本研究将采用"自由反应法"
来进行调查，这是因为该方法被认为能获得被试对象"实际感知的形
象，以及对这些形象的阐释"，可以"减少不希望的测量误差"并最终
得到"相对精确的数据"[6][7]。研究具体分为以下几个阶段：

第一阶段：搜集刻板印象形容词。利用开放式问卷对被试目标进行
调查，根据赫墨特（Hummert）等的研究程序，[8]研究小组要求被试用尽
量多的中文形容词或短句来描述他们眼中的"阿根廷"，被试被明确告
知仅需依据主观印象写出有关该国的全部真实想法。被试的作答时间没
有被限制，但所有被试对象基本都在1分半以内完成了开放式问卷的填
写，这一时间长度较为理想，说明相关词汇或短语基本为被试不需经过
过度思考和加工的固有印象。在这一阶段共获得215位学生的有效回答。

第二阶段：对搜集到的形容词进行处理。该步骤主要参考鲁布勒和
Zhang Yanbing的研究程序，即主要包括：（1）对同一形容词或短语的

①Stangor, C., Sullivan, L. A., & Ford, T. E.（1991），"Affective and cognitive determinants of prejudice", *Social cognition*, 9（4），pp. 359-380.
②Katz, D., & Braly, K.（1933），"Racial stereotypes of one hundred college students", *The Journal of Abnormal and Social Psychology*, 28（3），p. 280.
③Gardner, R. C., Zanna, M. P., & Olson, J. M.（1994），"Stereotypes as consensual beliefs. In The Psychology of Prejudice", *The Ontario Symposium on Personality and Social Psychology*. Vol. 7, pp. 1-31.
④Brigham, J. C.（1971），"Ethnic stereotypes", *Psychological bulletin*, 76（1），p.15.
⑤罗伟：《职业性别刻板印象研究模型及方法综述》，《社会心理科学》，2008年第6期。
⑥Fujioka, Y.（1999），"Television portrayals and African-American stereotypes: Examination of television effects when direct contact is lacking", *Journalism & Mass Communication Quarterly*, 76（1），pp. 52-75.
⑦Tan, A., Fujioka, Y., & Tan, G.（2000），"Television use, stereotypes of African Americans and opinions on affirmative action: An affective model of policy reasoning", *Communications Monographs*, 67（4），pp. 362-371.
⑧Hummert, M. L., Garstka, T. A., Shaner, J. L., & Strahm, S.（1994），"Stereotypes of the elderly held by young, middle-aged, and elderly adults", *Journal of Gerontology*, 49（5），pp. 240-249.

合并。如"擅长足球的"与"足球好的"进行合并；（2）对明显错误或不符要求的内容加以删除。[1]如"的的喀喀湖"。两项处理皆由研究小组三名成员共同充分讨论完成，只在三人意见达成一致时进行处理。最终在对215份问卷进行同义词合并，以及无关内容删除后，获得有效形容词79项，参考李春凯等以及史媛媛等的研究程序对形容词进行筛选，研究组仅保留了频数大于等于4的形容词，最终得到28个可较好代表中国青年对于阿根廷这一国家刻板印象的高频形容词（见表1），其频次总计472次，占总频次（548）的86.8%。[2][3]

表1　开放式问卷收集到的28个刻板印象形容词[4]

N	形容词	频次	占被试比	频率	N	形容词	频次	占被试比	频率
1	擅长足球的	124	57.7%	22.63%	15	自然资源丰富的	8	3.72%	1.46%
2	热情奔放的	44	20.5%	8.03%	16	发音奇怪的	8	3.72%	1.46%
3	农牧业发达的	37	17.2%	6.75%	17	经济曾经辉煌的	7	3.26%	1.28%
4	草原广阔的	34	15.8%	6.20%	18	文化多元的	7	3.26%	1.28%
5	幅员辽阔的	28	13.0%	5.11%	19	生活浪漫的	7	3.26%	1.28%
6	风光优美的	22	10.2%	4.01%	20	开放包容的	6	2.79%	1.09%
7	充满经济问题的	20	9.3%	3.65%	21	多山崎岖的	5	2.33%	0.91%
8	盛产牛肉的	18	8.4%	3.28%	22	治安混乱的	5	2.33%	0.91%
9	能歌善舞的	15	7.0%	2.74%	23	有欧洲特色的	4	1.86%	0.73%
10	拥有美食的	14	6.5%	2.55%	24	能文擅诗的	4	1.86%	0.73%
11	气候宜人的	14	6.5%	2.55%	25	贫富差距大的	4	1.86%	0.73%
12	地形狭长的	11	5.1%	2.01%	26	面容姣好的	4	1.86%	0.73%
13	拉美地区经济优异的	9	4.2%	1.64%	27	办事低效的	4	1.86%	0.73%

---

[1] Ruble R. A., Zhang Y. B.（2013），"Stereotypes of Chinese international students held by Americans", *International Journal of Intercultural Relations*, 37（2）：pp. 202-211.

[2] 李春凯、杨立状、罗娇、刘燕吉、唐菁华、郭秀艳：《上海人刻板印象的结构及其动态变化》，《宁波大学学报（人文科学版）》，2016年1月，第140-144页。

[3] 史媛媛、佐斌、谭旭运，等：《来华留学生中国人刻板印象研究》，《青年研究》，2016年第5期，第85-93页。

[4] 本文图表来源皆为作者绘制。表1中"占被试比"为写出该形容词的被试个数占被试总个数的百分比；百分率 = 频次/被试总个数×100%。

续表

N	形容词	频次	占被试比	频率	N	形容词	频次	占被试比	频率
14	人种多元的	9	4.2%	1.64%	28	遥远神秘的	4	1.86%	0.73%

第三阶段：基于所得刻板印象编制问卷。由研究小组共同编制《阿根廷国家刻板印象调查》问卷，该问卷主要由四个部分组成：第一部分为被试者基本信息调查，包括性别、年龄、学习西班牙语时间、是否去过阿根廷，以及是否与阿根廷人进行过直接交流等；第二部分为阿根廷国家刻板印象调查部分，该部分题目形式均为"我认为阿根廷是××的国家"，被试者被要求以1—7来判断该陈述是否符合自己对于阿根廷的主观印象，1为完全不符合，7为完全符合，而题目中的"××"为先前研究中所取得的28项开放问卷所获取的形容词。为避免被试受到其中较为明显的刻板印象的干扰或影响，从而对后续判断造成惯性，研究小组又向其中随机加入了5项在第二阶段中被删除的低频形容词[1]，并将其顺序完全打乱，以此在降低前述影响的同时抽样检验所筛选28项形容词作刻板印象的有效性；第三部分为综合态度考察部分，即对中国大学生对阿根廷国家的好感程度，对阿根廷国民的好感程度，以及对进一步了解阿根廷国家的兴趣程度进行考察。[2]三项问题同样采用李克特7级量表（Likert-7 scale），其中1为完全不符合，7为完全符合；第四部分主要考察被试有关阿根廷国家信息的来源情况，研究小组根据前期调研列举了7项主要信息来源渠道（加上"其他渠道"，共8项），被试被要求将这些渠道依据其对自己现有阿根廷国家认识形成的重要性进行排序。

第四阶段：发放与回收问卷。我们将《阿根廷国家刻板印象调查》通过"腾讯问卷"平台在上述高校中的西语专业、兴趣微信群进行投放，最终总计回收有效问卷412份，其中男性121人，女性291人，平均年

---

① 这些形容词为：教育先进的；男女平权的；具有国际影响力的；人口稀少的；腐败横行的。
② 问题设置分别为：我对阿根廷国家有好感；我对阿根廷国民有好感；我有兴趣进一步了解阿根廷。

龄21.88岁，标准差4.1。在接下来的具体分析中，本文将使用探索性因子分析、相关性分析与线性回归分析等统计方法依次对中国大学生群体对阿根廷国家刻板印象的内容、结构及其影响进行探索。

四、研究发现与分析

（一）问卷的信度与效度

本研究根据史媛媛与李春凯研究的操作步骤，首先检验开放获取所得的28项刻板印象形容词的平均得分情况，结果发现28项刻板印象形容词平均得分均显著高于中间分数4分（p<0.01），而5项随机加入的刻板印象形容词所得平均分则显著低于前者（p<0.01），这说明本次所搜集到的28个刻板印象形容词在问卷中确实可以反映出被试对于阿根廷这一国家的刻板印象，该问卷具有较好的效度。随后对问卷的所有题项进行克隆巴赫α系数检验，其中问卷第二部分（形容词部分）33个题项的α系数为0.88；问卷第三部分3个题项α系数为0.86，整体通过检验（α>0.8），说明所回收问卷内在一致性信度优秀。

（二）探索性因子分析

对28个刻板印象进行探索性因子分析以期待将之进行降维。本研究使用SPSS 23.0首先进行了KMO和巴特利特球形度检验，结果显示其KMO系数为0.87，显著大于0.6，而巴特利特球形度p<0.001，意味着非常适合进行因子分析。随后对28个题项进行操作，抽取特征根大于1的因素，并使用最优斜交法（Promax）进行旋转，共获得6个因子，但其中"风光优美的""人种多元的"和"地区经济优异的"三项刻板印象未能在任何一个因子上获得大于0.4的载荷，因此考虑将其删除。随后对于余下的25个题项再次重复上述步骤[1]，最终获得5个因子，累计方差贡献率为

---

①检验KMO系数（0.86>0.6），巴特利特球形度p<0.001。

53.3%。经转轴之后其因素载荷表如表2所示。

表2　中国大学生群体对阿根廷国家刻板印象的因素载荷表

	编号	因子1(F_1)	因子2(F_2)	因子3(F_3)	因子4(F_4)	因子5(F_5)
热情奔放的	X_1	0.798				
拥有美食的	X_2	0.778				
生活浪漫的	X_3	0.641				
面容姣好的	X_4	0.641				
擅长足球的	X_5	0.638				
开放包容的	X_6	0.633				
能歌善舞的	X_7	0.594				
文化多元的	X_8	0.523				
气候宜人的	X_9	0.520				
农牧业发达的	X_{10}		0.841			
草原广阔的	X_{11}		0.784			
盛产牛肉的	X_{12}		0.752			
自然资源丰富的	X_{13}		0.659			
幅员辽阔的	X_{14}		0.546			
治安混乱的	X_{15}			0.713		
充满经济问题的	X_{16}			0.712		
办事低效的	X_{17}			0.682		
贫富差距大的	X_{18}			0.647		
发音奇怪的	X_{19}			0.557		
能文擅诗的	X_{20}				0.675	
有欧洲特色的	X_{21}				0.558	
经济曾经辉煌的	X_{22}				0.538	
地形狭长的	X_{23}					0.772
多山崎岖的	X_{24}					0.689
遥远神秘的	X_{25}					0.507

根据表2所示，25个形容词被划分为5个因子，不难发现，其中："因子1（F_1）"主要载荷了与阿根廷国民特点和生活环境氛围相关的刻板印象的形容词，其内容情感极性偏向积极；"因子2（F_2）"主要载荷了与阿根廷经济禀赋和自然资源相关的刻板印象形容词，其内容情感极性偏向积极；"因子3（F_3）"则主要载荷了与当代阿根廷社会环境特点相关的刻板印象形容词，其内容情感极性偏向消极；"因子4（F_4）"则主要包含了与阿根廷历史与人文特点相关的刻板印象形容词，其内容情感极性偏向积极；最后是"因子5（F_5）"，该刻板因子主要载荷了与阿根廷地理地形有关的形容词，其内容情感极性基本中性。

根据以上各因子主要载荷内容的整体特点，我们将因子1—5分别命名为："国民与生活"刻板印象因子（F_1）、"禀赋与资源"刻板印象因子（F_2）、"社会与环境"刻板印象因子（F_3）、"历史与人文"刻板印象因子（F_4）及"地理与地形"刻板印象因子（F_5）。根据转轴后的成分得分系数矩阵可得五项刻板因子的得分表达式（见附录），进而计算出被试在F_1—F_5上的得分。

结合上文所述不同刻板因子的情感极性偏向，我们可以得出若被试在F_1、F_2与F_4上得分越高，则其对于阿根廷国家的"国民与生活""禀赋与资源"以及"历史与人文"方面的印象越为积极；而被试若在F_3上得分越高，则意味着其对于阿根廷的"社会与环境"印象越为消极；而被试在F_5上的得分情况只能展现出其对于"地理与地形"印象的深刻与否，但并不体现明显极性。

（三）五项刻板因子与三项程度指标的简单相关性分析

为了探究不同影响因素对于中国大学生喜欢阿根廷国家、国民与探索兴趣程度的影响，研究小组对五项刻板印象因子的影响进行了简单相关性分析，获得表3：

表3　刻板因子与三项程度指标的相关性 [①]

	国家好感度	国民好感度	探索国家兴趣
国民与生活（F_1）	0.493**	0.484**	0.498**
禀赋与资源（F_2）	0.409**	0.295**	0.417**
社会与环境（F_3）	0.113*	0.111*	0.157**
历史与人文（F_4）	0.344**	0.281**	0.358**
地理与地形（F_5）	0.063	0.084	0.032

　　由表3可以看出，除"地理与地形"刻板因子对中国大学生对阿根廷国家、国民好感度及探索兴趣上不存在显著影响之外，其余刻板印象因子在简单相关性上均对于三项程度指标影响显著。这体现了相关刻板因子对于被试群体阿根廷国家、国民以及了解兴趣程度的影响。但由于涉及多变量因子，为了避免出现遮掩效应（Suppression Effect）以进一步明确不同刻板印象因子对三项程度指标的具体影响，研究还需将五项因子一并纳入多元线性回归分析之中。

（四）多元线性回归分析

　　在进行的多元线性回归分析中，研究小组以三项程度指标分别为因变量，五项刻板印象因子为自变量，被试个体信息包括性别、年龄、学习西语时间、是否去过阿根廷、是否与阿根廷人直接进行过交流为控制变量进行分析，其中性别、是否去过阿根廷，以及是否与阿根廷人直接进行过交流为虚拟变量，得到的结果，如表4—表6所示。

---

①** $p<0.01$显著；* $p<0.05$显著。

表4 刻板印象因子与阿根廷国家好感度的回归分析①

变量	变量（代码）	未标准化系数		标准化系数	t	显著性（Sig.）
		B	标准误差	β		
常数项		4.742	0.268	—	17.711	0.000
性别（男）	S	0.209**	0.104	0.092**	2.015	0.045
是否去过阿根廷（是）	ARG_{EXP}	−0.330	0.204	−0.082	−1.613	0.108
是否和阿根廷人交流过（是）	ARG_{CTC}	0.221**	0.111	0.101**	1.990	0.047
年龄	O	0.004	0.013	0.015	0.303	0.762
西语学习时间	T_{ES}	0.061***	0.022	0.152***	2.788	0.006
国民与生活	F_1	0.422***	0.055	0.394***	7.649	0.000
禀赋与资源	F_2	0.190***	0.055	0.183***	3.452	0.001
社会与环境	F_3	−0.170***	0.049	−0.162***	−3.44	0.001
历史与人文	F_4	0.101*	0.051	0.096*	1.953	0.052
地理与地形	F_5	0.043	0.048	0.040	0.888	0.375

对于对阿根廷国家好感程度而言，可以看到控制变量中，性别因素、是否和阿根廷人进行过交流，以及学习西语时间对于回归结果具有显著正向影响，男性（β=0.092，$p<0.05$）、与阿根廷人进行过交流（β=0.101，$p<0.05$），以及学习西语时间长（β=0.152，$p<0.01$）的被试对阿根廷国家的好感度更高；自变量中的"国民与生活"（β=0.394，$p<0.01$）和"禀赋与资源"（β=0.183，$p<0.01$）两项刻板印象因子主效应显著，意味着中国大学生在两个因子上得分越高，则对阿根廷国家的好感越强烈；"历史与人文"（β=0.096，$p<0.1$）为边缘显著，表

---

① *** $p<0.01$显著；** $p<0.05$显著；* $p<0.1$显著；调整后R方=0.332。

明中国大学生在该因子上的高得分具有正向预测他们对阿根廷国家高好感程度的趋势；"社会与环境"同样因子主效应明显（ β =−0.162，p<0.01），但其系数为负，意味着被试该刻板因子上的得分越高，其对于阿根廷国家的好感度便越低。

表5　刻板印象因子与阿根廷国民好感度的回归分析 [①]

变量	变量（代码）	未标准化系数		标准化系数	t	显著性（Sig.）
		B	标准误差	β		
常数项		4.425	0.280	—	15.807	0.000
性别（男）	S	0.004	0.108	0.002	0.035	0.972
是否去过阿根廷（是）	ARG_{EXP}	−0.637***	0.214	−0.156***	−2.980	0.003
是否和阿根廷人交流过（是）	ARG_{CTC}	0.436***	0.116	0.196***	3.759	0.000
年龄	O	0.019	0.013	0.074	1.406	0.161
西语学习时间	T_{ES}	0.036	0.023	0.088	1.581	0.115
国民与生活	F_1	0.513***	0.058	0.470***	8.898	0.000
禀赋与资源	F_2	0.049	0.058	0.046	0.850	0.396
社会与环境	F_3	−0.136***	0.052	−0.127***	−2.634	0.009
历史与人文	F_4	0.009	0.054	0.008	0.164	0.870
地理与地形	F_5	0.030	0.050	0.027	0.595	0.552

从对阿根廷国民好感程度来看，可以发现在控制变量中，亲身去往阿根廷的经验会显著降低被试对于该国国民的好感程度（ β =−0.156，p<0.01），但与阿根廷人直接交流的经验则会增加被试对于该国国民的好感程度（ β =0.196，p<0.01），二者相比来看，后者对于国民好感程

①*** p<0.01显著；调整后R方=0.296。

度的影响更大（β绝对值后者大：|−0.156|<0.196）；自变量中的"国民与生活"（β=0.470，p<0.01）刻板印象因子的主效应最为显著，表明被试在此因子上得分越高，则其对阿根廷国民的好感程度越高；"社会与环境"刻板印象因子主效应同样明显（β=−0.127，p<0.01），但系数为负，意味着被试在这一因子上得分越高，则其对该国国民的好感程度越低。

表6　刻板印象因子与对阿根廷国家探索兴趣程度的回归分析 [1]

变量	变量（代码）	未标准化系数		标准化系数	t	显著性（Sig.）
		B	标准误差	β		
常数项		5.179	0.329	—	15.741	0.000
性别（男）	S	0.070	0.127	0.026	0.549	0.583
是否去过阿根廷（是）	ARG_{EXP}	−0.375	0.251	−0.078	−1.491	0.137
是否和阿根廷人交流过（是）	ARG_{CTC}	0.071	0.136	0.027	0.523	0.601
年龄	O	0.004	0.016	0.012	0.238	0.812
西语学习时间	T_{ES}	0.046*	0.027	0.095*	1.702	0.090
国民与生活	F_1	0.463***	0.068	0.360***	6.836	0.000
禀赋与资源	F_2	0.278***	0.068	0.223***	4.109	0.000
社会与环境	F_3	−0.080	0.061	−0.063	−1.316	0.189
历史与人文	F_4	0.133**	0.063	0.106**	2.107	0.036
地理与地形	F_5	−0.057	0.059	−0.044	−0.959	0.338

对于对阿根廷国家的了解兴趣程度来说，在控制变量中，"只有学习西语时间"对于该指标具有影响（β=0.095，p<0.1），代表被试

[1] *** p<0.01显著；** p<0.05显著；* p<0.1显著；调整后R方=0.300。

学习西语时间越长则对于深入了解这一国家的兴趣越高。自变量中的"国民与生活"（β=0.360，p<0.01）、"禀赋与资源"（β=0.223，p<0.01），以及"历史与人文"（β=0.106，p<0.05）三项刻板印象因子主效应均明显，且系数为正，表明被试在这三项因子上得分越高，则其对深入了解阿根廷这一国家的兴趣程度越高。

（五）信息来源重要性与刻板印象维度得分的简单相关性分析

为探寻阿根廷刻板印象形成信息来源的问题，本次研究对被试所排列的信息来源顺序进行逆向赋值，即将排序第一位的赋值为7，第二位为6，依次进行，直至最后一位赋值为1。某来源分值越高，则代表其对于被试而言越是阿根廷国家相关信息的重要来源渠道。进行描述性统计分析后，我们可以获得表7：

表7 中国大学生群体阿根廷国家信息来源渠道重要性情况

	中国主流媒体	中国社交平台	国际主流媒体	国际社交平台	影视文学作品	老师专家讲授	文献专业书籍	其他渠道
平均值	4.7	4.96	3.41	2.88	4.47	4.48	2.39	0.70
中位数	5	5	3	3	5	5	1	0
标准差	1.902	1.763	1.624	1.72	1.728	2.101	1.871	1.983

从中可以发现，中国社交平台与中国主流媒体为该群体最为重要的阿根廷信息来源，文献专业书籍与其他渠道则是最为次要的信息来源。随后，为了进一步考察不同信息渠道重要性是否与五项刻板印象维度存在相关性，研究小组将各来源重要性得分与刻板印象维度得分进行了简单相关性分析，得到结果如表8所示：

表8 信息来源重要性情况与刻板因子得分的相关性 ①

信息来源渠道	国民与生活（F₁）	禀赋与资源（F₂）	经济与行为（F₃）	历史与人文（F₄）	地理与地形（F₅）
中国主流媒体	-0.152^{**}	-0.293^{**}	-0.123^{*}	-0.252^{**}	0.123^{*}
中国社交平台	-0.036	-0.266^{**}	-0.092	-0.189^{**}	0.087
国际主流媒体	-0.048	-0.077	-0.094	-0.015	0.044
国际社交平台	0.04	0.003	0.009	0.041	-0.02
影视文学作品	0.097^{*}	0.062	-0.035	0.104^{*}	-0.046
老师专家讲授	0.033	0.141^{**}	0.024	0.066	-0.089
文献专业书籍	-0.026	0.170^{**}	-0.013	0.089	-0.039
其他渠道	0.027	0.129^{**}	0.219^{**}	0.105^{*}	-0.041

可以发现，"中国主流媒体"重要性得分与五项刻板印象维度分数均存在显著相关性，根据相关系数的正负可以得出，对于被试而言，"中国主流媒体"作为获取阿根廷信息的重要性越高，则其刻板印象维度F₁-F₄得分越低，但F₅得分越高；"中国社交平台"的重要性得分则主要与刻板印象维度F₂和F₄存在显著负相关，即其作为被试了解阿根廷渠道的重要性越高，则对应的两项刻板印象得分越低；被试的"影视文学作品"渠道重要性与其F₁和F₄的得分正向相关；"老师专家讲授"渠道重要性与印象维度F₂存在正向显著相关性；"其他渠道"的重要性则与被试的F₂-F₄刻板印象维度的得分显著正相关。但值得一提的是，从相关系数来看，上述显著相关关系的强度均较弱。

①** p<0.01显著；* p<0.05显著。

五、结果讨论

（一）对于阿根廷国家的印象：内容缺乏多元，印象集中度高

从刻板印象内容来看，中国大学生群体对于阿根廷国家刻板印象的内容多元性较低。本次通过开放式问卷调查，在合并同义形容词后共获得中国大学生群体对于阿根廷国家刻板印象79项，这一数量明显少于中国高校学生对于中国本国及邻国的刻板印象，此外值得一提的是，研究同样发现，中国大学生群体对于阿根廷国家的印象是"混合的"，即将国家与国民的印象统一叠加，而没有出现"国家形象侧重于政治层面的解读，国民形象侧重于对文化层面的解读"的特点。

从印象词频统计来看，中国大学生群体对于阿根廷国家刻板印象的内容集中性较高。被试刻板印象词频分布呈现明显的长尾现象，头部集中程度十分明显，当谈论对阿根廷国家印象时，近六成学生提及"擅长足球的"，超过第二位"热情奔放的"近三倍，而绝大部分刻板印象均只被提及一两次，这说明中国大学生群体对于阿根廷存在明显的"点式"认识。

这些现象的出现事实上均说明中国大学生群体对于阿根廷这一国家所形成的认知仍然有限，并且存在较为显著的单一固化印象。

（二）刻板印象的结构特点：五维刻板印象，极性各有差异

从刻板印象结构来看，中国大学生群体对于阿根廷国家刻板印象主要由五个维度组成：第一维度是"国民与生活"维度。该维度包含了9项刻板印象，是五个维度中所包含形容词数量最多的维度。这表明中国大学生对于阿根廷国民与生活的印象构成了该群体对于阿根廷国家印象中最为主要也是最为丰富的部分，这也正如陈宗权和谢红认为的那样，国家印象与国民印象事实上都是抽象的群体意象，二者密不可分，因而也更容易形成"晕轮效应"，即将国民的性格特点与其国家相互联系起

来。①第二维度是"禀赋与资源"维度。该维度包含了5项刻板印象，均与阿根廷农畜牧业等禀赋特点紧密相关。该维度的形成一方面得益于阿根廷"世界粮仓肉库"的美誉，亦可能与阿根廷在中国市场的代表性商品有关，从贸易特点来看，农畜牧业产品与资源类产品是阿根廷主要出口中国的商品，而其中又尤以大豆类产品与冷冻牛肉最为突出②，随着大量此类产品在中国市场的出现，其背后所代表的阿根廷资源禀赋也构成了中国大学生群体对于该国的重要认识维度。第三维度是"社会与环境"维度。该维度包含了5项刻板印象，其形成体现出中国大学生群体对于阿根廷社会与环境情况的关注与所形成的深刻印象，事实上该方面也是不同媒介经常报道与高校进行国情讲授时经常会涉及的主题。第四维度是"历史与人文"维度。该维度包含了3项刻板印象，其展现了中国大学生对于阿根廷国家历史变迁与文化发展过往所形成的主观认识。无论是阿根廷20世纪的经济辉煌又或是诗人文豪的辈出均在此维度有所体现。第五维度是"地理与地形"维度。该维度包含了3项刻板印象，内容皆涉及阿根廷地理与地形的特点，主要体现了中国大学生群体对阿根廷这一国家所产生的最为笼统和直接的宏观认识。

从维度的情感极性来看，中国大学生群体对于阿根廷国家所形成的五维刻板印象的极性各有不同。从其各自主要包含的刻板内容来看："国民与生活"维度偏向积极；"禀赋与资源"维度同样偏向积极；"社会与环境"维度则偏向消极；"历史与人文"维度偏向积极；"地理与地形"维度则基本中性。

从静态的角度分析，任何业已形成的国家形象都可以分解为国家实

---

①陈宗权、谢红：《社会认同论与国家形象主体性生成理论的可能——兼论国家形象研究范式及未来的研究纲领》，《国际观察》，2015年3月，第95—108页。
②深圳海关：《2019年度阿根廷进出口情况报告》，http://commerce.sz.gov.cn/attachment/0/513/513472/7269264.pdf，访问时间：2022年4月26日。

力（Power）和国家意图（Will）两个维度①，前者主要指公众对国与国之间物质实力的分配状况的认知，包括经济、科教、外交、军事与地理认知；后者指代表国家意图的内容，包括政治、文化和社会认知。从这一角度来看，尽管中国大学生群体对阿根廷国家刻板印象并未完整涉及以上几个方面，但其现有结构也基本符合这一模型：即"禀赋与资源"和"地理与地形"形成了阿根廷的国家印象中的"实力"维度，而"社会与环境""历史与人文"及"国民与生活"则共同组成了阿根廷国家印象中的"意图"维度。若仅从因子的加权得分来看，中国大学生所拥有的阿根廷国家印象无论是在实力维度还是国家意图维度上均为正向得分，这是国家间形象的理想状态。但也应该注意到的是，诸如对于阿根廷"外交""军事""政治"等方面的印象缺失导致目前事实上这一国家印象结构的不完整性，这也同样揭示了在这些方面上目前中国大学生群体对于阿根廷国家还缺乏认知。

（三）个体因素与刻板印象的影响：影响维度不同，整体作用显著

本次研究中，我们发现，个体因素与刻板印象均会对中国大学生群体对阿根廷国家、国民好感度及探索该国兴趣程度有所影响。首先从个体因素的控制变量来看，在不同考察维度下具有显著影响的因素有以下几点：

性别因素（S）主要对"阿根廷国家好感度"有着显著影响，男性被试有着更为积极的表现，拥有更高的好感度。这可能与阿根廷国家印象中的"足球"有关。

与阿根廷人的直接交流情况（ARG_{CTC}）对于被试的"阿根廷国家好感度"及"阿根廷国民好感度"有着显著积极影响，换言之，与阿根廷人进行过直接交流的被试更喜欢阿根廷这一国家与国民。这说明与当

---

① 匡文波、任天浩：《国家形象分析的理论模型研究——基于文化、利益、媒体三重透镜偏曲下的影像投射》，《国际新闻界》，2013年第2期，第92-101页。

地国民的交流和接触从社会认知理论的角度来看，若个体能够通过直接接触外在群体成员来收集其信息形成印象，其认知简化的情况将得到改善，从而培育正面印象或改变原先负面的刻板印象，反之则可能导致消极刻板印象或偏见的产生[1][2]，本次研究的结果也再次验证了这一理论，直接沟通确实有利于对于国家与国民积极印象的形成。

但有趣的是，亲身旅行阿根廷的经历（ARG_{EXP}）会对被试的"阿根廷国民好感度"起到显著的负面影响，这种因近距离接触反而导致国民好感度下降的案例并非特例，类似地，史媛媛也在早前的调查中注意到来到中国的外国留学生会对中国人产生负面行为维度的刻板印象。这可能是因为个体在前往阿根廷前对于该国国民的了解仍然是片面的，因而在近距离的接触处中发现实际情况与原本期待有较大落差，又或是长期相处与深度交流增加了双方出现摩擦的可能性。

随着学习西语的时间（T_{ES}）延长，被试的"阿根廷国家好感度"与"阿根廷探索兴趣程度"也越高，这说明语言学习时间对于中国大学生群体对于阿根廷国家的认同与对今后进一步接触这一国家的兴趣起到了积极影响。从客观上来看，语言作为文化的载体与体现，是不同文明之间交流、交往的维系纽带，是文化与信息输入与输出的工具与桥梁，因而在语言的学习、掌握与应用过程中相关阿根廷的信息便能以某种主动或被动的方式对被试的认知施加影响。而从主观角度来看，语言习得往往还意味着归属感与感情联系的建立[3]，语言学习者在学习一门新的语言的同时会经历文化认同的变化，而这种变化皆倾向于对目的语文化的接

---

① Allport, G. W., Clark, K., & Pettigrew, T.（1954），*The nature of prejudice*, Boston: Addison-Wesley Publishing-Company，1954.

② Tan, A., Fujioka, Y., & Lucht, N.（1997），"Native American stereotypes, TV portrayals, and personal contact"，*Journalism & Mass Communication Quarterly*，74（2），pp. 265-284.

③ 阿斯罕：《布迪厄实践理论视角下的语言认同：四位蒙古族三语人案例研究》，北京外国语大学，学位论文，2015年。

受、融合或并存①②，随着语言学习者与目的语言文化距离的拉近，前者对于后者的认同感与兴趣也自然会得以加强。研究结果也验证了这一理论，阿根廷作为西班牙语世界的重要组成国家，被试语言学习的时间越长，则其对该国的好感程度与进一步了解兴趣也越高。

随后，从代表解释变量的五项刻板因子来看，其在三项指标评价中同样起到了情况各异的作用：

本次研究发现，中国大学生群体所拥有的对于阿根廷国家的"国民与生活"刻板印象维度（F_1）对于其"阿根廷国家好感度""阿根廷国民好感度"与"阿根廷国家探索兴趣程度"皆有显著且明显的正向效果。正如前文所述，这一维度的刻板印象内容主要与阿根廷国民群体相关。在针对群体的刻板印象研究中，西方学者提出的刻板印象内容模型（Stereotype Content Model）认为，③刻板印象的内容是能力（competence）和热情（warmth）两个维度的组合评价，前者反映的是目标群体的意图：是好的还是坏的，是友善的还是敌意的，对我们是有利的还是不利的；后者则反映的是目标群体是否能实现其意图，或者实现其意图的可能性。在此前的相关的实证研究中发现，对于某一群体的热情维度与能力维度评价同时较高则其相应的刻板印象也偏向正面④⑤。本次研究尽管是以国家为刻板印象研究对象，但在该维度上主要出现的

① Lambert, W. E.（1974），"A Canadian experiment in the development of bilingual competence"，*Canadian Modern Language Review*，31（2），pp.108–116.

② 高一虹、周燕：《二语习得社会心理研究：心理学派与社会文化学派》，《外语学刊》，2009年第1期，第123–128页。

③ Lin, M. H., Kwan, V. S., Cheung, A., & Fiske, S. T.（2005），"Stereotype content model explains prejudice for an envied outgroup: Scale of anti-Asian American stereotypes"，*Personality and Social Psychology Bulletin*，31（1），pp.34–47.

④ Durante, F., Tablante, C. B., & Fiske, S. T.（2017），"Poor but warm, rich but cold（and competent）: Social classes in the stereotype content model"，*Journal of Social Issues*，73（1），pp.138–157.

⑤ 管健、程婕婷：《刻板印象内容模型的确认、测量及卷入的影响》，《中国临床心理学杂志》，2011年第2期，第184–188+191页。

有关阿根廷国民群体的刻板印象也基本可以划分为能力（擅长足球的、能歌善舞的和生活浪漫的）与热情（热情奔放的、面容姣好的和开放包容的）两个维度，并且评价均积极，因而在结果上我们也看到该因子在三个指标上均起到了重要的积极效用。

此外，可以看到"禀赋与资源"刻板印象维度（F_2）对"阿根廷国家好感度"与"阿根廷国家探索兴趣"也具有显著的正向影响效应。该维度的刻板印象所包含特质与阿根廷国家的资源禀赋特点紧密相关，整体给人以牧草丰饶、地大物博的印象。事实上一个国家的物产与国家形象联系密切，早在公元9世纪阿拉伯商人便在《伊本·白图泰游记》与《中国印度见闻录》中赞叹中国的物产丰富，进而也形成了对于中国的美好印象。因此，也正如我们所发现的，中国大学生群体的该维度刻板印象的形成使其对于阿根廷这一国家更具好感，也对进一步探索该国更为向往。

"社会与环境"刻板印象维度（F_3）对于中国大学生群体的阿根廷国家与国民好感度有着显著的负面影响。尽管这一维度所体现的特质大多是关于整个社会与国家层面的问题，但与"禀赋与资源"维度不同，这些特质同样可以与阿根廷国民联系起来，换言之，二者可以被认为存在一定的因果关系。国家和社会的"治安混乱""贫富差距大""办事低效"等并非凭空发生，除去国家政府管理的责任之外同样离不开作为社会行动者的国民参与和实践，而这也从一定程度上造成国家与国民均会承担该维度所带来的负面印象。值得一提的是，此维度所包含的"发音奇怪的"并非严格意义上的负面特质，其之所以起到了负面效用与语言纯正主义不无关系。"标准语言"的正规化与常态化[1]造成了标准语言意识形态的进一步加强及"语言等级"的出现。在这一背景下，"标准

---

[1]Deumert, A.（2003），"Standard languages as civic rituals–theory and examples"，*Sociolinguistica*，17（1），pp. 31–51.

语言"被认为高于方言，而口音则被认为是下层社会或者外语学习者的标志。中国的外语教学中对于纯正口音更是尤为强调，口音过重甚至会导致学生的焦虑与自卑情绪的发生。从这一角度来看，国内接受"标准西班牙语"教学的大学生便自然难以认同阿根廷西班牙语所存在的"不标准的"浓重口音[①]。

本次研究还发现"历史与人文"刻板印象维度（F_4）对于被试的国家好感度与国家探索兴趣有着较为显著的正向效用。正如习近平主席所说："历史是现实的根源，任何一个国家的今天都来自昨天。"[②]，而人文精神又是一个国家、一个民族文化的重要内容，是衡量一个国家、一个民族文明进步程度的重要标尺[③]。从这一角度看来，阿根廷过往历史的辉煌、人文特质中的欧洲风尚与文人辈出都对中国大学生群体对于当代阿根廷国家的好感度有着正向影响，并对进一步深入探索该国兴趣的形成起到了推动作用。

"地理与地形"的刻板印象维度（F_5）是五项因素中唯一在三项主观程度评价中皆无显著影响的维度，但这一现象也揭示了一个重要结论，即尽管阿根廷与中国相距遥远，地形地貌狭长崎岖，但这并未成为中国大学生对阿根廷国家、国民产生好感的阻碍，也没有阻挡这一群体对于探索这一国家兴趣的形成。

（四）信息源重要性与其对刻板印象形成的影响：中国信源重要，影响仍待探索

从本次考察样本的情况来看，中国大学生群体了解阿根廷信息的最

---

① 虽然阿根廷的官方语言为西班牙语，但由于阿根廷土地辽阔，有大量来自意大利的移民后裔，因此该国西班牙语存在明显的地域差异。影响最大的拉普拉塔河方言带有近似于意大利那不勒斯语的口音，因而与标准西班牙语——卡斯蒂利亚语（Castellano）有着明显的区别。

② 人民网：《习近平：历史是现实的根源》，2015年09月05日，http://politics.people.com.cn/n/2015/0905/c1001-27545834.html，访问时间：2022年3月31日。

③ 人民日报：《高校在培育人文精神中的地位与作用》，2012年06月21日，https://cqdszx.ctbu.edu.cn/_mediafile/cqdszx/2015/06/26/2p7y09m6o5.pdf。

为主要来源为"中国主流媒体"与"中国社交平台",这意味着中国信源事实上是该群体了解阿根廷国家的最主要媒介。但有趣的是,从相关性分析来看,无论是中国主流媒体还是社交平台作为信息源的重要性与刻板印象维度往往是负相关关系,这也就意味着被试以二者作为主要信息源则并不容易对阿根廷国家形成典型的刻板印象,而这或许与中国主流媒体报道的客观中立性,以及社交平台中信息的普遍随机性有关。而若被试个体主要通过"影视文学作品""老师专家讲授"或"文献专业书籍"来了解阿根廷国家信息则可能更容易形成不同维度的刻板印象:前者对于中国大学生群体形成有关阿根廷国家"国民与生活""历史与人文"维度的刻板印象有着显著正向影响,这符合我们的经验认识,因为影视文学作品往往侧重以更为直观与生动的方式展现阿根廷人文风貌。而后两者则显著影响个体关于阿根廷国家"资源与禀赋"维度刻板印象的形成,这与中国针对阿根廷的国别研究与著述更倾向于双边经贸关系有着重要关系,这同样符合我们的经验判断。但需要指出的是"其他渠道"尽管在整体重要性得分上与中位数上都位列8项信源的最后,但其重要性却对被试的"禀赋与资源""经济与行为""历史与人文"刻板印象维度的形成有着显著的正向关系,这也意味着存在个别调查中所尚未列出的信息渠道对中国大学生群体对阿根廷国家刻板印象的形成产生重要作用,除此之外,较低的相关性系数与部分刻板印象维度缺乏相关性联系也意味着本次研究所涉及的信息渠道与刻板印象形成的相关性较弱,而这些需在今后的研究中进一步调查。

六、结语与展望

本次研究针对中国大学生群体的阿根廷国家刻板印象进行了深入调查,对其内容、结构、影响以及来源进行了较为系统的分析,为今后进一步深入研究中阿关系与中拉关系提供了一定的有益参考。就本次研究来看，中国大学生群体对于阿根廷的刻板印象整体偏向积极，在认知上并未出现与事实明显不符的情况，这也代表中国大学生群体对于阿根廷国家的刻板印象基本客观。但我们同样注意到在实现民心相通的道路上，刻板印象是一把"双刃剑"，正如本次研究所展现的，积极的国家刻板印象有利于增进大学生群体对于阿根廷国家、国民的好感度，并增加其对于该国的兴趣，从而更有可能促进该群体今后加入双边人文交流与关系建设之中。相对地，负面的刻板印象则会起到相反的作用，在一定程度上会降低大学生群体对于阿根廷国家与国民的好感度，进而也会对两国"民心相通"造成负面影响。作为"一带一路"的倡导者、"中拉命运共同体"的提出者，中国关注大学生群体，把握好刻板印象这把"双刃剑"是实现民心相通的重要保障。尽管刻板印象的改变并非易事，但我们至少可以从以下两个思路开展工作：第一，以"文明互鉴"帮助大学生群体建立对阿根廷国家的多元印象。阿根廷作为拉丁美洲大国，对于拉丁美洲与中国均有着重要意义，但中国大学生群体对其所形成的认识结构仍然单薄，在许多方面认知匮乏。通过鼓励学生参加"文明互鉴"下的中阿人文交流机制可以期待该群体对于阿根廷国家形成更为多元的认识，从而超越现有刻板印象，拥有"欣赏文明之美的眼睛"。第二，要"吐故纳新"，鼓励大学生群体建立对阿根廷国家的动态印象。在对阿根廷国家建立多元与立体印象的同时，我们还应使学生意识到事物是发展变化的，国家更是如此，避免一味地将"拉美问题化"或"问题拉美化"，对于目前负面印象集中的"社会与环境"更应鼓励大学生群体关注其发展与进步，从而让现有的负面固有印象"流动"起来。

附录：

五项刻板因子的得分表达式

国民与生活（F_1）	$0.207X_1+0.205X_2+0.159X_3+0.163X_4+0.173X_5+0.161X_6+0.148X_7+0.129X_8+0.133X_9-0.006X_{10}-0.023X_{11}-0.005X_{12}+0.002X_{13}+0.022X_{14}-0.035X_{15}-0.027X_{16}+0.017X_{17}+0.019X_{18}+0.015X_{19}-0.013X_{20}-0.031X_{21}-0.021X_{22}-0.010X_{23}-0.036X_{24}+0.053X_{25}$
禀赋与资源（F_2）	$0.003X_1+0.000X_2-0.064X_3-0.014X_4+0.058X_5+0.014X_6-0.106X_7-0.005X_8+0.109X_9+0.287X_{10}+0.267X_{11}+0.250X_{12}+0.210X_{13}+0.186X_{14}-0.055X_{15}+0.023X_{16}-0.013X_{17}+0.017X_{18}+0.022X_{19}-0.048X_{20}+0.037X_{21}+0.072X_{22}+0.022X_{23}-0.020X_{24}-0.011X_{25}$
社会与环境（F_3）	$-0.02X_1+0.023X_2-0.090X_3+0.022X_4+0.108X_5-0.060X_6+0.047X_7-0.024X_8-0.004X_9-0.027X_{10}+0.010X_{11}-0.020X_{12}-0.016X_{13}+0.060X_{14}+0.295X_{15}+0.282X_{16}+0.298X_{17}+0.269X_{18}+0.238X_{19}-0.015X_{20}+0.023X_{21}+0.013X_{22}-0.009X_{23}-0.033X_{24}+0.042X_{25}$
历史与人文（F_4）	$-0.074X_1-0.113X_2+0.209X_3+0.047X_4-0.229X_5+0.020X_6+0.196X_7+0.137X_8-0.038X_9-0.073X_{10}-0.04X_{11}+0.019X_{12}+0.111X_{13}-0.023X_{14}-0.018X_{15}+0.072X_{16}+0.027X_{17}-0.022X_{18}-0.056X_{19}+0.359X_{20}+0.286X_{21}+0.289X_{22}-0.107X_{23}+0.177X_{24}-0.038X_{25}$
地理与地形（F_5）	$0.047X_1-0.01X_2-0.067X_3-0.072X_4-0.010X_5+0.120X_6-0.027X_7-0.008X_8-0.027X_9+0.082X_{10}-0.001X_{11}-0.002X_{12}-0.002X_{13}-0.088X_{14}+0.147X_{15}-0.093X_{16}-0.085X_{17}+0.090X_{18}-0.030X_{19}+0.108X_{20}-0.109X_{21}-0.070X_{22}+0.485X_{23}+0.415X_{24}+0.312X_{25}$

近十年美国的墨西哥华人史研究热

任 健^①

内容提要：自2010年起，美国知名学术出版社已出版了五本关于墨西哥华人史的专著。在拉丁美洲史中鲜有移民族群受到美国学术界如此集中的关注。通过分析这些专著的思想背景和史学贡献，本文试图解释最近十多年美国出现墨西哥华人史研究热的原因。本文提出，这一现象形成的原因，主要与以下几点紧密相关：移民这一话题在拉丁美洲史学中的地位变化，美国历史学界的"跨国转向"和墨西哥华人史对于重塑美国拉丁裔史、拉丁美洲国别史等多领域的可行性。

关键词：墨西哥华人 移民史 美国历史学 跨学科方法

引言

2021年5月17日，墨西哥总统安德烈斯·曼努埃尔·洛佩斯·奥夫拉多尔（Andrés Manuel López Obrador）就20世纪初墨革命时期屠杀华人的"托雷翁事件"举行致歉仪式。中国与墨西哥的紧密经贸往来和在抗

---

①任健：美国罗格斯大学拉丁美洲史博士生。

击新冠肺炎疫情中的友好合作是促成这一仪式的主要原因，而另一个不可忽视的原因是过去十年间墨西哥华人史研究在北美学术界显著提高的影响力。墨西哥华人史从边缘走向主流，成为美墨边境史、墨西哥现代史、拉丁美洲移民史、亚裔美国人研究及美国拉美裔研究中不可忽视的一部分。

美国知名学术出版社自2010年起出版了五本关于墨西哥华人史的专著——罗伯特·赵·罗梅罗（Robert Chao Romero）的《华人在墨西哥，1882—1940年》（*The Chinese in Mexico, 1882–1940*）（亚利桑那大学出版社，2010年）、格蕾丝·佩纳·德尔加多（Grace Peña Delgado）的《使华人成为墨西哥人：美墨边境的全球移民、地方主义和排外》（*Making the Chinese Mexican: Global Migration, Localism, and Exclusion in the U.S.-Mexico Borderlands*）（斯坦福大学出版社，2012年）、胡丽亚·玛丽亚·施沃内·卡马乔（Julia María Schiavone Camacho）的《墨西哥华人：寻觅故土的跨太平洋移民，1910—1960年》（*Chinese Mexicans: Transpacific Migration and the Search for a Homeland, 1910–1960*）（北卡罗来纳大学出版社，2012年）、杰森·奥利佛·张（Jason Oliver Chang）的《华人：墨西哥的反华种族主义，1880—1940年》（*Chino: Anti-Chinese Racism in Mexico, 1880–1940*）（伊利诺伊大学出版社，2017年）、弗莱迪·冈萨雷斯（Fredy González）的《华人同胞：墨西哥华人移民中的跨太平洋政治》（*Paisanos Chinos: Transpacific Politics among Chinese Immigrants in Mexico*）（加州大学出版社，2017年）。作为一个人口从未超过三万的少数族裔群体，墨西哥华人的历史得到了美国学术界非同寻常的关注。就这一话题在短时间内出版五本专著，在美国历史学界是一个十分罕见的现象。本文通过分析这五本专著产生的背景和做出的贡献，探讨美国出现墨西哥华人史研究热的原因及其影响。

第一阶段：融合与创新

华人有规模地移民墨西哥始于19世纪末美国《排华法案》（*Chinese Exclusion Act*）的实施。美墨边境较为宽松的管理和活跃的跨境贸易吸引了大量华人赴墨西哥北部定居、经商。1910年墨西哥共有13203名华人，大多聚集于边境地区。众多华商在墨西哥取得成功，部分地区的小商品贸易为华人把持。这一现象成为20世纪初墨西哥革命中排华行为的借口。1911年在北部小城托雷翁（Torreón），超过300名华人遭到马德罗革命军屠杀，然而由于墨西哥不可替代的地理位置和经济环境，其华人人口持续增加，于1927年达到24218人。在这一过程中，排华理念在墨西哥社会各阶层广泛传播，北部多州于20世纪30年代初对华人实施强制驱逐出境。1940年，全国的华人仅剩不到5000人，在此后的几十年间再也没有恢复往日的规模（Camacho，2012）。

人口锐减使华人在20世纪90年代前难以得到墨西哥学术界的重视。二战后第一份以墨西哥华人为主题的研究并非出自墨西哥，而是来自美国学者查尔斯·康伯兰（Charles C. Cumberland）1960年在《西班牙裔美国历史评论》（*Hispanic American Historical Review*）中的文章《索诺拉的华人和墨西哥革命》（*The Sonora Chinese and the Mexican Revolution*）。康伯兰在文中强调了排华运动在墨西哥革命史中的重要性，认为墨西哥现代史的叙述应囊括排华行为。但这一话题沉寂了20年，直到1980年，美国拉丁美洲史学界第一位华人学者胡其瑜（Evelyn Hu-Dehart）进一步阐述了墨西哥北部华人的社团、领袖、商业活动，并与其他移民族群进行对比。胡其瑜（1980）将视线从墨西哥政府、革命者转向华人的日常生活，改变了华人在墨西哥史学叙述中的从属性。此后，墨西哥学者开始出版华人史著作，何塞·路易斯·特鲁埃巴·拉腊（José Luís Trueba Lara，1990）、何塞·豪尔赫·戈麦斯·伊斯基尔多（José Jorge Gómez Izquierdo，1992）和胡安·普伊格（Juan Puig，

1993）详细讲述了排华运动的过程。他们和康伯兰一样，重点关注排华运动的参与者而非华人社会。

美墨学者对于华人本身的忽视反映了移民这一话题在拉美史中长期不受重视的地位。胡其瑜（2009）回忆，在20世纪90年代前，移民从来不是拉美史学者的主要话题。90年代后，历史学者对南美洲的西班牙、意大利、德国移民的研究得到了显著发展，但如拉美移民史专家何塞·莫亚（José C. Moya，2006：3）所言，学者在探讨拉美移民时仍常陷于如"政治精英的种族主义和国家政策"一类的角度。进入21世纪，以莫亚为代表的拉美移民史学者致力树立移民在论述中的中心地位和发掘不被重视的移民群体。前秘鲁总统藤森（Alberto Fujimori）在拉美各国的影响使得日本移民成为炙手可热的话题，拉丁美洲的亚洲移民开始得到学界更多的关注（Lesser，2007）。

对移民史进行反思和对亚裔拉丁美洲人产生浓厚兴趣的大背景促成了美国第一本墨西哥华人史专著——《华人在墨西哥，1882—1940年》的出版。罗伯特·赵·罗梅罗在引言中尖锐地指出，过去关于墨西哥华人史的作品"盲目迷恋排外主义"，而他的任务是"优先展现华人移民的声音和角度"。与之前的学者不同，罗梅罗（2010）认为从移民本身的角度研究墨西哥华人必须从他们和家乡及重点贸易地区的亲属、经济联系入手。由于《排华法案》的存在，墨西哥华人创立了复杂的跨境贸易和人员流动网络以应对边境检查。他们的货品及资金来源依赖于美国和中国的亲戚朋友。罗梅罗（2010）将这一网络称为"跨国商业轨道"（Transnational Commercial Orbit）。他重点分析了华人应对美国边境检查的策略、与墨西哥女子成婚对华人经商和融入当地社会的帮助，以及华人的亲属关系在墨西哥华商融资、取得批发商品过程中的重要性。

作为加州大学洛杉矶分校奇卡诺（墨西哥裔美国人的代名词）研究中心的教授，罗梅罗深受美国族裔研究及历史学21世纪初"跨国转向"

思潮的影响。2004年美国历史学会的主席致辞强调："我们不仅要关注那些离开家乡并在美国建立新家的移民，更要重视来来往往之人跨国境创造家庭、文化、语言、经济纽带的过程。"（Fishkin，2005：24）罗梅罗敏锐地察觉到，将跨国网络作为研究墨西哥华人史的中心，不仅能更深入、精确地分析这段历史，还能突出墨西哥华人史向美国历史学界主流争论提供弹药的能力：在历史上，墨西哥华人是美国仅有的既拥有跨洋纽带又穿梭于陆地边境的移民群体，其复杂性和特殊性不言而喻。墨西哥华人史是拉美移民史必要的一部分，但其更大的潜力在于和奇卡诺史、拉丁裔史、边境史、亚裔美国人史的融合与创新，这将大大拓宽读者范围。

美墨融合这一倾向在两年后出版的《使华人成为墨西哥人：美墨边境的全球移民、地方主义和排外》中体现得更为明显。同样出自加州大学洛杉矶分校奇卡诺研究中心的作者格蕾丝·佩纳·德尔加多（2012）指出，深度研究墨西哥华人史要包含边境地区美国一方的华人：跨境华人是美国历史上的第一批"非法移民"。在2010年后，墨西哥华人史已成为美国大学课堂解释当代边境冲突和美国—拉美关系的历史根源中不可或缺的一部分。

德尔加多同时进行了边境地区美国与墨西哥境内华人的比较研究。她发现华人与墨西哥人的关系在美国亚利桑那州图森市（Tucson）比在墨西哥索诺拉州（Sonora）亲密，因为华人在美国对身份的不安全感和墨西哥人的经济困难使两个群体感情相通。在亚利桑那，华商常常免去墨西哥顾客的债务。而在索诺拉，华商更多地依赖与官僚体系的关系（Delgado，2012：42，143）。

罗梅罗和德尔加多的专著深刻揭示了墨西哥华人史与美国历史多领域的紧密纽带，但以跨国视角分析墨西哥华人并非美国史或边境史的专利。与《使华人成为墨西哥人》同年出版的《墨西哥华人：寻觅故土的跨太平洋移民，1910—1960年》将跨国视角和墨西哥国别史结合起来。墨西哥的政治精英何时会将一个外来族裔视为同胞？作者胡丽亚·玛丽亚·施沃内·卡马乔（2012）认为"华人"面对墨西哥联邦政府的跨洋政治抗争是回答这一问题的关键。此处"华人"须有引号，因为根据20世纪30年代的墨西哥移民法，嫁给中国移民的索诺拉妇女将被剥夺国籍并与丈夫被一道驱逐出境。许多不谙中文的索诺拉妇女只能寄居于香港、澳门，在战火纷飞的年代不断向墨西哥联邦政府提出书面抗议。她们通过天主教会、国际狮子会（Lions Clubs International）等组织向墨西哥联邦政府持续施压，宣传她们在亚洲与美洲受到的双重压迫，促使墨西哥联邦政府在二战后承认对"华人"的不公待遇、恢复她们的公民身份并接回墨西哥。卡马乔（2012）的研究显示出，墨西哥的政治精英接纳"华人"成为同胞绝不是一个主动的过程，其决定因素是这一群妇女联合各类机构的不懈抗争。

卡马乔的作品也构成对拉美移民史"精英中心论"的探讨。在移民史叙述中，移民与当权者并不是非黑即白的关系。历史学者亦可从移民的行为及影响出发来阐释国家政策的形成。

第二阶段：延伸与争议

以上三部专著奠定了墨西哥华人史研究立足于美国学术界的基础——跨国、跨学科视角下的墨西哥华人史充满着向多领域提出新思路、新论据的潜力。三年内三本相似话题专著的出版使美国历史学界对拉丁美洲的华人产生了浓厚兴趣，为在美国推广拉美其他国家的华人史研究提供了充分空间（López，2013；Lee，2018）。与此同时，华人史在墨西哥学术界的地位也有所提高。墨西哥的历史学者从本地的角度寻找新的研究方向，重点探索华人在非边境地区的经历（Lisbona，2014）。

罗梅罗、德尔加多和卡马乔选择墨西哥华人史作为研究方向，一个很重要的原因是他们在个人成长经历中和墨西哥华人有一定交集。他们的成果广为流传后，更多来自不同领域、本不熟悉墨西哥华人的学者加入这一队伍。其中写就《华人：墨西哥的反华种族主义，1880—1940年》的杰森·奥利佛·张和《华人同胞：墨西哥华人移民中的跨太平洋政治》的弗莱迪·冈萨雷斯具有代表性。杰森·奥利佛·张是康涅狄格大学历史系和亚裔美国人研究系教授，而冈萨雷斯是伊利诺伊大学芝加哥分校历史系和全球亚洲研究系教授（冈萨雷斯在博士期间接受以拉丁美洲为重点的训练）。在前三部专著的基础上，他们需要延伸墨西哥华人史的边界并做出创新才能获得同僚的认可。然而，他们的作品在提出新颖论点的同时产生了一定争议。读者难免对墨西哥华人史"跨国""跨学科"的方法进行反思。

杰森·奥利佛·张（2017）致力重评反华主义在墨西哥现代史中的地位。大多数墨西哥史学者认为反华运动是墨西哥革命的结果，而他提出基层反华运动对墨西哥革命进程具有决定性作用，其产生的影响超出了相关政治精英，如何塞·巴斯孔塞洛斯（José María Albino Vasconcelos Calderón）之种族理念的影响。他的中心论点在于20世纪初墨西哥北部华人与印第安人的关系。革命前，墨西哥总统迪亚斯（José de la Cruz Porfirio Díaz Mori）引入华人移民的目的是在部分地区取代工作效率较低的印第安人。排华运动开始后，地方上的革命领导人以此煽动印第安人与麦士蒂索（mestizo）人共同迫害华人。通过这一做法与其中的暴力活动，地方精英将印第安劳动力加速纳入农业资本主义化进程，构建出墨西哥的麦士蒂索民族主义（Chang，2017）。

杰森·奥利佛·张的研究基于墨西哥多地翔实的档案资料，但他对反华主义在墨西哥现代史中地位的重新评价过于激进。最大的问题是华人的人数、分布和影响力。墨西哥革命是一场全国范围内的革命，而华人聚集于北部边境地区。他提及了反华主义传遍墨西哥全国，但没有回应墨西哥学者对非边境地区反华活动的研究。以有一小部分华人居住的恰帕斯州（Chiapas）为例，当地的反华主义宣传在人民群众中影响甚微（Lisbona，2014）。

冈萨雷斯（2017）重点分析了华人如何在20世纪中后期融入墨西哥社会并提升他们在墨西哥的声誉和政治地位的问题。此前大部分的拉美华人史研究集中于19世纪后期和20世纪早期。冈萨雷斯的作品填补了二战与冷战时期的空白。他的核心观点是：华人文化与其跨国纽带和墨西哥民族主义的相通性是他们融入墨西哥社会的关键因素。在二战时期，墨西哥华人支援祖国抗日战争的活动与墨西哥联邦政府的反法西斯宣传契合，强调了华人与墨西哥站在同一战线，极大地促进了战后华人政治地位的提高。在冷战时期，墨西哥华人社团汲取之前的经验，将中华文化融入墨西哥天主教活动中，逐步打消墨西哥大众对华人群体中"共产主义威胁"的顾虑（González，2017）。冈萨雷斯的研究囊括了墨西哥不同地域的华人，其分析相比此前几位作者更加全面。

然而，冈萨雷斯的研究突出了跨越国界的文化与政治联系，不可避免地需要参考中国、美国、墨西哥三地三种语言的档案资料并掌握华人移民与外交人员、政府官员的关系。他的中文资料过度依赖台湾地区的档案，导致缺少了对墨西哥"左倾"华人的深入分析。罗梅罗、德尔加多和卡马乔虽以跨国视角分析墨西哥华人史，但他们的研究案例始终集中于小群体与特定地点。冈萨雷斯将视野扩展到冷战时期复杂的国际关系后，对一些重点环节观察得不够细致。例如，卡马乔（2017：161）曾提到墨西哥联邦政府内对华人的态度常有争论和不同意见，而冈萨雷斯常常忽略了墨西哥政府内部在处理移民问题上的复杂性。不得不说，杰森·奥利佛·张和冈萨雷斯选择稍显冒进的研究范围和框架也是无奈之举。之前三部开创性的专著和其带来的墨西哥华人史研究热使机会与压力并存，新一批学者不得不尽力寻找全新的角度避免重复。

结语

在21世纪初拉美移民史迎来快速发展和美国历史学"跨国转向"的背景下，墨西哥华人史以其与美国拉丁裔史、墨西哥现代史、亚裔美国人史、边境史等多领域的对话并做出贡献的能力获得了美国历史学界的青睐。虽然墨西哥华人史研究热对短期内的相关研究发展造成了一定压力，但对拉丁美洲华人史融入欧美主流历史学界产生了深远的影响。鉴于此前的丰富成果，美国历史学界对墨西哥华人史不尽成熟的新作采取了包容态度。有关其他拉美国家华人史的作品借鉴了墨西哥华人史的框架与方法，逐渐在美国学界崭露头角。国内读者在研读拉美华人史的英文专著和期刊论文时应充分考虑墨西哥华人史研究热对其角度和论点产生的影响。

参考 文献

[1]Camacho, J.M.（2012），*Chinese Mexicans: Transpacific Migration and the Search for a Homeland,1910−1960*, Chapel Hill: University of North Carolina Press.

[2]Chang, J.O.（2017），*Chino: Anti-Chinese Racism in Mexico, 1880−1940*, Champaign： University of Illinois Press.

[3]Cumberland, C.C.（1960），"The Sonora Chinese and the Mexican Revolution", *The Hispanic American Historical Review*，40（3），pp.191−211.

[4]Delgado, G.P.（2012），*Making the Chinese Mexican: Global*

Migration, Localism, and Exclusion in the US-Mexico Borderlands, Stanford: Stanford University Press.

[5]Fishkin, S.F.（2005）, "Crossroads of Cultures: The Transnational turn in American Studies: Presidential Address to the American Studies Association", November 12, 2004. *American Quarterly*, 57（1）, pp.17–57.

[6]Gómez−Izquierdo, J.J.（1992）, *El movimiento antichino en México (1871–1934)*, Mexico City: Instituto Nacional de Antropología e Historia.

[7]González, F.（2017）, *Paisanos Chinos: Transpacific Politics among Chinese Immigrants in Mexico*, Berkeley and Los Angeles: University of California Press.

[8]Hu−Dehart, E.（1980）, "Immigrants to A Developing Society: The Chinese in Northern Mexico, 1875–1932", *Journal of Arizona History*, 21, pp.275–312.

[9]Hu−Dehart, E.（2009）, "Multiculturalism in Latin American Studies: locating the "Asian" immigrant; or, where are the chinos and turcos？" *Latin American Research Review*, 44（2）, pp.235–242.

[10]Lee, A.P.（2018）, *Mandarin Brazil: Race, Representation, and Memory*, Stanford: Stanford University Press.

[11]Lisbona−Guillén, M.（2014）, *Allí donde lleguen las olas del mar: Pasado y presente de los chinos en Chiapas*, Mexico City: CEPHCIS/UNAM.

[12]López, K.（2013）, *Chinese Cubans: A Transnational History*, Chapel Hill: The University of North Carolina Press.

[13]Moya, J.C.（2006）, "A Continent of Immigrants: Postcolonial Shifts in the Western Hemisphere", *Hispanic American Historical Review*, 86（1）, pp.1–28.

[14]Puig, J.（1993）, *Entre el río Perla y el Nazas: La China decimonónica y sus braceros emigrantes, la colonia china de Torreón y la matanza de 1911*, Mexico City: Consejo Nacional para la Cultura y las Artes.

[15]Romero, R.C.（2010）, *The Chinese in Mexico, 1882−1940*, Tucson: University of Arizona Press.

[16]Trueba−Lara, J.L.（1990）, *Los chinos en Sonora: una historia olvidada*, Sonora: Instituto de Investigaciones Históricas, Universidad de Sonora.

社会资本理论视角下的智利中国新移民研究

——基于广东五邑侨乡的田野调查①

邬一帆②

内容提要：本文以实地调研资料为主，网络访谈资料与文献资料为辅，从社会资本理论视角研究智利五邑籍新移民的移民背景、移民动机、移民方式及其在智利的发展模式等问题。研究发现，五邑籍新移民虽然缺乏经济资本与文化资本，但他们通过对社会资本的运用实现了移民致富。悠久的移民历史与强烈的移民动机是移民社会资本的形成基础，亲缘主导的家庭式移民和聚集在中餐行业的家庭经济是移民社会资本的运作机制，经济资本与象征资本是移民社会资本的兑换方向。

关键词：智利　五邑　新移民　社会资本　中餐厅

新移民研究是当下华侨华人研究的热点，国内外学界已取得不少研究成果。既有的新移民研究主要表现为两个取向：一是从移出地出发，探析移民活动的形成及其对移出地社会经济、文化等各方面的影响；二

---

①本文感谢暨南大学高伟浓教授、江门市华侨历史学会黄柏军副会长和江门市归国华侨联合会在田野调查过程中提供的帮助；感谢第一届拉美研究中青年学者工作坊对本文提出的宝贵评论与建议。
②邬一帆：巴塞罗那大学历史系博士生，研究兴趣为拉美华侨华人和拉美社会与文化。

是从移居国入手，关注新移民在当地的发展历史与现状，包括但不限于其经济生活、文化生活、融入状况。根据现有相关研究成果，相较老移民，新移民具有主要流向发达国家、高学历者比重加大、精英阶层大规模加入等特点（庄国土，2015）。

近年来，中国向发展中国家移民人数的快速增长，为华侨华人研究注入了新的活力，这一群体与流向欧美发达国家的主流新移民无论是在移民类型、移民方式，还是在经济资本、文化资本上都大有不同。然而，学界目前对这一"南—南"新移民研究较少，远不及对欧美新移民的关注。

本文选取智利的五邑籍新移民为研究对象，原因有二。其一，智利侨社是典型的新移民社会，旅居该国的华侨华人大多在改革开放后抵达，且近半数来自广东江门五邑地区[①]。不同于我国学界通常将"新移民"定义为改革开放后移居国外的大陆公民的做法，智利侨社习惯以2000年作为新、老移民分割线，即在此之前抵达的移民统称为"老侨"，此后的则称为"新侨"。[②] 其"新"之程度，可见一斑。其二，尽管进入21世纪以来，两国不少学者开始关注智利的华侨华人，并发表了一些学术论文，但总体而言数量较少，且研究方向较为集中。李仁方、陈文君（2015）介绍了智利华商的生存与发展境况、分析了商业性社团对促进智利华商发展的积极作用，并对华商的未来发展提出了相关建议。朱涛（2019）考察了智利华侨华人的职业与行业分布状况，分析了华侨华人的职业与行业选择机制，探讨了华侨华人的未来发展空间。莫光木（2018）梳理了智利华侨华人自19世纪以来的移民历史，分析了当下智利华侨华人的社会特征、职业特征，以及智利侨社发展所面临的挑

---

① 江门五邑地区，指广东省江门市所在区域。历史上江门市曾下辖有新会、台山、开平、恩平、鹤山五个县级行政区，故俗称"五邑"。
② 经济危机阴霾仍在 智利成为旅西华商投资新去向，中国新闻网，2011年7月3日，https://news.ifeng.com/c/7fZw6onBW2h，访问日期：2022年4月1日。

战。豪尔赫·莫拉加（Moraga, J, 2018）针对智利的广东籍移民与浙江籍移民在行业选择和构建人际关系网络方面的异同进行了比较研究。不难看出，现有为数不多的旅智中国新移民相关研究均是从移居国出发，研究对象主要是智利华商，研究内容集中在华商群体在智利的经济发展，缺乏具体的微观研究，亦缺乏移出地视角。

本研究以五邑籍新移民为个案，拟探讨以下议题：五邑人为何移民智利？如何移民智利？他们在智利的生存发展模式是怎样的？这一移民活动又对新移民自身乃至移出地社会与移居地社会产生了怎样的影响？为此，笔者于2019—2020年两次前往五邑地区进行田野调查，走访当地各级侨务部门，并对10位侨胞、侨眷进行了深度访谈。此外，笔者通过微信，与1名我国前驻智利外交官员、2名五邑籍旅智侨领进行了网络访谈。以上述实地调研和网络访谈所获口述资料为主，笔者结合中西双语文献资料，借鉴社会资本理论，撰写此文，希望本文能为较为稀缺的智利华侨华人研究提供新的观察视角。

一、社会资本理论在国际移民研究领域中的发展

自20世纪70年代以来，社会资本概念得到了经济学、社会学、政治学等诸多学科的关注。法国社会学家布迪厄（Pierre Bourdieu）是首位在社会学领域对社会资本理论进行研究的学者。布迪厄（1986）认为社会资本是个人或群体借助其所占有的稳定性社会关系所积累的实际的或潜在的资源的集合体。社会资本是一种关系资本，它并非天然产生，而是社会成员在社会交往中有意识或无意识的投资策略的产物，这种投资包括但不限于对社会关系的选择、积累和维护。除社会资本外，布迪厄还提出了经济资本、文化资本、象征资本三大资本类型，并指出他们之间可以相互转换。

1987年，美国移民社会学专家梅西（Douglas S.Massey）将社会资本理论引入国际移民研究领域，基于此提出了移民网络说。梅西（1998）

指出，移民网络是一系列人际关系的组合，它是移民迁出地与迁入地的移民、潜在移民、非移民基于血缘、亲缘、地缘等关系所建立起来的种种联系。移民信息可以通过移民网络得到更准确、更广泛的传播，从而降低迁移的成本与风险，并增加移民的预期净收益，故此，该网络增加了国际移民活动发生的可能性。梅西（1998）认为移民网络是一种社会资本，因为它具有可兑换性，身处移民网络的成员可以利用它获得各种经济资本，如国外就业的机会、较高的薪资、积累储蓄的可能和汇款回乡的途径。移民网络中每一个新移民的诞生都会创造出新的社会资本，为后来者提供种种便利与帮助，迁移行为以这种方式在群体中产生惯性，促使该群体的移民规模不断扩大（梅西，1998）。

2005年，厦门大学李明欢教授在既往理论研究的基础上，以当代福建跨境移民潮为研究实例，提出了富有当代中国移民特色的侨乡社会资本理论，赋予了侨乡文化新的理论视角，并补充了移民网络如何应对迁入国移民政策这一议题。侨乡社会资本论认为，侨乡人通过已定居移民、信息网络和人情互惠提高自己移民操作的成功率及获益率的能力，这是一种社会资本，其载体是侨乡与移民目的地之间的跨国网络，其运作机制是移民网络中移民与潜在移民之间的互惠期望，其效益特性是通过其投资对象进入发达国家劳动力市场实现转换与增值（李明欢，2005）。

综上，社会资本理论已在跨国移民研究领域取得较为成熟的发展。但现有涉及社会资本理论的新移民案例研究大多是"南—北"移民[①]，

---

①涉及社会资本理论的国际移民案例研究包括但不限于以下研究：李明欢的《"侨乡社会资本"解读：以当代福建跨境移民潮为例》，《华侨华人历史研究》，2005年第2期；王维、钱江的《移民网络、社会资源配置与中国东北新移民——美国旧金山湾区田野调查札记》，《华侨华人历史研究》，2006年第2期；刘莹的《移民网络与侨乡跨国移民分析——以青田人移民欧洲为例》，《华侨华人历史研究》，2009年第2期；汪鲸的《场域理论视角下的的国际移民研究——以安徽内陆新侨乡为例》，《华侨华人历史研究》，2010年第2期。

那么社会资本理论在"南—南"新移民中是否同样适用？[①] 社会资本在"南—南"移民中的运作机制是否有特殊之处？

二、社会资本的形成基础：五邑人移民智利的背景与动机

在智利侨社有着"广东省一省独大，鹤山县（市）一县（市）独大"的说法。根据智利移民局数据，截至2019年年底，有15696名非本地出生的中国移民旅居智利（智利国家统计局，2020）。但智利侨界一般认为，旅智侨胞人数约为3万，其中来自广东省鹤山市的侨胞占比近半。[②] 据前驻智利外交官员L先生介绍："智利华侨华人总数可能已经达到4万~5万，主要为广东鹤山人，其次是浙江温州、青田人，福建莆田、福清人。"[③] 鹤山市是享有"中国第一侨乡"美誉的江门五邑地区的县级市，除鹤山外，四邑[④]亦有不少人旅居智利。智利智京中华会馆理事H先生表示，目前智利约有1万名鹤山侨胞，台山、开平、恩平等地各有千余人在智利发展。[⑤]

（一）源远流长的移民网络与资本匮乏的新移民

根据文献资料，有关智利中国移民的最早记录出现在19世纪50年代（西加尔，Segall, M., 1967），早期移民很可能是来自广东的华工，但具体来源地不详。根据口述资料，五邑人移民智利的历史可追溯到19世纪末。在笔者的田野调查中，来自五邑的智京中华会馆理事Y先生表示：

[①] 许中波、王媛在《移民社会资本与双重行业结构——基于墨西哥华人访谈资料的扎根理论分析》一文中，引鉴了既有社会资本定义，采用扎根理论的研究方法，探析了社会资本对墨西哥华人移民双重行业结构的建构机制。该文是近年来为数不多运用社会资本理论对发展中国家中国移民进行研究的文章，但研究内容仅涉及行业构建层面，原文载于《华侨华人历史研究》2018年第3期。

[②] 数据来自有关学术文献（如莫光木：《智利华侨华人历史与现状探析》，《华侨华人历史研究》，2018年第1期，第41-51页），以及有关新闻报道（如《南方都市报》：《鹤山老华侨在智利不幸遭劫杀》）。

[③] 2021年3月25日，笔者在池州对前驻智利外交官员L先生的微信访谈。

[④] 四邑指江门地区除鹤山外，新会、台山、开平和恩平四个县级行政区。

[⑤] 2021年7月7日，笔者在池州对智利智京中华会馆理事H先生的微信访谈。

"我爷爷在19世纪80年代就已经到了智利，他是被骗去利马做工的，硝石战争[①]后到了智利。我爷爷有六个子女，他们都去过智利，我父亲是1926年到的智利。"[②]另据《鹤山县志》记载，1935年时已有255名鹤山侨胞旅居智利（鹤山县志编纂委员会，2001）。

新中国成立后至改革开放政策实行前，出国人数较少。改革开放后，放宽了对公民出国定居的限制，新移民数量迅速增加。五邑地区的大规模智利移民潮亦始于此，此前业已存在的海外关系迅速推动了新一轮跨国移民活动，并在1990—1992年达到巅峰，进入21世纪以后有所回落。据江门市归国华侨联合会有关工作人员（以下简称"江门市侨联"）介绍，1999年时已有4060名五邑人旅居智利。[③]

有学者指出，新移民一般受过较高层次的教育，其中不乏专业人士，还有不少带着资本定居国外的商务移民以及技术型劳工（庄国土，2015；廖建裕，2012）。然而，智利五邑籍新移民的情况并非如此。调查发现，智利五邑籍新移民大多是来自农村的体力劳动者，他们受教育程度不高，所掌握专业技能有限，出国前大多在家务农或在市区打工，抑或在澳门做工人，收入水平总体较低。他们既缺乏经济资本，也缺乏文化资本，但与此同时他们拥有一种先赋性社会资源，即与移居智利者的血缘、亲缘与地缘关系，通过对这些关系的选择与投资，可使其转变为展开移民活动的社会资本。

（二）可观的移民回报与极强的可操作性

高伟浓（2012）指出，智利吸引中国新移民的重要因素，首先是其良好的营商环境。智利实行全方位开放，鼓励国际竞争。其次，智利政府在拉美政府中较为廉洁，办事透明，税法严明。再者，智利民间对华

---

①硝石战争，即南美太平洋战争，1879年在秘鲁和玻利维亚联盟与智利之间因争夺阿塔卡马沙漠地区硝石资源爆发，1883年以智利获胜告终。
②2019年8月31日，笔者在鹤山对智利智京中华会馆理事Y先生的访谈。
③2019年8月31日，笔者在鹤山对智利智京中华会馆理事Y先生的访谈。

态度也比较友好，据皮尤调查数据，62%智利人喜欢中国，75%智利人称赞中国的技术进步。[①]

但对于五邑籍新移民而言，主要的移民推力是在家乡得不到发展、收入水平有限。囿于缺乏经济资本与文化资本，五邑籍新移民的旅智生活往往从打工开始，相比于良好的营商环境，他们所关注的问题更为基础，即移民活动能否实现，以及是否有利可图。研究发现，智利对五邑籍新移民的拉力主要在于以下三点：

其一，可观的经济回报。根据江门市侨联介绍，"移民去智利可以很快提高个人收入，以十年前的情况来说，新移民一抵达智利开始打工便能获得高于家乡2~3倍的收入，3~5年内即可改善整个家庭的经济状况。"[②]此类信息或通过口口相传，或通过对移居者回乡后衣食住行的观察，往往能有力刺激潜在移民者的心理，使其产生"相对失落感"，进而加入移民大军。

其二，简便的移民手续。相较于欧美发达国家，智利签证易于申请。五邑籍新移民所申请的该国签证主要有两类：探亲签证和劳工签证[③]。有直系亲属在智利者一般申请前者，由亲友邀请者大多申请后者，拒签率较低。此外亦有部分新移民申请旅游签证，抵达智利签订劳务合同后再向当地移民局申请工作居留卡。在五邑侨乡对10位侨胞的访谈中，无一人可以清晰罗列具体签证材料，其回答往往是，"我不清楚，我爸爸（哥哥、老公、堂哥）……在那边找律师办好材料寄回来给我，

---

① 环球网，专家谈：王文、任巍：智利，被严重低估的"友华"国家，2016年11月21日，https://opinion.huanqiu.com/article/9CaKrnJYFtM，访问日期：2022年5月22日。

② 2019年8月30日，笔者在江门市归国华侨联合会调研所获资料。

③ 探亲签证的申请材料为：邀请函、邀请人收入证明、邀请人身份证件公证书、亲属关系公证书、申请人出生公证书、无犯罪记录公证书、健康证明、申请人三个月内银行流水账单；劳工签证申请材料为：邀请函和工作合同、申请人出生公证书、无犯罪记录公证书、最高学历证书公证书、健康证明、简历。以上为2021年10月笔者查询智利驻上海总领事馆及智利移民局网站所得信息，与本文受访对象所言相符。2022年5月智利出台新的移民法，对签证申请要求有所变动。

我直接去大使馆（领事馆）就行了"。

其三，可靠的移民网络。在鹤城镇潮边坑村的调研中，罗村长表示："想去智利发展并不难，只要在智利有关系。"[1]多位受访者也对这一观点表示认可。反之亦然，即对于经济资本与文化资本双重匮乏的大多数五邑籍新移民而言，没有在智利亲友所提供的签证、机票、工作、食宿等各方面的帮助，他们不可能顺利抵达这个天涯之国，更谈不上什么发展致富了。以上种种移民网络所提供的便利无一不增强了潜在移民者的移民信心。

由此可见，移民网络这种特殊社会资本的信息传递能力与潜在的资本兑换能力对推动移民活动的发生起到了至关重要的作用。

三、社会资本的运作机制：五邑籍新移民的移民方式与发展模式

从美国华人社会学家林南的观点来看，海外关系本身只是镶嵌在五邑侨乡社会结构中的静态社会资本，如何将其调动起来为移民活动服务则涉及微观层面的具体行动。五邑籍新移民对社会资本的运用可以分为两个部分，即实现移民活动与谋求在当地发展。

（一）从五邑到智利：亲缘主导的无债务移民

与常见的侨乡移民模式类似，从五邑到智利的移民活动十分依赖国际移民网络。但不同于常见的美国福建新移民或欧洲浙江新移民的移民模式，从五邑到智利的移民机制有其特殊性，这主要体现在以下两个方面：

第一，亲缘的绝对主导作用。智利五邑籍新移民大多属于家庭移民，移民活动往往从一个家庭中的男性经济支柱开始。该男性在亲人的帮助下抵达智利站稳脚跟后，开始带动其有劳动能力的直系亲属移民，一般顺序为妻子、子女、父母。若该男性出国前是单身，他大概率会选

---

[1] 2020年10月20日，笔者在鹤山市鹤城镇潮边坑村对罗村长的访谈。

择在收入稳定后回乡或在智利当地娶一名同乡女子共同在智利生活。小家庭在智利的生活稳定后，该男性会帮助家族中其他有移民意愿的人移民，如兄弟姐妹、堂亲表亲等。待家族有移民意向的成员全部移民成功后，若有同村乡亲向其寻求移民帮助，该男性通常也会予以回应。其间，通过该男性来到智利的新移民亦会带动他们的其他亲属移民。在这一移民活动中，对迁出者而言，其直系亲属的移民需求优先级要高于旁系亲属，更远高于其他乡里乡亲；对潜在移民者而言，他们同样会优先追求通过近亲强关系移民，邻居、朋友等是其退而求其次的选择。

案例1：鹤山市鹤城镇岗叶村旅居智利的Y女士一家

"我公公是我们家第一个去智利的，是他堂弟于1997年带去的，他堂弟1993年就过去那边了。我公公在他堂弟店里打了3年工就自己开店了，2000年他把我婆婆、我老公和我小叔都接过去了。我跟我老公在他出国前就确定关系了，他2002年回国探亲的时候我们把结婚手续办了，然后我就跟他一起过去了。2007年的时候我把我二哥带出来了，2010年的时候又把我大哥带出来了，他们觉得我在智利赚得多，他们在国内收入不高，也想出来赚钱，我就用劳工签证先后把他俩带出来了。后来他们也都把自己的家人带出来了。我前后一共带了8个娘家的亲戚出来。从我公公算起，我们家在智利已经有三代人了，我们家近亲、远亲加起来已经有100多个人在智利了。"[①]

第二，没有债务的合法移民。前文提及，不同于欧美地区的发达国家，智利的探亲签证和劳工签证均十分容易申请，只需要申请人与其在智利亲友提供相关合法文件即可，因此在从五邑到智利的移民活动中很少见到移民中介这一角色，非法移民组织更是罕见。五邑籍新移民大多是合法移民，他们亦不会因为移民活动身负巨债。五邑籍新移民大多受

---

① 2020年10月21日，笔者在鹤山市鹤城镇岗叶村对旅智侨胞Y女士的访谈。

亲人直接资助来到智利，其旅居智利的亲属不仅会为其提供机票，往往还会为其直接提供工作机会，甚至包括食宿。这是因为除乡土社会亲人互助的"社会规范"外，由于五邑籍新移民大多在智利从事中餐行业，他们也有对人手的客观需要，而"雇外人不如雇同声同气的自己人"。

案例2：来自开平市月山镇水二村旅居智利的Z先生一家

"我出国前是非常贫穷的农民，是我大哥2004年用劳工签证带我出国的，机票也是我大哥买的，我上飞机时口袋里只有100块钱，这就是我全部的积蓄了。我到了智利就开始在我大哥店里打工，2006年我大哥又把我大女儿带出来，也在他店里打工。2007年我拿到了智利长居身份，当时在大哥店里已经打了三年工，钱也攒得差不多了，就和我女儿两个人出去开店。我开店的时候家里人都给了钱，没有家里人资助，店是不可能开起来的。2008年把我老婆也带出来了，一起开店，2009年我把我儿子和小女儿也带出来了，我们一家现在都在智利。"①

虽然大部分五邑籍新移民一不懂得如何办理移民手续，二不会讲西班牙语，三无移民经费，但通过对社会资本的运用，以上问题均能被解决。每位新移民的抵达都增添了自己所处社会网络的社会资本总量，"移民雪球"随之越滚越大，亲缘移民网络逐渐扩张至地缘移民网络，其中最典型的莫过于鹤山市鹤城镇潮边坑村。据悉，该村在籍人口约270人，常住人口约100人，目前村中有600余人旅居智利，村中家家户户都有智利关系网，无一例外。② 因此，该村也被称为"智利村"。 岗叶村距离潮边坑村不远，也是一个华侨村，村里共有28户人家，其中27户都有智利海外关系，目前村中常住人口仅40余人，但保守估计有150人旅居智利。③

---

① 2020年10月22日，笔者在开平市月山镇水二村对旅智侨胞Z先生的访谈。
② 2019年8月31日，笔者在鹤城镇侨务部门调研所获资料。
③ 2020年10月21日，笔者在鹤山市鹤城镇岗叶村对旅智侨胞Y先生的访谈。

中国与拉美

（二）从帮工到老板：智利中餐行业的主导者

在智利侨界，有着"中餐馆九成都是鹤山人开的，鹤山人九成都是开中餐的"的说法。据统计，在智利首都圣地亚哥，1974年时仅有10家中餐厅，20世纪90年代发展至450家，2013年时已经超过1000家（智利智京中华会馆120年简史编委会，2013）。要深入了解五邑籍新移民在智利的发展路径，首先得了解智利中餐的两大类型：外卖店与中餐馆。虽然二者同为智利本土化的中餐，且主要服务对象均是智利本地人，但其差异不可谓不大。

第一，经营规模的差异。外卖店往往只有几平方米，不提供堂食，不贩卖酒水，顾客上门点餐，然后打包带走。因此，经营外卖店所需人手较少，一般都是夫妻店或家庭店，采购员、厨师、服务员、收银员都由一家人一肩挑，部分外卖店会再多雇一名当地员工来负责点餐及一些杂活。中餐馆一般设置10~20张餐桌不等，具体视新移民自身经济情况而定。经营中餐馆所需人手要更多一些，因此大多新移民会从家乡带些有出国意愿的亲友来智利帮工，还会雇用几名当地女性来做服务生，由她们来负责点餐、上菜。

第二，投资成本的差异。据悉，2010年之前在圣地亚哥开一家外卖店的投资成本约为15万元人民币，开一家中等大小的中餐馆则需150万元左右。随着地价、房价的上涨，如今开一家外卖店大约需要30万元，开中餐馆的投资成本则在200万元至300万元不等。

第三，营业时间的差异。外卖店的经营时间一般为中午12点至凌晨1点，全年无休。由于外卖店多为夫妻店，缺乏帮手，所以事事都要二人亲力亲为，每天收拾完打烊就已经是凌晨两点，第二天一早还要备菜，创业过程充满艰辛。中餐馆的经营时间稍短一些，一般中午12点开门，晚上11点打烊，且下午4点到6点通常有一段休息时间，不对外营业。进入经营中餐馆阶段的新移民一般能减少一些体力劳动，无须再事必躬亲。

不难看出，外卖店的经营门槛要远低于中餐馆，与之相应的是更高强度的体力劳动。结合前文所述的移民方式，五邑籍新移民在智利发展的典型模式可归纳为：先独自出国帮亲友打工，再积攒资金开夫妻外卖店，最后扩张至中餐馆并带动其他家人及亲友移民。部分经营十分成功的商人可能会发展到购买地皮、自建酒楼的阶段，这一阶段投资成本巨大，能走到这一步的新移民可谓业界翘楚，目前圣地亚哥较为知名的中国酒楼有边东酒楼、红棉酒家等。此外，也有一些五邑籍新移民在中餐行业取得巨大成功、积攒充足资本后，将目光转向盈利更为可观的进出口行业和旅游等行业，但商业版图扩张至这一水平的五邑人屈指可数。

案例3：智利鹤山同乡总会前会长L先生

L先生（已逝），鹤山市共和镇人，曾在圣地亚哥经营中餐馆、旅游公司、进出口公司。L先生于2002年通过妹夫的帮助与妻子一起来到智利。在妹妹、妹夫的中餐馆中帮工两年攒到资金后，借助他们的支持，他和妻子一起在圣地亚哥机场附近开了间中餐馆，至今仍由其妻子管理。在经营中餐馆取得成功后，L先生又先后进军旅游业和进出口贸易业。L先生先是与2名新移民合伙成立了一家国际旅游公司，公司雇用了来自中国和智利各地的20多名员工，业务遍及全球。随后L先生又与4名新移民共同创立了一家进出口公司，该公司名下有3个位于秘鲁首都利马的大型超市，面积分别为2000平方米、6000平方米、10000平方米。事业上的成功也让L先生成为知名侨领，他生前曾在智利鹤山同乡总会等多个华人社团担任要职。①

---

① 2020年10月19日，笔者在鹤山市共和镇对旅智侨领L先生的访谈。

四、社会资本的多重转换：五邑籍新移民经济资本与象征资本的获取

布迪厄（1986）指出，社会资本拥有者可以通过网络将其兑换为其他类型资本，进而提高自己在所处社会中的地位。尽管从理论上来说，各类资本均可以相互转换，但实际上由于经济资本具有更强的可兑换性，最常见的资本转换还是围绕经济资本展开。在从五邑到智利的移民活动中，最主要的两种资本转换是社会资本转换为经济资本和经济资本进一步转换为象征资本。

（一）从社会资本到经济资本："钱不是赚出来的，是省出来的"

旅居发达国家的新移民的主要移民目的或目的之一是取得当地居留权，进而成为该国合法公民。而在智利，乃至在大多数发展中国家，新移民的首要移民目的、甚至唯一目的是改善自己及家庭经济状况，即提高经济资本拥有量。那么为何五邑籍新移民高度一致地选择了中餐行业呢？本研究分析认为主要原因有三点：

第一，中餐行业投资成本较小、收入稳定、风险低。对于抵达智利时大多经济资本匮乏的五邑籍新移民而言，只要勤劳肯干，很快就能在亲友的帮助下，积攒起资金，拥有自己的生意。而无论是开外卖店还是中餐馆，五邑籍新移民大多采用家庭经营模式，将经营成本尽可能内部化至最低。一般外卖店平均每月有2万～3万元的利润（莫光木，2018），中餐馆的月平均利润为4万～8万元不等[①]。这一收入水平在智利全体中国新移民中并不算高，但比起出国前在老家农村的收入，已经可以说是十分可观了。此外，餐饮业多是现金即时消费，比起在智利从事百货行业、进出口行业的来自其他地区的新移民，五邑籍新移民的收入水平受市场波动要小很多。

第二，中餐受欢迎度很高，且行业门槛较低。五邑籍新移民在智利

---

① 2020年10月26日，笔者在恩平对旅智侨胞F先生的访谈。

经营的中餐馆所做的都是本土化的粤菜，在智利十分受欢迎。智利民众对炒饭（chaufan）、杂炒（chapsui）、馄饨（wantán）等外来词已经耳熟能详。餐饮业没有学历门槛，最核心的技能要求就是厨艺。对于文化资本同样不多的五邑籍新移民而言，这无疑是他们能较易进入的行业。

第三，智利消费文化盛行。智利人十分热爱消费和聚会，他们经常在生日和各种节假日前往中餐馆聚餐。每逢智利国庆节、圣诞节、新年，中餐馆常常爆满。据旅智华侨Y女士介绍："疫情期间，我家外卖店有时生意比疫情前还好，因为政府的救济补贴一发下来，很多智利人立刻来店里消费。"①

除却中餐本身受欢迎，行业利润高之外，五邑人本身吃苦耐劳、勤俭节约的精神也进一步加快了新移民经济资本的积累。在智利的五邑人，尤其是初到智利的打工者和创业初期的外卖店经营者，他们往往全年无休，吃住均在店里。这种长时间的繁重体力劳动，居住地与工作地点的高度重合，加之语言文化的隔阂，使大多数五邑籍新移民的生活几乎由工作填满，没有休闲娱乐活动，消费也因此被控制在最低水平。一位受访者曾说道："钱不是挣出来的，是省出来的，因为根本没空花钱。"

（二）从经济资本到象征资本："赚钱了第一件事就是盖房子"

象征资本是用以表示礼仪活动、声誉或威信的资本的积累策略等象征性现象的重要概念。声誉或威信资本有助于加强荣誉或可信度的影响力（高宣扬，2004）。通过从经济资本向象征资本的转换，社会等级秩序得以建立，新移民可由此获得人们的承认与服从（汪鲸，2010）。

智利五邑籍新移民的象征性资本的构建可大体分为三步：

第一步，盖屋起楼，穿金戴银。笔者在田野调查过程中走访了三个

---

① 2020年10月21日，笔者在鹤山市鹤城镇岗叶村对旅智侨胞Y女士的访谈。

五邑村庄，每个村庄都随处可见三层或四层的洋楼，若非能看见农田，浑然不知自己身处农村。多位受访侨胞表示，"在智利赚到钱后第一件事就是要回来盖房子"。"家"在传统意义上具有联系亲情的作用，而"祖屋"作为家的物质化空间对五邑人而言更是具有特殊的象征意义。在祖屋原址或祖屋旁盖起漂亮的洋楼不仅告慰了祖先"在天之灵"，也让同村人看到了自己物质生活水平的显著提高。由于大多数村民常年旅居智利，这些洋楼除逢年过节外大多处于空置状态，或仅有留在家乡的老人居住，其象征意义已远超使用价值，成为竞相夸耀经济地位的符号。此外，侨胞侨眷的衣着打扮在出国前后亦是不可同日而语，曾经出国机票都难以承担的乡亲，如今名牌手机、手表傍身，金银首饰也是一概不落。

　　第二步，热心公益，情系桑梓。在智利取得商业成功的五邑籍新移民都十分热心家乡的公益事业。据悉，仅鹤山市鹤城镇在近二十年来收到来自智利华侨华人的捐款金额已达到300万元，其用途包括但不限于修桥修路、通水通电、装路灯，其中影响最大的公益工程是潮边坑村的公路修建。1994年鹤城镇城西潮边坑村余天德、余秋麟、何镜扬、罗保林、杨培明等旅智侨胞带头捐资，内外共筹得人民币45万元，修筑了一条长2公里、宽7米的水泥路，使崎岖山路变成宽阔通途（鹤山华侨志编委会，2004）。鹤城镇侨务部门工作人员在采访中表示，旅智侨胞不仅会对修桥修路之类的基础设施建设给予捐款，对家乡的大型庆典也会大力支持。此外，他们还积极帮助村里修建文化室、篮球场，助力乡亲们的文化和身体素质发展。[1]据罗村长介绍，家乡若是有人得了重病，旅智侨胞们亦会积极捐款，10万至20万元的善款十分常见。[2] 2020年年初，在我国新冠肺炎疫情蔓延初期，智利五邑籍侨胞在收到江门侨联发出的《致江门五邑籍海内外侨胞的倡议书》后，仅用3天筹备了近50万只

---

[1]2019年8月31日，笔者在鹤城镇侨务部门调研所获资料。
[2]2020年10月20日，笔者在鹤山市鹤城镇潮边坑村对罗村长的访谈。

口罩，迅速驰援抗疫一线，为江门市的疫情防控提供了重要支持（余毅菁，2020）。

第三步，回报智利，融入当地。越来越多的事实表明，华侨华人要在居住地更好地生存发展，除了融入当地社会外，还要以慈善行动等方式做好回报当地社会的工作（高伟浓，2012）。由五邑籍新移民领导的智京中华会馆在这方面便起到了表率作用。该会馆长期帮扶智利Teleton基金会①，在为Teleton募捐这一侨界常规慈善活动中，智京中华会馆在善款金额上一直领先其他侨团（智利智京中华会馆120年简史编委会，2013）。2010年2月27日凌晨，智利南部城市康塞普西翁（Concepción）发生里氏8.8级地震，并引发海啸，造成至少630人遇难，近200万人受灾，官方估计经济损失达300亿美元。② 居住在智利的华侨华人积极参加赈灾，这是拉丁美洲国家华侨华人在自己居住国所参加的最大规模的赈灾行动（高伟浓，2012），五邑籍新移民亦积极参与其中，来自鹤山市鹤城镇的智京中华会馆时任主席胡金维先生在大地震后第二天余震仍然不断的情况下，冒着生命危险抵达一线参与救援（智利智京中华会馆120年简史编委会，2013）。

通过对衣食住行方面的"炫耀性消费"，以及对家乡和移居国公益活动的积极参与，五邑籍新移民不仅展现了自己今时不同往日的经济水平变化，还彰显了自己的社会责任感。经济资本到象征资本的转换成功提高了五邑籍新移民的社会身份地位，特别是在侨乡社会的身份地位。

五、结语

面对经济资本与文化资本的双重缺乏，五邑籍新移民通过对移民网

---

① 智利的电视慈善义演接力活动，目的在于帮助残疾儿童。
② 新华网：《智利纪念2010年8.8级大地震十周年》，2020年02月28日，https://baijiahao.baidu.com/s? id=1659770501373785322&wfr=spider&for=pc，访问日期：2022年4月26日。

络这一特殊社会资本的运用成功移民智利，由此极大地改善了个人及家庭的经济状况，并提高了个人及家庭的社会身份地位。这一社会资本的形成基础是五邑人由来已久的移民历史与推拉作用下强烈的移民动机；运作机制是通过亲缘关系实现家庭移民，并借此在中餐行业发展家庭经济；兑换方式是先由社会资本兑换为经济资本，再将经济资本兑换为象征资本。

对比现有的新移民案例研究，智利的五邑籍新移民作为研究对象具有一定的特殊性。一方面，学界在探讨新老移民异同时，常常指出相较老移民，新移民具有较高学历、较强专业技能、较好经济实力等特点，而智利五邑籍新移民虽是名义上的"新移民"，但无论是文化素养、经济实力，还是出国动机都更接近"老移民"。另一方面，智利作为具有接收移民传统的发展中国家，其移民门槛要远低于欧美发达国家，移民社会资本可在此发挥更大作用，无论是实现移民活动还是在移居国谋求发展，移民社会资本都能更有力地减少迁移成本，特别是经济成本。事实上，以上特殊性可以在拉丁美洲的中国新移民，特别是广东籍新移民中找到共性，但囿于缺乏实地一手调研资料和西、葡语文献较少被利用的因素，目前的拉美中国新移民相关研究成果还不多见，这也是本研究的创新性所在。

虽然绝大多数五邑籍新移民在智利从事中餐行业，但实际上还有千余名开平籍新移民在该国从事五金贸易，约两千名恩平籍新移民在该国从事百货行业。囿于笔者目前所掌握资料不够完善，未能在此进行探讨，是本文的遗憾。笔者将在收集更多资料后另作他文，也期待更多学者的关注与探讨。

参考 文献

[1]高伟浓：《拉丁美洲华侨华人移民史、社团与文化活动远眺》，广州：暨南大学出版社，2012年，第110页。

[2]高宣扬：《布迪厄的社会理论》，上海：同济大学出版社，2004年，第151页。

[3]鹤山华侨志编委会：《鹤山华侨志》，江门：鹤山精炼印刷有限公司，2004年，第40页。

[4]鹤山县志编纂委员会：《鹤山县志》，广州：广东人民出版社，2001年，第158页。

[5]李明欢：《"侨乡社会资本"解读：以当代福建跨境移民潮为例》，《华侨华人历史研究》，2005年第2期。

[6]李仁方、陈文君：《智利华商生存与发展境况》，《拉丁美洲研究》，2015年第6期。

[7]廖建裕：《全球化中的中华移民与华侨华人研究》，《华侨华人历史研究》，2012年第1期。

[8]莫光木：《智利华侨华人历史与现状探析》，《华侨华人历史研究》，2018年第1期。

[9]汪鲸：《场域理论视角下国际移民研究——以安徽内陆新侨乡为例》，《华侨华人历史研究》，2010年第2期。

[10]余毅菁：《海外江门侨胞抗疫：曾从智利筹50万个口罩驰援家乡，后获回赠》，https://www.sohu.com/a/385682256_161795。

[11]智利智京中华会馆120年简史编委会：《智利智京中华会馆120年简史（1893—2013）》，南京：江苏凤凰新华印务有限公司，2013年，第60-62页。

[12]朱涛：《智利华人华侨的职业与行业研究》，《拉丁美洲研

究》，2019年第1期。

[13]庄国土：《全球化时代中国海外移民的新特点》，《学术前沿》，2015年第8期。

[14]Bourdieu, P.（1986），The forms of capital in Rchardson, J., *Handbook of Theory and research for Sociology of Education.* Westport, CT: Greenwood, pp. 248−249.

[15]Instituto Nacional de Estadísticas: Estimación de Personas Extranjeras Residentes Habituales en Chile al 31 Diciembre de 2019, Santiago de Chile，2020, https://www.ine.cl.

[16]Moraga, J.（2018），Reparto Comunitario y gasto agonístico: diferenciaciones y hegemonías entre antiguos y nuevos migrantes chinos en Chile, en *Rumbos TS*, n. 17.

[17]Segall, M.（1967），"Esclavitud y Tráfico de Culíes en Chile"，en *Boletín de la Universidad de Chile*, n. 75，pp.52−53.

契约华工在古巴的官方身份转变分析

时　光 [①]

内容提要：在拉丁美洲地区，古巴的华侨华人数量一度高居首位。而华人第一次大规模移民至拉丁美洲则追溯到1847—1874年间的契约华工贸易。27年间，近15万名华人从厦门、汕头、香港、广州、澳门等地出发，在自愿或被迫签订为期八年的契约后前往古巴工作。抵达古巴后，大多数华工在蔗糖园里工作，此外，还有人被分配去修筑铁路、码头、当烟草工人、做家庭仆役等，为古巴的蔗糖种植园等经济进行了大规模的劳动力补充。契约期满后，华工必须取得雇主发放的"满身纸"和古巴当局颁发的"行街纸"才能暂时自由，然而取得这两份证件的过程仍然受到多方控制。1879年，中国驻哈瓦那领事抵达古巴后的第一件事就是为岛上的中国公民颁发身份证明，自此，古巴的华人彻底恢复自由身。本文对从华工出发前与西方洋行签订契约合同、合约期满后得到"满身纸"，到清政府在哈瓦那设立领事馆分发身份证明的转变过程进行分析。

关键词：契约华工　苦力　中国劳动力　古巴蔗糖

自16世纪初，葡萄牙、西班牙、英国、荷兰等西方国家的殖民者

---

①时光：本科毕业于北京语言大学西班牙语专业，2018年获得西班牙巴塞罗那大学拉丁美洲研究专业硕士学位，现为巴塞罗那大学美洲及非洲史项目博士生。

开始多次在中国沿海地区进行小规模招募劳工的活动。到了19世纪上半叶，鸦片战争的炮火打开了清政府的大门，近15万名中国沿海地区的青壮年被贩卖至远在加勒比海大安的列斯群岛（Greater Antilles Islands）中的古巴充当劳动力。契约华工这一概念起源于东南亚，古巴的宗主国西班牙（清政府称之为日斯巴尼亚）在其另一殖民地菲律宾也引进过中国劳工。然而，跨越半球的距离，以及在文化背景、外交保护政策等方面存在巨大差异的影响下，拉丁美洲，尤其是古巴岛的契约华工，在各个方面都具有独特的研究意义。近两个世纪以来，中外学者的论文和专著主要集中在华工出国的"推力"和"拉力"因素、华工自身的人物研究、地域研究、法律地位与实际遭遇等，但是对于在古华人在这段时间内取得的由当局颁发的身份证件，及其所代表的华工应当享受的合法权利缺少细致、全面的时间线分析。基于此，本文参考中、西、古三方的史料和专著，对契约合同、满身纸和中国驻古巴领事馆颁发的身份证明进行初步的分析和探讨。

一、古巴引进契约华工的背景

进入19世纪，古巴的农业迅速发展，蔗糖产量跃居世界前列。与此同时，其最大的竞争对手海地于1791—1805年爆发独立战争，蔗糖的价格随之持续上涨，古巴岛上的甘蔗种植园如雨后春笋般涌现。到了19世纪30年代，古巴蔗糖业逐渐步入机械化时代，加上铁路等基础设施建设的发展，甘蔗种植园和糖厂的规模不断扩大。1840年，古巴的蔗糖出口量增长至161248吨，占世界总产量的20.87%，使之成为世界上最大的蔗糖生产国。[1]然而，英国取消了数百年来的非洲奴隶劳动力贸易并废除奴

---

[1]Fraginals, M. M., & Traviesas, L. M. (1978). *El ingenio: complejo económico social cubano del azúcar* (Vol. 3). Havana: Editorial de Ciencias Sociales, pp.36–37.

隶制后，岛上的甘蔗和咖啡等劳动密集型产业都面临严重的劳动力短缺和劳动力成本上升的双重难题。而此时的中国刚刚经历鸦片战争，经济发展停滞，人口压力下的土地兼并日益严重，大批青年劳动力过剩。此外，由于太平天国运动的失败，大量农民在走投无路之下只得流落海外谋求出路。1842年，清政府被迫签订《南京条约》，开放厦门、福州、广州等通商口岸，为西方殖民主义者提供了契机。因此，西方殖民主义者与古巴种植园主互相勾结，把目光紧盯在勤劳肯干的中国人身上，掀起华工大规模输入古巴的浪潮。

1844年，古巴经济发展委员会曾派人到中国考察引进劳动力的可能性。报告的反馈是，中国劳工品质纯朴，他们认为满意。1846年3月，英国朱利塔公司（Zulueta and Company）向委员会提出倡议，将1000名中国劳动力引进到古巴岛，并签订八年的契约，其中每人每月工资4比索，餐饮与黑奴同等待遇，而每运送一名华工，该公司净赚170比索。不久后，委员会与朱利塔公司驻哈瓦那代表乔基安·阿林达先生（Joaquín Arrieta）就运进华工的价格、运费、妇女儿童人数、买主应付的价钱等问题进行洽谈，达成协议后草拟合同。古巴总督康德·维兰纽瓦（Conde de Villanueva）批准从白人移民基金中拨出10万比索来支持中国劳力的引进工作。与此同时，订购中国劳动力的古巴庄园主名单也已经收集完毕。最终，经济发展委员会和苏鲁埃塔公司商定的结果是，第一批运送华工的人数减少为600名，但今后若再引进中国劳动力，那么该公司享有1400名华工的优先运送权。此外，合同中增加了一条，契约华工若病假超过15天，则停发工资，而生病期间的食宿和医疗费用均由"主人"承担。[1]

1847年7月3日，西班牙女王伊莎贝尔二世（Isabel Ⅱ）颁布《诏书》，正式批准古巴岛引进华人劳动力。女王在《诏书》中强调，根据

---

[1]Corbitt, D. C. (1971). *A Study of the Chinese in Cuba*, 1847-1947. Asbury College, pp.4-5.

以往雇用菲律宾华工的经验，"那些亚洲人性情温顺，勤苦耐劳，艰苦朴素，能吃苦，适合从事繁重的农业劳动，且易于适应酷热的气候"，而且在工资便宜情况下，华工的劳动成果足以"补偿运费高的不足"。极其宝贵的是，华工都服从所在国政府的管理。因此，引进契约华工是"解决古巴农业缺乏劳动力问题"的有效措施。此外，西班牙当局认为中国人身在异国他乡，很难应付突如其来的不幸事件，所以特别委任身为委员会主席的陆军上将"像《圣经》说得那样以仁爱之心善待他们，必须严格履行合约的一切承诺，使他们得到合理的待遇。为女性找到适合的工作，并满足华工在宗教信仰方面和生活方面的基本需求。"①

其实在女王颁布谕旨前一个月，第一艘运载着前往古巴的契约华工的"奥奎多号"帆船已于1847年6月3日从厦门起航，并且经过131天的航行，将206名中国青壮年送达古巴首都哈瓦那附近的港口。②换而言之，在未得到王室的正式批准前，苏鲁埃塔公司就已经完成了一系列的招工引进工作。然而，在"奥奎多号"和"阿吉尔公爵号"两艘船先后将第一批华工运送至古巴后，由于种植园主们对雇用的华工反馈差距较大，贩卖黑奴的商人也表示反对，经济发展委员会决定暂停中国劳工的贸易。然而，由于缺乏大量劳动力的问题仍然没有得到有效解决，1851年8月5日，经济发展委员会的成员们详细讨论了曼纽·比·佩利达（Manuel B. Pereda）提出的引入华工的计划。经过研究，11月22日的报告中表示"政府和经济发展委员会应给予大力支持"。此后，维罗多·华多普公司（Villoldo Wardrop y Compañía）也提出只要委员会担保付款，他们就可以运进6000~8000名18—40岁的华工，每人售价120比索。③到了1852年2月3日，一大批知名的

---

①Jiménez Pastrana, J. (1963). Los chinos en las luchas por la liberación cubana (1847-1930). *Havana: Instituto de Historia*, pp. 34-36.

②Latour, A. C. (1927). *Apunte histórico de los chinos en Cuba*. Molina, p.13.

③Naranjo Orovio, C., & Balboa Navarro, I. (1999). Colonos asiáticos para una economía en expansión: Cuba, 1847-1880, *Revista Mexicana del Caribe*, num. 8, Quintana Roo, p.45.

种植园主在委员会开会时递交申请书，督促尽快引入中国劳动力，并且预订6000名华工。最后，委员会决定同时和上述两家公司合作，规定两家公司各运送华工3000名，每人卖价125比索。种植园主每领取一名工人，须预付90比索，余款在三个月内付清，华工在中国境内预支的费用（不超过16比索），也由种植园主支付给运送公司。宗主国方面，1851年11月3日，西班牙王室对古巴运进华工一事表示赞许，并且命令每艘船必须为每名华工储备每天2磅①的大米，160天航程的分量外还要多储存一些以备不时之需。②值得注意的是，这是第一次有关华工旅途安排的规定。但是除上述两家公司外，还有数十家公司申请运输华工，这些公司均没有得到西班牙王室的批准。1853年，古巴重新大规模地引进契约华工，并一直持续到1874年。1854年3月22日，西班牙皇家谕旨核准古巴当局于前一年12月23日草拟的《古巴引进华工管理条例》，③条款内容充满了对中国劳动力的剥削，还增加了华工和雇主双方的义务和权利的规定，正式奠定了华工近乎奴隶的社会地位。

二、华工出洋的过程

引进劳动力的计划看似合理公平，但具体的招募过程实际上却充满了谎言和暴力，西方殖民者在中国招募华工的手段十分卑劣。中国人有安土重迁的习惯，加上对外部世界的不了解，因此大部分人并非自愿出洋，而是被人贩子通过哄骗、逼迫、要挟甚至绑架等方式强行掳上船。随着贩卖人口的行为愈加猖狂，当地人民爆发了强烈不满和抵制情绪，在香港和内地沿海地区掀起了轰轰烈烈的反对买卖华工的运动。清

---

① 1磅≈453.592克。

② Corbitt, D. C. (1971). *A Study of the Chinese in Cuba, 1847–1947.* Asbury College, pp.15–16.

③ Pérez de La Riva, J. (1971). La situación legal del culí en Cuba (1849-1868). *Cahiers du monde hispanique et luso-brésilien*, 7–32, p.16.

政府下令，一旦捉到人贩子，一律砍头治罪。各国驻中国领事也纷纷提出抗议，基督教教士和《香港日报》总编辑对绑架中国人的强盗行为进行了猛烈抨击。舆论压力下，英国政府命令香港封闭港口，禁止在该港买卖华工。西班牙政府只能下令暂停买卖华工，以平息民愤。1859年下半年，王室多次下诏，"鉴于在中国港口招工时遇到了许多的障碍和纠纷，取消向古巴输入华工"。① 而由于此前批准的许多华工还未抵达，陆军上将弗朗西斯科·色朗诺（Francisco Serrano）于1860年2月10日下达命令，禁止运进华工。但是为了减少投资者的损失，截止日期定在了次年的1月1日。② 而事实上此次暂停的决定，仅仅是西班牙政府在战争中暂时做出的一个姿态而已。

　　苦力贸易的利润非常惊人，远远高于专门运货的生意，甚至也远高于当年运输非洲奴隶的生意，因此很多西方国家均参与到古巴的苦力运输中。例如，一艘运载500名华工的船只，成本只需30000~50000比索，上岸后却能卖出100000~120000比索的价格。③ 与运输非洲奴隶的主力一样，参与贩运契约华工的前六位分别为法国、西班牙、英国、美国、葡萄牙、荷兰。在契约华工贸易初期，英国几乎包揽了最初十年内的华工运输。凭借鸦片战争后在清朝政府手中夺得的种种特权，英国船只几乎不需要接受中国官方的检查。因此，西班牙、葡萄牙、秘鲁等国的商人大都选择租用英国船只来贩运掳掠到手的华工。1855年，英国议会通过提案，禁止挂有英国国旗的船只继续进行贩运人口的勾当。进入19世纪60年代前半期，苦力运输又几乎被美国制造的快速飞剪船垄断。一方面是由于美国在19世纪50年代遭遇经济危机，船只的货运需求大幅度减少。另一方面，美国制造的快速帆船可以缩短旅途时长，从而降低途中

---

① [古巴]梅塞德斯·克雷斯波·比利亚特著，刘真理译：《华人在蔗糖之国——古巴》，上海：复旦大学出版社，1998年，第62页。
② Corbitt, D. C. (1971). *A Study of the Chinese in Cuba, 1847–1947*. Asbury College, p.18.
③ Pérez de La Riva, J.(1975). *El barracón y otros ensayos*. Editorial de ciencias sociales, p.12.

人口的死亡率，因此美国船主们将目光转向契约华工的运输。虽然一些议员一直反对奴隶制，但美国法律上一直没有相关的规定，直到内战爆发，美国船主们才不得不终止买卖华工的贸易，[1]而截至此时，美国共计派出34艘船，运送18206名中国人。最终16419人抵达，死亡率为9.8%。[2]

1865年起，法国船开始崭露头角，逐渐取代英美两国，致力华工的运输，因此共运输104艘船，占所有国家数量之最。他们大多数走的是西航线，从澳门或香港出发，途经爪哇、毛里求斯、好望角等地，横跨大西洋，直至古巴岛。而另一条稍短的东航线则要横跨南太平洋，经合恩角，最终绕往古巴。这两条航道所需的时间相近，从10月至次年3月，一般需航行147天；而从3月至9月，则需165天，如果遇上恶劣气候，航行时间甚至可能多达200多天。[3]例如1856年，从澳门出发的艾米格兰特号，在海上漂泊了230天才抵达古巴。[4]航线要两次经过赤道地区，大部分航程都是在极其炎热的气候中度过的。[5]

事实上，运输契约华工的旅程被学者们称为"海上浮动地狱"。因为契约华工在船上受尽了折磨，而船上的死亡率甚至高于非洲奴隶的船只。尽管英国乘客法案设立了有关舱位的规定，美国也有禁运奴隶的法令，但是西方资本家们为了赚取更多利润，想尽办法用各种卑劣手段规避法律规定，毫无节制地超载、滥载，"每一只船所载苦力人数都超过船的法定载客数额的几倍甚至10倍"。[6]为了增加运载人数，甲板下面还横插一层甲板，每位乘客的铺位只有8平方英尺[7]，锁在夹舱中的华工

---

①陈翰笙主编：《华工出国史料汇编（第六辑）》，北京：中华书局，1985年，第145页。

②Yun, Lisa. *The culi speaks: Chinese indentured laborers and African slaves in Cuba*. Temple University Press, 2008, p. 20. 数据来源：Report of British Consulate General, La Habana, Sep.1, 1873.

③Corbitt, D. C. (1971). *A Study of the Chinese in Cuba, 1847–1947*. Asbury College, p.175.

④陈翰笙主编：《华工出国史料汇编（第六辑）》，北京：中华书局，1985年，第175页。

⑤李春辉、杨生茂主编：《美洲华侨华人史》，北京：东方出版社，1990年，第88页。

⑥陈翰笙主编：《华工出国史料汇编（第六辑）》，北京：中华书局，1985年，第186–187页；《华工出国史料汇编（第二辑）》，北京：中华书局，1985年，第463页。

⑦1平方英尺≈0.092903米²。

"就只能永远保持着躺着的姿势"。与贩卖黑奴的船一样，船舱的"门和窗都装有监狱船的门闩和栅栏"。在甲板上，紧靠中桅后面，也装有铁栅栏。苦力不但被紧锁在底舱中，有的"甚至装入竹笼"[1]，而极其狭小的船舱却没有通风设备，"人气熏臭，感病死者不计其数"[2]。正对着关闭华工的舱口，设有足以把走上甲板的所有人消灭的小炮，以防有人尝试逃跑。与严重超载相对应的，则是船上的吃食远远不够、饮用水安全不达标、卫生条件简陋等问题。由于天气炎热和保存方式不当，食物经常发霉变质，"一桶桶臭猪肉被倒入大海"，使得本就不富裕的屯粮雪上加霜。很多时候，储存舱内潮湿闷热，食物霉变却照样给华工们食用，导致了船上常常出现肠胃病和痢疾。有的华工因为抱怨吃的饭臭了，几乎被船主毒打致死。[3] 旅途中另一大凶手是华工们爆发的动乱。根据现有史料统计，在1845—1872年发生的48起华工船海上遭难事件中，契约华工暴动占据38起，取得斗争胜利的占26起。[4]

1860年2月11日，古巴当局颁布法令，恢复允许中国劳工入境的政策，此后决定实施新的管理规则。另外，英法联军登陆天津，再次侵入北京。在西方列强的武力威胁下，清政府被迫签署《北京条约》，承认并允许中国人移民到海外。至此，清朝的传统国策彻底被打破，劳工贸易变得合法化，侨务政策也开始发生转变。

1864年4月，西班牙派代表来华，谋求与清政府签订通商条约。同年，中国与西班牙建交。经过谈判，10月10日，清政府任命薛焕为全权大臣，与西班牙使者在天津正式签订《和好贸易条约》。其中规定，如果大清国人民自愿出国前往西班牙属地务工，无论是否携带家属，在同西班牙人签订合同契约后，均可由通商口岸出关，赋予了西班牙在中国

---

[1] 陈翰笙主编：《华工出国史料汇编（第一辑第二册）》，北京：中华书局，1985年，第661页。
[2] 陈翰笙主编：《华工出国史料汇编（第一辑第二册）》，北京：中华书局，1985年，第689页。
[3] 陈翰笙主编：《华工出国史料汇编（第一辑第二册）》，北京：中华书局，1985年，第742页。
[4] 陈翰笙主编：《华工出国史料汇编（第四辑）》，北京：中华书局，1985年，第220页。

境内合法招工的权利，并且给予最优惠的待遇。① 值得注意的是，条约规定招工过程必须是本人自愿的行为，严禁非法拐卖华工。此外，清政府对拐匪治罪的法律进行修改，定罪愈加严厉，力求镇压企图诱拐华工出洋的拐匪。就此，将契约华工运往古巴的贸易进入了全盛时期。尽管受到中国内地沿海各口岸人民不懈的反抗和国际上的批评，招募劳动力的根据地在1866年被迫转移至澳门，但在葡萄牙当局的庇护下进入最为盛行的阶段。在澳门的葡萄牙人利用代理人的身份，得以瓜分巨额利润。西班牙驻澳门的总领事尼卡西奥·卡内特·易·莫莱（Nicasio Cañete y Moral）也参与了人口的贩卖，并且从中赚取利润，因此极力赞成契约华工的出口。这位总领事不仅对招募华工时的种种罪行熟视无睹，甚至在与古巴陆军上将的行文中公然撒谎，随意捏造事实，谎称在自己的监督下，每位华工均是在熟知条约内容的情况下，自愿签署的。② 据统计，1856—1873年，从澳门被运往古巴的中国人共计94715名。③ 此外，1860年起，陆续有加利福尼亚的华人前往古巴，据古巴历史学家胡安·佩雷斯·德·利瓦（Juan Pérez de la Riva）估计，一直到1875年，从加利福尼亚进入古巴的华人共有约5000人。④

1868年10月，古巴爆发独立战争。大批华人华工为了谋求自由、表达对当地政府的抗议，纷纷加入了起义军。见此情况，古巴陆军上将分别于1870年7月24日和8月29日致信西班牙政府，详细阐述了华人对古巴农业、贸易，特别是治安方面的不良影响，建议停止运进华工。1871年4月27日，西班牙王室颁布谕旨，借口"中国移民不遵守约定，违反当地

①王铁崖编：《中外旧约章汇编》第一册，北京：生活·读书·新知三联书店，1957年，第218-226页。
②Ginés-Blasi, M. (2021). Exploiting Chinese labour emigration in treaty ports: The role of Spanish consulates in the "Coolie trade". *International Review of Social History*, 66(1), 1–24, p.15.
③陈翰笙主编：《华工出国史料汇编（第四辑）》，北京：中华书局，1985年，第555页。
④Pérez de La Riva, J.(1966). Demografía de los culíes chinos en Cuba (1853–74), *Separata de la Revista de la Biblioteca Nacional" José Martí*, vol. 57, p.58.

法律，破坏公共秩序，帮助国家敌人等行为，给古巴带来巨大困难，造成极大伤害"，因而取消输入契约华工。[①]但是新法令须在哈瓦那官报上公布八个月后才能正式生效。人贩子们纷纷决定在此期间最后大捞一笔，于是在随后几年内，抵港的华工数量明显增加。最终，1874年3月5日，最后一艘运载着725名华工的西班牙帆船"罗撒号"，从澳门起航后，经过310天的航行，将最后一批前往古巴的契约华工送达古巴岛。

关于到达古巴的中国劳工的人数，存在着几种不同的数据。总体来讲，从中国各港口出发的华工，加上从菲律宾偷渡过来的，以及加利福尼亚前往古巴的华人华侨，截至1874年，在古巴岛上的中国劳动力约15万人。[②]他们大多数在蔗糖园里工作，其他的人分别修筑铁路、建造码头、在烟厂工作或者做家仆。其中，大多数劳工为20~30岁的未婚男性。然而，即使能在艰苦的工作环境中存活下来，由于语言方面的障碍、每天被关在种植园中与世隔绝以及边缘性的社会地位等，这些契约华工中仅有极少部分存活下来并繁衍子嗣。

三、华工出洋时所签订的契约合同

华人在出洋前签订的契约合同由中文和西班牙语两种语言书写，分别印在同一张纸的正反面。作为华工在至少八年时间内唯一的官方证件，契约合同对在中国的代理和华人劳动力双方的责任、义务和待遇均进行了清晰的要求，在招募劳动力的组织、管理和监督过程中起到至关重要的作用。合同一式两份，一份由华工自己保存，另一份则在被"卖"出去时转交给雇主。合同上面需要填写华工的姓名、籍贯、年龄等信息，代

[①][古巴]梅塞德斯·克雷斯波·比利亚特著，刘真理译：《华人在蔗糖之国——古巴》，上海：复旦大学出版社，1998年，第62-63页。

[②]Pérez de La Riva, J.(1966). Demografía de los culíes chinos en Cuba (1853-74), *Separata de la Revista de la Biblioteca Nacional" José Martí*, vol. 57, p.59.

理商、西班牙驻华领事及当局在下方签字。有时也会写上华工乘坐船只的
名字。

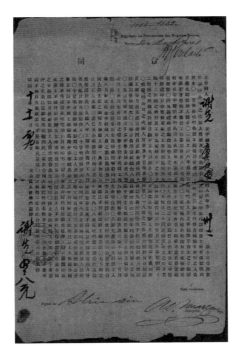

图1 华工谢先的契约合同 [①]

　　由于年代久远，华工们连自身生计都难以维持，能够保存下来的
契约合同十分珍贵。图1是中国华侨历史博物馆所藏的一份清同治十年
（1871年）十一月初九签订的雇工合同。合同的主人名叫谢先，时年32
岁。合同针对劳工应当履行的义务规定了六项条款，包括此合同的有效
时长为八年，除了每个星期日之外其余时间均必须工作等。华工的待遇
方面有九项规定，每月工资为四大圆（此处四大圆为四个比索），担保
"按月照给、毫无拖欠"；每天的供给是八两咸肉及两磅半食物，每年
提供两套新衣服。如果生病，雇主需要将华工送往医院治疗，等等。

---

①资料来源：中国华侨历史博物馆。

据丽莎·云（Lisa Yun）统计，古巴华工在出国前签订的合约至少先后采用过八种不同的版本，[1]不同版本在大体上没有太大变化，仅在一些细节方面进行了修改和补充。未曾变动的是，合同的期限一直是八年，每个月的工资也一直稳定在四大圆。细节方面，一些合同中指出，华工在新年的时候可以放假三天，每个星期日休息一天，而一些合同中则规定在农忙时节需每日劳作，没有休息日。在出发前，代理需要预支付给华工的旅途费用8~14银元不等，均在华工开始工作后从每个月工资中扣除1银元进行分期偿还。

此外，合同中无一例外地规定，在八年的劳动合同期间，华工由其雇主全权管理，甚至连下班后的自由时间也受到庄园主的管辖。未经允许，华人不得离开工作的庄园，否则会被当作逃犯抓起来。一些合同中甚至写明，华工在完成契约期间放弃与之可能相悖的任何公民的权利。这意味着华工虽然在法律意义上是自由人，但是在实际生活中，彻底失去了人身自由。

即使圆满完成八年的劳动，华工们也很少能如愿恢复自由身。1860年之前，合同期满后苦力可以成为自由公民，并且选择自己喜欢的职业，但到了1860年，西班牙皇室颁布了针对在古巴岛上中国人的法令，剥夺了他们成为自由移民的权利。法令规定，完成合约的华人必须在两个月内签订新的用工合同，继续为原来的雇主劳动，抑或换一个新工作，再或者自费离开古巴。[2]古巴官方给出的理由是，这项规定可以避免华工在岛上四处流浪，以致违法犯罪。而事实上，华工的工资仅为当地同等级别工人的五分之一。即使如此，不仅有的庄园主会想尽理由克扣工资，更有甚者强迫华工们只能在雇主自己运营的店铺里购买商品，最

[1]Yun, L. (2008). *The coolie speaks: Chinese indentured laborers and African slaves in Cuba*. Temple University Press. p. 132.

[2]Pérez de La Riva, J. (1971). La situación legal del culí en Cuba (1849–1868). *Cahiers du monde hispanique et luso-brésilien*, 7–32, pp.25–27.

大限度地剥削华人的血汗。这种情况下，绝大部分华工根本无力支付回家的路费，只得又签订新的用工合同。

再次签订的合同与在中国签订的合同不尽相同。新的合同全文均是西班牙语，具体的条款在十几年间也经历了很多的改动。首先，二次签订的合同中规定的工作年限最多为两年，大部分只约定了一年，也有一部分只有三个月或者六个月的有效期。此外，相比难以维持生计的4个比索，这次雇主们给的工资均有不同程度的增长，从6个比索到目前被记载的最高纪录达到17个比索一个月。①

四、清政府的调查及契约华工时代的结束

雇用中国劳动力期间，古巴一直是西班牙的殖民地，因此，中国与古巴在这一阶段的外交关系实际上是清政府与西班牙当局之间的外交交涉。西方人贩子拐卖人口的劣行逐渐引起官员们的重视，美国的外交官员也将华工在古巴遭受虐待的消息告知中国。此后，德国、法国、荷兰、瑞典、丹麦等国家的领事也相继对华人的遭遇表示同情和惋惜。于是，1873年1月，两广总督决定禁止西班牙在广东招募劳动力，而西班牙当局却对虐待岛上华工的行为矢口否认。②总理各国事务衙门向其他国家求助，希望国际社会能够予以支持。美国、英国、荷兰等国均做出了正面的回应，一致建议中国派遣官员前往古巴进行考察。经过多方面的考虑与权衡，同年9月21日，军机大臣、总理各国事务衙门大臣、恭亲王奕䜣上奏，请求委派驻美留学监督陈兰彬，授予其花翎四品衔官阶，从美国启程就近前往古巴，调查华人在岛上的实际情况。海关总税务司派遣江汉海关税务司马福臣、天津海关税务司吴秉文一同前往。在俄、英、

---

①Hu-DeHart, E. (2017), "From slavery to freedom: Chinese coolies on the sugar plantations of nineteenth century Cuba", *Labour History*, (113), 31–52, p.43.
②陈翰笙主编：《华工出国史料汇编（第一辑第二册）》，北京：中华书局，1985年，第557页。

法、美、德五国驻华公使的调停和支持下，1873年10月22日，《中日（日斯巴尼亚）古巴华工条款》成功签订，西班牙终于同意中国派遣官员组成调查团前往古巴考察。1874年2月12日，吴秉文抵达美国，七日后随陈兰彬共同乘坐德国轮船"斯特拉斯堡号"（Strassburg）从新奥尔良出发前往古巴。二人于3月17日抵达哈瓦那，与提前到达的马福臣会合。考察团先后拜会了当地各官员，并与英、法、美、德、俄罗斯、瑞典、丹麦、比利时、意大利等国的领事进行会晤。此后便开始了对华人在古巴实际生存状况的走访调查。3月20日开始，考察团先后调查了"衣巴呢司卖人行"（Barracon Ibañez）"夏湾拿城工所""那司格里亚司糖寮"（Las Cañas）[1]以及哈瓦那市监狱。4月8日又启程前往位于西北部的海港城市马坦萨斯（Matanzas），走访当地的工所、监狱和"三格阿也打罗糖寮"（San Cateyano）"敢勒写别司恩糖寮"（Concepción）"雅么里压糖寮"（Armonia）。[2]除了大城市外，使团又前往岛上其他数个城市调查工所、监狱、糖寮中中国人的实际情况。截止5月8日离开古巴，陈兰彬等使者共计在岛上停留50余天，通过与当地华人的当面访问调查，收集1176份口供、1665名华工签名的85份控诉状。契约华工被贩卖至这个加勒比小国的真实处境终于得到揭露。1874年10月，陈兰彬完成关于古巴华工问题的调查报告，正式递交总理各国事务衙门。1875年2月5日，总理衙门将报告及相关证据分送给英国、法国、美国、俄国、德国五大国驻京使馆，希望得到国际社会的支持与援助，并将其出版成《古巴华工调查录》，详细讲述了华工在古巴工作时的悲惨遭遇。[3]

　　1876年秋，西班牙新任驻华公使伊巴理（Ibáñez）抵达北京。1877年11月17日，清政府和西班牙驻华公使伊巴理在北京正式签署《中日

---

[1] 糖寮，即甘蔗种植园。

[2] Helly, D. (1993). *The Cuba Commission report: a hidden history of the Chinese in Cuba: the original English-language text of 1876*. Johns Hopkins University Press, pp.32–33.

[3] （清）陈兰彬：《古巴华工调查录》，上海：上海书店出版社，2014年。

（日斯巴尼亚）会订古巴条款》，并于1878年12月6日在北京交换批准。①条款对于中国公民在古巴应当享受的权利等问题做出了以下规定：第一，古巴停止输入新的中国劳工，所有已经完成了契约合同的华人，统一发放满身纸，同时享有侨居的合法权利，不得限制其是否选择留在古巴工作的自由。第二，华工在古巴的生活权益得不到保障，一部分原因是中国没有派驻古巴的官员，无法及时给予中国公民有效的保护和支持。因此，清政府提出在古巴设立总领事馆，且除了哈瓦那之外，所有西班牙允许他国领事官员驻扎的地方，中国亦可派人前往，保护在古的华人华侨。此外，古巴的地方官须将各地现有华工的人数及姓名告知中国总领事，以便领事官前往各地亲自考察华工的生活状况，创建在古华人华侨的花名册。第三，针对华工如何回国的问题，条约做出规定，对于年老力衰无法劳作的华人，西班牙应当出资送回中国。一部分华工签约的契约合同内写明了期满时雇主应将华工送回国，西班牙则应督促雇主们遵守规定。而对于合同中未提及出资回国事项的中国劳动力，则由古巴的地方官与中国总领事馆进行商议，想办法将其送回国。②然而直到1879年6月29日，哈瓦那官方报上才正式公布清政府与西班牙签署的《中日（日斯巴尼亚）会订古巴条款》，古巴陆军上将于当日下令，截止该日以前签订的契约仍然有效，合同期内的华人仍需完成约定的工作期限，但从此以后不得再强迫华工签订任何条约。就此，在多重合力的影响下，运往古巴的契约华工运输宣告结束。但是对于那些还在契约期内，以及做满工期但仍困在岛上无法自由活动的华人，直到1880年西班牙宣布在古巴废除奴隶制，才得以实现最终的解放。

　　1879年9月12日，中国领事人员抵达哈瓦那，清政府驻哈瓦那领事馆

---

①陈翰笙主编：《华工出国史料汇编（第一辑第二册）》，北京：中华书局，1985年，第929页。

②Ng, R. (2014). The Chinese Commission to Cuba (1874): reexamining international relations in the nineteenth century from a transcultural perspective. *The Journal of Transcultural Studies*, 5(2), 39–62, pp.59–60.

正式成立。陈兰彬为驻英、日、秘三国钦差大臣,户部候选主事刘亮沅为驻古巴总领事,陈善言为马丹萨斯领事。1880年,西班牙驻华公使伊巴理来到古巴,与两位领事签订优待华人章程五款,华侨待遇完全与其他国家的侨民平等。

清政府对古巴华人的保护主要体现在领事保护,比如发放身份证明、在古巴法律的框架下为中国公民提供法律援助,以及在医疗和教育方面给予支持。契约华工时期,如果华人生病,合约规定种植园主应当承担生病期间的一切费用。然而在现实中,中国劳动力不仅很少能够有机会得到有效的救治,而且如果病情严重需要住院治疗,反而会被锁起来,并且扣除病假时的工资。中国领事馆成立后,得以住院治疗的华人"每月约五六十人"。同时,对于华工没有经费来治疗的问题,"总领事署岁助专款,全活无算"。[1] 在驻哈瓦那领事馆的经费支持下,岛上中国公民的医疗问题有了保障。

为了保护在古华人的自由和合法权益,领事们抵达古巴后立即开始办理古巴华人的注册事宜,发放身份证件,恢复华人的自由身份。截至1879年年底,已有43.2%的人登记在案。[2] 在此之前,已完成契约工期的华工们很难获得象征自由的满身纸和行街纸。

五、满身纸、行街纸与领事馆颁发的身份证件

1862年11月12日,西班牙王室谕令规定,华工在合同期满后必须领到居民证才能继续留在古巴。而这项规定事实上变相地默许了当地的官员和雇主强迫华工再次签订二次合同。1871年4月27日,西班牙当局下令终止从中国引入契约华工的同时,强迫所有完成合同期限的华人,或

---

① (清)谭乾初:《古巴杂记》,长沙:岳麓书社,2017年,第82页。
② 张铠:《古巴华工与中古建交始末》,《华侨华人历史研究》,1988年第4期,第8页。

者立刻离开古巴岛，或者必须与原来的雇主续签雇工合同。12月13日，古巴成立"移民总局"，负责全岛境内所有中国公民的登记注册，以及身份证件的查验。新法令规定所有合同期满的华人必须在原雇主的"监督"下工作。华工的工资除了从雇主那里每个月领取4比索，还有8比索须交由当地政府保管，待恢复自由时才能得以归还。

在清政府驻哈瓦那领事馆成立之前，岛上华人的官方身份实行的是"自由纸系统"。合约期满的契约华工须向所在种植园主人申请"满身纸"，再凭此满身纸向古巴当局申请"行街纸"，凭此证件才能自由来往。古巴岛上沿途均设有巡差，各埠皆设有官工所。华人一旦被发现手中没有满身纸，就会立即被巡捕以逃工为由拘留关押在官工所，充当苦工修桥修路，却没有一分工钱，除非原主人认领，否则就会被官府发卖。满身纸的存在，使得华工更加难以获得自由。除了行动自由，华工的职业选择也受到限制，即便是乞讨也需要证件。华工口供中提到过开铺纸、行医纸、过埠纸、乞丐纸等。纸质系统表明，华工的行动自由被这些证件全面钳制，劳动的所得被古巴雇主最大限度地榨取。根据华工呈词："幸得生存着，指望八年工满，生还故乡，然而非得满身纸，不能请出港纸；非得出港纸，不能下船回华业。早年工满者，求买主画押作凭据，谓之非马，又拜契爷作保，特向地方官请纸，其衙门使费自半个大金至十五个大金不等。至于请出港纸，使费又自半个大金至二三十大金不等。衙门收银后，往往上个礼拜推俟下个礼拜，推到数十个礼拜，衙门换官，银纸两空矣。或有得满身纸之后，暂住古巴者，必须十元上下，领有行街纸，方能行街。此纸一年一换，辄须数元，倘失落过期，另须重罚，若欲暂往别埠，又须求地保给过埠纸。行医者，要请医生纸，乞食者，要请乞丐纸，均需使费。至开小铺者，请开铺纸，需时更久，费益不赀矣。以上该请之纸幸已到手，仍时常有巡兵在路拦验，有地保入室搜查，或被收去，说是假纸；或被撕毁，说是五纸，皆可捉入监房，押在工所，锁颈锁脚，督做无钱官工。"[1] 根据华工口供，各种纸质价钱不一，任意裁定。胡如供："有东家凭据取满身纸须亲手交给地方官大金三圆。价钱不一，有的四个大金、五个大金，有的六个大金。有的花三百余元。"关阿能供："满八年，又作三年，送五个大金官仍不给纸。" 郭纪秀供："礼拜日出来未带满身纸，被捉入工所。"李阿鸿供："用十三个大金请满身纸后，又说假的，官捉到工所。"[2] 据吴锦成等124人禀称："常见有得满身纸，托人换出港纸银已乌有，并满身纸亦不得回者，不计其数。"唐建供："问得出口纸七八十元，一二百元不定。"[3] 李肇春等166人禀称："出港纸视乎囊橐厚薄，数十元至数百元不定，华工等能有几人敢作回华之想乎？"[4]

而由于中国领事机构在古巴的缺失，向华工颁发满身纸的权力牢牢掌握在雇主和古巴地方官员的手里。古巴各级官僚抓住了这一要害，借机勒索、控制华工，争取最大限度地榨取利益。很多农场主无故拒绝办理满身纸，或者故意拖延，逼迫华工重新再立新合同继续为自己效力。因此，许多华工只能被迫继续和前雇主签订契约。华工的领工头何锡直言："因他们满身纸总存在我处，可随便辞他及扣工银。"[5] 通常来讲，外国人在古巴的行街纸由其本国的驻古领事官颁发。在中国设立总领事馆之前，完成契约的华工只能冒充他国国籍，从其他国家的领事手中领取行街纸换取自由。通常，从香港出发前往古巴的华人便冒称美国籍，从澳门出发的则冒称葡萄牙籍，也有华工冒充美国籍，不过能成功办到的人也只占少数。此种背景下，诞生了专门为在古华人做担保申请执照的中介，而这些人同样也百般勒索。行街纸本身的费用不高，但是经过

①陈翰笙主编：《华工出国史料汇编（第一辑第二册）》，北京：中华书局，1985年，第685页。
②陈翰笙主编：《华工出国史料汇编（第一辑第二册）》，北京：中华书局，1985年，第685页。
③陈翰笙主编：《华工出国史料汇编（第一辑第二册）》，北京：中华书局，1985年，第613页。
④陈翰笙主编：《华工出国史料汇编（第一辑第二册）》，北京：中华书局，1985年，第617页。
⑤陈翰笙主编：《华工出国史料汇编（第一辑第二册）》，北京：中华书局，1985年，第750页。

中介层层加码，动辄需要十余金甚至百余金才能拿到手。而没有外交保护的华人，即使拿到了满身纸和行街纸，也无法保证彻底的自由。走在街上，随时会被地方官查验证件。即使手中持有正式文件，无良的官员也可能声称是"假纸"，或者直接抢走甚至再把上面的名字改掉卖给别人。行街纸一年一更新，只有少数幸运儿在取得行街纸的几年后，成功加入古巴国籍。1872年的古巴人口普查显示，共有14065名中国人获得了古巴的身份证件或者满身纸。34408人仍在履行最初或者二次签订的契约合同。7036人不知去向。① 尽管相比抵达古巴的总人数数据，此次人口普查的数据仅记录了不到一半的华人的情况，但是可以看出，有一部分华工期满后获得了自由，成立了华人街和华人店铺。

刘亮沅领事到任后，立即着手解决华人的合法身份问题。无论是否已经完成约定的工期，领馆均统一向所有华人发放身份证明。"无佣侯有满身纸以为区别。"就此废除古巴的雇主们利用满身纸控制华工自由的权力，而古巴当局根据领馆的身份证明来颁发行街纸。所有生活在古巴的中国人均进行登记注册，无论是否已经契约期满，还是偷偷违约，抑或是在逃流浪，甚至在监禁的犯人，均将自己的姓名、年龄等个人情况登记在案。此外，所有在官工所拘禁、羁押之华人必须如数释放。此后如果华工与古巴雇主遇到任何争执，必须照正常的司法程序处理。刘领事吩咐手下前往各埠，按照官工所里的底册所列出的名簿当堂点名，即日释放所有华人，并且每人发放一张行街纸。据统计，各埠释放的华工共达2000余人。此后，领事馆的官员又深入当地山区，为散落在各处山庄、田寮的华工造册登记、颁发"行街纸"。按规定，身份证明必须一年一换，由领事馆填写姓名、籍贯、年龄、住址、工作，送至古巴督署加印，然后颁发给华工本人。每张证明无论由哪里具体颁发、是第一

---

①*Boletín de Colonización* 1, no. 8, (30 May 1873).

次申请还是更新，都固定收费二元印钱。若想离开古巴，申请出港纸需白银四元，督署的印刷费用在此基础上每张纸五角银元。据统计，领事馆成立前，每年其他国家领事代领的行街纸不过10000余张，而仅在1880年，中国领事馆共发放43000余张身份证明。

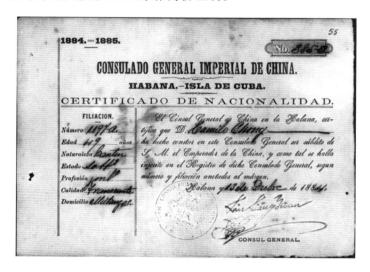

图 2　Camilo Chong 的身份证明 [①]

这份收藏在美国亚利桑那州立大学数据库的身份证明于1884年签发。身份证的主人名叫Camilo Chong，无法得知其原本的中文名字。祖籍广东省，40岁，居住在马当萨斯（Matanzas）。文件全文由西班牙语编写，右上角手写了编号，落款是刘亮沅总领事的手写签名，并盖有"大清总领事署图记"双龙官印。身份证明的格式和设计参考了古巴政府颁发的居留证（cédula de vecindad）。身份证明分别印刷于1880—1884年，且分别在不同的地点签发。虽然内容全部一样，但版面设计上略有差异。1880年签发的身份证明都没有印年份，1883—1884年及1884—1885

---

①资料来源：亚利桑那州立大学数据库（Arizona State University Digital Repository），https://repository.asu.edu/items/19644.

年的证明均印在了左上角，也有一些没有标明年份。有的身份证明上面用毛笔书写有华工的中文名字，有的写在正面左侧，有的则写于背面，而这些名字绝大部分为单名。此种国籍证明书只适用于古巴岛内。如果华侨华人要离境，则必须向领事馆另外申请执照。领事馆内准备了数百个木筹，写好编号。每当有华工进入，便给一个木筹，按编号顺序登记、签名发出，每天工作至下午六点。如有华工来到领事馆进行申诉，官员们仔细调查记录。刚开放此项服务时，总领馆内门庭若市，应接不暇。在其他地区的华人则花酬金托人为其代办执照。英、美等各国的领事将手中华人的名单送交给中国领事馆，在英属地区生长且已经转入英国国籍的华侨依然由英国保护。

华工在出国前签订契约合同的时候，代理们均"承诺"他们工满即可回国。但事实上只有非常少数的幸运儿才能完成落叶归根的心愿。在清政府的要求下，1880年3月，古巴将军告知中国驻哈瓦那领事，西班牙政府决定筹备船只，送回七位被拐卖到古巴的中国人，同时释放一些在狱中的华工。此后，古巴的西班牙当局在1880—1885年陆续安排了船只、资助华人回国。据记载，五年间从古巴回国的华人，1880年为300名，1881年为298名，1882年为275名，1883年为460名，1884年为296名，1885年为256名，共计1885名。[1]

六、结语

古巴从中国引入契约华工的行为对沿海地区15万青壮年的家庭造成了不可挽回的损失。20余年内，没有任何依靠的华人在古巴岛上辛勤劳作，唯一的身份证件是出发前签署的契约合同。虽然，在法律意义上，华工拥有自由身份，但事实上由于语言、文化的巨大差异，以及古巴和

---

[1] （清）谭乾初：《古巴杂记》，长沙：岳麓书社，2016年，第807页。

西班牙当局对华人的欺压，劳工们往往连契约内规定的应当享有的待遇都无法得到保证。日夜劳作八年后，由于雇主们试图继续榨取廉价的劳动力，大多数华人只得继续签订二次合约。这段时间内，契约华工们唯一的合法身份只能由象征着奴役与不平等的契约来证明。即使工满后从雇主手中拿到了可以证明自己完成契约的满身纸，华人们也需要每年向古巴当局申请行街纸等证件，才能在岛上自由地出入、工作。1874年陈兰彬为首的考察团走访了当地的情况后，在国际社会的帮助下，清政府驻哈瓦那总领事馆于1880年正式成立，此后废除雇主们颁发满身纸的权力，由领事馆为在古华人颁发身份证明等证件，保证了本国人民的安全和自由，并且在医疗、教育等领域提供帮助。契约华工在古巴的官方身份经历了合约工人，看似自由实则受古巴当局和雇主们颁发的满身纸和行街纸控制，直至最后由领事馆颁发身份证明彻底恢复自由的过程。在领事馆的帮助下，重获自由的华人自主创业，有的甚至与当地女子结婚生子，组建家庭，开启人生新的篇章。无论是在种植园中的辛勤劳作，还是脱离后的自主创业，19世纪下半叶的契约华构成为中国人移民古巴的第一批浪潮，虽然他们没有法律保护、无人可依靠的，但是为古巴的经济和社会做出了不可磨灭的贡献。一方面，契约华工大力促进了古巴甘蔗种植园经济的繁荣和制糖业的迅速发展。据统计，1865—1875年，中国契约劳工人数占古巴总劳动力人数的15%。另一方面，华人在古巴长达30年的独立战争中功不可没。由于当时许多华人已经改用西班牙姓名，参加革命战争的华人的具体数字也许永远无法正确地统计出来。但是，保守估计，至少有6000名华人同古巴人民一道为推翻西班牙的殖民统治而英勇作战，其中有多名战争英雄晋升为上尉、少校，甚至中校。近15万名华侨华人用自己的血汗、青春甚至生命为古巴的经济、社会，以及古巴的独立和民族解放做出了不可磨灭的贡献。

参考 文献

[1]Cantalapiedra, J. (2015), *La Primera embajada china en Europa y América: Chen Lanbin y Li Schuchang en España (1874-1879)*,Doctoral dissertation, Universitat Pompeu Fabra.

[2]Corbitt, D. C. (1971),*A Study of the Chinese in Cuba, 1847-1947,*Asbury College.

[3]Fraginals, M. M., & Traviesas, L. M. (1978), *El ingenio: complejo económico social cubano del azúcar* (Vol. 3), Havana: Editorial de Ciencias Sociales.

[4]Ginés-Blasi, M. (2021),Exploiting Chinese labour emigration in treaty ports: The role of Spanish consulates in the "Coolie trade", *International Review of Social History*, 66(1), pp.1-24.

[5]Helly, D. (1993), *The Cuba Commission report: a hidden history of the Chinese in Cuba: the original English-language text of 1876.*,Johns Hopkins University Press.

[6]Hu - Dehart, E. (1993), Chinese coolie labour in Cuba in the nineteenth century: Free labour or neo - slavery?,*Slavery and Abolition*,14(1), pp.67-86.

[7]Hu - Dehart, E. (2017), From slavery to freedom: Chinese coolies on the sugar plantations of nineteenth century Cuba,*Labour History*, (113), pp.31-52.

[8]Hu - Dehart, E. (1980), Immigrants to a developing society: The Chinese in Northern Mexico, 1875–1932,*The Journal of Arizona History*,21(3), pp.275-312.

[9]Hu - Dehart, E. (2006).,Opio y control social: culíes en las haciendas

de Perù y Cuba, *Journal of Overseas Chineses Studies*, 1 (2), pp.28-45.

[10]Pastrana, J. J. (1983),*Los chinos en la historia de Cuba, 1847-1930,*Editorial de Ciencias Sociales.

[11]Latour, A. C. (1927),*Apunte histórico de los chinos en Cuba*, Molina.

[12]Luzón, J. L. (1989), Chineros, diplomáticos y hacendados en La Habana colonial. Don Francisco Abellá y Raldiris y su proyecto de inmigración libre a Cuba (1874),*Boletín americanista*, (39-40), pp.143-158.

[13]Meagher, A. J. (1975),*THE INTRODUCTION OF CHINESE LABORERS TO LATIN AMERICA: THE" COOLIE TRADE" ,1847-1874,* University of California, Davis.

[14]Naranjo Orovio, C., & Balboa Navarro, I. (1999), Colonos asiáticos para una economía en expansión: Cuba, 1847-1880.

[15]Ng, R. (2014), The Chinese Commission to Cuba (1874): reexamining international relations in the nineteenth century from a transcultural perspective,*The Journal of Transcultural Studies*,5(2), pp.39-62.

[16]Pérez de La Riva, J. (1966), Demografía de los culíes chinos. 1853-1874. *La Habana Editorial Pablo de la Torriente.*

[17]Pérez de La Riva, J. (1965),*Documentos para la historia de las gentes sin historia: el tráfico de culíes chinos,* Biblioteca Nacional.

[18]Pérez de La Riva, J. (1978), El barracón. Esclavitud y capitalismo en Cuba,*Barcelona: Editorial Crítica.*

[19]Pérez de La Riva, J. (1971), La situación legal del culí en Cuba (1849-1868),*Cahiers du monde hispanique et luso-brésilien*, pp.7-32.

[20]Pérez de La Riva, J. (1976), Para la historia de las gentes sin historia,*Barcelona, Spain: Editorial Ariel,19.*

[21]Yun, L. (2008),*The coolie speaks: Chinese indentured laborers and African slaves in Cuba,* Temple University Press.

[22]陈翰笙主编：《华工出国史料汇编》， 北京：中华书局，1985年。

[23]（清）陈兰彬著：《古巴华工调查录》，上海：上海书店出版社，2014年。

[24][古巴]梅塞德斯·克雷斯波·比利亚特，刘真理译：《华人在蔗糖之国——古巴》，上海：复旦大学出版社，1998年。

[25]李春辉、杨生茂主编：《美洲华侨华人史》，北京：东方出版社，1990年。

[26]（清）谭乾初著：《古巴杂记》，长沙：岳麓书社，2017年。

[27]袁艳：《融入与疏离:华侨华人在古巴 (1847—1970)》，南开大学博士论文，2012年。

[28]张铠：《古巴华工与中古建交始末》，《华侨华人历史研究》，1988年第4期。

域外研究译作 ◀

全球视野中的移民与拉丁美洲的历史形成[①]

何塞·C.莫亚（José Moya）著　师嘉林译[②]

内容提要：本文分析了跨大陆移民采取的各种形式（旧石器时代的首次定居、征服和殖民主义、奴隶制、自由群众运动和商业移民），以及这些移民在接收环境中的相互作用对拉丁美洲的历史形态的塑造。文章揭示了这些互动如何塑造出当今的拉丁美洲：它既是世界上种族最多样化的地区，也是文化最同质的地区；它的犯罪率（凶杀率）最高，但内战和国际战争、大屠杀和其他形式的集体暴力的水平最低；它是世界上社会不平等程度最高的地区，但也存在历史上最平等的地区。

关键词：移民　奴隶制　拉丁美洲　种族和族裔　大西洋世界

移民是一种普遍的现象，在某种程度上也是跨历史的现象。毕竟，它是生物进化的四种机制之一（还有突变、遗传漂变和自然选择），因

①原文题为 "Migration and the historical formation of Latin America in a global perspective"，刊登于《社会学》（*Sociologias*）2018年第20卷。本文系国家社会科学基金项目"美国对波多黎各的治理研究（1952—2012）"（项目编号：20XSS006）的阶段性成果。注释有删减。

②何塞·C.莫亚（José Moya）：美国哥伦比亚大学巴纳德学院历史学教授、拉丁美洲研究中心主任。译者师嘉林为天水师范学院外国语学院副教授、中国美国史研究会会员、中国拉丁美洲史学会会员。

此也是我们这个物种和大多数其他物种出现的一部分。从这个意义上说，它既先于人类历史，也创造了人类历史。在人类历史长河中，移民是一个相对较新的现象，是我们如何从非洲东南部的摇篮——种族和文化多样性的源头——向全球移居，以及我们如何应对生态挑战而不是就地适应的反应。

然而，跨大陆移民在美洲发挥了极其重要的作用。没有任何一个大陆像拉丁美洲一样完全是由来自其他大陆的移民组成的（在拉丁美洲，西半球被认为是像盎格鲁美洲一样的一个大陆而不是两个大陆）。从外表和文化来看，即使是拉丁美洲的土著居民也不是从非洲迁徙而来的智人，而是来自亚洲东北部的移民，其在世界上其他地方有人定居之前就已经迁移到拉丁美洲并定居了很长时间。超过三分之二的拉丁美洲人口是1492年后移民的后裔。如果不包括安第斯山脉中部（玻利维亚、秘鲁和厄瓜多尔）和中美洲（洪都拉斯、危地马拉和墨西哥最南部的四分之一地区），这个数字会上升到78%。除美洲、澳大利亚和新西兰之外，没有任何地方的人口是如此的新。在非洲、亚洲和欧洲，超过94%人口的祖先已经在本地生活了数千年。

在这篇文章中，我将讨论跨大陆移民是如何塑造拉丁美洲的。这篇文章从讨论前哥伦布和殖民时期的移民开始，因为他们塑造了后殖民时期的移民环境。然后，我考察了19世纪中叶从非洲到欧洲的大量移民和过去两个世纪从欧洲来的移民，以及这些移民如何重塑了拉丁美洲。

一、前哥伦布时期的移民和连通性的差距

大约1.5万年前，人类第一次从东北亚来到美洲，比其他大陆晚了3万~7万年。他们的姗姗来迟解释了1492年后欧洲人遇到的美洲印第安人的许多种族特征。由于美洲相比较于其他大陆只有不到几万年的繁衍时间，所以其绝对数量和单位面积的人口数量都比其他地方少得多，其每

平方公里的人口数量比非洲低3倍，比亚洲低6倍，比欧洲低8倍。与欧亚大陆和非洲相比，美洲的人口密度和分布范围都要小得多，其中超过三分之二的人口集中在只占整个西半球9%的美洲中心地带（中美洲和安第斯山脉中部）。人口的低密度和分散加上地理特征抑制了美洲内部人口的流动性和连通性。西半球沿南北轴线的细长形状（与欧亚大陆的东西轴线相比）造成了更大的气候变化，阻碍了驯化动植物的扩散。沿着美洲西部从阿拉斯加到智利的山脉、从内华达州到奇瓦瓦州（Chihuahua）和阿塔卡马巴塔哥尼亚的沙漠、巴拿马地峡的达里安丛林，以及亚马孙的部分地区都为人口的流动和物质文化的交流增添了障碍。①

新世界和旧世界之间的连通性和扩散程度的对比是惊人的。马铃薯、藜麦、美洲驼、豚鼠、青铜、绳索桥和奇普（quipu，一种计数技术）在安第斯中部被驯化或发展，但并没有传播到中美洲或前哥伦布时期美洲以外的任何地方。同样，番茄、火鸡、写作和零的概念也在中美洲被驯化或发展，并留在了那里。另一方面，小麦、大麦、扁豆、亚麻、牛、马、绵羊、山羊、猫、蜜蜂、青铜、铁、字母表和阿拉伯数字在中东被驯化或发展，并传播到整个欧亚大陆。事实上，所有的这些可以解释西班牙为何能够到达美洲并征服印第安人。②

在美洲大陆，美洲中心地区的青铜时代的文化与旧石器时代的文化相毗邻，而且因在流动性、接触和连通性方面存在巨大差距，由此导致美洲与欧亚大陆之间技术发展的鸿沟。在南北美洲之间，在美洲中心地区的两个复杂文化场所之间，在这些场所和半球的其他地方之间，在美洲和世界其他地方之间，包括在1492年之后造成可怕后果的疾病环境之

---

①Moya, José C., "América Latina como categoría histórica en una perspectiva global", Istor: *Revista de Historia Internacional,* No. 67，2017，pp.13-59.

②Moya, José C., América Latina y los flujos transatlánticos: una categoría histórica desde una perspectiva global. In: AZCUE, Concepción Navarro（Ed.）, *Vaivenes del destino: inmigrantes europeos y latinoamericanos en los espacios atlánticos*, Madrid: Ediciones Polifemo，2014，pp.21-38.

间仅存在少量接触甚至相互间没有联系。

美洲中心地区之外人口密度较低，征服后数十年间美洲人口急剧下降，以及征服者军事和技术的优势有助于解释拉丁美洲另一个特有的现象：与其他地区相比，1492年后殖民者对拉丁美洲产生了更加深刻的影响。

二、比较视野下的伊比利亚移民与殖民

伊比利亚殖民主义在美洲的变革能力不仅反映了新世界的鲜明特点，也反映了伊比利亚向新世界移民的特点。在新西班牙和秘鲁的总督统治下，白银带来的财富和机会，以及18世纪巴西黄金和钻石的繁荣吸引了数十万移民。此外，贵金属不仅推动了原产地经济大发展，而且促进了贸易路线沿线经济的增长，为其带来了发展机遇。米纳斯吉拉斯州（Minas Geras）的黄金造就了整个巴西沿海地区的经济黄金时代和葡萄牙移民潮。从墨西哥到西班牙的白银运输使哈瓦那成为美洲的一个主要港口，并推动了当地服务经济的发展，到18世纪，古巴已成为移民的主要目的地。18世纪下半叶，秘鲁通过拉普拉塔河出口白银使阿根廷的国内生产总值和移民率超过了墨西哥和秘鲁。

在1800年以前，由这些驱动因素所引发的自由和自发的移民潮在伊比利亚—美洲以外的地区非常罕见。在其他地方，帝国主义势力竭力引诱臣民迁往殖民地，并依靠各种形式的强迫或半自愿得以完成移民。在1780年之前到达新大陆的60万英国人中，超过三分之二的人是契约仆役，超过6万人是囚犯。[1]1800年以前，除了士兵外，印度只有几千名英

---

[1] Stewart, Hamish M., Convict labour extraction and transportation from Britain and Ireland，1615–1870, DE VITO, Christian；Lichtenstein, Alex（Eds.），*Global convict labour*, Leiden: Brill，2015，pp.168–200；Morgan, Kenneth, *Slavery and servitude in colonial North America*, New York: NYU Press，2001；Jordan, Don, Walsh, Michael, *White cargo: the forgotten history of Britain's white slaves in America*, New York: NYU Press，2008.

国人。法国当局依靠契约仆役和囚犯来维持其在安的列斯群岛的存在。他们将从孤儿院和避难所招募的志愿者、士兵和妇女迁居至魁北克和路易斯安那州。①荷兰人不得不依靠东、西印度公司的水手（其中一半是非荷兰人）、士兵、契约劳工、孤儿和外国人在其殖民地定居。②俄罗斯人不得不依靠强制运输囚犯和农奴来殖民西伯利亚。③葡萄牙人也不得不将孤儿、改造过的妓女和罪犯迁移至他们的非美洲殖民地；④西班牙王室曾将囚犯流放到非洲地区，并试图将定居者和家属送往菲律宾，但收效甚微。⑤

　　相比之下，前往美洲的自愿移民数量较多，西班牙和葡萄牙不必再依赖契约仆役、罪犯和外国人，他们要做的是限制而不是促进移民。⑥西班牙很早就限制移民前往印度，葡萄牙在1720年米纳斯吉拉斯州黄金繁荣期达到顶峰时也开始限制移民。尽管有这些限制，还是有大约90万西班牙人和70万葡萄牙人在殖民时期成功抵达新大陆。此外，与以家庭为基础的向英属北美殖民地移民的运动相比，认为这些人只是单身男性的

---

① Moogk, Peter, Manon's fellow exiles: emigration from France to North America before 1763, CANNY, Nicholas（Ed.）, *Europeans on the move: studies on European migration*, *1500–1800*, New York: Oxford University Press, 1994.

② Kruijtzer, Gijs, European migration in the Dutch sphere, OOSTINDIE, Gert（Ed.）, *Dutch colonialism, migration and cultural heritage*, Leiden: KITLV Press, 2008, pp.97–154; Silva, Filipa R.da, *Dutch and Portuguese in Western Africa: empires, merchants and the Atlantic system*, *1580–1674*, Leida: Brill, 2011, pp.97–118.

③ Lincoln, W.Bruce, *The conquest of a continent: Siberia and the Russians*, Ithaca: Cornell University Press, 2007.

④ Coates, Timothy, *Convicts and orphans.Forced and State-sponsored colonizers in the Portuguese empire*, *1550–1755*, Stanford: Stanford University Press, 2001; Coates, Timothy, *Convict labor in the Portuguese empire*, *1740–1932*: *redefining the empire*, Leiden: Brill, 2014.

⑤ Pike, Ruth, *Penal servitude in early modern Spain*, Madison: University of WisconsinPress, 1983; Lgarde, Agnieska D. de. La formación de la sociedad colonial más peculiar del Imperio español: la emigración europea a Filipinas en la primera mitad del siglo XVII, PhD Dissertation, Universidad Autónoma del Estado de Morelos, México, Facultad de Humanidades, 2008.

⑥ Slicher Van Bath, Bernard H., The absence of white contract labor in Spanish America during the colonial period, In: EMMER, Pieter. C.（Ed.）, *Colonialismand migration: indenture labor before and after slavery*, Dordrecht: Nijhoff, 1986, pp.19–31.

普遍观点源自对征服者的刻板印象和移民群体中多为新英格兰清教徒和宾夕法尼亚贵格会教徒的特殊情况。实际上，在英国和伊比利亚的跨大西洋运动中，女性所占的比例差不多：20%~25%。

这种规模巨大、性别均衡的移民足以使殖民者的文化得以形成和再生产，其变革力量在盎格鲁和魁北克以外的殖民地现代史上是前所未有的。在最初级的层面上，伊比利亚殖民主义改变了美洲的自然生态，其程度在欧洲对亚非世界的殖民史上，或在阿拉伯对北非的殖民史上都是未知的。西半球生物群的变化对人口、经济和社会产生了重大影响。在微观层面上，伴随移民而来的病菌在一场除了中世纪的黑死病和1918年的西班牙大流感外其他任何地方都无法比拟的人口灾难中导致土著居民大量减少。新物种的进入和新技术的引进——从饮食习惯、衣着、命名方式、家庭建筑、工作和休闲到土地利用，特别是广泛的农业、牧场和马术文化的引入——改变了人们日常生活的各个方面。无论是潘帕斯草原的庄园、巴西的农场、印裔美洲人的大庄园，还是非裔美洲人的种植园，一种以大庄园为主导的土地所有制的盛行塑造了拉丁美洲大多数地区的乡村空间和社会关系。商品性农业的发展——无论是出口导向型还是内向型——成为该地区另一个显著的历史特征。文艺复兴时期地中海城市规划中的以广场为中心的棋盘格状城市格局塑造了从智利到墨西哥的城镇布局。伊比利亚法律推行了一种统一的法律（和法制）文化，影响了从婚姻和家庭关系到继承和商业合同的一切事物。罗马天主教作为一套信仰与实践和一种公共机构，对整个地区有着统一和持久的影响。

伊比利亚语在拉丁美洲的推广和应用使得拉丁美洲语言在一定程度上得以保持统一，这使其有别于其他大陆。在西班牙属地中，安达卢西亚（Andalucía）、埃斯特雷马杜拉（Extremadura）和卡斯蒂利亚——而不是整个西班牙——在殖民统治的第一个世纪提供了大多数的移民，塑造和统一了美洲卡斯蒂利亚语。尽管各地方口音存在差异，但拉丁美洲的西班牙语和葡萄牙语没有发展出类似于海地、法属圭亚那或法属新喀里多尼亚的以法语为基础的克里奥尔语；或者是伯利兹、圭亚那和西印度群岛的英国克里奥尔语；再或者是荷属安的列斯群岛的帕皮阿门托语。

比较当前世界范围内殖民语言的饱和度，可以突出伊比利亚人在美洲殖民经历的独特性。超过99%的巴西本土出生人口将葡萄牙语作为第一语言，其他14个美洲西班牙语系国家也是如此。其中这一比例从巴拉圭的70%到玻利维亚、秘鲁和危地马拉的86%~88%，最高的是巴拿马的93%。①相比之下，葡萄牙语实际上已经在亚洲的前殖民地上消失了，同样，在莫桑比克，只有不到6%的人口把葡萄牙语作为第一语言。西班牙语也已经从菲律宾消失，只有14%的赤道几内亚人把它作为第一语言。在南亚和非洲（南非除外）的前英国殖民地和非洲的前法国殖民地中，只有不到1%的人口以英语或法语为第一语言。②在乌兹别克斯坦、土库曼斯坦、塔吉克斯坦、吉尔吉斯斯坦、阿塞拜疆、亚美尼亚和格鲁吉亚，只有不到15%的人口以俄语为第一语言。荷兰语几乎从印度尼西亚消失了，法语也从中东和印度支那消失了。即使在历史最高水平时期，如70%的白俄罗斯人以俄语为第一语言，在拉丁美洲和英法殖民地以外的殖民地中殖民语言的饱和程度仍然相对较低。

在拉丁美洲，殖民语言的使用和西班牙语或葡萄牙克里奥尔语的缺失反映了一个超越语言学的更广泛的现象：新世界中伊比利亚殖民主义的文化广度和深度。它的影响范围从最基本的和自然的到最虚幻的。它在生态、动植物、农业和畜牧业、食品和烹饪、城市空间、公共建筑和家庭建筑、政治、法律、语言、文学、音乐、高级艺术和民间艺术、命

①Ferandez, Francisco M., Roth, Jaime O, Demografía de la lengua Española, Madrid: Instituto Complutense de Estudios Internacionales，2006.

②Crystal, David（Ed.），*The Cambridge encyclopedia of the English language*, Berkeley: Cambridge University Press，2004；Simons, Gary F., Fennig, Charles D.（Eds.），*Ethnologue: languages of the world*, 2nd ed, Dallas: SIL International，2017, Online version：http://www.ethnologue.com.

名模式，以及社会生活的方方面面都有体现。甚至一些被视为典型本土文化代表的拉丁美洲艺术品——如圆顶礼帽、传统的裙子和安第斯地区的小吉他——实际上都是从16世纪的卡斯蒂利亚进口的。事实上，伊比利亚人的文化印记之所以常常变得无形，正是因为它被时间深深埋藏，以至于在大多数观察者看来它是当地的、自然的和土著的。在过去的几十年里，对拉丁美洲印第安人和非洲人组成部分的历史编纂的强调使这种无所不在的和显而易见的因素变得不那么明显。

这模糊了两个至关重要的因素，它将拉丁美洲定义为一个有意义的类别，而非简单的地理相邻。一个是内部的。伊比利亚文化烙印是主要的共同之处，它使在种族组成、经济发展水平和社会结构方面有很大差别的国家和地区都属于同一类别。另一个是外部的。伊比利亚的印记将拉丁美洲与其他所谓的南半球地区区分开来。在亚非世界中，没有哪个地方的欧洲文化传播得如此广泛、渗透得如此之深。

这种变革性的殖民化反映了特定的条件和过程。一个可能是，与大多数其他情况相比，美洲的伊比利亚殖民主义开始得更早，持续得更久（美洲大陆约三个世纪，古巴和波多黎各约四个世纪），但这还不够。阿拉伯入侵者在公元711年进入伊比利亚半岛前几十年就已经征服了马格里布（Maghrib）。与后者不同的是，他们从未被当地的收复失地者驱逐，也没有像拉丁美洲的西班牙人和葡萄牙人那样因本土独立战争而被驱逐。然而，在经历了1300年的阿拉伯人统治和殖民之后，在摩洛哥和阿尔及利亚以阿拉伯语为第一语言的人口比例为60%和70%，甚至低于在拉丁美洲大多数土著国家中以西班牙语为第一语言的人口比例。乌古斯人或穆斯林土耳其人在公元11世纪征服了安纳托利亚。然而，在土耳其统治了一千多年之后，1913—1923年100万亚美尼亚人和50万希腊人遭到种族灭绝，另外200万人被大规模驱逐，15%的人仍然不以土耳其语为母语，不认为自己是土耳其人，并希望以和平或暴力手段脱离土耳其。在

1974年安哥拉独立之时，虽葡萄牙已经殖民安哥拉长达五个世纪，但只有1%的农村人口经常说葡萄牙语。[①]荷兰帝国在印度尼西亚的殖民统治、西班牙在菲律宾的殖民统治，以及阿拉伯人对西班牙的殖民统治都早于伊比利亚在拉丁美洲的殖民统治，且持续时间更长，但他们的长期影响却要小得多。

除了帝国统治的年代和长度之外，还有两个因素可以解释伊比利亚殖民主义在美洲非同寻常的变革能力。首先是征服者和被征服者在技术和物质文化上的差距。美洲内部及美洲与世界其他地区之间缺乏联系是产生这种差距的部分原因，也是造成土著人口因武器和细菌而遭受屠杀的原因。这与阿拉伯入侵者和马格里布的柏柏尔人、土耳其人和安纳托利亚的前突厥人，或英国人、法国人及其在非洲和亚洲的殖民地之间的遭遇截然不同，在这些地方，物质和免疫的差距要小得多，甚至对被征服者有利。伊比利亚人的征服实际上与三千年前南岛人和班图人分别在太平洋和非洲南部的扩张有很大的相似之处，即以牺牲那些对金属知识有限、没有驮畜和轮式车辆及对外界疾病几乎没有免疫力的群体为代价来扩展自身的影响力。

第二个关键的解释是移民的涌入相对密集且持续时间较长，其中女性占重要比例。在许多地区，伊比利亚殖民者和他们的后代代表了大多数人，其中最大的是南美洲的温带地区。但其他地区也有发展，如哥伦比亚的安提奥基亚（Antioquia）和卡尔达斯（Caldas）、哈利斯科州（Jalisco）的洛斯阿尔托（Los Altos）和墨西哥北部的其他地区、哥斯达黎加和波多黎各的中部高地、委内瑞拉的梅里达（Merida）及古巴的西部和中部。在没有发生这种情况的地方，伊比利亚人和他们的后裔所占人口的比例比人们通常认为的要大。

[①]Bender, Gerald J, *Angola under the Portuguese: the myth and the reality*, Berkeley: University of California Press, 1978.

　　拉丁美洲学者经常谴责该地区的种族意识形态并将其最小化或否定，从而掩盖非洲人和土著存在的现象。然而，在美洲，种族类别的构建和感知方式实际上低估并掩盖了欧洲成分。这些结构虽是特别武断和不合逻辑的，但因其已经自然化到一定程度，从而模糊了我们的智力和感知。他们解释了为什么我们可以把奥巴马总统视为黑人、非裔美国人和非白人，而不是白人、欧裔美国人或非黑人，尽管在逻辑上和视觉上这两种选择都是同样有效的，而就奥巴马而言，后者在文化上更接近真理，因为他是由白人母亲和其他家人抚养长大的，一生只见过一次他的非洲父亲。这种武断性在北美次血统观念或"一滴血法则"概念中达到了顶点——其中一个黑人祖先和31个白人祖先使你合法地成为黑人。但在拉丁美洲，逻辑是一样的，毕竟，拉丁美洲首先发展了美洲的种族分类法及其词汇：黑人、穆拉托人、拥有四分之一黑人血统的混血儿、特尔塞隆人，以及众多的表示非白人的地方术语。在整个美洲，这些分类学的出现不仅是像林奈植物学中那样为了分类，而且也是为了排名和排除。因此，白色既是默认值，也是把关者。

　　这就解释了为什么那些有着重要的，甚至是占优势的欧洲血统的混血拉丁美洲人会被视为非白种人并被归类为非白人。一项针对里约热内卢高中学生的研究表明，那些自称为穆拉托人或棕色人种的人的基因组中其祖先来自欧洲的比例为80%，而那些自称为黑人的人的基因组中其祖先来自欧洲的比例为52%。[1]当对其他人进行分类时，会出现类似的结果。根据肤色认定为棕色人的巴西人中，有62%是欧洲人，26%是非洲人。[2]北美学者的看法似乎更加扭曲。仅举一个例子，在美国出版的书籍和文章一直将90%的多米尼加人视为非洲人的后裔，并谴责他们"否认

①Santos, RicardoVentura et al, "Color, race, and genomic ancestry in Brazil", *Current Anthropology*, Vol. 50, No. 6, 2009, pp.787–819.
②Muniz, Yara N.et al, "Genomic ancestry in urban Afro-Brazilians", *Annals of HumanBiology*, Vol. 35, No. 1, 2008, pp.104–111.

自己的DNA、文化和历史中含有非洲成分"。然而，从文化标准、历史和DNA来看，多米尼加人中拉美裔远高于非洲裔，其中52%是欧洲人，40%是非洲人。[①]这不是侥幸。性染色体DNA研究通常显示，在拉丁美洲国家（尤其是通常被视为非白人的国家）的基因组组成中，欧洲成分的比例高于人口普查数据或学术估计。乌拉圭的基因库中欧洲所占比例为84%，阿根廷的这一比例为79%，古巴为72%，哥斯达黎加、波多黎各、委内瑞拉和哥伦比亚为63%，智利为57%，厄瓜多尔为41%，墨西哥为34%，秘鲁为26%，玻利维亚为12%。[②]就像在所有有征服史的地区和劳动力移民程度较低的地区一样，胜利者和到达者的基因组输入不成比例地来自男性一方。拉丁美洲的独特之处在于输入的规模。它远远高于欧洲在非洲和亚洲殖民地的遗传输入，高于阿拉伯殖民者在马格里布的输入，也远远高于土耳其的突厥征服者的遗传输入，后者占该国基因库的13%~15%。[③]只有在英国殖民地和魁北克，殖民者才有更大的人口，从而产生文化影响。

伊比利亚文化对美洲影响力的密度和广度造成了两个重要的后果。其一，它使殖民时期的伊比利亚—大西洋成为社会文化空间，而不仅仅

[①] Estrada-Veras, Juvianee et al, "Medical genetics and genomic medicine in the Dominican Republic", *Molecular Genetics & Genomic Medicine*, Vol.4, No.3, 2016, pp.243–256.

[②] Salzano, Francisco M., Sans, Mónica, "Interethnic admixture and the evolution of Latin American populations", *Genetics and Molecular Biology*, Vol.37, No.1, 2014, pp.151–170; Corach, Daniel et al, "Inferring Continental Ancestry of Argentineans from Autosomal, Y-Chromosomal and Mitochondrial DNA", *Annals of Human Genetics*, Vol.74, No.1, 2010, pp.65–76; Watkins, W.Scott et al, "Genetic analysis of ancestry, admixture and selection in Bolivian and Totonac populations of the New World", *BMC Genetics*, Vol.13, No.39, 2012; Homburger, Julian R. et al. "Genomic insights into the ancestry and demographic history of South America", *PLoS Genet*, Vol.11, No.12, 2015; Hidalgo, Pedro et al, "Genetic admixture estimate in the Uruguayan population", *International Journal of Human Genetics*, Vol. 5, 2005, pp.217–222.

[③] Gomez-Casado, E. et al. "HLA Genes in Arabic-speaking Moroccans: close relatedness to Berbers andIberians", *Tissue Antigens*, Vol.3, 2000, pp.239–249, Hodoglugil, Uğur; MAHLEY, Robert, "Turkish population structure and genetic ancestry reveal relatedness among Eurasian populations", *Annals of Human Genetics*, Vol.76, No.2, 2012, pp.128–141.

是两个帝国的一部分，或西班牙和葡萄牙联合时期（1580—1640年）的一部分，通过回返和循环移民维持大西洋两岸的联系。另一个原因是，它使伊比利亚—大西洋不再作为一个政治单位而是社会文化空间得以继续存在。毕竟，大多数西班牙人和葡萄牙人是在殖民地解放后才来到美洲的。他们来回的迁徙和跨大西洋的家庭联系促进了更大规模的移民和联系。他们继续了美洲的伊比利亚化进程。伊比利亚化的各个种族的土著居民也是如此，他们很多人本身并不是伊比利亚人。事实上，拉丁美洲大部分土著地区的西语化主要发生在后殖民时期，特别是在20世纪随着城市化的发展、内部流动、民族国家的扩大、公共教育和大众传媒的发展得以扩大化。这与安哥拉的情况类似。殖民者离开后，安哥拉的葡语化进程加快，以葡萄牙语为第一语言的当地人口比例从独立时的3%激增到今天的40%。然而，在拉丁美洲大部分地区，强大的伊比利亚—克里奥尔文化在其殖民结束时已经发展起来了，占据了统治地位的伊比利亚文化足以演变成共同的民族文化，并阻止了非伊比利亚殖民移民形成永久的亚文化。

三、非洲奴隶贸易

自1492年至19世纪中叶，共有1200万非洲人横渡大西洋，这一数字是来自欧洲人数的四倍。其中有58%流入拉丁美洲，45%流入巴西，13%流入西班牙美洲。在前一个半世纪（1492—1650年），拉丁美洲共接收了97%的奴隶，盛产白银的西班牙大陆殖民地接收了76%的奴隶，西班牙加勒比地区接受了6%，巴西接受了15%。在接下来的一个半世纪（1650—1800年）里，英国、法国和荷属西印度群岛的甘蔗种植园的繁荣致使伊比利亚的份额减少到36%，流向西班牙殖民地的数量减到原总数的3%，其中巴西几乎占了全部份额。随着海地革命期间圣多明戈制糖经济的崩溃，以及1807年英国废除了奴隶贸易，拉丁美洲再次成为奴隶贸易的主要目的地，占19世纪输入新世界的奴隶数量的88%。

在伊比利亚人统治的第二个时期，奴隶的目的地发生了重大变化。1500—1650年，输入西班牙美洲的奴隶数量与输入葡萄牙美洲的奴隶数量之比是6∶1，而在19世纪，前往西班牙美洲的奴隶数量是前往葡萄牙美洲的奴隶数量的三倍。在巴西境内，奴隶交易的目的地分三个阶段向南移动。在17世纪上半叶，伯南布哥（Pernambuco）接收了超过80%的奴隶。1650—1800年，巴伊亚州（Estado de bahia）占据了主导地位，由此地区输入的奴隶占全巴西的三分之二。[1]在19世纪，因盛产咖啡，里约热内卢获得了类似的份额，后来圣保罗逐渐成为蔗糖的主要生产地并取代东北部成为该国最具经济活力的地区。

在西班牙美洲，目的地的变化同样引人注目。随着拉普拉塔河取代卡塔赫纳（Cartagena）和墨西哥的韦拉克鲁斯河（Veracruz）成为奴隶前往上秘鲁白银区的主要入口，西班牙美洲的贸易路线开始向南移动。正如许多历史学家注意到的那样，与欧洲移民密切相连的布宜诺斯艾利斯和蒙得维的亚是西班牙帝国在美洲大陆最后几十年里的主要的奴隶港口。[2]但这一看似令人大开眼界的说法带有欺骗性，因为西班牙大陆殖民地当时接收的奴隶数量还不到非洲奴隶贸易总量的千分之一，所以称为"主要的奴隶港口"在人口统计学上并没有多大意义。

古巴的崛起更为引人注目。尽管第一批非洲奴隶是1492年随哥伦布来到这里的，但在接下来的两个半世纪里，只有不到6000名奴隶来到古巴，这一数字仅占前往西班牙殖民地奴隶总数的1%，占前往美洲的奴隶总数的千分之一。直到18世纪中叶，作为欧洲的殖民地，古巴与新英格兰或宾夕法尼亚州没有太大区别，只是由于其作为秘鲁与墨西哥和西班

---

[1]Verger, Pierre, *Flux et refluxe la traite des nègres entre le golfe de Bénin et Bahia de Todos os Santos du xvii au xix siècle*, Paris: Mouton，1968.

[2]Borucki, Alex, *From shipmates to soldiers: emerging black identities in the Río de la Plata*, Albuquerque: University of New Mexico Press，2015.

牙之间白银的中转站而更加富裕。由此产生的服务经济使古巴在1800年左右可能成为世界上城市化程度最高的社会，其城市化率超过了当时的英国和荷兰。与16世纪的伊斯帕尼奥拉岛，17世纪的英国、法国和荷属小安的列斯群岛，以及18世纪的牙买加和圣多明戈相比，奴隶的相对缺乏表明当时古巴甘蔗种植园不仅数量较少，而且规模较小。[1]

在18世纪、19世纪之交，一些事件和进程改变了这种状况。海地革命使得圣多明戈这一当时世界上糖产量最高的地区被摧毁。拿破仑战争期间的需求提高了该商品的价格。以矿产量丰富的巴希奥（Bajio）地区为中心的墨西哥独立战争摧毁了大多数矿山，结束了古巴作为美洲大陆和欧洲之间的白银中转站的关键地位。所有这些，加上岛上适宜的高黏土低地以及生产技术革命（炼铁厂、蒸汽机、封闭炉、真空罐和铁路），使古巴在较短的时间内成为世界上主要的糖生产国。到1806年，古巴的糖产量已经超过了牙买加，到了19世纪20年代中期，它已经超过了圣多明戈糖产量的顶峰，到了19世纪中叶，尽管欧洲甜菜糖产量有所增长，但古巴糖产量仍占世界糖总产量的31%。[2]

糖业的繁荣与1790年至1860年中期的跨大西洋浪潮同时发生，这一浪潮为古巴带来了78万名非洲奴隶，这一数字占前往西班牙美洲的奴隶总数的95%，占跨大西洋贩卖人口总数的五分之一。伴随奴隶贸易而来的影响是广泛的，它增加了人口并使其非洲化，它将一个以农民生产、服务和贸易为基础的经济转变为一个混合的但由单一文化种植园复合体驱动的经济，它改变了以往以自由劳动为基础的社会关系，使奴隶制无处不在[3]，它使得古巴的奴隶人口从1760年的4000人增加到19世纪40年代的

①Moya, José C, "Cuba: Immigration and emigration", *The encyclopedia of global human migration*, Oxford: Wiley Blackwell, 2013a.

②Monzote, Reinaldo F, *From rainforest to cane field in Cuba: an environmental history since 1492*, Chapel Hill: University of North Carolina Press, 2008.

③Bergad, Laird, *The comparative histories of slavery in Brazil, Cuba, and the United States*, New York: Cambridge University Press, 2007.

40万人。到40年代末，随着古巴种植园主从尤卡坦州（Yucatán）带来了数百名被奴役的玛雅印第安人，以及接下来三十年从中国广州而来的第一批15万苦力，从而使该岛成为亚洲以外最大的华人聚居地。[①]

奴隶贩运后期数量的激增使古巴和巴西与其他美洲国家区分开来，使其成为19世纪最重要的、社会文化最复杂的奴隶社会。19世纪进入古巴的奴隶约占人口数量的92%。巴西的比例较低，为55%，但仍高于古巴以外的任何地方，里约热内卢和南部的比例明显更高，为78%。在拉丁美洲其他地区，大多数奴隶贸易发生在1650年之前。因此，大多数黑人都是土生土长的土著人，随着奴隶解放进程的加快，他们越来越自由。到19世纪初期，除古巴外，西班牙的美洲殖民地中有十分之八的非洲后裔获得了自由，而在古巴和巴西还不到三分之一。[②]然而，这仍将古巴和巴西置于新世界的中心位置。毕竟，在美国南部、英属和法属西印度群岛的黑人人口中，自由人所占比例只有3%~5%。这使古巴和巴西变得更加复杂，其既不是奴隶社会，也不是只有少数奴隶的自由社会。即使在同一个大家庭中，也可以同时找到种植园的奴隶、独立工作并向主人支付收入的人、刚解放的奴隶、世代居住并获得自由的人，甚至是前奴隶主。

移民潮还使古巴和巴西成为非洲移民社会，这是在美洲的非洲人身份形成历史上的一个反常现象。19世纪，几乎所有的大西洋西部地区都出现了普遍的黑人种族身份认同趋势，其非洲族裔身份认同变得更强、更明确，但古巴和巴西却出现了与此相反的发展趋势。在古巴和巴西，

---

① Yun, Lisa, *The coolie speaks: Chinese indentured laborers and African Slavesin Cuba*, Philadelphia: TempleUniversity Press，2008; Corbitt, Duvon, *A study of the Chinese in Cuba*，*1847-1947*, Wilmore: Ashbury College，1971.

② Klein, Herbert S, *African slavery in Latin America and the Caribbean*, New York: Oxford University Press，1986; Soler, Luis Díaz, *Historia de la esclavitud negra en Puerto Rico*, San Juan: Universidad de Puerto Rico，2005.

宗教、语言、音乐、教派和其他形式的社交不仅由规模较大的约鲁巴人和班图人来定义，而且也被其他非洲族裔所定义。与19世纪美洲的大多数种植园地区不同，古巴和巴西不仅仅是黑人人口相当多的地方。实际上，美国的黑人数量更多，在加勒比的大部分地区，包括中美洲和南美洲北部的大西洋海岸，甚至哥伦比亚、厄瓜多尔和秘鲁的太平洋海岸，黑人占人口的比例更大。古巴和巴西的突出之处在于其在当代非洲移民社会中的地位，包括占流入人口十分之三的妇女，以及由此产生的密集的非洲文化。

诚然，从实际流动、缺乏意志和市场构成来看，奴隶贩运更像是贸易而不是移民。但实际迁移只是移民经历的一小部分，就适应和集体身份形成的较长过程而言，奴隶的经历在多个方面与自由移民的经历具有相似性，这在古巴和巴西最为明显，因为他们是美洲地区非洲大规模移民的最后一个社会。

集体移民和自由移民之间的一个相似之处是，新来者试图建立基于微观起源区域的团结社会网络。在自由网络和集体网络中，大多数网络都是非正式的且很少有记录。在这两种情况下，它们还包括慈善协会形式的机构安排。19世纪30年代在古巴雷格拉镇（Regla）建立的阿巴库阿社团（the Abakua Society）说明了这种反复出现的模式。与犹太移民或其他移民互助社团一样，它不是由一般的族裔群体建立的，而是由特定血统的人建立的，例如来自尼日利亚东南部十字河地区的埃菲克人。正如许多"互助会"一样，它是一个仅限于男性的社团。作为海外华人或许多爱尔兰移民协会的代表，它实际上是一个秘密社团。[1]这一秘密社团，以及古巴和巴西的许多非洲族裔的机构也类似于世界各地的移民互助社团：成员将向一个共同基金捐款，并通过各种旨在防止搭便车的分配机

---

[1]MILLER, Ivor, *Voice of the leopard: African secret societies and Cuba*, Jackson: University Press of Mississippi, 2009.

制获益。在其他情况下，成员资格的标准往往随着时间的推移而扩展，包括来自更广泛的民族语言群体的个人，有时也包括与成员有非族裔联系的其他种族个体。

并非所有的非洲族裔都制定了适应策略。在巴西，占该国非洲人口十分之七的班图人起源于葡萄牙殖民地安哥拉和较低层次上的莫桑比克，他们较早到达巴西，并已经被半葡萄牙化了。[①]这让他们更加熟悉当地的语言、文化和生活方式，也形成了更加深入和广泛的社交网络。尽管在17世纪初因其反抗使得巴西成为当时美洲最大的逃亡奴隶的定居点，但随着时间的推移，逐渐积累的社会资本为其制定和推行适应和谈判的策略而非直接的抵抗提供了便利。相比之下，他们比其他群体更有可能在体制内获得更好的职位（监督员、家庭和城市职业、种植园里更好的工作），也能够在司法系统获得相关职位。相比之下，来自如今尼日利亚的豪萨人和北方约鲁巴人则来得较晚，其来自非葡语化的地区和穆斯林的身份增加了他们的差异性。由于他们与当地社会没有什么渊源，没有几代人的联系，也不了解当地的生活方式，他们对付奴隶制的为数不多的策略之一就是正面反抗。不足为奇的是，19世纪豪萨穆斯林和约鲁巴穆斯林发动了最大规模的奴隶叛乱，但并没有得到班图人及其后裔的任何支持。

与自由移民的适应策略一样，不同的种族适应策略反过来导致了种族刻板印象的形成。马累人（Malé）[②]和班图人构建叙事来解释他们方法的差异。前者将自己定义为勇敢和有原则的人，而谴责班图人的懦

[①]Ferreira, Roquinaldo, *Cross-cultural exchange in the Atlantic World: Angola and Brazil during the era of the slave trade*, New York: Cambridge University Press，2012; Slenes, Robert, *Na senzala uma flor: esperanças e recordações na formação da família escrava: Brasil Sudeste, século XIX*, Rio de Janeiro: Nova Fronteira，1999.

[②]译者注：马累人，主要指约鲁巴穆斯林。该词早期是指马里人的宗教，因为伊斯兰教是由来自马里的穆斯林传教士引入约鲁巴地区（即今天的尼日利亚南部地区）。

弱和顺从。后者认为自己明智有独创性，而认为马累人顽固且迟钝。古巴也出现了类似的刻板印象，作为后来者，约鲁巴人与当地的联系较少，被认为更叛逆。埃斯特班·蒙特乔——一个被记录了生活史的逃亡奴隶——认为"Lucumí（约鲁巴人）和刚果人（班图人）相处得不融洽"。他将前者描述为"最叛逆、最勇敢的奴隶"，而班图人则"一般来说是懦弱的，但却是强壮的工人，他们工作努力而不抱怨（暗示了一种适应策略）。有一种普通的老鼠叫刚果人，它也很懦弱"。[①]

在移民社会中，巴西和古巴在构建种族刻板印象时还表现出另外两个共同因素：倾向于界定移民的身体和表形特征，并在他们之间建立文化等级。在著名的巴西人类学家吉尔伯托·弗雷尔（Gilberto de Mello Freyre）看来，苏丹人（其中包括约鲁巴人、豪萨人和曼丁加人）是世界上最高的人，而南部非洲的人"又矮又胖"。弗雷尔将身高和地位联系在一起，这在此类话语论述中比较常见，接着他将苏丹人描述为不仅在文化和道德上都优于其他非洲奴隶群体，甚至优于当地巴西人和葡萄牙人。[②]这些论点与19世纪末巴西人类学的奠基人之一尼娜·罗德里格斯（Nina Rodrigues）的观点相呼应，他理所当然地认为约鲁巴人和其他北方人在文化上优于班图人，但认为这与既定事实（实际上是历史事实）背道而驰，前者与后者在巴西的数量一样多。然而，采用赋予和混合身体和性格特征的种族刻板印象的倾向并不局限于人类学家和精英，而是跨越了阶级和种族界限。

与美洲自由移民的情况一样，族裔关系随着时间的流逝而趋于下降，并逐渐让位给更广泛的身份认同。从最初与家乡或原籍地区的联系开始，集体身份融合进更广泛的但仍以非洲族裔为基础的群体中，这与

---

①Barnet, Miguel, *Biography of a runaway slave*, Willimantic: Curbstone Press，1994，p.32.
②Freyre, Gilberto, *The masters and the slaves*, Berkeley: University of California Press，1986，p.281.

国家身份相类似。古巴的黑人社会被称为"国家社会"并非偶然。①正如来自新兴国家（例如意大利）的欧洲移民的情况一样，其"国家身份"构造在某种程度上是松散的。Lucumí是古巴对约鲁巴族的称呼，但是，正如一些历史学家所表明的那样，19世纪的非洲并不存在约鲁巴族身份的概念，这一时期的外来语地名是指特定的地方，而不是泛民族的身份。②同时，这些身份并非纯粹的发明，而是融合了移民前的特征、来自美洲其他非洲背景的元素，以及伊比利亚—克里奥尔要素后的创造。随着非洲移民的结束，语言逐渐消失，克里奥尔化的进程也逐渐加快。但非洲民族身份主要以象征形式存在，有时以夸张的自我意识表达形式存在——与20世纪70年代美国白人种族的复兴并无太大不同——有时也是不知不觉的。最近，一名澳大利亚音乐学家在一个古巴社区俱乐部中发现，其成员并不知道他们表演的歌曲和舞蹈来自塞拉利昂的一个村庄。③在这种情况下，就像许多其他已经经过几代的移民一样，我们虽保持了种族的持久性，但却没有民族意识、记忆或身份。

19世纪上半叶，巴西和古巴的种植园奴隶数量激增的最后一个显著特征是：尽管它充满活力，但它从未压倒其他经济和社会结构。与英国和法国的西印度殖民地不同，奴隶在巴西和古巴的人口中从未代表大多数，他们的人口比例在大幅上升后急剧下降（在古巴最极端的情况下，从1774年的26%上升到1827年的最高值41%，1862年又下降到26%）。自由的有色人种农民不仅在奴隶制的急剧到来中幸存下来，而且他们的相对数量和绝对数量在19世纪中期后都有所增加。在接下来的80年里，随

---

①Miller, Ivor, *Voice of the leopard: African secret societies and Cuba*, Jackson: University Press of Mississippi，2009，p.274.

②Doortmont, Michael R., *The invention of the Yorubas: regional and PanAfrican nationalism versus ethnic provincialism*. FARIAS, P. F. de Moraes；Barber, Karin.（Eds.），*Self-assertion and brokerage: early cultural nationalism in West Africa*, Birmingham: University of Birmingham，1990，pp.101−108.

③Christopher, Emma，"Josefa Diago and the origins of Cuba's Gangá traditions"，*Transition*, No.111，2013，pp.133−144.

着数以百万计的欧洲移民的到来，农村和城市的白人工人阶级数量都有所增加。像美国一样，巴西和古巴也是从奴隶制和自由定居社会、压迫和机会主义社会这两个相互矛盾的社会中发展而来的，这一矛盾一直延续至今。

四、后殖民时期的移民

自19世纪上半叶开始，来自后殖民地的移民开始在拉丁美洲移民中占据多数。在此期间，大约有7万欧洲人进入了当时仍是殖民地的古巴。其中一部分来自后殖民地：来自西班牙和法国的难民是因为其本土和法属圣多明戈殖民地政权的崩溃。[1]但大多数人直接来自本土西班牙：加那利群岛的烟农、加利西亚的劳工和加泰罗尼亚的商人等。19世纪下半叶开始，来自宗主国的移民占了流入古巴移民的绝大多数：约43万西班牙士兵被派往古巴以镇压当地的反殖民叛乱。正如古巴历史学家所表明的那样，西班牙军队成为一种移民机制。大约三分之一的士兵要么设法留在古巴，要么在几年后带着家人和同乡返回。[2]

自19世纪中叶至1930年世界大萧条期间来自欧洲的移民是拉丁美洲历史上最大的人口流入（如表1所示）。这一时期的欧洲移民数量占所有到拉丁美洲人口的十分之七，占在此期间离开其本土的所有欧洲人的四分之一。然而，不同区域的人口流动与欧洲其他地区的人口流动不同。澳大利亚、新西兰、加拿大和南非的移民绝大多数来自欧洲西北部，尤其是不列颠群岛。在美国，1880年之前其移民也几乎完全来自欧洲西北部，在整个移民时期有一半以上的移民来自欧洲。在拉丁美洲，人口流入的主要来源地是南欧（如表2所示）。仅意大利就占拉丁美洲所有新移民的

[1]Berenguer, Jorge, *La inmigración francesa en la jurisdicción de Cuba*, Santiago: Editorial Oriente，1979.
[2]Fraginals, Manuel M.; MASÓ, José M., *Guerra, migración y muerte: el ejército español en Cuba como vía migratoria*, Gijón: Ediciones Júcar，1999.

近十分之四，西班牙约占十分之三，葡萄牙约占十分之一。因此，欧洲西南部的两个半岛为其提供了80%左右的移民。然而，来自南欧国家的人口流动严重偏北。

表1 流向拉丁美洲的移民（1492—2015年）

人口流向	数量（人）	占比（%）
从非洲到巴西	3527000	15
从非洲到西班牙美洲	1235000	5
从西班牙到其殖民地	900000	4
从葡萄牙到巴西	700000	3
后殖民时期的亚洲移民	855000	4
后殖民时期的欧洲移民	16820000	70
总数	24037000	100

数据来源：Moya, José C., América Latina y los flujos transatlánticos: una categoría histórica desde una perspectiva global, AZCUE, Concepción Navarro（Ed.），Vaivenes del destino: inmigrantes europeos y latinoamericanos en los espacios atlánticos, Madrid: Ediciones Polifemo，2014，pp.21-38.

表2 拉丁美洲的欧洲移民（1820—1960年）

来源地	数量（人）	占比（%）
意大利	6710000	39.9
西班牙	5380000	32
葡萄牙	1850000	11
德国	470000	2.8
东欧犹太人	420000	2.5
利凡特	410000	2.4
法国	360000	2.1
其他欧洲地区	1220000	7.3
总数	16820000	100

数据来源：Moya, José C., Immigration in Latin America, an online bibliography.OxfordBibliographies，2011，http://www.oxfordbibliographies.com/view/document/obo-9780199766581/obo-9780199766581-0075.xml.

以意大利为例，其北部优势反映了移民抵达的时间。与欧洲在美国比在拉丁美洲更早移民不同，意大利向南美洲大规模移民比向美国移民早很多。在19世纪，意大利流向该地区的移民数量是流向北美的两倍。到1900年，布宜诺斯艾利斯的意大利社区已经超过了北美十大社区的总和；圣保罗、蒙得维的亚和罗萨里奥（Rosario）的意大利人数量超过了除纽约以外的任何一个美国城市。在19世纪的大部分时间里，意大利上层建筑主导了跨大西洋移民，这为拉丁美洲早期的意大利飞地留下了强烈的北方印记。利古里亚（Liguria，热那亚周围的沿海地区）提供了阿根廷城市中唯一最大的特遣队；皮埃蒙特（Piemonte）在巴西的潘帕斯和威尼托扮演了重要角色。在20世纪，意大利南部地区开始增加它在移民中的参与度。意大利北方人在整个拉丁美洲移民期间保持了总体多数，与美国形成鲜明对比的是，美国的意大利南方人占所有意大利移民的五分之四。[①]

来自西班牙北部的移民到达美洲的时间甚至更早。到18世纪，坎塔布连海岸已经取代安达卢西亚和西班牙南部地区成为西属东印度群岛移民的主要来源地。尽管在流向古巴和委内瑞拉的移民中相当一部分来自加那利群岛，但这种趋势在19世纪仍在继续。巴斯克人同拉普拉塔河地区的皮埃蒙特人一样成为伊比利亚人——南美大草原的拓荒者。他们的较早到来和对畜牧活动的关注为他们赢得了足够多的财富和声望，从而使阿根廷的土地寡头主要是巴斯克人这一观点广为传播。在墨西哥和古巴，阿斯图里亚斯人特别多。加泰罗尼亚人遍布整个西班牙美洲。这些所谓的"西班牙犹太人"似乎与节俭的企业家或激进的无政府主义者有着相同的刻板印象。至少陈词滥调的后半部分可能不是一项武断的发明。在欧洲和美洲的无政府主义运动中，加泰罗尼亚人和犹太人是其中

---

①Baily, Samuel L., *Immigrants in the Lands of Promise: Italians in Buenos Aires and New York*，1870–1914, Ithaca: Cornell University Press，1999.

人数最多的族裔群体。①加利西亚人是所有接受国中人数最大的群体，他们的数量和知名度使加利西亚成为拉丁美洲西班牙人的通称，并带有种族风俗幽默的可笑、老套的特征，相当于西班牙裔美国人在巴西讲的葡萄牙语笑话和在美国讲的波兰笑话。②

在殖民后期，葡萄牙移民形成了向北迁移这一趋势。到19世纪初，来自葡萄牙西北角的米尼奥地区（Minho）的移民占了巴西全部移民的一半。大约在1850年，里约热内卢的葡萄牙居民中有三分之一以上出生在米尼奥南部杜罗河地区的波尔图市（Porto）。在葡萄牙，移民主要来源地从米尼奥地区扩展到北部其他地区，到20世纪初，东北部的后山省和南部的贝拉省（Beja）成为主要移民来源地。巴西吸引了葡萄牙约五分之四的移民。但这一北方大陆的优势只代表了向巴西的移民运动。与意大利的情况相似，我们发现通往南美的过境点和通往北美的过境点之间存在鲜明的对比，那里70%的葡萄牙移民来自亚速尔群岛，其余大部分来自马德拉群岛和佛得角群岛。③

在拉丁美洲的欧洲移民中，其余五分之一并非来自意大利和伊比利亚半岛，这一人数接近300万。日耳曼人是其中最大的单一群体。1930年，一位德国地理学家估计他在拉丁美洲的日耳曼同族有200万人。法国很早就加入移民队伍，并在19世纪占到了欧洲移民数量的十分之一，但其参与程度在1900年后大幅下降。来自东欧的移民数量较多，但因该区域政治的多民族性、边界的不断变化，以及由此而来的国籍的不断变化，因而具有较高的识别难度。例如，一战后阿根廷记录有18万波兰人

①Moya, José C., "The positive side of stereotypes: Jewish anarchists in earlytwentieth-century Buenos Aires", *Jewish History*, Vol.18, No.1, 2004, pp.19-48.

②Moya, José C., Spanish immigration in Cuba and Argentina. BAILY, Samuel L.; MIGUEZ, Eduardo J.（Eds.）, "Mass migration to modern Latin America", Wilmington: *Scholarly Resources*, 2003.

③Moya, José C., A emigración azoriana e galega: unha perspectiva comparada. RODRÍGUEZ, Alberto Pena et al.（Eds.）, *Emigración e exilio dos Estados Unidos de América: experiencias de Galiciae Azores*, Santiago de Compostela: Consello da Cultura Galega, 2015b.

和4.8万南斯拉夫人入境，而在此之前则没有任何记录。在阿根廷的入境记录中，波兰人和南斯拉夫人则被简单地包括在17.7万名"俄罗斯人"和11.1万名奥匈帝国人之中。在19世纪90年代早期，"巴西热"将数千名波兰农民带到巴西，一位美国地理学家估计，1930年有24万"斯拉夫人"居住在巴西南部的三个州。犹太人在东欧移民中占了很大比例，以至于俄语和极少见的波兰语成为南美洲犹太人的通用语言。

其他欧洲移民则来自全球各地。英布战争后，南非白人难民离开南非，定居在巴塔哥尼亚和墨西哥（人数较少）。在20世纪的前20年里，大约有5万人（其中许多是欧洲裔）离开美国和加拿大前往古巴，其中包括建立了80个农业殖民地的农村移民。南部联盟在美国内战中战败后，有8000~10000名美国南方人移居到了墨西哥和巴西。

来到拉丁美洲的34万中东人（其中175000人到阿根廷，95000人到巴西，70000人到拉美其他地区）因其持有土耳其护照，故而是以土耳其人的身份进入拉美。但实际上很少有人是土耳其人甚至是穆斯林，其中绝大多数是奥斯曼帝国及其继承国的宗教少数派成员。这些来自君士坦丁堡、塞萨洛尼基（Thessaloníki）和北非的西班牙和葡萄牙犹太人的后裔与来自阿勒颇（Halab）和利凡特（Levante）及其他城镇的阿拉伯犹太人移民到了拉普拉塔河地区、巴西、古巴和墨西哥。拉美的亚美尼亚人来自不同的国家，他们在跨越大西洋之前已经分散在中东各地。当前，阿根廷的亚美尼亚人口（13万）排名世界第九，这些人主要来自土耳其东南海岸的奇里乞亚地区，他们在1909年的阿达纳大屠杀之后来到阿根廷。巴西和乌拉圭拥有拉美地区两个最大的亚美尼亚社区，分别有40000名和19000名亚美尼亚人。伯利恒（Bethlehem）和其他几个基督教城镇的巴勒斯坦人主要去了智利，那里是除中东以外巴勒斯坦人最集中的地区。洪都拉斯和萨尔瓦多的巴勒斯坦人占全国人口的2%。叙利亚—黎巴嫩人，主要是来自黎巴嫩的基督教马龙派教徒，大量迁移到南美典型的移民国家，特别是巴西，形成了世界上最大的黎巴嫩社区。[1]但是他们找到了通往西半球每一个国家的途径。即使是在传统的东道国，他们也搬到很少有欧洲新移民定居的地区，如阿根廷西北部的安第斯山脉和巴西东北部。

除中东之外，大约58万亚洲人在第二次世界大战前来到了拉丁美洲，其中十分之六是中国人，主要移居到了古巴、秘鲁和墨西哥北部。由于中国移民中男性合同工占绝大多数，定居的中国社区仍然相对较小。日本移民时间较晚，但多以家庭群体形式移民，因此，尽管他们的人数较少，但其日本社区扩展较快。巴西的日本人口约为200万，这使该国成为除日本本土以外的日本裔人口最多的地区。

与非洲奴隶贩运一样，欧洲移民前往所有拉丁美洲国家且移民高度集中（如表3所示）。大约85%移民集中在从圣保罗到拉普拉塔河和潘帕斯大草原的南美洲温带地区。这反映了一个全球生态过程。欧洲人口外流是世界历史上最大的人口迁移：从地球上人口最稠密的温带地区转移到人口最稀少的温带地区。超过十分之九的人迁徙到这些"新欧洲"——北美洲北部、南美洲南部、澳大利亚和中亚北部——气候和生态与欧洲相似的地方，但人口稀少，1800年这些地区的土著人口总数比瑞士或伦敦的人口要少。[2]事实上，热带地区唯一接纳大量欧洲人的地方是拉丁美洲的古巴和巴西中部。

表 3　欧洲移民到拉丁美洲的目的地（1850—1930 年）

国家	数量（人）	占比（％）
阿根廷	6501000	47.9
巴西	4361000	32.1
古巴	1394000	10.3

---

[1]Truzzi, Oswaldo, *Patrícios: sírios e libaneses em São Paulo*, São Paulo: Editora Unesp，2008.

[2]Moya, José C., MCKEOWN, Adam, *World migration in the long twentieth century*, Washington DC: American Historical Association，2011.

国家	数量（人）	占比（%）
乌拉圭	713000	5.3
墨西哥	270000	2
智利	90000	0.7
委内瑞拉	70000	0.5
波多黎各	62000	0.5
秘鲁	35000	0.3
巴拉圭	21000	0.2
其他	50000	0.4
总数	13567000	100

数据来源：Moya, José C. América Latina y los flujos transatlánticos: una categoría histórica desde una perspectiva global. In: AZCUE, Concepción Navarro（Ed.）. Vaivenes del destino: inmigrantes europeos y latinoamericanos en los espacios atlánticos. Madrid: Ediciones Polifemo，2014，p.46.

五、欧洲移民与"大逆转"

欧洲移民的到来改变了西半球的社会经济地位。1800年以前，殖民地是建立在当地劳动力与贵金属的结合，或者非洲奴隶制度与热带经济作物的结合之上。萨卡特卡斯（Zacatecas）和波托西（Potosí）的白银使墨西哥和秘鲁成为西班牙帝国璀璨的星辰。糖和奴隶制使圣多明戈和巴巴多斯成为当时世界上最富有的殖民地之一，对法国和英国来说，它们的价值比魁北克或未来的美国都高出许多倍。①就生产的规模、效率和市场导向而言，1800年左右的墨西哥巴希奥地区的采矿联合企业和西印度群岛的种植园是美洲最早的现代经济体。一个世纪后，欧洲殖民地的工厂

---

①Dupuy, Alex，"French merchant capital and slavery in Saint-Domingue.*Latin American Perspectives*"，Vol.12，No.3，1985，pp.77–102；Eltis David，"The total product of Barbados，1664–1701"，*The Journal of Economic History*，Vol.55，No.2，1995，pp.321–338.

和商业农场也开始步入经济现代化建设进程。自由移民及其伴随的现代化进程使西半球最贫穷的殖民地一跃成为当时世界上最富裕的国家。

国家内部也发生了类似的变化。19世纪，阿根廷的经济中心从秘鲁银矿开采地区的西北部或安第斯地区转移到了东部沿海地区。18世纪，巴西的经济中心开始从伯南布哥和巴伊亚的种植园向南转移至米纳斯吉拉斯州的金矿和钻石矿，一个世纪后转移到圣保罗和巴西南部这些以往的边缘地带。在美国，这种转变发生在另一个地理方向上——从南部到东北部，但彼此具有相同的社会轨迹，即从一个奴隶制和种植园地区到商业农场、工厂和移民地区。①

美洲城市中心分布的变化说明了这一总体逆转。在1800年以前，美洲50个最大的城市中有46个，包括10个最大的城市，都分布在构成殖民核心的白银/土著劳工或种植园/非洲奴隶复合体中。到1910年，美洲最大的11个城市和前100个城市中的81个是欧裔美洲人建立的。城市化程度最高的5个国家（依次是乌拉圭、古巴、阿根廷、美国和加拿大）是欧洲移民占人口比例最高的国家。就现代性而言，无论其定义如何，都始终是城市空间的一部分，可以说，西半球的现代生活场所在19世纪从印裔/混血儿和非裔美洲人的殖民核心地区转移到欧裔美洲人的生活地区，主要在西半球的温带末端和社会经济边缘地区，包括古巴。事实上，只有持美国中心主义的盲目者才会掩盖这样一个事实：在1800年之前，美洲现代化地区不是在波士顿或费城，而是在瓜纳华托（Guanajuato）和萨尔瓦多（在生产技术和市场导向方面）或墨西哥城和利马（在书籍、剧院、建筑、音乐和其他文化产品方面）。只有对另类现代化的最模棱两可的定义才能掩盖它在19世纪才转移到纽约、芝加哥、布宜诺斯艾利斯、蒙得维的亚和圣保罗等地的事实。

---

① Moya, José C., "A Continent of immigrants: postcolonial shifts in the Western hemisphere", *Hispanic American Historical Review*, Vol.86, No.1, 2006, pp.1-28.

现代化不仅在空间上发生了变化，而且在其内容上也发生了变化。在经济上——在美洲欧洲移民的新地区——转变为一种资本主义制度，这种制度不仅在交换和商业化方面（就像在旧殖民地的核心地区一样），而且在社会生产关系方面也是资本主义的，其基础是自由劳动，而不是奴隶制和半债役安排。这里的经济增长与社会福利有更强的联系。欧洲移民地区发展出了拉丁美洲最大和最强的劳工运动，也是世界上最强大的劳工运动之一。他们拥有最高的营养水平、最高的预期寿命和最低的死亡率，公民参与互助会和其他自愿组织的程度，以及参与银行和储蓄的程度最高。他们也有最早和最具包容性的政治参与形式，最高的识字率，印刷材料的占有率、戏剧表演、体育俱乐部活动及其他文化产品的人均参与水平最高。

这些代表了拉丁美洲最早的大众社会。与拉丁美洲其他地区相比，这里的经济和社会文化资源更丰富，分配也更平等，事实上也比大多数欧洲国家多得多。到20世纪20年代，阿根廷和乌拉圭的实际工资已经超过了除英国和瑞士之外的所有欧洲国家。用水量和住房拥有率高于旧世界任何国家。不论其种族出身如何，移民的孩子平均比他们在欧洲出生的父母高2英寸[①]。高水平的大众消费反过来促进了新大陆人均出口最高地区的国内市场的早期发展。[②]

移民带来的影响在从巴塔哥尼亚到圣保罗的南美洲温带地区随处可见，也是世界上人口影响最大的地区。例如，19世纪末，移民占乌拉圭人口的35%，第一次世界大战前夕占阿根廷人口的30%，而同期澳大利亚和美国的移民分别为总人口的20%和15%。在南美洲温带地区，新移民及其后代占总人口的80%以上。考虑到他们的人口比重，他们在塑造该地区的流行文化方面也产生了巨大的影响。他们使肉食类饮食多样化，把意大利

---

①1英寸=2.54厘米。

②Moya, José C., "A Continent of immigrants: postcolonial shifts in the Western hemisphere", *Hispanic American Historical Review*, Vol.86, No.1, 2006, pp.1-28.

面食和葡萄酒等食品变为国家主食。他们引进了各种体育和休闲活动，如地掷球、巴斯克回力球、马球、足球和歌舞剧。到20世纪初，布宜诺斯艾利斯和蒙得维的亚与伦敦一样拥有世界上最多的足球俱乐部和体育场馆。①南美洲在有史以来举办的20届世界杯足球赛中赢得了9次。移民也引进了乐器和表演方式，并塑造了一种新的舞蹈样式——探戈。他们虽没有改变民族语言语法的权力，但他们拥有可改变其语音的足够多的人口数量，这就是拉普拉塔河地区的西班牙语听起来像意大利语的原因。

与非洲移民一样，对移民前文化的保护也因环境而异。那些定居在相对偏远的农村殖民地的人——如巴塔哥尼亚和潘帕斯的威尔士人或伏尔加德意志人以及巴西南部的德国人——能够比那些定居在城市或郊区的人更长时间保存他们的语言和生活方式。第二次世界大战后，大量欧洲移民抵达其殖民地，重新激活了与原籍国和移民前身份的联系。对"拉丁"文化具有优越感的群体——主要是北欧人——往往比南欧人更能保持更长时间的独立的身份。随着时间的推移，国家财富和声望也产生了影响。在大多数的大规模移民期间，移民接受国被认为比大多数输出国更现代化和先进。移民的子女往往对他们的出身感到羞愧，并希望认同这个新国家。过去几十年（至少在2008年大萧条之前），南欧国家的经济和文化声望不断提高，人们对其移民起源的认同随之增加。其中一些纯粹是功利主义的（获得欧盟护照和出于经济原因迁移到那里），但也有象征民族复兴的元素。

然而，根据全球标准，拉丁美洲国家移民的特殊之处并不是移民前文化、习惯和身份的持续存在，而是其清除这些特征的速度和彻底性。全世界的移民，从东非的阿拉伯人、古吉拉特邦人、西非的伊博斯人、黎巴嫩人到哈萨克斯坦的伏尔加德意志人、马来西亚的华人，即使在没

---

①Rein, Raanan, *Fútbol, Jews, and the making of Argentina*, Stanford: Stanford University Press，2015.

有再领土化的情况下，也会在几代人甚至几个世纪里保持其独立的身份和社区结构。他们的种族身份不仅影响其风俗习惯、举止和家庭行为，而且几乎决定了他们言语和饮食、生活地点、谋生方式、交往和结婚，以及他们私人和公共生活的各个方面。

与这种程度的分离和连续性相比，拉丁美洲的民族持久性似乎不那么重要了，尤其是在第三代之后。在语言上，这些东道主社会已被证明是粉碎者。会说祖先语言的第三代移民少之又少，能流利地说祖先语言的人更是少之又少。意第绪语作为一种中欧和东欧的少数民族语言已经存在了一千年，但在阿根廷、乌拉圭和巴西仅存在了三代人就消失了。[1]异族通婚的比率非常高，即使在跨越大西洋之前就已经是少数民族和高度内婚制的群体中也是如此。在阿根廷、乌拉圭、巴西和美国，超过一半的犹太人选择与其群体之外的其他民族的人结婚，达到了该群体历史上前所未有的水平。1930年左右，犹太人群体在东欧、北非和中东的外婚率低于2%，今天，在澳大利亚、加拿大和新西兰等其他散居地点这一比例低于35%，而南非低于25%。[2]按照国际标准，居住和职业隔离从来没有达到过很高的水平，而且已经基本消失了。[3]

这种同化力量反映在拉丁美洲与西半球其他国家共有的公民观念中。在新世界的38个国家中，除两个国家外，所有国家都将公民身份作为一项与生俱来的权利（出生地原则），这是一种包容性的公民身份形式，允许任何出生在本国的人成为其国民而不论其血统如何。这与世界

---

[1]Moya, José C., The Jewish experience in Argentina in a diasporicperspective, BRODSKY, Adriana；REIN, Raanan（Eds.）, *The New Jewish Argentina*, Leiden: Brill，2013b, pp.7–29.

[2]Erdei, Ezequiel, Choosing each other: exogamy in the Jewish community of Buenos Aires, Oxford: JDC International Centre for Community Development，2014, http://www.jdc-iccd.org/en/article/64/choosing-each-otherexogamy-in-the-jewish-community-of-buenos-aires；Reinharz, Shulamit, Dellapergola, Sergio (Eds.), Jewish intermarriage around the world, New Brunswick: Transaction Books，2009.

[3]Moya, José C., *Cousins and strangers: Spanish immigrants in Buenos Aires*，*1850–1930*, Berkeley: University of California Press，1998，pp.180–188.

其他国家形成鲜明对比，在156个国家中只有11个国家坚持出生地原则，其他国家根据"血统"（血统原则）而不是出生地授予其公民身份。

相对而言，欧洲移民在与当地融合的过程中并没有出现暴力活动。移民及其后裔太多以至于无法集中在阶级金字塔的底部或顶部抑制了仇外心理与阶级怨恨或歧视的融合，这在欧洲、非洲和亚洲是很普遍的。资源与劳动力的高比率和新欧洲的特殊经济扩张减轻了政府对稀缺资源的竞争，加之普遍存在基于普遍原则而非群体权利的法律制度，以及各国相对稳定的公共机构更是减轻了族裔间暴力。事实证明，美洲最残酷的反移民事件不是发生在欧洲移民国家，而是发生在多米尼加共和国——1937年约有12000名海地人被屠杀，以及墨西哥科阿韦拉州（Coahuila）和索诺拉州（Sonora）——墨西哥革命期间有400名中国人被杀害。此外，低水平的暴力包括犯罪和谋杀。在19世纪和20世纪初接受大规模欧洲移民的国家和地区——阿根廷、乌拉圭和古巴——的凶杀率是当今拉丁美洲的平均水平的四分之一，是凶杀率最高国家的二十八分之一。

与美国一样，后来的国内和国际非白人移民将早期欧洲移民及其后代赶出了最低的社会经济和职业阶层。来自安第斯、阿根廷和邻国的混血儿，以及来自东北部的非裔巴西人不仅抵达较晚，其本身就处于不利地位；他们抵达时缺少城市生存技能，在20世纪20年代之后，经济活跃度和开放程度开始下降。此外，他们不得不与其他移民竞争，而不仅仅与在城市出生的子女竞争，他们通过从雇用同族人到隐蔽或公开的种族歧视等机制将有色人种移民排除在外。

这种人口变化产生了明显的社会文化和话语的变化。在20世纪30年代之前，巴西南部和阿根廷沿海地区的大多数种族仇视与种族主义言论和歧视都是针对构成工人阶级和穷人大部分的欧洲最新移民。随着有色人种的增多，他们开始代替处于下层社会结构中的欧洲移民，种族恐惧症的方向也开始发生变化。黑人逐渐代替移民成为贫穷、社会病态和危险的代表。即使在移民是混血儿而不是非洲后裔的阿根廷东部地区，他们也经常被称为黑人或黑头。与巴西其他地区相比，巴西南部的种族范畴变得更加双重化，字面上更加黑白分明。在这些地区和阿根廷东部，于欧洲移民后裔而言，"黑人"越来越成为"永久他人"。①

在移民相对较少的国家，移民产生的影响虽不是多方面的，但对当地经济产生了显著的影响。20世纪初，占危地马拉人口少数的德国农民生产了全国三分之一以上的咖啡。②在洪都拉斯，巴勒斯坦基督徒占全国人口的不到2%，但在20世纪20年代已经拥有圣佩德罗苏拉（San Pedro Sula）一半以上的企业，即使在当今也拥有该国工业和商业机构的多数。③厄瓜多尔的黎巴嫩人也是如此。那些可追溯到少数马龙派村庄的人被选入了许多地方和国家办事处（包括副总统和两位主席），以致政治对手抱怨"厄瓜多尔的贝都因化"。④在墨西哥的欧洲移民占人口不到1%，但在该国的经济和工业化中发挥了主导作用。

事实上，在拉丁美洲和加勒比的所有其他国家中移民并不是一个普遍现象。移民及其后代——即使他们以卑微的小贩的身份抵达这里——占据了具有文化优越感的特权阶级地位。这种情况与诸如东南亚的华人、东非的印度人和西非的黎巴嫩人等所谓的"中间人少数民族"的经历相似，而不同于美洲移民国家的经历。然而，即使在这些移民数量有限的拉丁美洲国家中，移民后裔与土著居民之间的分歧也从未像亚洲和非洲那样尖锐和紧张，这在很大程度上是因为欧洲后裔（西班牙—克里奥尔人）在当地中上层阶级中的存在使得新来者不那么明显。

---

①Moya, José C., "Immigration, development, and assimilation in the United States in a globalperspective，1850–1930", *Studia Migracyjne*, Warsaw, Vol.35, No.3, 2009, pp.89–104.

②Wagner, Regina, Los alemanes en Guatemala, 1828–1944. Guatemala: Editorial IDEA, 1991.

③Gonzalez, Nancie L. S., *Dollar, dove, and eagle: one hundred years of Palestinian migration to Honduras*, Ann Arbor: University of Michigan Press, 1992.

④Roberts, Lois J., *The Lebanese immigrants in Ecuador: a history of emerging leadership*, Boulder: Westview Press, 2000.

19世纪欧洲移民在西半球造成的社会经济区域地位的逆转产生了持久影响。尽管自20世纪60年代以来拉普拉塔河地区国家的经济表现参差不齐，但在过去的一个世纪中，拉丁美洲社会发展指标的排名显示出很大的连续性。在1990年那些因移民而已经成为城市和社会发展最快的国家或地区（阿根廷东部、乌拉圭、巴西南部、古巴和智利）至今仍是如此。在识字率、预期寿命、婴儿死亡率、营养和其他社会福利指标方面，他们的排名仍更接近欧洲国家（如波兰等中、东欧国家），而不是较贫穷的拉丁美洲国家。"大逆转"加剧了拉丁美洲国家之间的不平等，这种不平等大于后者与发达的西方国家之间的不平等。如今，法国的人均GDP是阿根廷、乌拉圭、智利和巴西南部的1.7倍，但这些国家的人均GDP却比贫穷的西裔美洲国家（洪都拉斯、尼加拉瓜、危地马拉、萨尔瓦多、玻利维亚、巴拉圭）高3~5倍，是海地的13倍。

通过这篇文章，我希望能证明跨大陆移民——他们采取的各种形式（旧石器时代的首次定居、征服和殖民主义、奴隶制、自由群众运动和商业移民），以及他们在接收环境中的互动方式——代表了拉丁美洲历史形成的中心进程。这一过程解释了为什么美洲是世界上最多元种族的地区。由于这种多元种族现象是由权力悬殊的结构所体现出来的，这也解释了为什么在拉丁美洲那些征服和奴隶制占主导地位的地区的社会不平等程度是世界上最高的，以及为什么以自由移民为基础的新定居区在历史上存在最平等的社会结构和最高水平的社会向上流动率。在文化形成方面，晚期稀少的土著居民定居点与实际殖民主义（即移民和定居）水平极高的伊比利亚帝国主义相结合，形成了比大多数其他地方文化更具有同质性的殖民社会。语言、宗教和宗派多样性的相对缺乏使得后殖民共和国更容易构建本民族文化，按照国际标准，后来的移民能更快地融入这种文化之中并被同化。这反过来解释了两个明显的悖论：世界上最多元种族的地区同时也是文化最不多元的地区；种族不平等最严重的地区也是种族和宗派分裂、暴力和种族灭绝程度最低的地区。

作为研究对象而存在的"拉丁美洲"
——"拉美"的迷思及八项研究建议

瓦尔多·安萨尔迪(Waldo Ansaldi)[①] 著　林瑶译

内容提要：在社会科学领域，拉丁美洲是否存在是作为一个研究问题和一个可研究的对象而存在的。本文首先假设拉丁美洲是存在的，尽管该假设与20世纪90年代以来产生过一定影响的命题截然相反。其次，鉴于拉丁美洲地区在结构上的异质性这一特点，借用费尔南德·布罗代尔(Fernand Braudel)的社会隐喻，即将拉丁美洲存在与否的认知视作一只令人难以捉摸的野兔，本文主张，研究者应当采取多样化的策略，同时应当从前哥伦布时期、征服和殖民统治时期与拉丁美洲独立及以后三个主要时期来思考拉丁美洲的存在。最后，本文从认识论、方法论、理论概念和技术等维度，提出了理解拉丁美洲存在的八项建议：（1）把拉丁美洲作为一个问题来分析；（2）回到整体原则；（3）回到社会经济形态的范畴；（4）通过跨学科与理论相结合的方式，对拉丁美洲社会进行解释；（5）注意类别的可译性；（6）把拉丁美洲视为西方资本主义形成和发展的关键；（7）回到主体作为历史创造者的地位；（8）运

---

①瓦尔多·安萨尔迪(Waldo Ansaldi)：布宜诺斯艾利斯大学社会科学学院拉丁美洲和加勒比研究所、科尔多瓦国立大学社会科学学院、拉美社会研究博士学位的学术协调员。译者林瑶为西南科技大学拉美研究中心讲师。

用比较法。

关键词：拉丁美洲　存在　三个时期　异质性　研究建议

一、拉丁美洲存在吗

1948年，阿根廷哲学家方启迪（Risieri Frondizi）提出：伊比利亚美洲哲学是否存在？在此观点出现之前，秘鲁人路易斯·阿尔贝托·桑切斯（Luis Alberto Sánchez）在1945年曾提出：拉丁美洲是否存在？这个问题看似荒唐，但显而易见它并非尽人皆知。但这是一个值得严谨审视考察的问题。关于拉丁美洲是否存在这一问题的提出，是将拉丁美洲作为一个理论问题而提出的。这不仅仅是关于存在和命名的问题。正如墨西哥艾琳·桑切斯·拉莫斯（Irene Sánchez Ramos）和拉奎尔·索萨·埃利扎加（Raquel Sosa Elízaga）指出的那样，有必要明确地将其视为研究问题，以便从理论上阐明对其展开研究的意义。[1]

拉丁美洲存在吗？尽管拉美国家之间存在着巨大的差异，但是作者桑切斯仍对其进行了肯定的回答。[2]就像其著作《拉丁美洲存在吗？》一书副标题所说的那样，拉丁美洲地区拥有神秘的历史，它从充满活力的拉丁美洲构想中追求自己的政治和文化目标，不同于一般情况，桑切斯对未来的关注多于对过去的关注。[3]75年之后，虽然作者的许多立场已经过时，但是书中的某些观点仍是正确的：各国间的巨大差异不仅不阻碍

---

[1] Sánchez Ramos, Irene y Sosa Elizaga, Raquel, coordinadoras (2004), *América Latina: los desafíos del pensamiento crítico*, México DF: Siglo XXI Editores.

[2] 桑切斯还是《美洲通史》（*Historia General de América*）、《美洲文学比较史》（*Historia Comparada de Literaturas Americanas*）和《拉丁美洲存在吗？》（*¿Existe América Latina?*）的作者。

[3] 译注：这本书的完整标题为：*Existe America Latina? Examen spectral de America Latina: Civilizacion y Cultura, Esencia de la Tradicion Ataque y Defensa del Mestizo*. 可译为《拉丁美洲存在吗? 拉丁美洲的谱系检视：梅斯蒂索人的文明和文化，传统的本质，攻击和防御》。

拉美地区的统一，而且还应被视为有利于团结。对于桑切斯而言，拉美地区建立在两种张力基础之上：一方面是它们对统一的强烈要求，另一方面是他们在现实中无可争辩的异质性。

桑切斯关注拉丁美洲未来而不是其过去的这一观点，在20年后被巴西达西·里贝罗（Darcy Ribeiro）重新提出，他认为拉丁美洲是一个与众不同且始终如一的社会文化实体，将拉美地区身份定义为共同形成进程的产物，这一进程最终可能在未来导致"拉丁美洲国家成为一个一体化的社会政治实体"。阿根廷人曼努埃尔·乌加特（Manuel Ugarte）在20世纪初主张拉美统一，他认为有利于拉美统一的三个因素包括：过去共同的货币比索、争取独立的历史和"拉丁裔"的身份，其中前两者是过去存在的，最后一个还存有争议。但是这种说法没有否定乌加特所持有的拉美统一的立场。

对秘鲁人桑切斯和巴西人里贝罗而言，把重点放在未来，即放在计划和使命上，并不意味着蔑视历史。双方都认为拉丁美洲尚未一体化，但可以一体化。对一个人来说，思考未来并不意味着逃离现在。严格来说，正如尼加拉瓜人卡洛斯·图纳曼·伯恩海姆（Carlos Tünnermann Bernheim）所写的那样："只有在我们过去的基础上，而不否认任何过去，我们才能用现在的材料建构我们的未来。日复一日地建构它，而不仅仅是简单地等待。否认过去就是否认自己。没有过去，我们将不再是我们真正的样子，也不会变得与众不同。"[1]

对于一些人来说，拉丁美洲的存在并不是毫无疑问的。事实上，在20世纪80年代，尤其是90年代，有不少人对拉丁美洲的存在提出过质疑。他们认为拉丁美洲作为一个整体是不存在的，因为拉丁美洲国家之

---

[1]Tünnermann Bernheim, Carlos (2007), "América Latina: identidad y diversidad cultural. Elaporte de las universidades al proceso integracionista", enPolis. Revista Latinoamericana, N° 18. Disponible en línea en https://journals.openedition.org/polis/4122.

间存在着巨大的差异性，比如：拉丁美洲各国在经济、社会、政治和文化上显示出结构上的异质性，使拉丁美洲不能被视为一个整体来分析。

如果肯定拉丁美洲存在，那么就会随之出现第二个问题：如何理解拉丁美洲存在？或者说，如何从理论上解释这一问题？这是一个关键问题：从理论上解决问题，即从明确的科学意图来承担这项任务。如果要使社会现实知识科学化，那么理论是必不可少的。没有理论，就没有社会科学，真理是很难被人遗忘的，尤其是在历史学科中。理论允许人们能够超越叙述，提供一种解释，而这一解释可能会受到另一种解释的挑战。比较解释有助于更好地理解理论，因为新的理论可以提供更多和/或更好的知识，或者如前所述，可以提供不同的解释。

伟大的法国历史学家吕西安·费弗尔（Lucien Febvre）是亨利·比尔（Henri Beer）的强烈反对者，因为亨利及其追随者缺乏任何批判的观点，仅限于事实，而且将文献学和史学视为所谓的科学。与这种观点相反，费弗尔声称思想和理论是必需的。他认为这是科学知识存在的先决条件。人类是历史的主体和史学的对象，是自然的存在，同时也是自然的一部分。因此,人类的行为需要解释，也就是理解和思考。这就是为什么理论是必要的。它允许对科学知识这一关键问题给出一些答案。艾格尼丝·海勒（Agnes Heller）写道，所有社会理论都是对意义的追求，意义不是固有的，而是一种探索。[1]

现在，理论的产生在时间上具有历史性的建构。因此，即使理论不消失，也很容易被修改。没有一种理论，尤其是社会理论，是永恒不变的。理论、范畴和概念的历史性是一种不可遗忘的模式，除非想把它变成一种像《塔木德》（*Talmud*）这样的结构。因此，它更多地属于宗教领域，而不是科学领域。在这方面，最好记住安东尼奥·葛兰西

---

[1]Heller, Agnes (1984), *Teoría de la historia*, México: Editorial Fontamara. (Edición mexicana; la primera en castellano, por la misma editorial, Barcelona, 1982).

（Antonio Gramsci）的一项提议，认为社会理论这一重大问题是足够构建一种随着历史发展而一起成长的理论。或者，如果你更喜欢另一种观点，那就是伊姆雷·拉卡托斯（Imre Lakatos）的观点：人类之所以能够在理论上取得进步，是因为它敢于同所有被认为是真理的事实对立。

理论上的努力既在于提出新的问题，也在于从新的视角重新提出问题。有必要强调的是永远不要把问题和事实相混淆。提出一个问题不仅需要我们的观察，还需要具备批判和超越观察的能力。正如古老的冰山隐喻要求人们不要满足于观察冰山表面的冰，而要探究冰山下面的东西，冰山下面的东西才是更为重要的事实。

雨果·泽梅尔曼（Hugo Zemelman）呼吁："认识论思维，即根据我们观察到的问题提出问题，但又不能局限于我们所观察到的问题。"他还补充说，任务是"深入现实并认清那些隐藏的潜在力量"，它们才能够使知识得以建立。[1]

1819年，在方启迪和桑切斯之前的一个多世纪，西蒙·玻利瓦尔（Simón Bolívar）在安格斯图拉国民议会上反思道：

我们不是欧洲人，也不是土著人，而是土著人和西班牙人间的混血人种。我们发现自己处于一种冲突之中，即与土著人争夺财产所有权，并在我们出生的国家中同侵略者反对派做斗争。因此，我们的情况是最特别也是最复杂的。[2]

1828年，玻利瓦尔的老师西蒙·罗德里格斯（Simón Rodríguez）在他的《美洲社会》（*Sociedades Americanas*）一书中写道："我们将去哪里寻找模式？"并自己回答道："出生于'美洲的西班牙人'"，必须

---

[1] Zemelmann, Hugo (2005), "Voluntad de conocer. El sujeto y su pensamiento en el paradigma crítico", México: *Anthropos Editorial*; Centro de Investigaciones Humanísticas. Universidad Autónoma de Chiapas.

[2] Discurso pronunciado por Simón Bolívar ante el Congreso de Venezuela en Angostura, 15 de febrero de 1819. Correo del Orinoco: Venezuela, Ciudad Bolívar.

有其自身的机构和政府，其自身才是建立一个又一个机构的办法。他所得出的结论是："我们要么革新，要么犯错。"罗德里格斯及其门徒早就意识到了拉丁美洲之谜。罗德里格斯敏锐的洞察力很有趣，因为它反对将欧洲机构和政府形式机械地复制到拉美地区的新生共和国。

在19世纪的社会思想领域和20世纪的社会科学领域，起源于主要资本主义国家的分析范畴的机械应用是一个经常犯的错误，尤其是涉及历史唯物主义时，其本质上是辩证的方法。埃德加多·兰德（Edgardo Lander）通过对自土著编年史以来的拉丁美洲长期知识的了解，认为拉丁美洲地区是殖民主义/欧洲中心主义思想的持续统治。

到了20世纪中叶，随着拉丁美洲社会科学的发展，以及自第二次世界大战后开始的世界范围内的变化，批判性思维现象开始迅速发展，表现为拉美地区的新自由主义的意识形态和文化霸权控制着拉美地区的社会科学的发展。因此，拉丁美洲的批判性思维体现为"获取自己意见的权利"。21世纪初，拉丁美洲的社会批判科学领域不死之树开始发芽，用歌德（Goethe）的话来说，在这方面此前我们走了不少弯路。同样，必须考虑殖民主义思想，除了对殖民主义进行必要的审察之外，多年来，人们已经重新思考了易于解释整个拉丁美洲、特别是每个具体拉丁美洲社会的概念和范畴的问题。

正如西蒙·罗德里格斯所言，拉丁美洲是一个结构上异质和独特的地区，而诺伯特·莱希纳（Norbert Lechner）则偏爱该地区，他在1985年发表的一篇文章（《从革命到民主》，*De la revolución a la democracia*）中指出，对这种异质性结构的分析"需要并同时反驳发达资本主义社会所阐述的概念"。

经验观察与理论工具之间的关系是联系在一起的。没有理论就没有解释，当研究人员接近问题时，显而易见，他或多或少拥有一定的理论，无论是显性的还是隐性的。没有人会从理论上，以绝对中立或无私的立场来看待一个问题、一个对象，甚至是研究的主题。研究者要做到的是在没有偏见、没有教条的前提下，专心、警惕，使得理论符合现实。亚瑟·柯南·道尔（Arthur Conan Doyle）对他塑造的著名人物夏洛克·福尔摩斯（Sherlock Holmes）做出了准确的评价："在获得数据之前先进行理论分析是一个致命的错误。荒谬的是，人们开始扭曲事实，使事实适合理论，而不是使理论适合事实。"[1]

二、拉丁美洲是一个，多个还是没有呢

正如何塞·阿里科（José Aricó）所说，如何学习和研究拉丁美洲，这是一个比其他任何事情都难的问题。费尔南德·布罗代尔（Fernand Braudel）将拉丁美洲比喻成一只令人难以捉摸的野兔（América Latina es una liebre muy esquiva），从拉丁美洲这个命名就可知确实如此。在历史上曾对新大陆有如下命名：Nuevo Mundo，Mundus Novus，Indoamérica，Eurindia，Iberoamérica，Nuestra América，AbyaYala，América Latina，América latina和América Latina y el Caribe，我在此就不多赘述了。我们今天所熟知的拉丁美洲(América Latina)一词是由哥伦比亚人何塞·玛丽亚·托雷斯·卡切多（José María Torres Caicedo）于1856年在巴黎提出。在此，我想强调并重申的是América latina和América Latina的区别。América latina（带有小写首字母和形容词的latina）是指语言或广义上的文化层面，以区别于盎格鲁—撒克逊美洲人。América Latina（两个单词的首字母均为大写），其作为专有名词，表示异质但一致的地区，即与非洲、亚洲、欧洲等不同。

在此，我提出另一个更关键的问题：拉丁美洲存在吗？事实上，

---

①Carlo: A. Martinez, Elemental, mi querido Watson. Mayo 5, 2021. https://revistapym.com.co/elemental-mi-querido-watson.

在20世纪的最后几十年中，并不缺乏对拉丁美洲存在的质疑。20世纪后期，拉丁美洲存在这一问题的反对者采取各种"理由"来支撑自己的立场。正如反对者维罗妮卡·乔丹奴（Verónica Giordano）所言："由于拉丁美洲国家的多样性和异质性，特别是其经济、社会、政治、种族和文化的不同，拉丁美洲不能作为一个整体来谈论。"[1]随着无数专业化研究成果的发表，"拉丁美洲是不存在的"这一负面论点得到了加强。

相比之下，在20世纪末，仅有法国格勒诺布尔大学的盖伊·马蒂尼埃（Gay Martinière）一人，在20世纪70年代末写拉丁美洲的经济史时，书写了一个拉丁美洲的复数形式。因此，是存在一个拉丁美洲、多个拉丁美洲还是不存在呢？

就我自己而言，我同意委内瑞拉人赫尔曼·卡雷拉·达马斯（Germán Carrera Damas）的观点，他在几年前的一次采访中说："总体上，拉丁美洲的意象兼具统一性和多样性，但这种意象中，统一性不应成为先验的前提，多样性也不应该会造成混乱。"[2]如此，我自己既属于拉丁美洲主义者（把拉丁美洲视为研究问题的学者），也视自己为拉丁美洲人（如果用加布里埃尔·加西亚·马尔克斯的话来说，拉丁美洲作为男人和女人共同拥有的领域和土地，与那些暴力和"与我们的历史不相称"的痛苦做斗争，这只不过是可悲的"世俗不公正和难以言喻的痛苦的结果"）。"并明确表示：我们捍卫从整体上思考、理解和解释拉丁美洲的立场。但是，整体性并不等于同质性或滥用泛化。正如塞尔吉

①Ansaldi, Waldo, y Giordano, Verónica (2012), *América Latina. La construcción del orden*, Ciudad Autónoma de Buenos Aires: Ariel, tomos I (*De la colonia a la disolución de la dominación oligárquica*) y II (*De las sociedades de masas a la sociedades en procesos de reestructuración*).

②Carrera Damas, Germán (1999), "La conciencia criolla es el producto más auténtico y genuino de la relación de dominación en América Latina", Entrevista de Waldo Ansaldi, en*Cuadernos del CISH*, N° 5, Centro de Estudios Socio-Históricos, La Plata, Primer semestre, pp. 153−177, Reproducido en *e-@ltina. Revista electrónica de estudios latinoamericanos*,Vol.2,N°5,octubre-diciembre de 2003, pp.61−77. Disponible en línea en http://biblioteca.clacso.edu.ar/Argentina/iealc-uba/20130709051607/e−latina05.pdf.

奥·巴古（Sergio Bagú）曾经说，我们相信拉丁美洲是由许多多样性组成的现实。我们补充说，这些多样性必须公平地解释为拉丁美洲整体的一部分"。[1]

综上所述，拉丁美洲作为一种使命、计划、现实、知识问题而同时存在。因此，这一点就很容易理解了。那么我们怎么理解拉丁美洲呢？

三、连续的三个漫长时期

我们可以从以下连续的三个漫长时期来思考新大陆的历史：哥伦布到达美洲前的时期（前哥伦布时期）；征服和殖民统治时期；拉丁美洲独立及以后时期。第一个阶段的持续时间最长，第三个阶段的时间最短（至今）。以上三个阶段构成了拉丁美洲的历史。但是，对拉丁美洲独立以来的20世纪或21世纪中的任何一个世纪的分析，经常会要求人们去到前哥伦布时期、征服和殖民统治时期、拉丁美洲独立时期，以便在其历史中找到解释后来时期的答案。

（一）前哥伦布时期

弗洛伦蒂诺·阿梅吉诺（Florentino Ameghino）关于新大陆居民土生土长的假说已被抛弃。今天，认为最初的美洲人是5万多年前从东北亚通过白令海峡（西伯利亚、阿拉斯加和加拿大育空地区）迁徙而来的理论已被广泛接受。他们从美洲大陆的最西北方向向南迁徙，穿过现在的加拿大和美国西部，最终覆盖所有美洲地区。但是，众所周知在美洲大陆仍存在许多空地。这种扩张的结果在当时产生了复杂的社会或伟大的文明，例如阿兹特克文明、玛雅文明和印加文明，以及许多不发达的社会，有些是定居式的，有些是游牧式的。

---

[1]Ansaldi, Waldo, y Giordano, Verónica (2016), América *Latina. La construcción del orden*, Ciudad Autónoma de Buenos Aires: Ariel, tomo I, 1ª edición ampliada (revisada y actualizada).

令人奇怪的是，尽管印加人将羊驼作为运输动物，却不知道使用轮子或手推车。但是这些文明却能够创造和维持复杂的社会分层体系；国家官僚机构；发达的城市结构——特诺奇蒂特兰；纪念性建筑；定居的农业，复杂的灌溉系统；发达的通信网络，统一广大领土的朝贡系统，以应对可能出现粮食短缺的粮食储备机制；玛雅人创立了比欧洲更精确的历法；创造了一个包括零的记数系统。纳瓦特尔文化使西班牙人惊讶，因为它关注和尊重儿童，保持饭前洗手，用火盆保温餐桌上的菜，遵循礼貌原则，保持日常的个人卫生习惯等。牧师何塞·古米拉（José Gumilla）惊讶地表示自己无法理解对方："每天洗三次澡，至少要洗两次，谁能说印第安人不是犹太人呢？"这些野蛮人比欧洲人具有更好的习惯，相对而言欧洲人在这个问题上并不出众。

在欧洲人征服之时，新大陆所存在的每一个社会，无论其发展程度或复杂程度如何，都具有一定的矛盾。除因扩张而产生的联系外，阿兹特克、玛雅、印加和奇布查社会，以及社会发展程度较低的群体或人民，彼此之间几乎没有联系，它们构成了差异化、不平等的地理社会空间。因为它们之间总是存在着一些扩张行动，因此一些民族总是被另一些民族占领和征服。当这些社会越发达和复杂，它们之间的矛盾就越多。在欧洲人到来的时候，他们早已存有争斗，这些矛盾的存在对于解释为什么欧洲少数征服者能战胜强大对手至关重要，这些征服者利用对手的弱点而使自己变得强大。例如，Totonacs，Otomi或Tlaxcala的居民支持西班牙人，这有利于西班牙人统治阿兹特克社会；此外，瓦斯卡（Huascar）和阿塔瓦尔帕（Atahualpa）两位印加王子因争夺王位而展开的激烈内战，从内部摧毁了印加王国，因此弗朗西斯科·皮萨罗（Francisco Pizarro）和他的手下得以相对轻松地击败了强大的印加王国（Tahuantinsuyu）。

欧洲对土著社会的干预开创了一种新的矛盾，并重新构建了社会金字塔结构，原住民变成了印第安人，即农民；各种滞留的非洲黑人则变成了奴隶；征服者则变成了地主、庄园主、商人、士兵、牧师、高利贷者、统治者……最初的社会转变为庄园社会，随着时间的推移，又转变为阶级社会。在这些社会中，肤色用以界定种族身份和社会身份，并带有差异性。种族混血导致了诸如albarazado, caboclo, camba, castizo, cíbaro, cholo, gaucho/gaúcho, mameluco, mestizo, morisco, roto, zambo等族群的出现。在整个殖民统治期间，建立了按种族划分等级的社会秩序，最上层的是在西班牙出生的西班牙人（白人），其下依次是克里奥尔人（在拉丁美洲出生的白人）、美斯蒂索人（白人与美洲土著的混血）、桑博人（黑人与美洲土著人的混血）、印第安人和黑人。

（二）征服和殖民统治时期

第二个漫长时期主要是指被西班牙、葡萄牙、英国、法国征服和殖民的时期，也包括荷兰和丹麦较小程度的征服和殖民。此阶段基本上是指从1492年到1825年的333年间，古巴和波多黎各则持续到1898年。这就是赫尔曼·卡雷拉·达马斯所说的"植入社会"（sociedades implantadas）的时代。

笔者对征服和殖民统治的这三个多世纪的时间提出了一些相关问题，而这些问题对于解释当前拉丁美洲社会的发展非常关键。虽然其他一些问题也很重要，但在此笔者仅提出特别关心的两个问题。首先，美洲在资本主义的形成和发展中所扮演的角色。其次，庄园、种植园和牧场在殖民统治期间所形成的拉丁美洲的社会结构。①

（三）拉丁美洲独立时期

拉丁美洲的第三个漫长时期是至今仍然持续存在的过程。国家的建设、国家的形成、拉丁美洲经济在世界市场上的适应和介入都是在这个

---

① Ansaldi, Waldo, y Giordano, Verónica (2016), *América Latina. La construcción del orden*, Ciudad Autónoma de Buenos Aires: Ariel, tomo I, 1ª edición ampliada (revisada y actualizada).

阶段发展起来的。前哥伦布时期及殖民统治这两个时期对当下这个时期有着强烈的影响，特别是对这个时期中的20世纪和21世纪。

从安东尼奥·葛兰西（Antonio Gramsci）的角度来说，在19世纪后半叶，所谓的拉丁美洲现代化可以被解释为保守的现代化。拉丁美洲的现代化具有较强的依附性，同时弗洛雷斯坦·费尔南德斯（Florestan Fernandes）提出拉丁美洲的现代化为古代的现代化或现代的古代化。

总体上看，第三个漫长时期包括殖民统治、帝国主义阶段的英国称霸、第二次世界大战，以及美国从那时至今的霸权统治。依附关系表现为国家之间的关系，但实际上是阶级之间的关系，通过分析拉美社会的双重矛盾来加以解释：一种解释是关于阶级统治的形式和方式，从政治上说，寡头、独裁、民主统治表现了社会阶层之间的冲突关系，即对立、互补、矛盾；另一种是将这些从属国家或边缘国家的阶级结构与主导国家或中心国家的阶级结构联系起来的。在这个时期，占统治地位的资产阶级成为赢家，在两个世纪以来以不同的形式碾压依赖社会主导的阶级：工人、农民，有时是小资产阶级和中等收入阶层。

四、如何理解拉丁美洲

拉丁美洲的存在显然是一个社会现实，同时也是研究人员开展研究的一个主题。这种联系对于社会科学领域来说是特定的，并且可以将社会科学领域与其他科学领域的研究人员区别开来。知识的努力是基于"可认知的事物具有组织性"这一前提之上，这是所有科学的首要要求。努力了解社会知识和社会本身就是假设他们有组织性。塞尔吉奥·巴古说："社交不是偶然的，我们也不是偶然知道的。"[1]

要完成这一任务，必须要有理论，即具有概念和分析范畴。没有理

---

[1]Bagú, Sergio (1973), Tiempo, realidad social y conocimiento, Buenos Aires: *Siglo XXI Editores*, 2ª edición.

论就没有科学工作，这一点再怎么强调也不为过。但是，不应该过分坚持理论主义，而应使现实与理论相适应。理论的过程必须是一个具体—抽象—具体的连续循环。在拉丁美洲这一案例中，具体的拉丁美洲导致了抽象的拉丁美洲，而后者又导致了具体的拉丁美洲。在这方面，如《资本论》第一卷第二版跋中所说："在形式上，叙述方法必须与研究方法不同。研究必须充分地占有材料，分析它的各种发展形式，探寻这些形式的内在联系。"①当然，研究方法和技术也是必要的，我们可以从下文所列出的一系列建议来理解复杂的拉丁美洲。

首要的是，必须要以拉丁美洲的视角来思考拉丁美洲。维罗妮卡·乔丹奴和笔者所著的书中已经很好地提到："要理解拉丁美洲，必须仔细选择方法理论。可以从以下视角来分析：拉丁美洲社会能够用其他西方社会相同的理论来进行分析，因为它们同属资本主义体系；或者相反，鉴于拉丁美洲具有特殊性，因此有必要用具体的理论来进行分析。此外，还有第三种分析问题的观点，其强调了分析范畴和科学语言的可译性问题。从这个角度来看，只要它们能够表达特定的具体情况，抽象的就可以成为普遍的。从后一种意义上讲，我们认为可以使用与世界资本主义制度社会相同的理论工具来研究拉丁美洲社会。但是，应该指出的是，虽然这两个社会很相似，但历史却不同。用最初应用于发达资本主义社会发展的概念、范畴和理论来研究拉丁美洲社会，不应该被理解为寻求经验的认可和扩展，更不应该被理解为强迫历史来满足理论。拉美社会的具体历史分析在逻辑建构分析中引入了变化，从而丰富了理论。例如，拉丁美洲社会作为资本主义国家，不仅处于欠发达的水平，而且还具有依赖性。依附情况并非无关紧要的事实：在我们的社会中，社会阶层之间的关系受到依存关系的限制和调解。但是反过来，这

①中共中央马克思恩格斯列宁斯大林著作编译局编译：《马克思恩格斯文集（第五卷）》，北京：人民出版社，2009年，第21页。

些不是固定的，而是历史的结构，因此会发生变化。"①

对于如何开展拉美研究，您可以选择拉丁美洲的一个国家，并对其社会阶层、独裁统治、族群冲突等具体的问题展开分析。也可以就其特定的问题放在整个拉丁美洲地区进行长期和全面的分析。以上观点是笔者所在的布宜诺斯艾利斯大学拉丁美洲与加勒比研究所（IEALC）内的拉丁美洲历史社会学研究组（GESHAL）共同研究的成果，当然还存在其他一些和我们不同的观点。笔者认为其他观点与我们的观点一样合理。我不认同观点有优劣等之分。我选择构建一种有效的理解，以便了解拉丁美洲的现实性、多样性及特殊性。当我尊重其他观点时，我深信猎人数量越多，抓住这只难以捉摸的野兔的机会就越多，我希望大家继续思考、探索和辩论。毕竟，正如费尔南·布罗代尔所回顾的那样，过去和现在都有着多种可供探讨和争论的方式。当然，并不是所有的都有相同的解释能力。②

五、理解拉丁美洲存在的建议

我们假设拉丁美洲存在，也就是说，它是一个具体现实，也是一个抽象的。作为具体现实，它不是偶然的，而是能够被人们所认识的。整个拉丁美洲是统一和多样的，但是统一不是，也不应该是一种先验；多样也不应是造成混乱的根源。正如马克思在《政治经济学批判》中所说的那样，具体之所以具体，因为它是许多规定的综合，因为是多样性的统一。毋庸置疑，拉丁美洲的问题是令人难以捉摸的，需要使用适当的认识论，并且需要在不受偏见影响的心理倾向下，用理论和方法论来开展研究。本文篇幅有限，在此仅提出如下几点建议：

---

①Ansaldi, Waldo, y Giordano, Verónica (2016), *América Latina. La construcción del orden*, Ciudad Autónoma de Buenos Aires: Ariel, tomo I, 1ª edición ampliada (revisada y actualizada).
②Braudel, Fernand (1968), *La Historia y las Ciencias Sociales*, Madrid: Alianza Editorial, 1ª edición.

（一）把拉丁美洲作为一个问题来分析

把拉丁美洲作为一个问题来分析与雨果·泽梅尔曼的批判认识论一致，泽梅尔曼指出：主题和问题之间通常产生混淆。因此，我们必须诉诸理论、概念和范畴来解决问题。但是一些问题随着时间的推移会发生一些变化。比如：民主作为古雅典的一个问题，其在19世纪、20世纪、21世纪引起了争议；独裁作为一个问题一直存在至19世纪和20世纪，当时其含义已发生根本变化。换句话说：概念、范畴和理论在历史上是根据相关情况来重新定义。现实是动态的，因此，不能用僵化的概念、范畴和理论来解释。众所周知，这种关于理论与现实之间的鸿沟或不匹配的现象是时常发生的。从这个意义上讲，当出现新现象时，用一个新的术语来命名它也是有必要的。正如加斯东·巴什拉（Gaston Bachelard）［《否定的哲学，科学的理性》（*La filosofía del No, La racionalidad científica*）］所观察到的那样，科学的任务是给事物命名，试图避免两种错误：一种是给新事物起旧的名称，另一种是相信没有名字或无法命名。举个例子：当今流行的表达方式很多是混淆而不是澄清。如今的民粹主义和民粹主义者与20世纪30年代至50年代，乃至60年代的拉丁美洲历史或经典民粹主义并没有什么共通之处。同样，如今对拉美的一些政治人物用"左""右"来进行描述，如胡戈·查韦斯（Hugo Chávez），埃沃·莫拉莱斯（Evo Morales），内斯托·基希纳（Néstor Kirchner），克里斯蒂娜·费尔南德斯（Cristina Fernández），拉斐尔·科雷亚（Rafael Correa），伯尼·桑德斯（Bernie Sanders），帕勃罗·伊格莱西亚斯（Pablo Iglesias），亚历克西斯·齐普拉斯（Alexis Tsipras），杰里米·科宾（Jeremy Corbin），奈杰尔·法拉奇（Nigel Farage），西尔维奥·贝卢斯科尼（Silvio Berlusconi），马特奥·萨尔维尼（Matteo Salvini），让·卢克·梅伦雄（Jean-Luc Mélenchon），尼古拉斯·萨科齐（Nicolas Sarkozy），盖特·怀尔德斯（Geert Wilders），博格奥尔朱布·卡里奇（Bogoljub Karic），维克托·奥本（Viktor Orban），弗雷克·佩特里（Frauke Petry），诺伯特·霍弗（Norbert Hofer），塞巴斯蒂安·库尔兹（Sebastian Kurz），贾罗斯瓦夫·卡钦斯基（Jaroslaw Kaczynski），兹比涅·斯托诺加（Zbiniew Stonoga），安德烈·巴尔比斯（Andrej Balbis），维斯林·马雷什基（Veselin Mareshki），艾瓦尔·伦伯格（Aivars Lembergs），伊万·佩纳尔（Ivan Pernarc）等。

有些人认为一个社会团体不应被称为一个阶级，并给它起个名称。没有人比伟大的加布里埃尔·加西亚·马尔克斯（Gabriel García Márquez）更好地解释了这一点："世界新生伊始，许多事物还没有名字，提到的时候尚需用手指指点点。"[1]事物没有名字，但它们已经存在。因此，正如加斯东·巴什拉所说，必须给新事物起一个新名字，拿破仑·波拿巴也建议这样做。虽然他不是科学家，但他是敏锐的观察者。他在1803年的一次会议上说道，当科学发现新事物时，必须用新词来命名它，以便准确区分而不产生混淆。如果给一个旧词赋予新的含义，甚至坚持认为两者没有共同点，那么大多数人会相信两者之间存在某些相似性和联系，这只会误导科学并产生无用的纠纷。

（二）回到整体原则

近几十年来，这一原则一直被忽略。整体与现实紧密相关。现实是具体的，它有自己的结构，并且是发展的，是被创造的（它不是已经完成的东西，而是一个正在形成的东西）。现实是一个具体的整体，是变化、发展和创造自己的结构化整体。然而，整体并不等于所有事实。整体是"一个结构化和矛盾的整体，在其中可以合理地理解任何事实。掌握所有事实并不意味着了解现实，所有的事实加在一起还构不成整体"。也就是说，如果我们将事实理解为"作为整体的结构部分"，那

---

①Gabriel García Márquez (1967), *Cien años de soledad*, Buenos Aires: Editorial Sudamericana.

么事实就是对现实的了解，而没有将它们理解为一部分，作为矛盾整体的事实。[1]拉丁美洲的结构异质性，即统一的多样性，只能通过整体原则来解释。

（三）回到社会经济形态的范畴

马克思的"ökonomischen Gesellschaftsformation"（德语），西班牙语字面意思是"La formación socioeconómica"（社会经济形态）"o formación económico-social"（社会和经济形态），尽管在意大利语和法语中分别被书写为formazione economico-sociale和forme socio-économiques，但它们都和"经济和社会形态"同一个意思，这一概念在列宁之后的西方马克思主义者中被废弃，在20世纪60年代才被恢复，当时它引起了马克思主义者之间的激烈辩论，尤其是在意大利人和法国人之间。埃里克·霍布斯鲍姆（Eric Hobsbawm）撰写的"引言"在很大程度上引用了《政治经济学批判》，即"资本主义生产之前的形式"（关于资本关系或原始积累形成之前的过程）。上述辩论的参与者并不总是同意这一范畴的含义，其中一个分歧是社会的经济形态（及其变体）与生产方式之间的关系，这一分歧甚至可以在马克思和列宁身上找到。雅克·特克西耶（Jacques Texier）宣布支持三个概念：生产方式；社会的经济形成，各种生产方式的结合；社会形态，"在生产关系的基础上阐明不同的情况"[2]。实际上，这三个都是在马克思的著作中发现的。

社会经济形态不仅仅是一个概念，而且是一个重要的分析范畴。用亨利·列斐伏尔（Henri Lefebvre）的话来说，它是一种具体的思想，被称为真正的具体。作为有争议的问题，无论谁使用它，都必须给它下一

---

[1] Kosik, Karel (1967), *Dialéctica de lo concreto, (Estudio sobre los problemas del hombre y el mundo)*, México DF: Grigalbo.

[2] Luporini, Cesare, Sereni, Emilio et al. (1973), *El concepto de "formación económico-social"*, Córdoba (Argentina): Cuadernos de Pasado y Presente 39, 1ª edición, 1973. Hay varias reediciones realizadas en México DF.

个定义，使其能够发挥其全部解释的潜力。

（四）通过跨学科与理论相结合的方式，对拉丁美洲社会进行解释

通过学科与理论的结合，探讨拉丁美洲社会的过去、现在和未来（短期、中期和长期）。严格来说，分析整体问题需要统一的社会科学，但这是目前无法实现的。否则，我们就可以采用一种混合学科甚至理论的方法。例如，分析国家形成的过程需要政治学、社会学、经济学、史学和地理学等多种学科，而不仅限于某个单一学科。

此外，该建议提到了时间节点的问题，费尔南·布罗代尔于1958年提出一个关于持续时间的观点。布罗代尔将历史视为一个持续的过程，提出要考虑时间的三个时间段：短期、中期和长期。短期是事件，是日常生活，是新闻工作者和编年史家的时间；中期是转折点，大约12年、25年，最长可达到50年；长期则是一段时间，是一种半固定状态，可以理解成历史的所有阶段。布罗代尔的持续时间是"一个缓慢变化的历史，因此难以被察觉"[1]。它不是完全固定的，连续性中也有间断，整体的移动速度也不同。

对拉丁美洲作为一个问题的分析必须考虑历史事实的突发性和变化的共存，从而考虑到组织这种关系的多种身份的共存。拉丁美洲有不同的时代，有时是连续的，有时是重叠的：土著的或前殖民地的、殖民地的、重商主义的、工业资本主义的和新资本主义结构调整的"后现代"。这不应该被理解为是旧时代和新时代的存在，而应被理解为是一种永久的、连续的、跨时代的，它解释了文化的广泛普遍性或多元化[2]。它们是混合的时间、截断的时间和从属的时间。

在整个拉丁美洲社会的历史中，不同的、混杂的和截断的时间共

[1]Braudel, Fernand (1968), *La Historia y las Ciencias Sociales*, Madrid: Alianza Editorial, 1ª edición. p.53.

[2]Ansaldi, Waldo, y Calderón, Fernando (1987), "Las heridas que tenemos son las libertades que nos faltan. Derechos humanos y derechos de los pueblos en América Latina y el Caribe", en *David y Goliath,* Año XVII, N° 52, CLACSO, Buenos Aires, setiembre, pp. 65-69.

存，定义了拉丁美洲社会特殊的时间性，这种时间性在每一个社会中都没有以同样的方式表达。墨西哥与阿根廷、秘鲁与乌拉圭、危地马拉与智利、古巴与巴西这些国家都各不相同。但是，除了国家的特殊性之外，还有一个暂时性的现象，它作为一个总体的维度而跨越了整个地区。正如欧美工具理性主义所阐述的那样，拉丁美洲的混合时代，其特殊的时间性质疑了历史发展的单线性和单向性。这种质疑在很大程度上是关于历史进步的问题，这与后现代主义的质疑没有相同的基础。正如巴西社会学家何塞·德·索萨·马丁斯（José de Souza Martins）所言，需要解决的问题是，要了解确立不同社会进步速度的历史条件是什么。[①]

马丁斯提出了一个更好地解释巴西社会历史的分析视角，他称之为缓慢的历史社会学，笔者认为可以将其扩展到所有拉丁美洲社会。根据马丁斯的观点，允许对事实和事件进行解读，这些事实和事件能够"区分过去基本结构在当代的活跃存在"。此外，缓慢的历史社会学能在分析中发现并整合植根于过去社会关系中的结构、制度、观念和价值观，而过去的这些社会关系在今天则以某种方式获得了重生。"正是过去社会关系的调解阻碍了历史进程并使其缓慢发展。"因此，这不利于人们对社会变革的真正困难的认识，不利于社会变革的行动方向[②]。这种看法倾向于产生一种宿命论的态度，对变革的可能性听之任之，因此这是阶级统治的工具。

波兰社会学家皮特·斯通普卡（Sztompka Piotr）用历史系数概念来阐述时间这一问题。[③]提出历史系数是历史社会学的基础，由以下六个观点组成：（1）社会现实不是固定的，而是动态的过程；（2）社会变革是"多个过程的融合，部分重叠，部分趋同，部分分离"，是相互支持

---

① Martins, José de Souza (1994), *O poder do atraso. Ensaios de sociologia da história lenta*, São Paulo: Editora Hucitec.p.14.

② Martins, José de Souza (1994), *O poder do atraso. Ensaios de sociologia da história lenta*, São Paulo: Editora Hucitec.p.14.

③ Sztompka, Piotr (1993), *Sociología del cambio social*, Madrid: Alianza Editorial.pp.235-236.

或相互毁灭的结果；（3）社会被认为是"由紧张或和谐，冲突或合作主导的关系流动网络"；（4）对每个社会过程中所发生的事件进行累计处理，每个社会过程的每个阶段都被视为一个累积的结果，所有早期过程的终点同时也是后续过程的起点，每个历史时刻都为这一进程的未来开辟了一定可能性和选择领域，而整个过去进程也大大限制了这一进程；（5）社会过程被认为是"由人类个人或集体通过其行动进行的构建"，社会进程的每个阶段都提供了资源和设施的积累，人们很容易说这种"原始材料"供人们进行社会现实的建构；（6）人们不按照自己的意愿建设社会，而是受到从过去前辈继承下来的环境的制约。也就是说，行为部分由先前的结构决定，而后来的结构由先前的行为产生。可以将持续时间和历史系数联系起来看待时间性这一问题。这在当时是最容易理解的，但是它们并不相同。

（五）注意类别的可译性

拉丁美洲社会可以使用世界资本主义制度的理论工具来进行研究，因为拉丁美洲是世界资本主义制度的一部分。基于它们高度的相似性，因此它们可以共享相同的逻辑进行分析。但是，它们的历史却各不相同。逻辑分析和历史分析的交织是一个复杂的问题，是任何社会科学解释的关键。逻辑至上并不意味着理论是先验的。相反，只有通过严密的实证研究才能实现。用最初为发达的资本主义社会阐述的概念、范畴和理论来研究拉丁美洲社会，不应被理解为是在寻求两者间的认同和经验的扩展。从这个意义上讲，拉丁美洲社会历史的具体分析丰富了该理论。依附的情况、族裔阶级关系的复杂性、公民社会与国家间关系的形式，以及拉丁美洲国家的形成等都可以支撑这一观点。因此，不能机械地、不加批判地将资本主义制度核心所阐述的概念、范畴和理论应用到拉丁美洲，其范畴与理论需要同拉丁美洲的现实相结合。这就是安东尼奥·葛兰西所说的哲学语言的可译性，而这一观点需要使用比较方法。

换句话说：欧洲和拉丁美洲资本主义进程的比较分析将表明它们具有相似的逻辑和不同的历史。

（六）把拉丁美洲视为西方资本主义形成和发展的关键

征服拉丁美洲的一些欧洲国家，它们在当时既不是封建主义社会，也不是资本主义社会，而是处于封建主义向资本主义过渡的阶段。对宗主国社会的了解，有利于分析拉丁美洲殖民地社会的复杂性，并以另一种视角分析20世纪六七十年代拉丁美洲是封建主义或资本主义这一问题。

后来有一种说法，即拉丁美洲在现代世界的形成中起到了决定性作用，也就是说，拉丁美洲在资本主义的形成和进一步发展中起到了决定性作用。这是一个复杂的过程，其中包括了：在殖民统治期间从拉丁美洲运往欧洲大量金银财富这一行为；欧洲大陆和拉丁美洲两地间进行食物交换，其中一个典型的例子就是拉丁美洲土豆拯救了爱尔兰人，使其免于饥饿；16世纪的"细菌战"；非洲的奴隶贸易和海盗活动；在19世纪后半叶，根据所谓的比较优势理论和国际分工；拉丁美洲从殖民统治时期过渡到对帝国主义的强烈依赖；拉丁美洲通过向全球提供原材料并换取工业制成品，从而介入世界经济中。从长远来看，20世纪中期所谓的贸易加剧了拉丁美洲对资本主义经济的依赖。

从长远的角度来看，乔万尼·阿里吉（Arrighi Giovanni）提出的资本积累系统性循环概念非常有用。[1]他的著作《漫长的二十世纪》（ *El largo siglo XX* ）是多学科融合的一个很好的典范。他借鉴了亚当·斯密、马克斯·韦伯、卡尔·波兰尼、约瑟夫·熊彼特、罗伯特·布伦纳、查尔斯·提利、安德烈·弗兰克和佩里·安德森的理论，将他们与布劳德尔、葛兰西和马克思的理论融合在一起，为资本主义从起源到今

---

[1]Arrighi, Giovanni (1999), *El largo siglo XX. Dinero y poder en los orígenes de nuestra época,* Madrid: Akal, 1ª edición. (2ª edición, ampliada, 2014).

天的发展提供了有力的解释。

布罗代尔式结构的出发点是：从长远来看，15世纪资本主义在意大利北部城市开始了国家的原始积累，并从那里开始以连续的周期展开，每个周期都包含三个阶段：积累，扩张，金融化。在此基础上，阿里吉提出了他认为布罗代尔提议中所没有的东西：一个能够解释这一漫长过程的全球理论框架。它的理论建构的核心是对历史周期的比较分析，称之为资本积累的系统周期（CSA），从而使它可以长期地为社会变革提供解释。他提出到目前为止，有四个这样的周期：热那亚、荷兰、英国和美国，并且按照以下时间顺序展开：

表 1　资本积累的系统周期

热那亚周期	A：1340 年	B: 危机信号出现 1560 年 → C: 危机终结 1630 年
		A—220 年—B—70 年—C
		A → C = 290 年
荷兰周期	A：1560 年	B: 危机信号出现 1740 年 → C: 危机终结 1780 年
		A—180 年—B—40 年—C
		A → C = 220 年
英国周期	A：1740 年	B: 危机信号出现 1870 年 → C: 危机终结 1930 年
		A—130 年—B—60 年—C
		A → C = 190 年
美国周期	A：1870 年	B: 危机信号出现 1970 年 → C: 危机终结——
		A—100 年—B—X 年

注：A 指周期开始的年份；B 指周期危机信号出现的年份；C 指周期危机终结的年份

因此，拉丁美洲的历史在漫长的殖民时期，分别处在热那亚、荷兰和部分英国的资本主义系统周期中，而在第三次漫长的时期中则由英国和美国占主导地位。

（七）回到主体作为历史创造者的地位

马克思和恩格斯在《神圣家族》中提到："历史什么事情也没有做，它并'不拥有任何无穷尽的丰富性'，它并'没有在任何战斗中作战'！创造这一切、拥有这一切并为这一切而斗争的，不是'历史'，而正是人，现实的、活生生的人。"没有以人作为主体的历史不是历史，也不可能解释现实。换句话说：没有主体的历史不允许解释社会过程和建构。过去不能改变，未来是未知的。过去和未来都像现在一样，都是人类在各种可能性范围内建造的。作为一种结构，未来不是预先确定的，而是一种可能性的范围：总是存在不确定的出路和可能的选择。确切地说，或大或小的可能性范围使人们可以提出和回答马克斯·韦伯的问题，为什么社会会变成它们本来的样子，而不是以其他方式出现？为什么可能发生的事情没有发生？

（八）运用比较法

为了避免机械主义和不加批判地使用理论来分析范畴的可译性时，比较法是绝对必要的。比较法使我们能够观察到拉丁美洲的发展进程和问题在历史上具有什么相同、相似或不同之处，以及它们在解释这些进程和问题的逻辑上有多少相同、相似或不同之处。只有这样，我们才能摆脱其他现实社会的理论束缚，充分考虑拉丁美洲的具体现实。

六、结语

拉丁美洲是一个历史产物，它是15世纪和16世纪在与征服和殖民统治的冲突中建立起来的。在大多情况下，土著人、非洲人、欧洲人和亚洲人被迫走到一起，形成了一个在世界范围内无与伦比的庞大民族群体。拉丁美洲是一种巨大的思想观念上的骗局，掩盖了存在于其中的差异性。拉丁美洲社会仍然是阶级社会，它们越来越依赖于全球化的跨国资本。拉丁美洲社会在结构上是不平等的，同样也表现在阶级、性别、种族、文化水平等方面。目前，新型冠状病毒肺炎大流行更加剧了这种不平等现象。

拉丁美洲是一只令人难以捉摸的野兔。要抓住它，大胆是关键。雨果·泽梅尔曼指出，"不敢"导致了思想观念话语的发展，这些话语只会重申作者的偏见和刻板印象，即被认为是真实的，而不会对其提出质疑。①因此，这是一个挑战社会科学的问题，是一个打破对方法和技术迷信的研究问题，是一个从社会学和历史社会学的角度来想象历史的问题。

参考 文献

[1]Ansaldi, Waldo, y Giordano, Verónica (2012), *América Latina. La construcción del orden*, Ciudad Autónoma de Buenos Aires: Ariel, tomos I (*De la colonia a la disolución de la dominación oligárquica*) y II (*De las sociedades de masas a la sociedades en procesos de reestructuración*).

[2]Ansaldi, Waldo, y Giordano, Verónica (2016), *América Latina. La construcción del orden*, Ciudad Autónoma de Buenos Aires: Ariel, tomo I, 1ª edición ampliada (revisada y actualizada).

[3]Ansaldi, Waldo, y Calderón, Fernando (1987), "Las heridas que tenemos son las libertades que nos faltan. Derechos humanos y derechos de los pueblos en América Latina y el Caribe", en *David y Goliath,* Año XVII, Nº 52, CLACSO, Buenos Aires, setiembre, pp. 65−69.

[4]Arrighi, Giovanni (1999), *El largo siglo XX. Dinero y poder en los*

---

① Zemelmann, Hugo (2005), *Voluntad de conocer. El sujeto y su pensamiento en el paradigma crítico*. México: Anthropos Editorial; Centro de Investigaciones Humanísticas. Universidad Autónoma de Chiapas.

orígenes de nuestra época, Madrid: Akal, 1ª edición. (2ª edición, ampliada, 2014).

[5]Bagú, Sergio (1973), *Tiempo, realidad social y conocimiento*, Buenos Aires: Siglo XXI Editores, 2ª edición.

[6]Braudel, Fernand (1968), *La Historia y las Ciencias Sociales*, Madrid: Alianza Editorial, 1ª edición.p.53.

[7]Carrera Damas, Germán (1999), "La conciencia criolla es el producto más auténtico y genuino de la relación de dominación en América Latina", Entrevista de Waldo Ansaldi, en *Cuadernos del CISH*, N° 5, Centro de Estudios Socio-Históricos, La Plata, Primer semestre, pp. 153−177, Reproducido en *e-l@tina. Revista electrónica de estudios latinoamericanos*,Vol. 2, N° 5, octubre-diciembre de 2003, pp. 61−77. Disponible en línea en http://biblioteca.clacso.edu.ar/Argentina/iealc-uba/20130709051607/e−latina05.pdf.

[8]Heller, Agnes (1984), *Teoría de la historia,* México: Editorial Fontamara. (Edición mexicana; la primera en castellano, por la misma editorial, Barcelona, 1982).

[9]Kosik, Karel (1967), *Dialéctica de lo concreto. (Estudio sobre los problemas del hombre y el mundo),* México DF: Grigalbo.

[10]Luporini, Cesare, Sereni, Emilio *et al.* (1973), *El concepto de "formación económico-social",* Córdoba (Argentina): Cuadernos de Pasado y Presente 39, 1ª edición, 1973. Hay varias reediciones realizadas en México DF.

[11]Martins, José de Souza (1994), *O poder do atraso. Ensaios de sociologia da histórica lenta*, São Paulo: Editora Hucitec.p.14.

[12]Sánchez Ramos, Irene y Sosa Elizaga, Raquel, coordinadoras

(2004), *América Latina: los desafíos del pensamiento crítico*, México DF: Siglo XXI Editores.

[13]Sztompka, Piotr (1993), *Sociología del cambio social*, Madrid: Alianza Editorial. pp.235-236.

[14]Tünnermann Bernheim, Carlos (2007), "América Latina: identidad y diversidad cultural. Elaporte de las universidades al proceso integracionista", *en Polis. Revista Latinoamericana,* N° 18. Disponible en línea en https://journals.openedition.org/polis/4122.

[15]Zemelmann, Hugo (2005), "Voluntad de conocer. El sujeto y su pensamiento en el paradigma crítico, México: *Anthropos Editorial*; Centro de Investigaciones Humanísticas, Universidad Autónoma de Chiapas.

[16]Gabriel García Márquez (1967), *Cien años de soledad*, Buenos Aires: Editorial Sudamericana.

[17]中共中央马克思恩格斯列宁斯大林著作编译局编译：《马克思恩格斯全集》第二卷，北京：人民出版社，1956年，第118-119页。

[18]中共中央马克思恩格斯列宁斯大林著作编译局编译：《马克思恩格斯文集（第五卷）》，北京：人民出版社，2009年，第21页。

访谈与田野笔记 ◄

编者按：作为重要的历史叙事形式，口述史（oral history or narratives）、个人生命史（life history）如今已非仅仅作为"正史"之补充那么简单。为此，本辑刊设计的访谈系列"中拉印象·口述"邀请中国与拉美的实践者和研究者，如大使与官员、企业投资人员、文化艺术人员、留学生和相关研究者等至西南科技大学拉美研究中心的现场与师生进行交流，将"口述"与"舞台性"（stage performance）相结合，以多种媒体形式呈现这样的历史记忆。

这是本栏目的第二期。访谈的对象为"草根"华侨华人研究专家李柏达先生。此外，本栏目还刊登了薛淇心博士对古巴华侨华人的田野访谈。田野访谈与一般的访谈在本质上是一致的，在具体形式上会略有不同。本栏目将二者放在一起，以飨读者。

李柏达先生的华侨华人研究

采访人：戴扬
采访时间：2021 年 5 月 27 日
采访地点：西南科技大学拉美研究中心

引子：中国人远涉重洋淘金的历史由来已久，广东、福建及海南三省有很多县在历史上有较多旅居海外的华侨，因此被称为"三大侨乡"。银信，专指海外华侨通过海内外民间机构汇寄至国内的汇款暨家书，是一种汇、信合一的特殊邮传载体。它不仅见证了华侨的日常生活，更是华侨创业史、血泪史的真实写照。由于极具历史感和生活气息，银信被视为华侨历史文化的"敦煌文书"，有着极高的研究价值。

戴扬（以下简称"戴"）：李老师您好！首先，非常感谢您接受我的采访。您是银信收藏家，也是侨史研究专家。我们今天的采访就将围绕侨史研究这一主题。您来自广东台山，那里被称为"中国第一侨乡"。您可以先为我们介绍一下台山的移民史吗？

李柏达（以下简称"李"）：台山的移民历史比较悠久，大部分移民从清末道光咸丰年间开始。那个时候有一个重要的原因是鸦片战争。还有一个原因是地方的土客械斗造成很多人流离失所，还有一些人在械斗中成为俘虏，被人家当卖了。（主要被）卖去两个地方当奴隶，分别是古巴和秘鲁。所以这一代是"契约华工"。

但是到1848年，美国发现金矿，消息传到我们台山，就有大批的人去美国旧金山淘金。有一些人在淘金中赚了大钱。然后就一个一个地将他们的亲人带过去。1851年，加拿大那边又发现金矿，我们的移民就从旧金山向东（北）面走，一路走到加拿大。所以，整条路上不断留下我们台山人的脚印。到1865年，美国要建太平洋铁路，要招募大量的工人。负责招工的人是我们台山的华侨，叫李天沛。因为他带领的施工队在太平洋铁路的施工中速度快、效果好，而且用的工资比洋人的低，所以他很受斯坦福公司的欢迎。所以就叫他来我们家乡招募大批的人去美国修铁路。那个时候，我的高祖父也是其中的一个。1865年到1870年这几年，台山的新会和开平那几个县去美国修铁路的移民超过一万人。这在那个时代是很厉害的，遍及了我们千家万户。太平洋铁路修好了以后，还有其他铁路要修。比如加拿大太平洋铁路，一直修到1881年。还是李天沛和李祐芹负责招工。所以就不断地带我们的人去海外谋生。铁路修好了以后，铁路公司就解散了。台山人就留下来在（当地）附近不断地建一些房屋和开小卖部谋生，美国的唐人街就是这样建起来的。唐人街其实很简单的，就是这样修铁路之后赚了一些钱，然后就在附近修房屋，不断地建，之后就变成一个城市了。所以，这是早期的唐人街。

到1882年的时候，美国开始实施排华法案。这就阻挡了我们自由移民的发展。但是到1906年，旧金山大地震给我们带来一个转折。因为大地震以后，在旧金山移民局所有的档案都被烧光了，所以美国人不清楚那些在美国的华侨，哪一个是土生的，哪一个不是土生的。他们就想了一个办法：只要你在美国找到两个土生公民，证明你是土生的，你就是美国的土生公民了。美国的土生公民，可以带自己的家属去美国。这样就给我们出国带来一个转机。毕竟你是美国公民你就可以带自己的儿子出国了。那么很多人就想办法，把不是自己的儿子，或者在乡下的儿子不想去，就把那个"出世纸"卖给人家，然后（他们）通过那个渠道去美国谋生。这个是我们说的"口供纸时代"。后来，美国为了防止造假，就设立天使岛。1910年，天使岛成立。他们把所有去美国的移民先带到天使岛里对口供。对口供等于我们现在的考试，他们出一个题给你答，答错了就回家。美国的"父亲"和乡下的"儿子"两份答卷，都要对上。如果对不上就知道你是造假的了，那么你就得回家。（实际上）有很多人在那里对不上口供，且受到外国人的歧视。很多人在那里就死了。有的人跳楼，有的人跳海自杀。天使岛至今还有许多刻下的诗词，表达着他们对当时美国政府的不满。

在排华的最高峰时期，台山人怎么出国呢？1902年，古巴独立又给我们带来一个转机。因为古巴独立，我们可以通过商务移民和自由移民到古巴去谋生，所以在清末到民国初期，台山人去古巴的最多。那个时候去古巴的移民不计其数，在古巴的台山移民最多的时候超过两万。另外，古巴那个年代发展比较好，所以很多人去古巴谋生。台山的移民就是这样一代一代地移民出去的。

1943年，美国废除排华法案。宋美龄去美国和罗斯福总统确定共同抗战之后，移民限制就放宽了一点。我们台山早期的华侨在美国争取移民名额也很重要。去年，有一个叫李达平的台山华侨去世，他当时已经106岁了。他1937年去美国，参加飞虎队来中国抗战。战后，又回到美国做酒店和餐馆。他赚了很多钱，但是他做出的最重要的贡献是成立了很多侨团，同时不断地为华人在那里争取地位。20世纪60年代以前，美国给亚洲的移民总额为每年两三百人，后来，他们去国会争取，每年的总额从两三百人增加到三万人。所以，移民也在努力改善移民政策。

戴： 听您的介绍，台山的移民史不仅悠久，而且也十分坎坷。我们知道由于地理位置，中国东南部的许多城市都有大量的侨民，比如泉州、潮汕、厦门。那么，为什么台山可以被称为"中国第一侨乡"呢？

李： 为什么说台山是"中国第一侨乡"？

第一，台山华侨分布广，分布在全世界110个国家和地区。同时，台山华侨人数多，2020年统计是160万人。但是，我们台山本土的人口是90多万，没有超过100万。所以，我们有两个"台山"之说，外面一个台山，里面一个台山。

第二，华侨文化影响大。我们台山人到哪里，就将我们的语言传到哪里。所以，你去美国，在很多的唐人街，如果你不懂英语没问题，但是一定要懂台山话。懂台山话，你就可以走天下。所以，台山话，又被我们称为"小世界语"（秦牧，《在"小世界语"的故乡》）。台山话读音不读字。比如，古巴哈瓦那，我们台山叫"亚湾"或"夏湾"。其实那个音是西班牙语"Havana"，只是用台山话的语音拼出来是"亚湾""夏湾"。用我们台山话对中国文字注音以后就变成了一个非常丰富的侨文化，这也是一种文化。还有，华侨懂一半台山话懂一半外语，所以就是将外语变成我们中国的文字。另外就是台山的排球。排球是1914年的时候由一个华侨从美国带进中国，最开始就是传到台山。这就是周总理将台山称为"排球之乡"的原因。当时中国还没有人打排球，华侨回乡没有娱乐，那么就到乡村打排球。民国时期，台山县排球队最早代表中国出征亚洲远东运动会（亚运会前身）。

第三，华侨对我们整个地区改变特别大。大量的银信流入我们侨乡，每年从外国寄到台山的侨汇有2000万美元左右。如果用1946年的统计数据，台山的侨汇通过中国的银行汇入总额达1420万美元，占当时广东侨汇总额的50%，占全国的40%。所以，这个银信对我们地方整个政治经济影响非常之大，改变了我们整个地区。怎么改变？第一个，改造了自己的家庭。首先是家庭的问题，很多西洋的风格都流进台山。清代末期到民国初期，我们很多的婚礼都是西式的，我收藏的银信有记载。西式的婚礼和我们中式的婚礼混合在一起。第二个，思想上的改变。那个时期，很多人的思想都非常进步。清代末期，孙中山搞革命，他身边的人90%是五邑的，其中有一半是台山人。另外，革命经费也多是台山人出的，因为台山人有钱。比如，美洲华侨和香港商人共同投资建设的香港广东银行，这个银行就是支持革命的。当时发行的党报，基本上是香港广东银行出资支持的。所以，它算是一个革命的总部，以及经费的来源。此外，当时我们在海外还分布很多洪门致公堂。1904年，孙中山加入了洪门致公堂以后就改组了。改组以后，美洲各地的致公堂成员都要求支持革命，所以就要交义务会费。1912年，我的曾祖父在古巴交了义务会费，那个收据还存了下来。所以，是整个华侨支持我们改变中国、改变世界，推动我们的革命。

戴：台山的华侨不仅数量多、分布广，而且在国内外都产生了极大的影响。您也来自台山，可以再介绍一下台山的华侨对家乡的影响吗？

李：抗日战争时期，我们的华侨有捐款的，有亲自参战的，还有以侨汇支持的。侨汇也是我们支持革命的一种方式。因为当时购买军火要用美元，如果你没有汇费，你就买不到军火。抗日战争时期，美洲华侨捐款总数为6915万美元，美国华侨为5600万美元，其中以台山华侨的捐款最多，对我们国家贡献很大。另外还有买救国公债的。救国公债是有利息的，也还本金，但是我们的台山华侨，基本上都是捐款，没有人是为了利息的。我手上还有原装的1937年的1000大洋的公债券，一分一厘都没有兑换过。也就是说，我们（华侨）没有拿过国家一分钱，全部捐给国家了。中国抗战的顺利，华侨的贡献是极大的。到1941年太平洋战争爆发以后，成立了一个飞虎队。陈纳德将军的援华队伍中大部分的人都是台山华侨。他们从美国辞家，回到家乡，亲自参战。很多英雄血洒在祖国的大地上，也有一些幸运的战士回去，但是他们的心中是永远爱我们的祖国。在我的碉楼里也收藏了几封飞虎队成员的书信。

后来，解放了。解放初期，我们台山非常落后。供电也供不上，当时就发动华侨入股我们的水电站，我们叫蛮陂头水电站。当时全部要侨汇的，如果没有侨汇，我们无法买进口的水电机。我们要通过香港买德国的水电机。到1952年我们才集齐资金，把水电机买回来，支持了台山整个县的供电。当时台山这个水电站是广东地区最厉害的水电站，这都是因为华侨捐款才建成的。

改革开放以后，大批的华侨回乡，他们又为我们的侨乡建设做出了非常大的贡献。你到我们台山的每一条街、每一个村子里走一走。看到最漂亮的楼，你在门前留意一下，肯定有"某某某捐款"这几个字。我们的学校、医院、办公楼、政府大楼、电视台、体育馆、桥梁、公路，所有这些都是华侨捐建的。还有我们台山最漂亮的学校——2008年建立的敬修职业技术学校。其中，华侨的捐款超过一个亿。到现在，他们还在捐款给学生设立奖学金、给老师设立教学奖励金。这个也改变了我们整个侨乡。

戴：华侨虽然身在海外，但是依然心系家乡。刚刚您提到，台山被称为"中国第一侨乡"的一个重要原因就是台山的华侨文化影响力大。您可以向我们介绍一下台山的侨文化吗？

李：台山的侨文化非常丰富。

第一是侨刊，我们有一本中国第一侨刊，《新宁杂志》。《新宁杂志》创刊于1909年，从创刊办到现在都没有停过。110多年的历史，没有中断过。贯穿三个历史时期，从清代、民国到新中国，影响非常之深远。和《新宁杂志》类似的侨刊，1949年统计有130多家，但是这个数据是不完全的，我现在都还不断发现有新的侨刊没有被记录。我们这个侨刊的资源是丰富的档案资料。因为它完整地记录了几个时期，整个侨乡和世界的变迁，所以如果研究华侨史，不看侨刊就等于断线的风筝在天上飘，找不到着落的地方。包括开平碉楼申报世界文化遗产，还有银信档案申报世界记忆遗产，主要的参考文献都是我们的侨刊。因为侨刊将历史完整记录下来了，那个时代外面怎么排华，中国人怎么想出去，古巴封锁侨汇，我们又是怎么想的办法，等等。这些就是侨刊里的资源。

第二是银信资源。五邑地区的银信到现在按我的统计有五六万封。五六万封中官方的有两万六，在五邑华侨华人博物馆。还有几万封在民间，在一些收藏家的手中，包括我和其他的收藏家，大概有三四万。这个资源是非常难得的，因为华侨的书信是最完整的华侨史记录。它虽然是一个家庭的，但记录着中国和世界的变迁。

第三是侨乡的建筑。开平碉楼申报了世界文化遗产，申报的数目是1833间。台山的碉楼比开平的碉楼多，有2800多栋碉楼，但没有申报。碉楼是西方的文化和中国的文化结合在一起的特色产物。华侨见到外国的洋楼很漂亮，所以回乡时参考外国的楼建了这些碉楼。所以，碉楼外观上是中西合璧，里面是纯中国风格。我们的碉楼用通俗的话讲是"我的中国心"。中国心就是碉楼的特色：外面是洋装，里面是中国传统文化。我们的碉楼和洋楼有一万多栋。此外，还有侨校，华侨建筑的学校。民国时期统计有1000间左右。学校也不大，一个祠堂就是一个学校。学校很简单，但那是传递我们文化的地方。民国、新中国初期有很多广东省高才生是台山人。因为穷的地方没有钱读书，只有读书才有前途，所以台山华侨非常重视教育。

第四是台山的海上丝绸之路文化。明代嘉靖时期，有一个葡萄牙的传教士，我们叫他方济各·沙勿略。他传教到台山的上川岛，想寻找机会去广州、去大陆传教。但是因为当时明朝海禁严格，他进不了内地，不到半年就死去了。后来，他被罗马教廷封圣，上川岛也就变成了一个圣地。上川岛有个村叫新地村，如果我们用台山话说是"新地"，用英语说就是"Sunday"。为什么那个村叫"新地"？因为他在那里传教，星期天要做礼拜，所以那一天大家都去做礼拜。当时，村民大多都入了教，所以是直接用英文音译成"新地村"。方济各来了后，很多葡萄牙人找到了一条做生意的路。中国的茶叶、陶瓷很知名，比如景德镇的陶瓷。可他们怎么运出去呢？他们首先从景德镇陆路运到广东肇庆，然后沿海出广州到上川岛。在上川岛补给，同时将破烂的陶瓷扔掉，将好的陶瓷重新包装后运到葡萄牙。所以，现在上川岛都还有很多陶瓷片，我们把这片海滩叫作"花碗坪"。每当台风一吹，海浪洗刷后会出现很多新的陶瓷片。上川岛现在成了我们海上丝绸之路的申遗点，阳江南海一号的沉船点在我们上川的海域，上川岛是真正的海上丝绸之路的中转点。南海一号八百多年的历史都被保存了下来。

第五是银信的衍生资源，银信在台山留下来的侨资源非常丰富。第一，银信数量众多，这我上面已经讲过了。第二，为了办理银信建立的机构众多，银号、商号、杂货店，什么店都有。我们台山整个旧城区差不多每一间店铺当时都代办银信，因为有钱赚。比如寄一百块外汇回台山，机构就可以收一块钱的手续费。汇款越多赚得越多，所以经营侨批的机构很多。就我手上统计的资料，台山在民国时期的银信机构就超过500间。这500间是我有书信对上号的，准确有多少，没有人知道。现在保存的银信机构信息非常完整，银号的名字都还在。另外还有银号的广告。很多银号原来建了很大的金库，很多金库现在都还没拆掉。这些金库与我们现在的银行的金库一样，有十个、八个平方米那么大，有铁门或钢门，还是锁住的。台山的银信文化非常丰富，永远值得我们去挖掘。

第六是侨眷资源，因为出国的人多，所以在乡下每家每户都可能是侨眷。无论你想找哪一个国家移民的历史，都可以找到人和你讲一讲。有一些人是从外国回乡的，有一些人是亲朋好友在外国的。你可以找近代的、现代的，还有现在继续在海外发展的。我们台山出现一些村子，都是整个村子出去的，有古巴村、巴西村、美国村、澳门村、香港村，所以留下来很多的文化影响了我们。

第七是台山文化对世界的影响。华侨到外国以后赚了钱，他们也想通过华侨身份改变世界。比如说丁龙（Mar Dean Lung），他本来是卡朋蒂埃（Horace Walpole Carpentier）的仆人。有一次卡朋蒂埃发脾气把人都赶走，其他人都走了，丁龙还是老老实实地跟他住下来。后来他把丁龙当作朋友，再后来，把丁龙当作他的家人。当丁龙要回乡时，卡朋蒂埃问他最想做什么。他说："我最想用我在美国赚的钱，在美国一个大学建立一个汉学系。"卡朋蒂埃听后很感动，因为丁龙赚的每分钱都是血汗钱，如果在国内投资还会被称为爱国华侨，但是投资到美国就和你没有关系了。为什么说丁龙具有超越时代的世界视野？因为那个年代美国排华，导致整个世界都排华，比如加拿大、古巴、墨西哥。丁龙想在美国设立一个学习汉语的地方，让他们了解中国，然后对中国有直接的认识，改变世界对中国的看法。所以丁龙在1901年就选择捐款，他在120年前就有这种超前的视野非常难得。大家都以为丁龙读过很多书，其实他没有读过书。他的父母亲经常教他读《三字经》和孔孟，让他知道中国人怎么对待人。丁龙感动了卡朋蒂埃，所以卡朋蒂埃也捐了一大笔款推动在哥伦比亚大学设立了东亚系。丁龙的照片一直保存在那里。关于丁龙的故事，有兴趣的话你可以搜搜央视的纪录片《寻找丁龙》。台山的华侨还影响了古巴。在古巴独立战争时期，很多华侨都参与了独立战争，帮古巴建立了独立的国家。在古巴有一个古巴华侨纪功碑，用来表彰华侨对古巴独立的贡献。后来古巴的革命也有台山华侨的支持。上一届中华总会馆组织委员会会长、古巴华裔将军崔广昌参与了古巴革命战争，协助卡斯特罗搞革命。台山华侨对古巴的贡献也很大。我们的华侨也去过其他的国家，比如说秘鲁。秘鲁没有排华的，而且你到秘鲁，很多餐馆外面写的"CHIFA"，就是用台山话"吃饭"直接翻译成的。这些都可以看到华侨在不断改变这个世界。

戴：您多次提及您的高祖父，我知道您的家族也有非常悠久的移民史。您可以向我们介绍一下您家族的移民史吗？

李：第一代移民是我的高祖父，我的高祖父叫李俊衍。1865年，他跟随李天沛去美国修建太平洋铁路。修完以后便留在了旧金山，通过开杂货店赚了一些小钱。关于他的记录是从1879年开始，第一个记录是他叔叔借了他十美元开了烟行。当时十美元就能开一个店了。我的高祖父还帮其他的华侨过关、办手续、寄银信，等等。1906年台山要修建新宁铁路，高祖父入股了两百大洋。1910年年底，我的高祖父回乡。第一代华侨都叫荣归故里，他们回乡后被称作"金山客"，他的妻子被称作"金山婆"。"金山客"是一个象征，用于形容那些很有钱、很有风貌的华侨。

第二代移民是我的曾祖父。因为当时正是美国排华最严重的时期，他无法前往美国。因此高祖父到1905年给他大儿子，就是我的曾祖父，办手续去了古巴。他加入了古巴洪门致公堂，开了一个洗衣店。到1915年，他的二弟去了古巴。1918年，他的四弟也去古巴了。

1921年，我的曾祖父的第二个儿子，我的二祖父，也去了古巴。这就是第三代移民了。所以一个家族有四个人去了古巴，第一代去美国，第二代全部去了古巴。台山人去古巴的最多，古巴华侨里40%是台山人。我的曾祖父和二祖父去了古巴都没有回来。我的曾祖父开洗衣店开到抗战时期才关闭。我的二祖父一直开餐馆，开到1968年就充公了。1975年，我的二祖父在古巴去世以后，联系就中断了。然后是我的外祖父。

我的外祖父那边不止三代，外公的祖父那一代已经去美国修铁路，第二代也是去美国。我的外公、外公的儿子、外公的孙子现在都还在美国。这一支就一直留在美国。整个家庭，两个分支都是出国的。去古巴的那一支没有后裔，到美国的那一支的后裔都还在美国，但是他们都不想回来。

戴： 刚刚您提到了您的家族里有三代人去了美国或者古巴，那您家族大概有多少封银信呢？您还记得第一封银信的内容吗？

李： 我家族里最早的银信不是一封信，而是一个账本，或者叫银信档案。当时原始的一封信没有保留下来。我家族的银信档案最早大概是光绪五年，也就是1879年，那时开始有记录了。

第一封正式有书信有钱的是1925年我二祖父从古巴寄回的一封银信。信上写的是当年我曾祖父刚好从古巴回乡，要建新房子。但是他当时带回的钱不够，然后叫在古巴的儿子寄些钱回来支援，把新屋建好。所以1925年年底，二祖父寄回一千块港币给我的曾祖父，建了新屋。这一封信是我家族最早、最完整的银信，记录了当时凑那一千块港币的不易。我的二祖父、曾祖父开洗衣馆、餐馆。洗衣馆也是服务业。如果社会经济比较好的时候，你做服务业就比较容易。如果社会经济不好，服务业的发展就比较困难。正好当时古巴换了总统，总统调整政策禁止黄赌毒。自此之后，服务业没那么兴旺了，所以洗衣业也一落千丈。曾祖父、二祖父的洗衣店和餐馆生意冷清许多，很艰难地凑齐了这一千块港币寄回我们的家乡。当时我的曾祖父叫他汇两千块，他说他只有这么多了，一分钱都没有留下来了。当时都很不容易，每一分钱都是他们的血汗。

我家族的银信分两个部分。一个是我自己李家的，保留下来的有86封。大多数是由古巴寄到台山的，寄回古巴的我们就叫回批。另外有20多封是我外公那边的，那些主要是美国寄回的。那个家族也是在美国开洗衣馆。还有其他兄弟寄来的，加起来就有两百多封。因为我的父亲也是做小学老师的，他保管那些档案很完善，什么都保存下来了。

戴：您的家族有着非常悠久的侨史，也有丰富的侨文化资源。那么您是怎么开始研究银信的呢？

李：我研究银信有一个非常好的机遇。2003年，我到绵阳参加亚洲邮展。因为邮展展示的都是信封，所以里面有很多是台山的侨批。我就想，人家能将我们台山华侨书信搞得这么高档，为什么我不行？我回去后就大量收集、挖掘、整理、编辑那些邮集。到2008年就编成了一个侨批的邮集了。到2010年我的侨批邮集在广东省获得金奖，再到2012年获得全国的镀金奖，再又获得了东亚的镀金奖。

后来，我从集邮的研究转到侨史研究。因为这两个研究不能分开，它们是连在一起的。一封侨批，信封表面上有邮路、邮戳、邮票，通过它就可以看到侨批如何流转的。再看侨批里的书信，也不一样。可看到华侨家庭，家、国、天下都涵盖在里面。我就是这样不断地从集邮研究到侨批全面的研究，不断深入。到2015年，我出版了《古巴华侨银信：李云宏宗族家书》，这个是比较系统的。无论从哪一个角度，都可以看到一些东西。所以我的侨批研究，是通过集邮研究发展到全面研究。

戴：您的研究始于一次参展，那您的研究是怎么进行的呢？在研究初期，您遇到了哪些困难呢？

李：最开始还是大多靠自己收集，研究还需要跟外国的人交流。因为我们开始研究的时候，本地几乎没有人懂，所以我们主要是和国内外的专家一起研究。这样进步就很快，给我们也带来改变。研究的困难主要是资料的收集。因为华侨的书信有一个特点是来自千家万户，很难知道书信背后的家庭背景是怎样的，当时的社会历史背景也难以知晓。所以，一开始我感觉无从入手，后来当资料积累多的时候就容易些了。比如研究一个华侨时，你可以联想到另外一个家庭也有同样的资料。还有那些侨刊、历史书籍中有同样的资料。这样一来，考证就容易很多。所以当你收集到一定程度时，进行研究就很容易了。比如，你现在随意拿一个侨批给我看一个小时，我可以给你说出一个小故事。在不断的研究中，不断积累知识，不断进步。研究银信为什么有那么大的吸引力呢？有一首歌就是"每天找到新发现"。你研究一样东西，每天都能找到新发现，你是不是很容易坚持下去？（笑）

戴：对，可以看出您十分热爱您的事业。我们采访过程中，您提到了银信也提到了侨批。请问这之间有什么区别吗？

李：银信和侨批是不同的地区、不同时期，对同一件东西的不同称谓。在民国时期的五邑地区，把带有书信和银两结合体的特殊书信称作银信。银信从字面理解就是有银有信，信和银结合在一起的一种书信。但侨批是潮汕、福建闽南话。"侨"指华侨，"批"是闽南话中书信的意思。闽南话中的批和我们五邑地区的银信也有一点区别。五邑地区银信一般是一封一封的，每一封银信寄一次侨汇。但汕头那边的华侨主要分布在南洋，他们的侨批主要是委托水客带回来，所以是一批一批地带回来。潮汕水客带的侨批都是有编号的。他们的编号是这样，每一天都用我们的《千字文》的"天地玄黄"。所以你看看侨批上有一个"天"字多少号，那这是每一天早上的第一批。第二批是"地"。就按照"天地玄黄，宇宙洪荒"编下去。水客是按哪一天进行编号，比如第几天第几批。因为水客比较多不断地传送，一天有几十班（批）。但是五邑地区华侨主要分布在美洲，路途太遥远，不可能是每天一块钱一块钱那样寄。我们主要是依靠银行和邮政汇款。因为美洲的邮政、银行汇款很发达。一次寄的钱就多一点，有时几十块美元，有时一百块美元。如果你按照从泰国寄回来一泰铢、两泰铢，和美元一比就差很多。所以五邑地区的银信寄的金额要高一点。潮汕地区的金额是东南亚货币，币值会低一点。侨批和银信会有一点差别，但是区别不大。1950年后，广东将所有的侨批、银信统一叫侨批局。五邑有了侨批局，潮汕地区也有银信局，两个地方都一样。有一点区别但是不太大，基本上是同一个意思。

戴：如果一封银信从古巴寄到您手中，会经过哪些路线呢？

李：因为到现在还没有发现清代有古巴的银信，所以我主要讲民国时期。民国时期，古巴华侨寄钱是先到古巴的银行。古巴有花旗银行，也有中国银行。从银行买一张汇票，然后将汇票和书信放在一起，到古巴哈瓦那的邮政局用挂号信寄出。银信走的邮路先从哈瓦那出发，从水路去到美国，然后从美国东岸走到西岸旧金山。中途有许多补给站，也不断地补给。接着从旧金山出发到夏威夷，然后再向西走，走到日本的横滨补给站进行中转。再从横滨向中国出发，来到上海。在上海中转后，从上海南下来到香港。香港是五邑银信的主要的中转站，必须经过香港。因为香港的金山庄很多。到香港时，有一些银信就拆开了，这部分主要是水客带的。如果是完整邮政路线寄来的就不拆开，寄到广州江门台山。这条路线是水路，大概需要一个月到两个月的时间。因为水路看天气，顺风顺水最快一个月能到，但是如果遇上恶劣天气比如台风，需要的时间就会长一些。北美这条邮路，基本也是拉美的邮路。拉美的其他国家也是一样，美国必须是中转站。因为美国的银行、邮政的交通都很发达，所以其他的国家也都依赖美国。墨西哥、古巴、巴西、秘鲁等拉美国家都要经过这条美国的邮路。这条路就是五邑地区主要的邮路。但从抗战时期，邮路就不一样了。可能打仗打到哪里，哪里就要换路线了。抗战时，邮路每一天都有变化，邮费也都不一样。

戴：请问您对台山的侨乡建设有什么想法吗？

李：我们台山是一座华侨历史的金矿。无论你是哪一个地方的学者，我都建议做华侨历史的研究一定要来台山。如果你不来到台山，你肯定有一些不足的方面。所以无论你是哪一方面的研究，比如历史、考古、建筑、美术、文学，都可以利用我们侨乡的文化、建筑，去开发很多东西，这些都有助于你的研究。因为这里资源非常丰富，只因为我们是"养在深闺人未知"，所以，我也很希望国内的学者，尤其是华侨历史的研究学者，一定要来台山，和我们联系。在我们的碉楼里保管着丰富的华侨历史资料。另外，我们的碉楼也是值得研究的侨乡建筑的历史资料。所以，我很希望研究机构到碉楼、到台山建立研究基地，共同把华侨文化发扬光大。

戴：非常感谢李老师接受我们的采访。我们从台山的历史、文化，谈到了李老师您的家族故事，再到您的研究道路。今天的采访内容十分丰富，相信将对我们的侨史研究有很大的意义。再次向您表示感谢！

哈瓦那华区的"中国心"

——古巴华裔访谈录

薛淇心 [①]

    自1847年第一批契约华工抵达古巴至1959年古巴革命胜利前，华人移居古巴的进程几乎从未中断。[②]但长期以来，古巴华侨华人社会主要由男性移民构成，无论在19世纪的契约华工时期还是20世纪的自由移民时期，因女性不被认为是合适的劳动力，所以古巴方面对华人女性入境一直采取严厉的限制。据统计，1847—1874年，约有15万华工陆续抵达古巴，其中，仅有52名女性。[③]直到1948年，经过驻哈瓦那总领事袁道丰的交涉，古巴政府才允许入古巴国籍的华人妻子及未满21周岁的子女入境。此后数年，古巴华人女性的数量开始增加，至1953年，华人妇女人数达484人，为古巴历年人口普查中华人妇女人数最多的一年。[④]即便如此，华人女性占全部古巴华侨华人总人口的比例始终未超过5%。[⑤]

    由于古巴华侨华人社会极其悬殊的男女比例，华人男性与古巴妇

[①]薛淇心：2012年本科毕业于南京大学外国语学院西班牙语专业，后在西班牙塞尔维亚大学先后获得美洲研究硕士和美洲历史博士学位。2022年9月起担任对外经济贸易大学外语学院西班牙语系讲师。

[②]1848—1853年，古巴的契约华工引进曾中断。

[③]吴凤斌：《契约华工史》，南昌：江西人民出版社，1988年，第244页。

[④]袁艳：《融入与疏离：华侨华人在古巴》，广州：暨南大学出版社，2013年，第139页。

[⑤]José Baltar Rodríguez, *Los chinos de Cuba: apuntes etnográficos*, La Habana: Fundación Fernando Ortiz，1997，p. 90.

女通婚成为普遍现象，通婚率约为"十之二三"。①仅有极少数华人男性与华人妇女结婚，或在古巴放松入籍华侨妻孩入境限制后将妻子接到古巴生活。这一现象，导致了在古巴出生的、父母均为华人的古巴华裔成为当地华侨华人社会的"珍稀"群体，他们被称为"百分百"华裔。② 根据中华总会馆1961年对华侨华人进行的人口统计，"土生子女二千六百九十人"③，由于当时中华总会馆只接受父母双方均为华人的华裔入会，所以这里统计的土生子女人数可能为当年"百分百"华裔的人数。但随着20世纪60年代华人移民古巴进程中断，原古巴华侨华人移居他国、返回祖国，古巴华侨华人总人数极大萎缩，土生华裔的人数也相应减少，但由于资料缺乏，目前无法确切统计古巴"百分百"华裔的总人数。凭哈瓦那华裔自行估计，目前仍活跃在哈瓦那华区、父母均为华人移民的华裔大多出生于20世纪40年代至60年代，人数不足40人，甚至更少。④

笔者曾于2020年1月至3月在哈瓦那进行田野调查，与21位"百分百"华裔进行了对话。其中，与李月娟、郭富华、黄明学三位的访谈内容深入、恳切，不仅谈及他们作为华裔在古巴成长、接受教育、工作的个人经历，也就古巴革命、中古关系的发展变化对哈瓦那华区、古巴华侨华人社会的影响展开讨论。所有访谈均使用西班牙语开展，并在征得访问对象的许可下进行了录像或录音。现将上述访谈记录翻译成中文，并在完全保留谈话原意的条件下进行必要的文字梳理。希望可以借此机会使更多人了解哈瓦那华区这群"百分百"华裔及他们炙热的中国心。

---

① 《第二届国民大会古巴华侨代表许荣暖报告书（三）》，《华文商报》，1961年4月11日。
② 在古巴，华侨华人习惯用百分比来说明华裔的混血程度。如父母一方为华人，则为50%华裔；如祖父母一方为华人，则为25%华裔，等等。
③ 《总会馆一年侨务公告》，《开明公报》，1962年1月22日。
④ 此数未必准确，仅为哈瓦那当地华裔粗略估算。

"我一直珍藏着关于华侨中文学校的回忆。"

——与李月娟女士访谈记录

前言

当我第一次走进位于哈瓦那华区（Barrio Chino）的民治党总部时，便注意到了李月娟女士，她身形瘦高，不苟言笑，独自一人坐在摇椅上看着一份旧时的中文杂志。与我同行的哈瓦那大学华人移民研究教研室主任玛丽亚·特蕾莎（María Teresa Montes de Oca Choy）老师向民治党内的成员介绍我访问华区的目的后，大家都热情地走来与我拥抱、行贴面礼，唯有李女士依旧坐在那里，只向我招了招手并点头示意。

我不清楚那稍显冷漠的态度是李女士的一贯作风，还是对我要进行的访谈项目毫无兴趣，所以我有些忐忑地上前询问是否可与她进行简短的交流，没想到她一口答应，并告诉我她每天上午都会来民治党读书、看报，我可以随时与她访谈，如果我感兴趣，她还可以把她一直收藏的公教华侨学校的课本、校园家庭通信册、往期的《光华报》等带来供我参考。

就这样，李月娟女士成为我在哈瓦那华区的第一位朋友，即使我们的访谈已经完成了，我每天到哈瓦那华区后，都会先到民治党向李女士问候，顺便看看她又带了哪些独家珍藏资料。作为交换，我会耐心解答她关于中文、中国的一些问题，并向她介绍关于电子支付、共享单车等我们早已习以为常而她却难以想象的技术与概念。

当我要从哈瓦那离开时，我去民治党与她告别，感谢她为我的研究提供了许多宝贵的信息，她露出了难得一见的笑容，动情地对我说："应该是我谢谢你，谢谢你解答我的那些问题，我一直对中文、对中国有兴趣，想了解更多，但在古巴，很不方便，真的谢谢你帮我了解更多！"我一直以为自己是以信息索取者的身份来到哈瓦那华区，没想到调研之余的闲谈却成为有心人学习中文、了解中国的渠道，我有些意外,同时深受感动。

访谈内容

(薛:薛淇心;李:李月娟)

薛淇心(以下简称"薛"):非常感谢您同意接受我的访问!首先,请简要介绍一下您自己,以及您父母来古巴的情况。

李月娟(以下简称"李"):我叫Teresita Lee Si,中文名叫李月娟,我1952年出生于哈瓦那。我父亲叫李华章,广东鹤山人,1905年出生,14岁时就到了古巴,听说是我堂伯父帮他办的手续。我父亲30岁时回了中国一次,在老家和我母亲黄竹女结婚,1935年我大哥李普照①在中国出生。之后,我父亲独自回到古巴,继续工作、赚钱。1950年,我大哥15岁时,我父亲帮他办手续来了古巴。我母亲1951年也来了古巴,一年后生了我。

薛:您是否向您的父母了解过,为什么当时他们在中国结完婚不一起回到古巴?

李:我记得我父亲说过,那时去古巴的手续很复杂,尤其是妇女,而且办手续也要花很多钱,我父亲一开始也没有那么多积蓄。而且,因为第二次世界大战的爆发,交通也受到了影响,所以我母亲和我大哥一开始一直在中国。后来战争结束,古巴的移民政策也改变了一些,说可以把孩子、妻子一起接来古巴,所以,我大哥和我母亲就过来了。

薛:1948年以后,入了古巴籍的华人才可以把妻子和未满21岁的子女接到古巴。那这样说,您父亲是入了古巴籍的?

李:是的,我父亲入了古巴籍。当时有一些华人都入了,因为没办法,古巴推出了"五十工例",要求华人的店铺要聘用一半华人、一半古巴人,但是以前华人做生意都是找华人员工的,颁布这项法令后,他

---

①李普照已于2013年去世。

们为了解决这个问题，就加入了古巴籍，为了满足这个要求。

薛：您父亲以前也是做生意的吗？他是从事哪个行业的？

李：我父亲刚到古巴的时候在甘蔗田里砍甘蔗，后来又去种菜，积攒了一点钱后，在Mercado Único（现 Mercado de Cuatro Caminos，哈瓦那一农贸市场）买了一个摊位，卖蔬菜，每天很早就要开始工作，很辛苦。我大哥来古巴，也是为了帮我父亲。

薛：您父亲和大哥经营的蔬菜摊收入如何？当时足够维持你们一家的生活吗？

李：具体收入如何，我那时很小，没有概念，但维持生活是够的，但需要很辛苦地工作。我父亲一直寄钱回中国接济我的祖父母和其他亲人。另外，我父亲还供我读书，我小时候在华区的公教华侨学校读小学，除了学费，还要交校服费、交通费，等等，因为我不住在华区这边，每天要乘校车上下学，所以要额外付交通费。

薛：古巴革命胜利后采取了一系列改革措施，包括把所有的私有经济收归国有。您父亲的蔬菜摊是否也被接收？之后，您一家人的生活水平受到了影响吗？

李：是的，我父亲和我大哥经营的蔬菜摊在20世纪60年代被政府接收，没有得到什么赔偿。我父亲给政府打了几年工，就退休了，每个月只有100多比索的退休金，很少；我大哥去了我表兄的一个农场工作。为了缓解家庭负担，我母亲开始帮别人做一些缝缝补补的工作，她不会说西班牙语，也做不了别的事情，我有时也帮着她一起做缝纫。为了节约生活成本，我母亲经常到乡下直接向农民购买一些食物，这样会便宜很多。

薛：当您一家的生活变得较为拮据时，您父亲还继续向中国汇款帮助那里的亲人吗？

李：古巴革命胜利不久，政府对外汇进行了比较严格的控制，有一段时间汇款回中国是不允许的。后来，古巴和中华人民共和国建交，切·格瓦拉（Che Guevara）去中国访问，经过一些协商，古巴政府允许中华总会馆协助这里的华侨华人继续汇款，但每年有限额。我祖父母去世后，我父亲就每年汇款给我的婶婶，委托她帮助我们一家在清明节、春节等传统节日时对已经逝去的亲人进行祭祀活动。后来我婶婶也去世了，我父亲就不再汇款回去了，一是没什么很近的亲人了，二是因为我们的生活也并不富裕。

薛：当古巴革命政府开始进行一系列改革后，很多华人过去的工作、经商、生活环境发生了改变，有一部分人选择离开古巴，移民到其他国家，如美国或返回中国。您父母亲考虑过离开古巴吗？

李：我父亲一直以来都是准备回中国的，但他想在古巴多工作几年，多攒一些钱再回去。古巴革命胜利后，古巴政府只允许每户兑换很少额的新货币，很多人的积蓄都没办法兑换完，全都损失了，听说有的人有一抽屉的旧货币都变成废纸。[①] 有一些华人，他们为此都自杀了，你想想，那么辛苦地工作，付出那么多心血，最后所有的积蓄都没了。也有人因为受不了这样的刺激，精神失常了。因为这个更换货币的政策，我父亲也损失惨重，我们后来也没钱移民到其他地方，也没办法回中国。我父母最后都在古巴去世，再也不能回去，是终生的遗憾。

薛：虽然您一家在古巴的生活经历了一些困难，但好在一家人相互陪伴，比起很多孤身一人、不能和家人团聚的华人，从某种程度上说，还算幸运。

李：从某种程度上可以这么说。有些老人一直想回中国和家人团聚，但是回不去，付不起路费，回去也要申请，手续很复杂。有些人和古巴妇女组成了家庭，在中国也没什么亲人，所以回不回去对他们来说

---

①古巴革命政府1961年颁布第963号法律，规定强制兑换新货币，以迅速更换该国流通的旧货币。该政策于1961年8月6日、7日两天进行，以家庭为单位，每户可兑换最多200比索，超过此金额的款项将存放在专户中，以备日后兑换。

也无所谓。

薛：我们现在谈一谈您个人的经历吧。您之前提到，小时候念的是华侨学校？您的中文就是在那里学的吗？

李：我从小是母亲带大的，因为父亲和大哥要工作，很忙，我就和母亲一起。她到古巴后，也一直说广东话，没有学会西班牙语。小时候，我都是说广东话。我母亲也不喜欢我说西班牙语，所以她让我去念公教华侨学校，去那里学中文。

薛：您现在还记得学校的一些基本情况吗？

李：我一直珍藏着关于华侨中文学校的回忆。公教华侨学校当时有100多个学生，上午用中文授课，从8点到12点；下午用西班牙语授课，从下午1点到5点。但我5岁入学到8岁这三年，都只上中文授课的班，学国语和常识。国语主要学阅读、默写、背诵等。8岁时，我才开始上西班牙语授课的班，只上了一年。当时我们用的课本我还保存着，这些书都是从香港运来的。

薛：那8岁后您还继续学中文吗？您现在的中文能达到什么水平？

李：1961年，学校关了，因为校长、老师都移民了，我很多同学也和他们的父母移民了。我们留在古巴的就开始上古巴的学校。但当时公教华侨学校有一位刘老师，名叫刘德闻，在学校关闭后，私下继续教华人小孩中文。那时，我白天上古巴的学校，晚上我母亲把我送到刘老师家，和几个小孩一起上中文课。但是，这位刘老师后来移民去了西班牙，没人教课了，我们也就不再学了。我只会广东话，不会说普通话，因为当时的老师都是广东人。现在我能认得繁体字，也会写一些，但简体字不会。

薛：出生在古巴的华裔大多都会说一些广东话吗？像您这样能读、能写的应该不多吧？

李：绝大部分都不会说。能写的、能看懂的，更少了，几乎没有了。因为后来没有华侨学校了，我们都去读了古巴的学校，用不到中文了。

薛：古巴革命虽然对华人的经济造成了一定影响，但是在教育方面，出生在古巴的华人子女应该也享受了教育全免费的益处，是这样吗？

李：是的，上学不要钱，小学、中学、高中、大学，都免费，华裔和古巴人享受一样的待遇，没有差别。我自己读的是食品生物化学专业，毕业后在一家国营面包甜品厂上班，负责产品质量控制。我认识的和我年龄差不多的华裔都读了大学，学工程、医学，等等。

薛：您从小在华区念书，后来学校不在了，读中学、大学，工作的那些年您还常来华区吗？

李：我父母是一些社团的会员，有时举办活动我就跟着他们一起来。但60年代之后，社团也没什么活动，很萧条。后来我读书、工作，也不怎么来了。但我1996年就加入民治党做会员，是我大哥推荐我加入的。我2007年退休，2014年，我的丈夫叶泽棠去世，这之后我来得多一些。民治党每天中午给60岁以上的会员提供免费午饭，我现在每天来。我家不住在华区，到这里没有直达的公共汽车，所以我每天走路，要走14个街区，就当是锻炼。

薛：与60年代至80年代那段时间相比，现在华区有哪些变化？像民治党这样提供免费午餐的社团多吗？

李：现在热闹一些了，这里的街道也修得整齐、美观了一些，Cuchillo①街前几年也重新装修了，但那里的中餐馆不是给我们吃的，是给外国游客，我们负担不起。现在社团在春节、清明节这样的传统节日会举办活动。除了民治党，还有龙冈公所提供免费三餐，只要是华人或华裔，不用成为龙冈的会员，也可以在那里免费吃饭。但民治党吃得好一些，所以我就在这里吃一顿午饭。在古巴，粮食是凭本定量供应的，从60年代到现在都是，物资匮乏，我的退休工资很少，民治党和龙冈公

---

①哈瓦那华区内一条美食街，设天坛饭店等中餐馆。

所在古巴卫生部的资助下提供免费午饭，对我们来说帮助很大。

薛：我看到您每天都在这里读过去的杂志，这上面的新闻都过时了，您为什么要反复看呢？有什么让您特别怀念的吗？

李：我不是在看新闻，我只是通过看这上面的字让我不要忘记中文，我年纪大了，平时也用不到中文，如果不这样每天看一点，我很快都要忘记了。

薛：据我观察，华区里像您这样父母都是华人的华裔很少，您从小到大有没有觉得这种身份很特别？

李：是的，很少，尤其像我这样，父母是华人，我本人又和华人结婚，我的儿子也是百分百的中国血统。我儿子经常开玩笑地说，他被错误地生在了古巴，因为我们家里都是中国人的面孔。但是我没觉得特别，在这里生活，和其他古巴人一样。我们不像出生在古巴的西班牙子女，他们后来都可以申请西班牙国籍，中国没有这项政策。

薛：您现在在中国还有亲人吗？你们有联系吗？

李：我自己家应该还有一个表弟，但他们家从来不给我写信。我丈夫还有亲人在中国，我丈夫去世后再也没有联络。他们只从照片上看过我，我从没有去过中国，没和他们见过面。

薛：谢谢您接受我的访问！希望以后有机会，您可以去中国看一看，见见您的亲人！

李：希望吧！但我应该很难负担起路费。

后记

在我离开哈瓦那的前一天，李女士交给我一张纸条，上面写着一个中国的手机号码，她希望我回国后可以试着帮她寻找她丈夫生前在广东省的亲人。后来，我与这个号码的主人取得了联系，对方非常惊喜，因为他们一直听说在古巴还有亲戚，但从未见过面，没想到竟然还能联系上。李女士家中没有电脑、没有网络，我只得通过另一位古巴华裔黄明学先生将李女士亲人们对她的问候转告她；而她想跟中国的亲人们说点什么时，只能用她有限的中文写一封短信，黄先生将信拍成照片，通过邮箱发给我，我再转发给她的亲人。

其实，李女士完全可以用西班牙语写信，由我向她的亲人翻译，对她来说这样会轻松许多，但是，她坚持使用中文。李女士一直难忘幼时在华侨学校受到的中文启蒙教育，退休后始终保持阅读、收藏中文报刊的习惯，生

图1　李月娟女士站在曾经公教华侨学校入口前
（作者摄于2020年1月16日，哈瓦那）

怕自己忘记了这门语言。我恍然明白，她的种种坚持也许正是等着这一天，她终于可以用汉字向亲人们表达她的感情，即便寥寥数语，仿佛让她觉得自己与从未到过的中国、与从未谋面的亲人们之间的距离并没有那么遥远。

"我喜欢学中文，我坚持用中文练习写作。"

——与郭富华先生访谈记录

前言

与李月娟女士的访谈结束后，她告诉我，公教华侨学校还有一位她的同班同学叫郭富华，也是"百分百"华裔，现在经常来华区，他不仅会说粤语，也会说普通话，李女士建议我也可以找他进行访谈。于是我把郭先生的名字添加在我的访谈名单中，想着有机会见到时便发出邀约。

2020年1月中旬，我经当地中国留学生介绍去哈瓦那Playa区访问一

位中古混血华裔梁林聪先生（Lorenzo Liang Baez），梁先生因多年前一场车祸大脑受损，过去的很多事已记不清了。他因未能向我提供多少信息而自觉惭愧，于是主动提出要带着我去认识另一位住在附近的华裔Alberto，他说这位Alberto是"百分百"的华裔，还会说中文，肯定可以帮到我。当我们到了Alberto家，一位亚洲面孔却皮肤黝黑的先生来开门迎接，他看到我后，立刻用普通话问我："你是中国人吗？"我简单自我介绍后，他边说着"你好，我叫郭富华"，边与我握手。

原来，Alberto就是李月娟女士的同班同学郭富华！我惊喜地将这个巧合告诉没听懂我们中文对话的梁先生，并感谢他的引荐，梁先生开心地给了我一个拥抱，幽默地说："这下我安心许多，也算帮到了你！你看，我没说错吧，Alberto比我中国化，他只会握手！"我们三人哈哈大笑，访谈便在这愉快的氛围中开始。

访谈内容

薛淇心（以下简称"薛"）：Alberto，原来您就是郭富华，我听Teresita说过，你们是同班同学，一直希望能在华区看到您后约您访谈，没想到今天就见到了。

郭富华（以下简称"郭"）：是的，我和Teresita是同学。谢谢我的表哥（向梁先生微笑致意）今天介绍我们认识，确实很巧。

薛：原来您二位是表兄弟吗？

郭：不是真的表兄弟，但是我们都是华人的后代，我们小时候就认识，互相都这么称呼，很亲近！

薛：很难得，您竟然会说普通话，那今天的访谈您希望用哪种语言进行呢？

郭：虽然我很想用这个机会练习中文，但我的水平有限，有的意思怕表达不清楚，我们还是用西班牙语吧。

薛：好的。首先请您介绍一下自己，以及您父母来古巴的情况。

郭：我叫Alberto Dasio Kuok Loo，中文名叫郭富华。1952年10月21日，我出生在哈瓦那的华人医院——九江医院。我父母都是广州人，他们1932年在广州结婚，但那时中国的情况不太好，我父亲没有工作，于是就和我爷爷一起于1933年来古巴务工，我母亲继续和我父亲的家人生活在广州。第二次世界大战爆发后，我母亲他们从广州逃难到了香港，战争结束后，我父亲的家人决定定居在香港，我母亲独自回广州照顾我外婆。直到1952年1月，我父亲才把所有手续办好，把我母亲接到了古巴。我母亲独自在中国苦等了近乎二十年，才和我父亲团聚。之后，我出生了，1954年我妹妹出生，1957年我弟弟出生，我们三个都在哈瓦那老城区长大。

薛：您父母的故事很感人，最终能在哈瓦那团聚很不容易。但为什么您父亲去古巴时，没有直接带着您母亲一起呢？

郭：那时去古巴务工的手续不好办，带着家属同去，负担更重。而且我爷爷和我父亲一开始是在一位华人的杂货店里打工，当伙计，赚的钱不是很多，他们还要攒钱寄回广州接济老家的亲人，没有多余的钱再为我母亲办移民手续。后来开始打仗了，国际交通中断，我父亲想把亲人接来古巴也没有办法，所以只能等了那么多年。

薛：您父亲后来有条件把您母亲接到古巴，应该是工作了很多年后有了一些积蓄。他和您祖父一直在别人的杂货店工作还是有了自己的生意？

郭：我爷爷和我父亲一开始给别人打工，他们很辛苦地工作，就是为了多攒一些钱。把我母亲接到古巴后，我父亲用剩下的积蓄自己买了一个杂货铺，开始当老板，但工作依然很辛苦，他们一直寄钱回中国接济老家的亲人。

薛：古巴革命后开始将所有的私有经济收归国有，您还记得您父亲的店铺是哪一年被没收的吗？之后他从事什么工作了？您一家的生活发生了哪些变化？

郭：1959年古巴革命胜利后，1960年就开始国有化进程，我父亲的店铺是1960年或1961年被没收的，具体日期我记不清了。之后，他被安排到一家国营杂货店当营业员，不能再做老板了。自己开店和当营业员，这两者的收入肯定是有很大差别的。我父亲自己开店时，具体赚多少钱我不清楚，那时我还小，但养活一家人还是足够的，并且还寄钱回中国。做了营业员后，他的月工资大约在86比索，很少，我们家有三个孩子，我母亲又不工作，这些钱不够花。我记得我小时候家里有一台黑白电视，因为家里的经济状况不好，我母亲把电视机卖了，给我和弟弟妹妹买吃的。我母亲后来还卖衣服、卖家具换钱，以贴补家用。我小时候上的是华人的私立学校，革命胜利后一两年学校关了，我就开始在古巴的公立学校读书。我们一家以前住在哈瓦那老城，我父亲以前的杂货店现在还在原来的位置，但里面已经完全变样了。

薛：您父亲的杂货店被没收后，收入减少，在这种情况下，他依然寄钱回中国吗？

郭：是的，即使我们很困难，我父母一直帮助老家的亲人。之前有杂货店的时候，条件好一些，汇款也没有那么多限制，每次汇款数额不等，比较频繁。70—80年代，只允许华侨汇款，华裔没有资格，在中华总会馆的协助下，一年只能汇一次，数额在100~200比索，我记不清了。[①] 除了汇钱回去，我父母一直与广州的亲人写信保持联系，都是写给我的一位姨妈。我母亲不会写字，信都是我父亲写，他1995年去世后，就由我来写信，收寄信挺慢的，要一两个月以上。

薛：您一直都会读写中文吗？您在华侨学校念了几年书？后来学校关了，您还自学中文吗？

郭：从很小的时候，我母亲就教我说粤语，所以我一直会说。1958

---

①根据黄江夏堂的内部资料，当时汇款限额为每位华侨（华人）270比索/年。

年，我开始在公教华侨学校学习，学阅读、写字，等等。后来华侨学校的校长移民美国，学校关了，我8岁时，开始在古巴公立小学读书，用西班牙语学习。但是在家里，我和父母都说粤语。1990年，我在哈瓦那一所外语学校又学了两年中文。我和一位女华裔结婚，她父母都是华人，我们有一个女儿，从小我们在家里都说粤语。我女儿长大后，我希望她学会说普通话，2015年她大学毕业开始工作，和我在一个单位ETECSA，古巴电信公司，我们一起上班，也一起报名在哈瓦那大学孔子学院学习中文。我们都通过了汉语水平四级考试，后来我女儿去中国留学，我还继续在孔子学院学习，今年（2020年）是第五年了，我喜欢学中文，想不断提高自己的中文水平，平时我也自己练习用中文写作。

薛：像您和您女儿这样既会粤语又会普通话，既能说又能写的华裔在古巴应该是极少数了。二位在语言上的优势是否为你们提供了一些不一样的发展机会呢？

郭：我从小会粤语，长大后知道中国的官方语言是普通话，就一直想学普通话，我没多想有什么发展机会。但是你说得对，像我这样，会说、会写汉语的华裔，在古巴真的不多，所以华人社团有时会请我帮忙，教粤语、做翻译、做社团秘书，等等。1995—1997年，我在中国传统艺术之家给华区促进会①的领导及工作人员教粤语。1997年6月，华区促进会举办了纪念华人抵古150周年庆会，我担任翻译，负责招待从美国及加拿大来古巴参加庆会的华侨华人。2006年，我加入了民治党和龙冈公所，2006—2008年，我在龙冈公所给那里的会员教粤语，算尽义务，当时连一些古巴人都上了我的课。2019年，我从古巴电信公司退休，开始在中华总会馆做中文书记，我想也是因为我会粤语和普通话。最近民治党主席Marcelo说，他希望我今年（2020年）夏天开始教会员说粤语，

---

① 华区促进会于1995年创立于古巴首都哈瓦那，由数位古巴华裔领袖组成，旨在复兴此前已衰落的哈瓦那华区，2005年解散。

我认为这对青年华裔很有利，他们也应该保持这项传统。其实我学中文，尤其是进孔子学院学习，主要是为了给我女儿做一个榜样，当然，她很厉害，学得比我好。2016年，她去北京参加夏令营。第二年，她得到机会去西安交通大学学一年中文，在那里，她萌发了留在中国读研究生的想法，于是申请了西安交通大学电信工程硕士项目，是英文授课，她现在还没有毕业。我希望将来她可以留在中国工作。

薛：您女儿很优秀，难怪您很为您的女儿自豪。您之前提过，她和您一起在古巴电信公司工作，所以您读了大学，并且也是学电信类专业的吗？

郭：是的，我上的是夜大，学的电信工程。1969年时我开始服兵役，这是义务性质的，为期两年，1971年结束。然后我开始打工，白天工作，晚上读高中。后来我在夜校学了两年英文。1976年，我决定读大学，白天工作，晚上上夜大，用了七年时间，从电信工程专业毕业。毕业后我先在古巴邮电部当工程师，工作三年后，为了提高工资收入，我换到电话公司的开发部门担任通信网络的设计员。1994年，我开始在古巴电信公司工作，一直到退休。现在华区家家户户都有电话，当时那里的电话网络是我负责设计和领导安装的。我还参与了古巴电信公司和华为的合作项目，设计古巴国家的Wi-Fi系统和宽频通信系统。

薛：您的经历非常丰富，尤其您的工作项目可以为华区的住户服务，格外有意义。您小时候在这里上过学，长大后也经常来华区参与各项社团活动吗？

郭：我只在华侨学校读了一年，不过我家在哈瓦那老城区，离这儿（华区）不远。我1968年就成为中华总会馆和九江公会的会员，那时只有父母双方都是华人的华裔才能加入这些社团。九江公会那时有医院，专为华人服务，我就是在那里出生的。70年代我先是服兵役，后来打工、读夜校，没有时间参与社团的活动，来得较少。那个时期，由于很多华人离开了古巴，各个社团的经济状况也不好，很多社团解散了，没有解散的那些也不怎么举行活动了，华区比较萧条。我记得80年代中期，古巴政府在隔了十几年后再次邀请华人华裔代表参加狂欢节，中华总会馆号召我们一帮华裔积极准备，我们穿着传统的中式服装向古巴人展示，我们觉得很自豪。那些衣服好像是以前粤剧表演的戏服。

薛：60—80年代，当中古关系比较疏远的时候，华区、各个社团的活动受到影响了吗？

郭：两国关系的问题是政治层面的，我感觉对我们的个人生活没有太大影响，我不太喜欢评论政治问题。

薛：就您个人的观察与感受，您觉得从60年代到现在，哈瓦那华区、华人社团总体上有哪些显著的变化？

郭：最明显的变化就是华人一直在减少，以前华区到处都是中国面孔，随处可以听见华人之间用广东话交谈，看中文报纸，现在没有这样的场景了。以前华人的杂货店有很多中国产品，酱油、味精、中国食品，现在也买不到了。过去华区有很多中国饭店，还没走到这里，哪怕闻到中国菜的气味，就知道离华区不远了。当然，现在Cuchillo一条街也有中式餐馆，但口味都不是最正宗的，是经过改良的，为了适应古巴人和其他外国游客的口味。华人社团也减少了很多，在我小时候有几十间，现在只有13间。从上世纪90年代开始到2005年，华区促进会开始复兴华区，那十几年，华区比上世纪七八十年代热闹了很多，先是举办华人抵达古巴纪念庆祝会，后来每年举行海外华人节，开展学术会议、中国食品展览、文艺表演等活动，很多国家的华人社团、研究华人的学者、中国的企业或个人都来参加，反响不错。各个社团也重新活跃起来，配合华区促进会的活动。但是2005年华区促进会解散后，这些活动就停办了。现在每逢中国的传统节日，以及古巴的重要节日，社团都会举办活动，最隆重的是庆祝春节，会有舞狮表演、武术表演，等等，各个社团也会分别举行庆会，邀请会员聚餐。

薛：您曾经去过中国吗？

郭：我去过两次。第一次是在1998年，古巴电信公司派我先去意大利，接着去中国巨龙公司培训业务，我在洛阳学习了两个月，在那段时间里我还去了北京、广州和深圳参观。我到广州的时候见到了我母亲的亲戚，跟他们拍了很多照片，但很可惜我没能去香港看望我父亲的亲戚。我觉得广州和深圳非常好，发展很快。我回到古巴后，把在中国拍的照片给我母亲看，尤其是那些和她亲人的合影，给她看，她非常高兴。第二次去中国是2019年7月，去西安看我女儿，她正好放暑假，陪我参观了西安的钟楼、兵马俑等名胜景区，我在西安待了一个月时间。

薛：您父母一直和中国的亲人保持联系，那他们晚年时想过回中国吗？

郭：没有，我的父母以及我们兄妹三人都在哈瓦那，回不回去都一样。我父母都是在哈瓦那去世的，现在安葬在中华总义山，每年清明，无论天气好坏，我都会带着鲜花去祭奠他们。我在家里给他们安了一座神位，每年的新年、母亲节、父亲节、他们的生日和祭日，我都会点香祭祀。

薛：谢谢您和我分享您个人和您家庭的故事，很特别也很令人感动，希望您可以坚持学习中文，将来用中文把这些故事都记录下来！也希望您有机会再次去中国更多的地方看看！

郭：谢谢你的鼓励，我其实写了一些，以后也会接着写！有机会，我还会去中国，我听说广东的变化很大，我得目睹那里的发展，尤其是广州、江门、九江及中山。我也非常想去香港看看！

薛：一定会有机会的！

后记

2020年3月，新冠肺炎疫情已经开始在古巴蔓延。当我即将离开哈瓦那时，却找不到任何药店出售防护口罩。郭富华先生知道后，拜托他的医生朋友帮我要到了两个珍贵的仅为医护人员配备的一次性口罩，为我的返程飞行提供了一丝保障。除口罩外，郭先生还将自己的一篇中文习作复印件赠送给我留作纪念，题为《我父母的爱情》，写于2018年，曾在哈瓦那大学孔子学院周年纪念活动时被改编成话剧进行演出。

文章的遣词造句虽然仍显中文水平的生涩，但却以最朴实的方式描述了郭先生父母在分别二十年后团聚并在异乡厮守到老的故事。文章结尾的寥寥数语也情真意切地传达了郭先生对其父母之间伟大爱情的怀念与赞赏：

"从1933年我爸离开了我妈到1952年他们才见面，几乎过去二十年了，在这个很长的时间中我妈究竟有决心等着我爸，无论经过了不少苦的困难，她都忠心爱我爸，所以我很夸赞她的真正优美的爱情。"

这篇文章是郭先生父母的真实故事，也是更多有着相似经历的海外华侨华人历经坎坷终与家眷团聚的缩影。

图2　郭富华先生在家中接受作者采访
（作者摄于 2020 年 1 月 20 日，哈瓦那）

"我一直认为自己是中国人，只是生在了古巴。"

——与黄明学先生访谈记录

前言

第一次在民治党总部见到黄明学先生时，他正准备给几位较年长的华裔上中文课。黄先生头戴鸭舌帽、脚穿人字拖，起初我还以为这位中文老师是当地的中国留学生。后来才知道，他是土生土长的古巴华裔，在哈瓦那华区，大家都亲切地称呼黄明学先生为Ramoncito。

据黄江夏堂主席黄锦芳女士介绍，黄先生的父亲曾是哈瓦那华人社会的一位重要人物，先后担任过黄江夏堂主席、《光华报》总经理、中华总会馆主席，而黄先生本人从小会说粤语，后来自学普通话，除了积极参与黄江夏堂、古巴华侨社会主义同盟、民治党等社团的活动，每周三在民治党总部免费为年长的华裔教授中文。

虽然黄先生接受了我的访谈邀请，但当他得知我期望了解古巴革命前后哈瓦那华人社会的对比变化后，初次与我访谈时显得非常谨慎，尤其对政治方面的问题避而不谈。随着我们逐渐熟识，他了解到我的研究不涉及任何政治立场，只为分析历史，他便慢慢放下了防备之心，开始愿意与我分享他在哈瓦那华区成长的经历与感受。

以下为我与黄先生数次访谈汇总后的内容，部分谈话黄先生拒绝录像、录音。

访谈内容

薛淇心（以下简称"薛"）：感谢您接受我的访谈，请先简要介绍您的个人基本信息，以及您父母移民古巴的情况。

黄明学（以下简称"黄"）：我叫黄明学，Ramón Wong Wu，1967年12月10日出生于哈瓦那。我父亲叫黄文竞，他西班牙语名字是Ramón Wong Manken，是在Ramón后加上了他的中文名字。我父亲是新会古井镇人，出生于1933年，16岁的时候从老家到广州，再到香港坐飞机，经加利福尼亚转机后到达哈瓦那。其实我们家最早移民古巴的是我曾祖父的大哥、三哥和我曾祖父本人，他们在20世纪初期就到古巴务工，在糖厂里工作。我曾祖父有了一些积蓄后搬到哈瓦那谋生，自己做小本生意，经营了一个小饭馆和一个蔬果摊。1949年时，中国刚刚结束了战争，经济条件还不是很好，我曾祖父就想办法帮我父亲办了手续让他来古巴，一来可以给我曾祖父帮忙，二来可以自己赚钱养活自己。我父亲于上世纪60年代初曾经回过中国，当时中古两国建交，中华总会馆安排一些老华侨回国观光。我父亲回去后，在老家经人介绍与我母亲结婚，1964年我母亲抵达古巴。同一年，我哥哥出生，1967年我出生。

薛：目前的一些研究都表示1959年古巴革命胜利后中国移民古巴的进程就停止了，没想到直到1964年还有像您母亲这样从中国移民到古巴的。

黄：的确，50年代末期中国过来的移民就已经很少了，像我母亲这样的是极少数。据她本人回忆，与她同时期从中国到古巴的共三位女性，一位去了西恩富戈斯（Cienfuegos），一位刚到不久便和她的丈夫移民去了美国，只有我母亲一直在哈瓦那。像她们这样的，在1959年之后移民的基本都是妇女，是来古巴投奔丈夫的。我母亲应该是他们这一辈老华侨中最后一位到古巴的。

薛：古巴政府1948年开始允许已入籍的华侨将妻子、子女接到古巴团聚，您父亲入了古巴国籍吗？

黄：是的，他入了古巴籍，是为了满足"五十工例"的要求，就是国化劳工法，要求外国人在古巴经营生意时要雇用至少百分之五十的古巴员工。由于中国人在古巴，也许在世界各地，都更倾向于抱团取暖，他们雇用的都是中国人。比如我曾祖父，他自己保留了中国国籍，但是为了遵守古巴的这项法律，他要求我父亲加入古巴籍。这种做法只算是一个对策，其实最后中国人的店里绝大部分还是中国人。

薛：您父亲来了古巴之后，一直在您曾祖父的店里工作吗？

黄：起初刚来的时候，是和我曾祖父一起经营小饭馆和蔬果摊。但是他来古巴的时候比较年轻，挺叛逆的，与我曾祖父在一些事情的看法上不一致，想自己独立门户，出去闯闯。于是就自己找了一份工作，在另一个华人的杂货铺里打工，后来我叔叔也从老家移民到了古巴，他们俩一起开了一个小型的咖啡馆，也卖冰淇淋、炸物，算是一个零食摊。在古巴的中国人绝大多数都集中在洗衣店、杂货店、蔬果摊、饭馆等这几个行业，小本经营，成本和风险都在可承受的范围内，主要是通过辛勤地工作赚取微薄的利润。这些行业的华人店主，其实算不上真正的老板，他们本身也都要和伙计一起工作。

薛：您说的这些情况应该是古巴革命前。革命之后，您曾祖父、父亲、叔叔的这些店铺是哪一年被收归国有的？之后，他们从事了什么工作？

黄：具体哪一年我不清楚，但肯定在1968年之前。古巴革命胜利后，首先对美国的大型资本进行了国有化，后来改革逐步深化，对中小型的外国资本也进行了收归，1968年开展了"革命攻势"，将所有的私有资本全部收归国有。我们家在革命前一共有三份生意，饭馆、蔬果摊、小咖啡馆，全部都被没收了，没有得到一分钱的赔偿。我曾祖父年纪大了，后来就退休了。我父亲后来做的最主要的工作就是在《光华报》，先是做印刷机排字员，后来成为总经理。

薛：说到这儿，我正好在研究《光华报》的历史。我了解到这份报纸最初是一份具有共产主义性质的地下刊物，古巴革命后才正式发行。但我在古巴国家图书馆查阅资料时，发现只有1989年至2000年这一时间段的，而且很不齐全。这份报纸是否曾中断过出版？60—80年代这段时间的缺失是否和中古关系在那一时期较为疏远有关？

黄：《光华报》的确中断过出版，不过是在1985年左右。至于国家图书馆只保存了1989年之后的一段时间，我不清楚具体是什么原因，不过我觉得你推测的有一定道理。现在两国关系很密切、很友好，如果提到这段历史，会显得不合时宜。鉴于这个方面，有可能图书馆把某一时期的相关资料都不对外公开了，但也有可能他们只收藏了1989年至2000年这段时间的资料。

薛：我在与华区不少华侨华裔交谈时都问到了中古关系疏远对古巴华人社会是否有影响，但大家都很不愿意谈及这个话题，有的搪塞过去，有的直言不谈论政治。既然您刚刚谈到了一些，而您又正好成长于那一时期，不知是否愿意分享一些您的个人感受？

黄：中古两国关系的疏远对华人社会或多或少有影响。那时我父亲除了在《光华报》工作，也是黄江夏堂的主席，我们一家就住在社团的楼里，所以我很清楚那时社团的情况。我记得那时很少举办像现在这样的活动，会员聚餐、节日庆典，我印象中都没有；定期召开会员会议的时候，来参加的不超过10个人。大家有的不继续交纳会员费，有的干脆直接退出，因为对他们来说社团已经不能为他们提供任何帮助。不只是黄江夏堂，这里的社团大都如此，很多社团逐渐关闭、解散，只剩了现在这12所，另外加上中华总会馆。1980年左右，古巴政府停止了对《光华报》的纸张配额，报社的条件非常紧张，我父亲他们都没有收入，一心只想维持这份中文报纸。没有纸张，报纸就不能印刷，我父亲他们到处协调，最后新华社驻哈瓦那的办公室找到了一些A4纸缓解了《光华报》的纸张困难。我记得很清楚，因为那时我替我父亲去新华社的办公室领过纸。《光华报》的机器是非常古老的，都是用铅字块，版面减小后，印刷的方式也要跟着改变，其他人都不知道怎么办，我父亲钻研了很久，找到了办法，但是要在印刷时手动移动纸张，有一次因为操作得慢了一些，他的一根手指被机器轧断了。

薛：非常感谢您分享的这些鲜为人知的历史。在那一段时间（中古关系疏远期）里，作为华裔，你们的学习、工作、生活是否受到什么影响？

黄：就我个人而言，在学校，我有过不愉快的经历。因为我从小和母亲生活在一起，在家里我们都说古井的方言，我刚上小学的时候一句西班牙语都不会，第一天去上学，我因为语言不通，都找不到自己的教室。因为语言上的问题，有同学嘲笑我，不过很快我就适应了，小孩子学语言很快。另外，当时那个学校只有我和我哥哥是亚裔，开始我们显得比较孤单，而且我们身体比较单薄，所以有些长得比较高大、强壮的小孩会欺负我们，每个学校应该都会存在类似的霸凌现象吧。也是因为这些经历，我父母后来让我和我哥哥练习跆拳道，强身健体。不过我回想，这些经历与我的华裔身份应该没什么联系，准确地说，我没有因为有中国人面孔、生活在华区这些受过歧视。其实，古巴革命就是为了消除差异、提倡平等，使不管任何人种、民族的古巴人都感觉是这个国家的一部分。从这一点来说，70—80年代，在华区比较沉寂的时期，我们华裔更多地与古巴当地社会接触、融合，没觉得和其他古巴人有什么不同。当然，不是说我们就忘记自己的身份，我自己一直认为自己是中国人，只是出生在这里，但我们那时不会在公开场合刻意强调自己是华人后代，不像现在大家都有比较高的热情去了解中国文化，更积极地去加深自己对华裔身份的认同感。

薛：90年代初期，古巴和中国的关系进入一段新的发展时期，直到现在两国关系一直比较密切与友好。我在查询民治党会员录的时候，发现1993年这一年加入了大批华裔新会员，而这一年刚好是前中华人民共和国主席江泽民第一次访问古巴的时候。两国政治层面的亲近对华区的发展有什么影响？

黄：两国关系重新变得友好其实是政治层面的，对我们每个人的日常生活、工作其实没有太大的影响。但从整个华人社会而言，应该还是有积极变化的。从1990年开始，华区一点点恢复生机，后来（1995年）成立了华区促进会，负责华区的复兴工作。从90年代开始，中国驻古巴大使馆对这里的华人社会也更加关心，尤其对老华侨华人，每年会给他们发一点补助。如今，这些老人越来越少了，大使馆每年给像我母亲这样的老侨100元可兑换比索，相当于100美元。至于你说的1993年加入了很多会员，除了江泽民主席访问古巴，还有一个更重要的原因，是那一年举行了中华总会馆成立100周年庆会，各个社团对华裔加入的要求放松了。

薛：90年代古巴正处于和平年代的特殊时期。为什么偏偏是在古巴遇到很多困难的时期华区开始复兴？华裔开始加入各个社团？

黄：特殊时期真的非常困难，经常大段时间停电、停水，公交车停运，物资匮乏很严重，我们都吃不饱饭，挨饿是很常见的，我那时还在上大学，因为学校伙食太差我得了胃病，还休学了一段时间。那时龙冈公所创办了公益食堂，这对那段时期的我们来说，是很大的帮助。后来，其他社团也尽力为会员们提供帮助，比如发一点生活用品，牙膏、肥皂等。我觉得有些人加入社团是为了得到这些帮助，我不是说这样不好，但是那些帮助对大家来说真的太重要了。

薛：据我观察，现在各个社团的领导成员几乎都是华裔，年纪大都在五六十岁。更年轻一辈的华裔会员数量是否较少？

黄：古巴有规定，像公务员、军人这类的工作，在职期间是不允许加入民间团体的。有些华裔，像我的中文学习班的学生Rosa Wong，以及民治党现任主席Marcelo Eng，他们以前在国家政府部门工作，所以他们都是在90年代退休后才加入。九江公会现任主席Ángel Chang，他以前是军人，退役后才加入。另外，社团的这些职位都是没有报酬的，年轻人要读书、工作，所以参与得少。而且第二代、第三代华裔，就是华人的孙辈、重孙辈，与古巴当地社会的融合程度很高，有的从外表上都看不出是华裔，他们对华区的各种活动没有太多热情。

薛：我在《光华报》上曾看到90年代黄江夏堂的领导成员名单，您那时很年轻，但已经是领导成员了。这是为什么呢？

黄：那还是90年代初的时候，情况不太一样，社团人数还是比较少，就像我说的，有些人即使加入，也是为了获得一些补助，并不真正热心参与社团的事务。其实我也不想做那些，我那时被选上，完全是因为人手不够，我父亲就让我和我哥哥担任一些职位。后来各个社团条件好了一些，加入的人多了，我就不干了。①

薛：我们现在聊聊您的个人经历吧。您前面提到上大学的一些经历，您大学念的什么专业？后来从事什么工作？

黄：我是哈瓦那技术大学（在古巴通常简称CUJAE）水利工程专业毕业的。我读书的时候成绩很好，每次考试同学们都抢着坐到我旁边，开玩笑地说，这样就离我的大脑近一些，可以传给他们智慧。我毕业时是班里第一名，还自学了编程。

薛：您成绩这么好，后来继续在工程专业深造吗？

黄：没有，我没继续读书。我只以工程师身份工作了一年就辞职了，后来我成为个体户，直到现在。我毕业的时候古巴正好是特殊时期，我在一家国企工作，待遇不好，每个月工资只相当于1美元，我那时心理落差很大，我非常努力地学习，克服很多困难，工作后竟然是这样！我觉得在这个国家，知识根本不值钱。正好当时公司要裁员，他们本来要辞退一位女士，但她家里更困难，于是我就跟领导说，辞退我吧。其实我本来就不想干了，这样顺便也能帮一下那位女士。领导其实挺重视我的，劝我不要辞职，但我实在不想每个月只赚1美元。那时，华区促进会开始振兴华区，华人华裔可以在一些指定的地点开办小集市，卖蔬菜、卖传统的食品如炸馄饨等，我就开始做这些，赚得比工程师多了很多。其实现在也是这样，饭店服务员的收入比大学老师收入

---

① 黄明学先生2020年时任古巴华侨社会主义同盟书记，于2021年被推选为黄江夏堂副主席。

高多了，服务员收的小费数额很可观。所以我说，在这个国家，知识不值钱。

薛：可是古巴革命后，政府一直很重视教育，推行教育全免费，这是很难得的。虽然您毕业后收入不理想，但是也和特定的历史阶段有关，不是吗？

黄：教育全免费确实是好政策，但是也有很多问题，比如政府建很多学校，尤其在农村地区，但是没有那么多合格的老师，于是就培养师范生，因为人手紧缺，有些初高中生就能去艰苦地区当老师了，教育质量参差不齐。当然，如果没有古巴革命、没有教育全免费，我自己肯定不会读大学了，极有可能我在做我曾祖父、我父亲早期的工作。

薛：您从小会说粤语，但是从什么时候开始学习普通话的？后来如何开始在民治党义务教中文？

黄：我们在家说的其实不是标准的粤语，而是乡下方言。不像 Alberto（郭富华），他父母是广州人，他说的是粤语。但我一直只会说，不认字、不会写。有一次，一位日本游客到黄江夏堂的饭店吃饭，他问我知不知道我们社团牌匾上某个字是什么意思，我回答不出，他便说了一些他的猜测，因为日文里有汉字的元素。我当时觉得很惭愧，一个日本人都认识汉字，而我百分百的华人后代却一个汉字都不认识。于是我开始自学汉字的读写，后来在中国传统艺术之家开办了中文班，我上过两期。2010年前后，古巴有很多中国留学生来学语言、学医，他们有的会来社团当志愿者教大家普通话，我也去学了。后来这个留学项目停了，没有那么多学生了，以前那些老师也不来了，但是这里很多华裔还是很愿意继续学习的。民治党的领导认为我语言基础好一些，就让我继续教，我每周给他们上一次课，差不多有四五年了。其实我中文也不好，每次上课教的也都是最基础的，"你好吗？""你叫什么名字？""今天星期几？"，他们很多人年纪大了，也记不住，但是我们现在每周把这个课当成一次聚会，大家自娱自乐，他们的儿女大都移民了，我就当陪他们聊聊天。

薛：您和您的家人想过移民吗？

黄：我父亲是相信古巴革命的，所以60年代很多人移民时，他坚决要留在古巴，我叔叔移民去了美国。他到美国后，把我在中国的奶奶，以及一些家人都接到了美国。我们后来在古巴日子过得很困难，那时想过去美国投奔亲人，但是他们条件也不算好，没有更多的钱再帮我们一家人移民了。后来我自己想离开这里，正在想办法的时候，我哥哥的岳父帮他和我嫂子办好了移民手续，既然我哥哥要去美国了，我就去不成了，我得留在这里照顾我的父母，尤其是我的母亲，她不会说西班牙语，我父亲2008年去世后她生活上许多事都要依赖我。现在我年纪大了，即便出去了也找不到工作，就不想移民了。

后记

我在华区查资料时，出于好奇旁听了几次民治党的中文课，正如黄明学先生自己在访谈中承认的那样，他的中文水平其实是非常有限的，而他们每周都在重复学习几乎一样的内容。我困惑了很久：既然这样，为什么黄先生仍在坚持开设这个中文班？

有一次，民治党的领导成员关雪梅（Nancy Cuan）女士亲切地说，Ramoncito（即黄明学先生）是他们的"宝藏男孩"。她向我解释，来上中文课的学生都是看着黄先生长大的叔叔、阿姨，他们的子女要么不常在华区活动，要么早已移民别国。从一定程度上说，黄先生每周一次的基础中文课更像是作为一名晚辈在陪伴、关怀这些老人。

这些具有华人血统的老人，他们是哈瓦那华区历史变革的见证者、经历者，现在更是这段历史的讲述者。从某种程度上来说，黄明学先生多年的坚持代表了古巴华侨华人社会内部晚辈对长辈的一份关心与敬

重，而这些看似微乎其微的努力不正是古巴华侨华裔对其自身历史的尊
重与守护吗？

图 3　黄明学先生（右一）与中文班学员
（作者摄于 2020 年 1 月 15 日，哈瓦那）

随笔与传记

我眼中的墨西哥中餐：
从高档餐馆到街边小摊

陈　勇[①]

内容提要：本文根据线上线下资料，以及作者本人多年的观察体验，对墨西哥中餐馆做了一个大致的梳理。文章将其分为四大类：来自美国的连锁中餐馆，唐人街有地方风格的中餐馆，广东和福建移民开办的自助中餐馆，以及从美国返乡的墨侨开办的中餐馆。虽然墨西哥中餐馆遍布城乡各地，风格口味也千差万别，但是广东和福建移民开办的自助中餐和返乡墨侨开办的美式中餐是该国中餐版图的绝对主力。文章最后指出，受新冠肺炎疫情的影响，墨西哥中餐也受到了巨大的冲击，但是成本低廉、经营方式灵活的中餐馆表现出相对较强的韧性。

关键词：中式快餐　美式中餐　自助中餐　广东福建移民　返乡墨侨

墨西哥的中餐馆究竟有多少？到目前为止，没有人做过这样的统计，即便是估算，也恐非易事。墨西哥没有像美国的"全美华人餐馆联合会"（The United Chinese Restaurant Association of America，

---

①陈勇：美国范德堡大学宗教学博士，2009年至今任教于墨西哥学院亚非研究中心，终身教授。

UCRAA）那样的行业组织，至少可以通过其会员数量进行估算。①另有一个有趣但对统计无疑造成极大挑战的现象是，许多曾经在美国的中餐馆工作过的墨西哥人回国后纷纷开办了风格各异的"中餐馆"，散布于全国各地大大小小的城市和乡村。这使得传统中餐馆的定义变得越来越模糊。我们是否需要对墨西哥人开办的"中餐馆"一视同仁还是区别对待？这是一个值得认真讨论的有趣问题。

我个人对这个问题的回答是采取包容性的态度，即把墨西哥人开的"中餐馆"也算作普通中餐馆的一个类别。"中国菜"一定程度上是一个迷思，在墨西哥人看来，区分什么是"正宗"的中国菜，什么不是，无疑是一个难题。笔者对墨西哥中餐馆的调查是基于多年的体验、观察，以及对收集到的相关信息的分析和研究。在墨西哥居住的十多年间，我光顾过墨西哥城和中部一些州的许多中餐馆。由于第一手经验不是为了研究而来，因此我的调查主要来自长期的随意观察和回顾性反思，以及我对线上和线下有限资料信息的分析和研究。

概言之，我将墨西哥的中餐馆初步分为四个大类：第一类是来自美国的连锁中餐馆，有雄厚的资本支撑，但数量相对有限；第二类是迎合当地中国人口味、菜谱相对复杂的餐馆，主要坐落在墨西哥城的唐人街；第三类是针对墨西哥普通消费者、主要由广东和福建移民开办的自助餐馆，遍布全国大中城市；第四类是由曾在美国中餐馆工作过的墨西哥人开办的中餐馆，主要散布于中小城市和乡村。不过，墨西哥的中餐馆数目庞大，遍地开花，从小村庄到大都市、从贫民窟到高端商业区都不乏它们的身影，我的划分只是一种权宜之计。本文中四种中餐馆的排

---

① 美中餐饮业联合会估计美国有38000家中餐馆，见http://www.ucraa.org。中国驻墨西哥大使馆曾经估计墨西哥有几百家中餐馆，但我认为这个数字严重低估了，因为2015年光在哈利斯科州就有150家中餐馆。Patricia Romo, Restaurantes chinos pierden 80% de clientes. El Economista, 2015-5-10. https://www.eleconomista.com.mx/estados/Restaurantes-chinos-pierden-80-de-clientes-20150510-0094.html.

序不是根据它们的重要性或数量而来的，而是为了叙说的方便。如果要强行区分的话，前两个类别和后两个类别之间确实存在数量差异，因为广东和福建移民开办的自助餐和墨西哥人开办的中餐馆是墨西哥中餐队伍的绝对主力。

一、来自美国的中式餐饮连锁店

墨西哥的第一类中餐馆是指来自美国、投资金额大、多方合作的中餐连锁店，以"华馆"（P.F.Chang）和"熊猫快餐"（Panda Express）为例。到目前为止，这些连锁餐厅在墨西哥数量有限，但它们通常占据大都市繁忙商业区的战略位置。虽然常常被嘲笑为"假"中餐，然而它们通过成功的营销策略迅速扩大自己的领地，并不讳言它们提供的是"美式"中餐。通常，来这儿就餐的消费者更关心用餐环境、便利性和装修风格。

30年前在美国亚利桑那州成立的"华馆"俨然已经成为"美式"中餐的代名词，如今在世界20多个国家和地区拥有200家以上特许经营店。[1] 2009年，其第一家海外加盟店在墨西哥城商业区开业，到2017年，在墨西哥已有25家加盟店，其中大部分集中在墨西哥首都。事实上，墨西哥已成为"华馆"的第二大消费市场，这家连锁餐厅计划到2022年开设至少30家特许经营店。[2]

"华馆"的全球化战略最能体现在它的菜单上，除了中东等个别有饮食禁忌的地方以外，其10道主菜在全世界都一模一样。根据其联合创

---

[1]Sheila Sanchez Fermin, Fundador de PF Chang's: "México fue el lugar correcto para internacionalizarnos", Expansion, 2017-10-26, https://expansion.mx/empresas/2017/10/25/fundador-de-pf-changs-mexico-fue-el-lugar-correcto-para-internacionalizarnos.

[2]Sheila Sanchez Fermin, Fundador de PF Chang's: "México fue el lugar correcto para internacionalizarnos", Expansion, 2017-10-26, https://expansion.mx/empresas/2017/10/25/fundador-de-pf-changs-mexico-fue-el-lugar-correcto-para-internacionalizarnos.

始人江一帆（Philip Chiang）的说法，墨西哥是其国际化的正确选择，因为它拥有庞大的客户群。

"这是一个关键市场，对我们来说是一个潜在的巨大市场，因为我们在美国的许多客户来自墨西哥，尤其是在迈阿密、休斯敦、达拉斯、洛杉矶、圣地亚哥和其他边境州。我们隐隐知道这个国家有巨大的潜力。"①

与"华馆"的案例一样，"熊猫快餐"也将墨西哥确定为其国际化的第一个目标。这家中式餐饮连锁店成立于1973年，2011年在美国本土、夏威夷和波多黎各拥有1400多家加盟店，到2018年，已经扩大到2000多家。②如今，墨西哥城有19家加盟店，在其他州还有一些，但其长期计划是在墨西哥开设多达300家特许经营店。③

与"华馆"的营销策略类似，"熊猫快餐"也寻求在墨西哥城的商业区开设加盟店，包括洛马斯博德（Lomas Verdes）、波兰科（Polanco）、改革大道（Reforma）、起义大道南路（Insurgentes Sur）、世贸中心等白领密集，以及有大量通勤者的地方。与"华馆"专门针对高端客户不同，"熊猫快餐"的客户群更偏向于城市普通中产阶

①Sheila Sanchez Fermin, Fundador de PF Chang's: "México fue el lugar correcto para internacionalizarnos", Expansion, 2017-10-26, https://expansion.mx/empresas/2017/10/25/fundador-de-pf-changs-mexico-fue-el-lugar-correcto-para-internacionalizarnos.
②Paul Lara. Llega a México Panda Express, el "gigante" de la comida china, Excelsior. August 15th, https://www.excelsior.com.mx/2011/08/15/dinero/761022#view-1；Mark Abadi. Conoce a la pareja de multimillonarios detrás de Panda Express. Business Insider, 2018-5-22, https://www.msn.com/es-mx/dinero/finanzas-personales/%C2%BFpor-qu%C3%A9-no-puedes-pagar-en-efectivo-ciertas-transmisiones-de-bienes/conoce-a-la-pareja-de-multimillonarios-detr%C3%A1s-de-panda-express-%E2%80%94-poseen-cerca-de-2000-restaurantes-y-venden-m%C3%A1s-de-90-millones-de-libras-al-a%C3%B1o-de-pollo-a-la-naranja/ss-AAvZ37u.
③Paul Lara. Llega a México Panda Express, el "gigante" de la comida china, Excelsior. August 15th, https://www.excelsior.com.mx/2011/08/15/dinero/761022#view-1；Mark Abadi. Conoce a la pareja de multimillonarios detrás de Panda Express. Business Insider, 2018-5-22, https://www.msn.com/es-mx/dinero/finanzas-personales/%C2%BFpor-qu%C3%A9-no-puedes-pagar-en-efectivo-ciertas-transmisiones-de-bienes/conoce-a-la-pareja-de-multimillonarios-detr%C3%A1s-de-panda-express-%E2%80%94-poseen-cerca-de-2000-restaurantes-y-venden-m%C3%A1s-de-90-millones-de-libras-al-a%C3%B1o-de-pollo-a-la-naranja/ss-AAvZ37u.

层，因此比前者扩张得更快。"熊猫快餐"的座右铭"快速/休闲"，[1]就是对其快餐定位的直白揭示。

"华馆"和"熊猫快餐"在营销策略上的差异，在各自的菜单上也可见一斑。"华馆"公开声称："我们的食物是为了家庭共享。我们使用全天然的肉类和即时捕获的海鲜。此外，我们还为您提供 100% 天然种植的蔬菜。"[2]除了"美式"中餐的常见选择外，喜欢尝鲜的食客还可以在"华馆"吃到一些特别的东西：著名的鸡肉生菜卷、炸蛋虾、亚洲凯撒沙拉、亚洲安格斯牛排，以及其他迎合嬉皮士甚至"美食客"的菜肴。相比之下，"熊猫快餐"的菜单只提供"美式"中餐的经典选择，包括橙子鸡、糖醋鸡、宫保鸡丁、西兰花牛肉、炒面、炒饭、春卷，等等，在美国几乎每家自助中餐馆都能找到的菜肴。[3]

二、迎合中国人口味的中餐馆

第二种类型的中餐馆通常由来自中国各地的新移民开办。广东和福建一直是海外移民的主要来源地，同时也有越来越多的移民来自其他省份，他们把家乡的菜肴带到了旅居国度。这些带有地方风味、迎合中国人口味的中餐馆，一般依靠技艺出众的厨师和味道相对"正宗"的菜品来维持其在餐饮市场的地位。墨西哥城这类餐厅的代表包括北斗星、新天、一品居、梦华居等。[4] 他们提供各种中国地方菜，顾客主要是旅居墨西哥的中国移民或寻找"正宗"中国菜的游客。这些餐馆通常位于墨西哥城的新唐人街维阿都克托（Viaducto）一带，因为那里是中国移民集中的地方。除了墨西哥城，只有在蒂华纳（Tijuana）、墨西卡利（Mexicali）

---

[1]Paul Lara, Llega a México Panda Express，el "gigante" de la comida china.
[2]http://www.pfchangsmexico.com.mx/menu.
[3]https://www.pandaexpress.com.mx/menu.
[4]到2022年为止，只有梦华居一家餐馆还在营业，其他的几家都已经在疫情前或疫情中消失了。

等华人人口相对较多的大城市，顾客才能找到口味相对多元化的中餐馆。

北斗星是一个家庭经营的中餐厅，称为餐厅是因为它实在太小。在其短暂的历史中经历了一段辉煌。它离墨西哥城的新唐人街不远，位于一条僻静街道的拐角处，只能摆下四张小桌子。店主和厨师任先生来自河北省，因擅长川菜和鲁菜而在中国人中享有盛誉。从外面看，北斗星甚至没有明显的标牌，或许它不曾打算吸引过多的顾客。任先生的妻子除了招待客人，也要在厨房里打杂。当时，他们在上大学的儿子只能在周末帮帮忙。大多数时候，餐厅都很忙，食客不得不提前几天预订。由于劳动力短缺、原料成本上升等，北斗星在经营了几年后关门大吉。听说后来任先生去别的中餐馆做大厨，再后来又在住处被抢劫过一次，之后就再也没听说过他们的消息了。无奈之下，饥肠辘辘的中国食客们拼命寻找替代品。从某种意义上说，梦华居和一品居的出现，部分填补了北斗星留下的空缺。

梦华居（Perfecto Antojitos）位于墨西哥城的新唐人街，是纵大道蒂拉尔潘（Calzada de Tlalpan）以东、横干道维阿都克托（Viaducto Aleman）以南的一片破旧居民区。似乎梦华居的前身叫幸福小馆，我是后来听了中国留学生的口碑才慕名而去的，那时已经改成了现名。这个地段中国新移民高度集中，主要来自广东省，尤其是台山地区。周围几条街道上散布着没有明显标志的中国小杂货店、小型面包店、中医药诊所和理发店，以及几家广东风味的餐馆。

梦华居的菜系杂糅了多个地方的风格，是墨西哥城少有的不以广东风味为主的中餐馆之一。餐馆蜗居在街角处一栋旧建筑的二楼，店面并不宽敞，服务质量一般，菜单也远非详尽和精致，但相对稳定的客流保证了其日常业务。事实上，北斗星关门后，梦华居已经逐渐成为许多墨城华人的替代选择，主要原因是它能提供一般广东餐馆没有的地方菜肴，比如，蒜蓉黄瓜切丝、酱油牛肉、猪肉韭菜饺子、酸辣粉，等等。

一品居（Yi Pin Ju）位于墨西哥城的一个名叫粉红商区（Zona Rosa）比较繁华的商业区，民间一般俗称为"韩国城"，那里到处都是酒吧、餐馆和韩国杂货店。虽然该区并不是以中餐而闻名，但顾客可以很容易找到几家还可以的中餐馆。一品居历史不长，却是墨西哥城第一家被誉为"正宗"川菜的中餐馆，事实上其菜单提供四川和西北菜肴，老板本人也是陕西人。在这里，食客们可以尽享麻辣鸡、回锅肉、酸辣米线、烤鸭、羊肉串等其他中餐馆没有的特色菜。一位名叫吉尔曼（Nicholas Gilman）的国际美食家曾对一品居大加赞赏：

一品居俨然已经是喜好辛辣风味的美食客的最爱。其主要菜系来自中国西部省份四川和陕西，其饮食以麻辣为宗旨，几乎所有的菜肴都离不开干鲜爽利的花椒和辣椒。有一些菜肴专门打上了"四川风味"的标签，也就是所谓的红油风格，给一众食客的味觉器官带来最大的麻木和刺激，类似于马提尼鸡尾酒的效果。[①]

三、遍地开花的自助中餐

由于华人移民墨西哥已经有100多年的历史了，很大一部分中餐馆最初是由老一代广东移民开办的，其中许多仍然由家庭或亲戚作为一种家族企业经营，不少第二代甚至第三代华裔也依靠这种家族业务来维持生存。墨西哥城的老唐人街和沿革命大道一带，就有不少这种一家几代经营的传统中餐馆。

与此对照的是，墨西哥城的新唐人街更显得充满了生机和活力，因为有源源不断的新移民（大部分来自广东台山地区）来到这个地方工作和定居。旧的餐馆被拆掉或重新装修，同时又有新的餐馆不断加入餐

①Nicholas Gilman, Yi Pin Ju: Szechuan at Last and It's Hot. Good Food Mexico, https://www.goodfoodmexico.com/home/yi-pin-ju-szechuan-at-last-and-its-hot.

饮市场。它们或多或少都维持广东风味，同时又尽量加入新的元素，以期吸引最多的客人。每到周末，有不少中国人专门到这个破旧拥挤的街区，就餐购物，寻亲访友，甚至是娱乐消遣。

　　除了墨西哥城的唐人街等华人集中的地方，其实整个墨西哥都是中餐馆生根发芽的有利空间。事实上，有不计其数的由广东和福建移民开办的中餐馆散布在墨西哥城乡各地，它们与从美国返乡的墨西哥人开办的中餐馆一起，构成了中餐馆的绝对主力。这种类型的中餐馆通常启动资金较少，一般是家庭经营，但是与亲属和同乡网络保持紧密联系。尽管它们在繁忙的街道、购物中心和旅游景点随处可见，但是几乎从不标榜特色菜肴或"正宗"风味。相反，它们通常选择自助快餐模式，用显眼的红黄颜色装修，门口一般有两只大红灯笼。其营销策略非常简单：以最低成本推出快速标准的食品供应，以满足那些追求所谓"中国风味"的墨西哥人的胃口。这正如美食记者林德曼描述的那样：

　　"这是一个标准的营销模式，差不多每五六个街区就有一个自助中餐馆：不起眼的餐厅、红色及金色的装饰、廉价的桌椅、长长的自助餐台、大约70到100比索'随吃管饱'的固定价格（大约3.80到5.50美元）。"[1]

　　若干年来，笔者个人已经在许多意想不到的地方遇到过这种类型的中餐馆。它们可能出现在购物广场、路边街角或小镇中心，它们可以是宏伟壮丽的高档餐馆，可以是简洁方便的快餐小店，可以是美食广场里的一个小柜台，甚至是路边停靠的小街摊。在墨西哥城，这种类型的中餐馆早已走出了少数几个华人人口集中的地区。在科约阿坎区（Coyoacan）和蒂拉尔潘区（Tlalpan）的中心，在科皮尔科小区（Copilco）拥挤的街道，在北方分区大道（Division del Norte）的路边，在皮卡确大道（Picacho）

[1]Scarlett Lindeman, How Chinese Food Became a Mexico City Staple. Eater, 2016-5-23, https://www.eater.com/2016/5/23/11739484/mexico-city-chinese-food.

的路边，在阿胡斯科（Ajusco）的低端购物中心，在洛雷托广场（Plaza Loreto）的中端购物中心，在阿兹广场（Plaza Artz）的高档购物中心，等等，我都见到过这类的中餐馆。

我到墨西哥中部各州的许多地方旅行时，也让我认识到墨西哥中式快餐几乎无处不在。在瓦哈卡州（Oaxaco）的瓦哈卡市（Oaxaco de Juárez），我开车路过时至少看到了三家中餐馆，两家在市中心，一家在郊区。在该州特万特佩克地峡的偏远小镇特万特佩克（Tehuantepec），我也遇到了一家这样的中餐馆，名叫"如意"（Deseoso），一问才知是来自广东台山的一个家庭在经营。在邻近小城胡奇坦（Juchitán），我见到了至少两家中餐馆挤在繁忙的街道上。在普埃布拉州（Puebla）普埃布拉市（Puebla）的 一间超市里，蜗居着一个比普通客厅还小的中餐厅，名叫"美心"（Mei Siem）；同名的一家餐厅（可能是它的分店）位于该州的一个小镇阿特利斯科（Atlixco）的主要街道上。我甚至在港口城市韦拉克鲁斯（Veracruz）的水族馆的美食广场遇到了一个小餐厅，就是一个柜台那么大。

中式快餐馆一般都设置有一个蒸汽加热的快餐台，上面整齐摆放一排不锈钢托盘，以便不熟悉中国菜的墨西哥顾客根据目测做出他们的选择。通常的快餐选项包括：什锦炒饭、春卷、鸡肉炒饭、捞面、宫保鸡丁、糖醋鸡、西兰花牛肉、馄饨汤，等等。小型中餐厅或中餐柜台往往提供价格不一的几个套餐。比如我2017年在普埃布拉市的超市和小镇见到的"美心"餐厅，有四种价位的套餐供顾客选择：米饭或面条和一个主菜，40比索；米饭或面条、一个主菜、一个春卷，50比索；米饭或面条、两个主菜、一个春卷，62比索；米饭或面条、三个主菜、一个春卷，72比索。

四、返乡墨侨开办的中餐馆

第四类中餐馆由曾在美国中餐馆工作过的墨西哥人经营和拥有，他们用新学到的中餐烹饪和管理技术打理自己的中餐生意。这类餐馆在墨西哥中餐馆的谱系上不太引人注目，但在文化上更重要。人们经常说，"哪里有中国人，哪里就有中国餐馆"。这种说法现在看来已经不太准确了，因为在墨西哥的城乡角落，存在着不计其数，却没有华人踪迹的墨式中餐馆。

2010年9月16日，我和几个朋友同事去位于墨西哥城南部的莫雷洛斯州（Morelos）的一个偏远小镇参观，目的是体验当地的独立日庆祝活动，听说该活动体现出当地独特的习俗、传统、历史、美食、音乐、舞蹈，等等。该镇名为大以希特利尔科（Ixtlilco el Grande），距墨西哥首都约3小时车程。它位于中央火山链的南部山区的一个小山谷中，海拔约1000米，人口约3000人。这个农业小镇以盛产番茄、洋葱、玉米、花生、大米而出名，其历史和风景名胜也远近闻名。

大以希特利尔科丰富多彩的独立日庆祝活动已有100多年的历史。但最让我惊喜的是发现小镇与中国饮食文化之间的意外联系。小镇大约有1000名年轻人移民到了美国的明尼苏达州，而且他们几乎所有人都在"熊猫快餐"这家中餐连锁店工作。据说美国有超过50000家中餐馆，[①]其中大多数在厨房里雇用墨西哥人做帮工。但不为人所知的是，其中许多人后来回到他们在墨西哥的家乡，开设了自己的中式餐馆。

在大以希特利尔科，恰好有这样一个例子。刚到小镇入口时，一位年轻女子正在墙上为她的家庭餐馆张贴海报，没错，正是一家中式餐

---

① 关于美国的中餐馆数量，一直没有确切的统计数字，但一般估计在四万到五万。Charles Passy, Meet the Pilot Who Doubles as Block Island's Chinese-Food Delivery Guy，《华尔街邮报》，2015年8月26日，http://www.wsj.com/articles/meet-the-pilot-who-doubles-as-block-island-chinese-food-delivery-guy-1440636389.

馆。张贴海报的位置正好位于小镇要冲，面对两条主要街道。出于纯粹的好奇心和开玩笑的冲动，我用笨拙的西班牙语问那位女子："这真的是一家中餐馆吗？"大概是因为之前在镇上从来没有见过亚洲面孔，她慌张地连忙点头。我紧接着补充一句："跟我一样正宗的中餐馆（Chino como yo）？"女子更加惊慌，脸涨得通红。

狂欢游行是独立日庆祝活动中最重要的部分，我们混迹在游行队伍中，遇到了很多热情好客的当地人，其中有几个居然会说简单的中文。看到我是中国人，他们急不可耐地要展示一下自己的中文水平。就这样，我们认识了杰拉尔德（Gerard），一个40多岁的中年人。他自称是该镇所有在明尼苏达州的"熊猫快餐"打工者的领头人。游行的一路，他跑前跑后招呼我们，非常热情友善，掩不住的古道热肠。

不出所料，我们在镇口海报上看到的中餐馆正是一个从明尼苏达州返乡的当地人开的。这家餐馆刚刚开张，还没有来得及取名字。海报的正中间用西语写着大大的"Comida China"（中餐）几个字，在其下边，有一行小字"El Chino Mexicano"（墨西哥华人），但所谓"华人"仅仅是一个噱头而已。海报的画面左侧是典型的中国凉亭，右侧是一位墨西哥厨师（似乎带有些许中国人的身体特征）的画像，海报的背景是远处的雪山，最下边是营业时间。在主海报的下方，还有一张写在黄纸上的小海报，上面只写了几个字"Arroz Chino"（中式炒饭），显然是为了突出这家中餐馆的特色食品，也就是所谓的"主打菜"。

狂欢游行结束后，我们来到这家中餐馆吃午饭，因为整个小镇似乎没有其他的选择。餐馆是露天的，就在自家的院子里，当时已经坐了不少人。邻桌，两个年轻人一边喝着冰镇啤酒，一边大快朵颐。他们每个人面前都有一个盘子，盘里是放着西兰花和其他蔬菜的炒饭，炒饭上面还有几个春卷。桌子上有几个喝剩的啤酒瓶，还有两瓶不同的辣椒酱，一个是泰国品牌的，另一个是墨西哥本地的塔巴斯科辣椒酱。那两个年轻的食客一看到我们，就热情地打招呼，并自豪地展示他们的食物。在这么偏远的地方看到亚洲面孔，对他们来说显然是一个惊喜。

我第二次遇到墨式中餐馆的经历跟第一次类似，既出乎意料又颇有意思。2013年春天，我和家人从韦拉克鲁斯州（Veracruz）的首府哈拉帕（Jalapa Enriquez）开车前往该州中部的小城科尔多瓦（Córdoba），走的是一条叫作"温带雨林之路"的二级公路，位于纵贯墨西哥东部的东马德雷山脉的东坡。在经过一个叫作提拉特特拉（Tlaltetela）的小镇时，不期然在镇口遇到一个装饰醒目的中餐馆，其外墙的正中央是餐馆的名字EDDA，墙上端两侧分别用英文和西班牙文写着"Food Chinese"和"Comida China"，就是"中餐"的意思。"中餐"的英文表达应是Chinese Food，显而易见，Food Chinese是从西班牙语生硬翻译过来的，因为其语序不同。

店主兼厨师可能是第一次见到中国人到他的餐馆就餐，大喜过望，热情地招呼我们。寒暄后得知，他于1999年至2003年在美国北卡罗来纳州的一家韩国餐厅工作，其间也学到了烹饪中餐的技能，后来回到家乡开设了自己的中餐馆。他与韩国雇主合影的几张照片张扬地展示在餐馆的墙上，旁边一块小匾上写着："感谢尹先生及其夫人，我有幸跟他们认识了东方食物。现在我的（东方）菜肴有一种特殊的味道，一种墨西哥风味。"

该餐馆以中餐为卖点，装饰和招牌却混合了中、日、韩的风格。它的中文名字叫"汉宫"，但字母拼写为EDDA。餐厅的墙上绘着两幅壁画，描绘的是两个身着传统服饰的亚洲年轻女子，一个弹着古筝，另一个拿着两把扇子，看着像是中国古代宫女和日本艺妓的合体。店主盛情邀请我在餐厅的墙上用中文签名，有点认证其"正宗"中餐的意思，好帮忙推广他的生意。作为回报，他给了我一本刚出版的名为《温带雨林之路》的旅游手册作为纪念，手册里有一小段专门介绍了他的餐馆。

我注意到EDDA的公告栏展示了 18 种主菜，其中大部分是"美式"中国菜，还有一些好像是厨师自己独创的。招牌菜包括西兰花炒鸡肉、西兰花炒牛肉、胡椒牛排、什锦炒饭、捞面，等等，是美国任何一家"美式"中餐馆都能找到的典型菜。有趣的是，虽然菜名用的是英文，但每道菜下面的配料都是用西班牙语写的。

EDDA的故事是中国烹饪文化在墨西哥土地上扎根的一个完美例证，居然隐隐有些魔幻的意味。若干年后，我还在网上找到了这家餐馆的电话号码，特意打电话给餐馆，才得知老板的名字叫埃斯特班（Esteban）。尤其让我高兴的是，多年来餐馆一直在营业。这表明，在提拉特特拉这么偏远的山区小镇，开一家墨式中餐馆是可以养家糊口的，或者至少在过去若干年里它是有利可图的。

我第三次遇到墨式中餐馆是在 2015 年，当时我和家人正在南部的瓦哈卡州旅行，该州是墨西哥著名的旅游胜地。我们开车在瓦哈卡中部谷地一个叫圣塔安娜（Santa Ana）的小镇上闲逛，居然在这个人口不超过 2000 人的小镇上发现了一家中餐馆。这可能是我见过的最简陋的中餐馆，其实叫它中餐馆有些言过其实了。它只是一条偏僻街道边上的一间普通民居，没有任何装修，也没有招牌。唯一可以辨认其为"中餐馆"的是安装在门上的一块木板，上面写着"Comida China"（中餐）几个字，并在木板底部写了电话号码。有趣的是，"中国"（China）这个词被错误地拼写为"Cihina"。往前走几步的一个街角的墙上，还贴着一张写在大纸上的广告。这一次，"Comida China"中的China一词却写正确了。

我们想看看这家餐馆提供什么样的中国菜，因为这已经成为我们在偏远地方旅行时的一个习惯。可惜大门半关着，里面却空无一人。一位路人告诉我们餐馆在营业，但店主出去买东西了，建议我们稍后再回来。片刻之后，我们确实回去了，但主人还没有回来。我们最终放弃了尝试的念头，只拍了几张照片作为这一邂逅的见证。

结语

　　总的来说，中餐馆已经遍布了墨西哥城乡各地，从高档餐馆到街边小摊应有尽有。这当中广东和福建移民开办的中式快餐馆，以及从美国返乡的墨侨开办的中餐馆居于绝对主力地位，高档中餐馆及口味相对正宗的特色中餐馆基本是凤毛麟角。曾经有不少墨西哥朋友让我推荐好的中餐馆，我往往要费一番脑筋才能想出来个别"拿得上台面"的选项。经历两年多的新冠肺炎疫情以后，不少中餐馆关门的关门，转让的转让。比如上文提到的一品居，就是口味比较正宗，店面比较整洁，而且处于比较高端的商业闹市的中餐馆。遗憾的是，餐馆主人在疫情暴发一年之后举家撤回了中国，给墨城的食客留下不小的遗憾。当然，疫情产生了不少输家，也产生了意想不到的赢家。比如墨城新唐人街的聚福楼餐馆，是一家标准的广东餐馆，店面很小，处于一个小小的十字路口，在疫情之前生意平淡。疫情期间，绝大部分中餐馆都关门了，聚福楼却一直坚持营业，只接外卖订单，顾客主要是居住在唐人街一带的广东移民。餐馆靠着少量的广东菜系把生意做得越来越红火，午餐时间往往还要排队才能订上，节假日的订单更是应接不暇。

　　同样的悲喜剧也发生在归国墨侨开办的中餐馆上。从墨西哥城向东进入普埃布拉州的第一个高速公路收费站消费区，有一家装饰堂皇、店面整洁的中餐馆，只有英文名字，叫"Master Wok"，直接翻译过来就是"大师锅"，店主亲任大厨，曾在美国的中餐馆有多年的工作经验。跟几乎所有的墨西哥人开办的中餐馆一样，他的餐馆装潢也杂糅了中、日、韩风格。其采用的是自助餐模式，还雇了几个年轻的服务员，新鲜上台的饭菜还不错。据店主即大厨亲口所说，在附近的普埃布拉机场工作的几个中国人有时专门驱车到他的餐馆吃饭。据信该餐馆是在2021年年初开始营业的，也就是在疫情期间知难而上，因为此前很长一段时间其装修处于停顿状态。我们是在2021年的3月开车经过时，顺道进去吃了一次，感觉还不错，就是价格有点儿偏贵。后来也顺路去吃过两三次，感觉再也没有第一次好。几个月以后，我们再想去光顾时，突然发现餐馆已经消失了，店面都转让给了别人，正在重新装修中，忍不住一阵嘘唏。

与此对照的是，由于孩子的外公、外婆住在普埃布拉市，我们在老人居住小区附近的一条街道上发现了一家由自家住宅改造的中餐馆，只有一间小客厅那么大，没有堂食，全部是外卖。店主即大厨自称曼尼尚（Manny Shang），是在美国的一家中餐馆工作时别人给起的美式名字。有趣的是，曼尼尚的餐馆用了一幅巨大的成都青羊宫的图片作为内部装饰，连临街的锅台都刷上了大大的"青羊宫"三个字。60多岁的曼尼尚是唯一的厨师，他的孙子也在堂前堂后帮忙，另外还有一个摩托车手作为外卖员。终于有一天，我出于好奇，点了好几个炒饭及炒面，口味觉得还可以。但是两次订餐以后才发现，虽然曼尼尚的菜单上列了林林总总的一堆菜品，但他几乎只会做炒饭和炒面，基本都是一勺酱油浇上去，所有菜的味道都差不多，而且是黑乎乎的酱油色。但是就凭着这一招鲜，曼尼尚的中餐馆在两年多的疫情中岿然不动，不紧不慢地做着他的生意。两相比较"大师锅"和曼尼尚，都是从美国归乡的墨侨开办的中餐馆，一个在疫情中开业，也在疫情中倒下，前后只有半年的时间；另一个却在疫情中闲庭信步，一如既往地做着家庭作坊式的小成本经营。这两种截然不同的归宿，是否预示着墨西哥中餐馆未来的走向呢？

领袖群伦的客家人——谢宝山

柯裴（Patricia Castro Obando）[①] 著　王世申译

内容提要：19世纪末至20世纪初，秘鲁社会最受尊重的中国人是客家人谢宝山（Aurelio Pow San Chia）。他是秘鲁华人企业界的代表人物。他使华人社区各个不同派别团结在一起。1921年，秘鲁总统给他颁发了最高等级的太阳勋章，使他成为第一位获此殊荣的华人移民。在那个种族主义盛行而且根深蒂固的时代，谢宝山是如何实现并巩固他在华人社区乃至整个秘鲁的贸易、企业、社交和政治各界领袖地位的呢？

关键词：秘鲁　中国　华人移民　客家人

19世纪末至20世纪初，秘鲁的客家移民谢宝山（Aurelio Pow San Chia）创建了一个显赫帝国。谢宝山，1860年生于广东香山（今广东省中山市），1939年去世于秘鲁的利马。他于19世纪80年代到达秘鲁，那时这个南美国家正在经历一场深重的经济、社会和政治危机。在此后的短短30年的时间里，谢宝山开创了一个显赫帝国并成为华人社区乃至整个

[①]柯裴（Patricia Castro Obando）：秘鲁天主教大学博士。目前在秘鲁天主教大学教授有关中国的课程。译者王世申，前驻巴西、阿根廷、秘鲁使馆文化参赞，柯裴《隐形的社群：秘鲁的客家人》（广东人民出版社，2019年版）一书的译者。

秘鲁社会无可争议的领袖。

谢宝山所处的年代是反华情绪在秘鲁及全世界大行其道的年代。根据德碧琪的划分（Derpich，1999），谢宝山是作为秘鲁第二波华人移民的成员到达这个国家的。聚焦到谢宝山本人，就会提出这样一个值得研究的问题：他是如何成为秘鲁最富有、最强势又最受尊重的人物之一的？此外，他是如何巩固自己在华人社区之外的秘鲁商业、政治和社会领域获得的领袖地位的？

一、秘鲁的华人移民

秘鲁的华人移民历史可以追溯到1849年，它是拉丁美洲第二悠久〔编者按：原文如此〕的华人移民史。它具有与其他在时空（19世纪，美洲大陆）上相似的华人移民案例相同的特点。尽管时间已经过去了173年，但对秘鲁社会而言，华人移民社区仍然是一个实实在在且不折不扣地来自广东的群体，他们跟19世纪同一历史进程中的其他华人移民群体比如客家人群体没有更多的关联。广府人的足迹一直左右着对华人移民形象的描述，进而抹杀了华人移民群体内部的差异与特殊之处。

华人移民古巴始于1847年，比华人移民秘鲁仅仅早了两年。两者在移民主体（苦力）、劳动方式（为期八年的契约劳工）、契约形成原因（替代非洲奴隶）、移民输出地（广东）、移民性别（男性）、从事劳务（农业种植园）、离开中国时的出发地（厦门、澳门）和移民人数（30年内均超过10万人）[①]等方面都十分相似。

与在秘鲁发生的情况一样，在研究古巴问题的学界，对到达古巴的

---

① 胡里奥·勒利维德（Julio Le Riverend）认为1847年至1874年抵达古巴的中国移民约有15万人，其中大多数为男性。J·巴尔塔·罗德里格斯（J. Baltar Rodríguez）统计的数字为124937人，而费尔南都·德·特拉塞尼（Fernando de Trazegnies）认为那一时期抵达秘鲁的华人苦力超过10万人。资料来源于拉丁美洲亚洲非洲研究协会国际大会论文，《秘鲁华人社区历史分期之研究》。

华人移民的不同民系没有清晰的区分而是笼统地将其归入"广东的广府人"。但是，胡安·路易斯·马丁（Juan Luís Martín）于1939年发表的题为《古巴的中国人从何而来》（*¿De dónde vienen los chinos de Cuba?*）的文章中提到了中国移民群体内部民系的差异，并且特别指出客家人和闽南人（Hoklo）很早就出现在加勒比海的这个最大岛屿上而没有广府人的踪影。

秘鲁人口分布的研究一直聚焦于广东华人移民抵达秘鲁及其成功适应环境并融入秘鲁社会、对秘鲁商业模式的改造、对秘鲁烹饪业和秘鲁文化身份形成所做的贡献。然而，当我们考虑到几次移民浪潮、移民们的家族背景、所讲方言、出生地、民族或民系、出发地和抵达地的不同状况，以及加入移民群体的不同机制、移民者家世的财产状况等因素，这一进程其实是更为复杂和曲折的。因此，德碧琪认为，"秘鲁的华人移民历史是在黑暗中以不确定的方式书写在人们的集体记忆之中的。"[1]

1849年以来的秘鲁华人移民在时间上并非连续不断而是分为几个阶段的。罗德里格斯·帕斯托尔（Rodríguez Pastor，2018）根据移民高潮的出现、秘鲁国家体制、秘鲁社会状况、华人移民身份及其后代生活方式等若干标准提出了秘鲁华人移民历史的分期。这位学者把秘鲁华人社区的状况分为四个主要时期：苦力移民时期（1850—1890）、自由华人移民的时期（1880—1930）、华人经商者移民的时期（1930—1960）和土生[2]华人崛起及福建籍移民时期（1960—2010）[3]。

德碧琪把1849年至20世纪初这一时期分为两个阶段，其中第二阶

---

[1]Derpich, W. (1999), El lado Azul: 150 años de inmigración china al Perú. In Lima, Fondo Editorial del Congreso de la República del Perú, p.19.

[2]在秘鲁和海外其他华人社团，"tusan"（复数tusans或tusanes）是华人移民父亲给予他们与当地女人所生子女的称呼，是广东话tou2 saang1/sang1 tou2 zoeng2/coeng4的音译，也是普通话"土生土长"（tǔ shēng tǔ zhǎng）的缩写。

[3]罗德里格斯·帕斯托尔特别说明，每个时期的名称只不过是那一时期的突出特点，而且应该认识到利马华人社团的活力远不是首都以外的地方可以比拟的。

段华人企业家的出现和发展尤为重要。她认为这第二阶段是因企业界生产、买卖并向欧洲出口鸟粪、蔗糖、羊毛、棉花和硝石的需求推动而出现的。"19世纪结束的时候，有两类华人移民以大小不同的规模成功地维系着秘鲁的经济与社会。穷人和富人构成了同一枚硬币的两面。"德碧琪如是分析[1]。

表　德碧琪关于华人移民两个阶段的划分

阶段	移民人口分布
1849–1874 年	第一波移民潮中抵秘的华人主要是一些种植园的契约劳工、仆役和在秘鲁各地讨生活的佃农或小商人
1874 年至 20 世纪初	第二波的移民在数量上受限于外国人入境名额的控制制度而有所减少，但得以入境的外国移民几乎垄断了对华人经商者的商品供应。这些华人经商者大多是结束了劳工契约，得自由身，进而加入商界的

来源：根据维尔玛·德碧琪的信息绘制[2]

二、"家长式领导"：概念的理论框架

许多研究都表明，华人企业界普遍实行"家长式领导"。这是樊景立（Farh）和郑伯埙（Cheng）两位学者为华人企业领导方式制作的标签。[3] "家长式领导"这一概念源于塑造了中国传统家庭结构的中国家长制传统。海外绝大多数中国家庭企业实行这种领导方式，在从事商业活动并构建了企业网的华人移民群体内也同样实行这种领导方式。根据樊景立和郑伯埙两位学者的研究，得以实行家长式领导有三个要素：专

---

[1] Derpich, W. (1999), El lado Azul: 150 años de inmigración china al Perú. In Lima. Fondo Editorial del Congreso de la República del Perú，p.19.

[2] Derpich, W. (1999), El lado Azul: 150 años de inmigración china al Perú. In Lima. Fondo Editorial del Congreso de la República del Perú，p.17.

[3] FARH, J. L., and Cheng, B. S. (2000)，"A cultural analysis of paternalistic leadership in Chinese organizations"，in Li, J. T., Tsui, A. S., and Weldon, E. (eds.), Management and organizations in the Chinese context, London: Macmillan, pp. 94–127. Published online by Cambridge University Press: 14 May 2010.

制、仁慈和道德示范。

　　为准确界定这一领导模式，两位学者翻检了斯林、高伟定、郑伯埙和维斯特伍德等人的著作。[①②③]根据这些著作的观点和其他若干研究的描述，自20世纪下半叶起，海外华人的企业文化均带有浓厚的家长式领导的色彩，这种领导方式被海外华人家庭企业的领导者实践得相当成功。维斯特伍德指出，华人企业主的这种领导方式是在以集中、务实、和谐与自我等观念为特点的大背景下得以实现的。

　　根据维斯特伍德描述的这一模型，华人家长式领导包括九项内容：自学而成的领导、非特定的欲求、建立威信、保护领地、政治操作、顾客至上与裙带关系、纠纷的扩散与控制、疏离与社交距离、以对话为理想。这些内容被樊景立和郑伯埙两位学者简化为华人家长式领导的三要素：专制仁慈和道德示范。这两位学者认为，家长式领导把严格的纪律和权威与家长的仁慈和道德示范完美地结合于个人独断的氛围之中。

　　该三要素从家庭空间被移植到了企业空间。樊景立和郑伯埙两位学者认为，专制以垂直方式在企业主和下属之间实行，企业主通过对下属的绝对控制和下属无条件的顺从建立自己的权威。仁慈以企业主在水平维度平等地对待每一位下属得以体现，企业主对他们每一个人及其家庭的福祉施以个性化和全方位的关怀。道德示范则表现在企业主的行为举止上，他们的高尚人品、自律精神、豪爽性格和悲悯情怀都是下属的榜样。

---

①SILIN, R. H. (1976), Leadership and Value: The Organization of Large-Scale Taiwan Enterprises, Cambridge, MA: Harvard University Press.

②REDDING, S. G. (1990), The Spirit of Chinese Capitalism, New York: de Gruyter. Scandura, T.A. and Graen, G. B. 1984. "Moderating effects of initial leader-member exchange status on the effects of leadership intervention", *Journal of Applied Psychology*, 69: pp.428-436.

③WESTWOOD, R. (1997), Harmony and Patriarchy: The Cultural Basis for "Paternalistic Headship" Among the Overseas Chinese, *Organization Studies*, 18(3), pp.445-480.

三、谢宝山生平

谢宝山[①]是一位不乏各种传说的历史人物，尽管有些传说自相矛盾。据说，他于1888年[②]以一个中国政府代表团成员的身份首次抵达秘鲁，该代表团肩负的使命是加强清王朝与秘鲁和智利的双边关系并考察两地华人移民的生活状况[③]。但是，中山市的官方档案记载的却是"他于1884年赴秘鲁经商并于次年以任宝隆田寮股东之一的身份创办该田寮出资的宝隆公司。"[④]

图1　谢宝山像
（洛莱塔·江福·纳瓦罗提供）

关于谢宝山抵达秘鲁的年份存在争议，但普遍认为他首次抵秘是在1884年。他可能于1889年带着他的六位本家侄子[⑤]回到秘鲁以便在利马定居。据一些资料记载，他在圣地亚哥居住期间与一位智利女士结婚，[⑥]而另有资料显示，他是在利马与一位秘鲁女士结婚的。[⑦]官方资料中没

---

①谢宝山，1860年出生于广东香山（今中山市）五桂山马溪村。五桂山是中山市唯一讲客家方言的地方。

②专营批发商品的宝隆公司成功度过了1884年与智利之战给华人社区带来的艰难时刻。

③ASOCIACIÓN PERUANO CHINA APCH, Cultura y Tradición. Apellidos milenarios: Geng. Consulta: 25 de enero de 2022. http://www.apch.com.pe/geng.html.

④OFICINA DE REGISTRO LOCAL DE ZHONGSHAN，中山市地方志办，2012，Archivos oficiales de Zhongshan，中山市人物志，2011年2月28日，广州：广东人民出版社。

⑤ASOCIACIÓN PERUANO CHINA APCH, Cultura y Tradición, Apellidos milenarios: Geng, Consulta: 25 de enero de 2022, http://www.apch.com.pe/geng.html.

⑥约瑟夫·科鲁兹（Joseph Cruz）认为谢宝山是跟一位智利女士结的婚并且收养了她的一个女孩，作为二人的女儿。

⑦O'Phelan Godoy, S. (2000), Isabelle Lausent-Herrera. Sociedades y templos chinos en el Perú. Fondo Editorial del Congreso del Perú. Lima, 2000, Bulletin de l'Institut Français d'Études Andines, 29(2), p. 130.

图2　谢宝山－卡瓦里奥·拉斯特拉一家合影
（洛莱塔·江福·纳瓦罗提供）

图3　萨拉·纳瓦罗·拉斯特拉与吉列尔莫·张江福
婚礼照（洛莱塔·江福·纳瓦罗提供）

有其他的子女的出生登记。[①]他的一个养女嫁给了客家人张志仁（又名张江福，西班牙文名为Guillermo Chang Kong Fook），并在秘鲁给他生了一个孙子。[②]他的女婿后来成为他在利马附近承租或买下的几个庄园的管理者。

秘鲁华侨组织中华通惠总局的出版物是这样介绍他的："谢宝山，广东中山人。二十几岁时移民秘鲁并与一名秘鲁女人结婚。他生性聪慧，行事果断，待人谦和。他担任宝隆公司总经理。该公司专营中国土特产品的批发生意和进出口贸易。他名下有四家大农场。"[③]

关于他的生平，中华通惠总局的出版物写道："谢宝山于1884年抵达秘鲁，后经商致富，是若干家大型企业董事长。1918年，他任总经理和股东之一的

---

① 根据约瑟夫·科鲁兹介绍，传说谢宝山回到中国是为了收养一位可能也是客家人的孩子。谢宝山去世后，这个孩子继承了他所有遗产。

② Derpich, W. (1999), El lado Azul: 150 años de inmigración china al Perú. In Lima. Fondo Editorial del Congreso de la República del Perú, p.83.

③ 本文作者译自中华通惠总局成立150周年纪念特刊封底中文说明。

宝隆公司资产达一百万美元。他很快就融入秘鲁社会并和秘鲁女人艾尔
维拉·卡瓦里奥·拉斯特拉（Elvira Carvallo Lastra）结婚。婚后，他收
养了妻子的一个侄子和两个侄女。"①洛桑－埃雷拉（Lausent-Herrera）
指出，这里说的是豪尔赫（Jorge Navarro）和纳瓦罗（Sarah Navarro）
姐妹。②"其中一个侄女，萨拉·纳瓦罗·拉斯特拉（Sarah Navarro
Lastra），后来嫁给了宝隆公司的最大股东张志仁。"③

根据谢宝山的一位后人介绍，
谢宝山于1898年12月8日与艾尔维
拉·卡瓦里奥·拉斯特拉结婚。三年
后，艾尔维拉的大姐去世。于是，
谢宝山夫妇收养了三位遗孤——10
岁左右的女孩埃斯特尔（Esther）和
5岁的双胞胎豪尔赫（Jorge）与萨拉
（Sarah）。三个孩子并不是正式过
继，他们都保留着纳瓦罗·拉斯特拉
的姓氏。1923年，谢宝山和艾尔维拉
为自己举办了银婚纪念招待会并在会

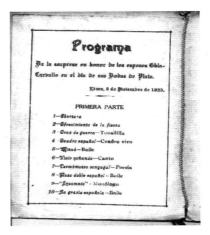

图4　谢宝山夫妇银婚纪念招待会请柬及节目单
（谢宝山后人提供）

上安排了文化节目。他们至少到中国旅行过一次。1930年，艾尔维拉去
世。九年后，1939年，谢宝山追随而去。④

①本文作者译自中华通惠总局成立150周年纪念特刊第64页中文说明。
②O'Phelan Godoy, S. (2000), Isabelle Lausent-Herrera. Sociedades y templos chinos en el Perú. Fondo
　Editorial del Congreso del Perú. Lima, 2000. Bulletin de l'Institut Français d'Études Andines, 29(2), p.
　41.
③本文作者译自中华通惠总局成立150周年纪念特刊第64页中文说明。
④据谢宝山一位后人的说明。

四、无处不在的领袖地位：积蓄实力

中山市的官方档案这样介绍宝隆公司："该公司专营欧洲和美国产品的进口和中国丝绸的出口。"①宝隆公司的进口部门是该公司整个贸易链条中的第一环，后来逐渐做大，收购了四家农场，开办了一家航运公司和一家保险公司。秘鲁的中国移民作为可靠而高效的劳动力为秘鲁与欧洲、美国和中国的贸易做出了重要贡献。

图5 谢宝山（左）和宝隆公司经理胡里奥·P.邝（右）在办公室
（选自华人社团1924年相册）

农场不仅为秘鲁人而且也为众多华人移民创造了就业机会。根据德碧琪的调查，谢宝山是宝星农场、宝石农场、宝庄农场、瓦奇帕农场和博卡内格拉农场的主人。这几家农场主要生产棉花和蔗糖。那里有现代农业机具，有1400多名秘鲁工人。②中山市的档案里有这样的记载："这些农场的产品大部分出口到欧洲，特别是蔗糖最为抢手，因为第一次世界大战的影响，这个不可或缺的日常食品却最为紧缺。宝隆公司是当年

---

① OFICINA DE REGISTRO LOCAL DE ZHONGSHAN 中山市地方志办，2012，Archivos oficiales de Zhongshan，中山市人物志，2011年02月28日，广州：广东人民出版社。
② Derpich, W. (1999), El lado Azul: 150 años de inmigración china al Perú. In Lima. Fondo Editorial del Congreso de la República del Perú, pp.83-84.

秘鲁最重要的八大商业公司之一。"①

科鲁兹指出，谢宝山以拥有大批佃农而出名，据说在奇克拉约（Chiclayo）定居的客家人里有90%是谢宝山带到秘鲁的。②谢宝山的一位后人证实说，因他的帮助而得到工作机会的人多达数千人，既有秘鲁人也有中国人。这些人在谢宝山承租的宝庄农场、博卡内格拉农场、瓦奇帕农场和涅维利亚农场工作。谢宝山在后两家农场里种植大量甘蔗并在1914年开设了一家榨糖厂。到1921年，谢宝山又成功收购了原来属于克拉丽莎修道院的三家农场：圣胡安农场、罗摩拉尔戈农场和圣克拉拉农场。在这几家农场的土地上，谢宝山实施了秘鲁有史以来第一个村镇化计划，这次村镇化的成果就是宝星农场。③

1917年成立的"联盟"保险公司和1920年成立的"中华航运公司"完善了谢宝山从事国际贸易的机制。在这两家公司里，合伙人基本上是中国人。谢宝山以股东的身份在这两家公司里担任着不同的职务。一份关于航运公司股东的文件提道："他们都是商界人士。他们出于浓厚而坚定的兴趣和公司紧密地联系在一起。他们与公司各机构和部

图6　中华航运公司刊登的广告
（选自华人社团1924年相册）

---

① "1918年，宝隆公司市值100万美元，引起欧美企业界关注。"资料来源：OFICINA DE REGISTRO LOCAL DE ZHONGSHAN，中山市地方志办，2012，Archivos oficiales de Zhongshan，中山市人物志，2011年2月28日，广州：广东人民出版社。
②约瑟夫·科鲁兹在接受本文作者采访时所做说明。
③谢宝山一位后人的说明。

门已融为一体。"①由于有了自己的航运公司，商船频繁停靠广州、香港等地，宝隆的生意日益兴隆。②

作为被一众同行艳羡的企业家，谢宝山把众多以方言或籍贯为标准分散在各个同乡会或会馆的华人移民统一组织起来，因而成为华人社区一位杰出的领袖人物。他曾担任两个因方言和籍贯而关系密切的社团——秘鲁同陞会馆和秘鲁中山会馆的主席。当年从中山到秘鲁的客家人往往在抵达之初都暂时住在客家人会馆。③此外，由于谢宝山跟中国国内的联系频繁而密切，他也是孙中山革命活动的支持者，曾给予其大量捐助。

1891年，谢宝山推动成立了中华通惠总局。1920年，他担任通惠总局主席，同时担任副主席（Cesáreo Chin Fuksan）、司库（Máximo León）和秘书长（Julio Kuseng）的都是成功的企业家和商人。④通惠总局在团结各个华人社团、在南美太平洋战争之后保护华侨华人方面发挥了决定性的作用。此外，谢宝山还担任秘鲁华人商会会长，同时为《侨声报》（*La Voz de la Colonia China*，现中文名为《公言报》）的创办者，他还积极推动介绍华人企业界精英及其成就的大型画册《秘鲁的华人社区》的出版。

谢宝山也因热心参与华人社区社会公益事业而享有盛名。1924年，

---

① 该公司董事会组成如下：董事长圣地亚哥·埃斯库德罗·吴（Santiago Escudero Whu），副董事长埃塞基耶尔·陈·甘（Ezequiel Chan Kan），董事塞萨雷奥·钱凤山（Cesáreo Chin Funksan）、阿尔纳尔多·德阿尔梅拉（Arnaldo de Almeira）、何慎宏（Jo San Jon）、埃斯特万·恰佩（Esteban Chiappe）、奥雷里奥·谢宝山（Aurelio Pow San Chia）、哈维尔·顾（Javier Koo）、佩德罗·可寿（Pedro Kossau）、托马斯·斯瓦伊内（Tomás Swayne），总经理埃尔内斯托·堂·孔罗伊（Ernesto N. Conroy）。资料来源于 Derpich, W. (1999). El lado Azul: 150 años de inmigración china al Perú. In Lima. Fondo Editorial del Congreso de la República del Perú, p.81,84.

② OFICINA DE REGISTRO LOCAL DE ZHONGSHAN 中山市地方志办，2012，nArchivos oficiales de Zhongshan中山市人物志，2011年2月28日，广州：广东人民出版社。

③ Soc.Ben.China Del Dpt De Yaka Tong Shing，秘鲁同陞会馆，Consulta: 25 de enero de 2022.

④ Derpich, W. (1999), El lado Azul: 150 años de inmigración china al Perú, In Lima, Fondo Editorial del Congreso de la República del Perú, pp.83–84.

他成立了中华学校（又称中文学校）。①他还参与并资助其他多项惠及贫困华人移民家庭的教育和健康计划②，这些计划不仅在他及其家人所居住的秘鲁华人社区推行，而且也在中国国内他的家乡实施。"1930年初，谢宝山回到他的出生地广东香山马溪村并在那里开办一所招收乡亲子女免费学习的学校。"③

1921年，"奥古斯托·莱基亚·萨尔塞多（Augusto Leguía Salcedo）总统向他颁发太阳勋章，以表彰他的杰出贡献。他因此成为第一个获得如此殊荣的华人移民。"④中华通惠总局成立150周年纪念特刊记载了他受勋的事情。"他的超凡能力和杰出努力使他在商界很快取得多项成绩，创造了巨大财富，获得了极高的荣誉。当时的总统莱基亚对他给予高度评价并成为他的好朋友。秘鲁政府向他颁发了勋章，表彰他对秘鲁社会做出的重要贡献。他是获得秘鲁政府颁发荣誉勋章的第一位中国公民。"⑤

对于以客家人为主的华人企业家群体而言，若要理解谢宝山时代的成功必须考虑当时秘鲁、中国，以及整个世界相互关系的大背景和早期华人移民过程框架中的经济、政治和社会等诸多因素。谢宝山的成就在于构建了一条关键环节完备的全球贸易链，并以此强化了自己在华人和秘鲁企业家、华人社区乃至整个秘鲁社会当中的实力地位。

---

①该校成立于1924年，次年开始在谢宝山任会长的南海会馆会址招收学生。1926年迁到通惠总局，后更名为三民学校。现名为秘鲁双十中文学校。

②在教育领域，他为医学院、法学院、工程学院和女子师范学院设立了一笔每年四万索尔的奖学金。在卫生领域，他为"五·二医院"收治贫困华人的圣何塞厅的维修赞助出资。资料来源于Derpich, W. (1999), El lado Azul: 150 años de inmigración china al Perú. In Lima. Fondo Editorial del Congreso de la República del Perú, pp.83-84.

③OFICINA DE REGISTRO LOCAL DE ZHONGSHAN 中山市地方志办，2012，Archivos oficiales de Zhongshan，中山市人物志，2011年2月28日，广州：广东人民出版社。

④耿谢的家人确认他们来自中国家族。秘华协会网站，文化与传统专栏——千年姓氏：耿，http://www.apch.com.pe/geng.html.

⑤本文作者译自中华通惠总局成立150周年纪念特刊封底中文说明。

图7　谢宝山在授勋仪式上（1921年）
（选自华人社团1924年相册）

五、几点思考

在德碧琪关于秘鲁华人移民分类的研究中，第二波移民浪潮中的华人移民凸显了他们的团结互助精神，"改变了企业行为模式，运用一切必要而可行的机制以求事业精进并提升社会地位"。[1]无论在乡村（庄园、农场等）还是在城市（商号、学校等），他们开创了大规模商业贸易的先河，创造了更多的就业机会、扩大了雇主与华人移民之间的接触与联系，基于中国传统文化中的吃苦耐劳的精神，打开一片更广阔的天地。

洛桑-埃雷拉认同上述观点并进一步分析道，"正是在那个时期，唐人街的中国商人是最团结的，最具有经济实力的。他们注重跟当局搞好关系并且有效地保护他们领导的社团内同胞们的权益。"[2]这位学者还指出，他们的招工模式也都是一样的，即招收自己家乡的讲同一种方言的

---

[1]Derpich, W. (1999), El lado Azul: 150 años de inmigración china al Perú. In Lima. Fondo Editorial del Congreso de la República del Perú, p.82.

[2]Lausent-Herrera, I. (2015), Speaking Chinese: A major challenge in the construction of identity and the preservation of the Peruvian Chinese community (1870−1930), Global Chinese, 1(1), p.200.

人到自己的商号来工作。①

在谢宝山的时代，以谢宝山为核心的华人成绩斐然。"在1920年代，除了全国各地成立的会馆和行业（如医生、制鞋匠、修理师、屠夫等）公会以及通惠总局1886年成立之时所列名单里已有的组织，一共有30多个华人协会组织。"②客家人谢宝山凭借其号召力和组织能力，在其身边华人企业家的协助下，造就了一个有组织有活力的华人社区。

第二波移民浪潮中抵秘的华人经商者的成功与以专制、仁慈和道德示范为特色的家长式领导密切相关。华人家庭企业，以及由华人合伙人组成的商号或机构的领导人，以大家长的领导风格对其大多数是华人移民的职工、下级人员及那些领会了经营精髓的秘鲁人进行管理。那些年，客家人移民的增加在很大程度上与一张庞大关系网的形成和亲属关系链的利用有关。

"赤溪和田头的客家人都是通过家庭的纽带移民到秘鲁的利马和卡亚俄，又从那里迁往奇克拉约、伊基托斯（Iquito）和其他地方的。"钟日平先生解释说。他手里有一份1911年以来移民到秘鲁的赤溪客家人通信录。③一旦在秘鲁落脚，工作几年之后，这些客家人便从雇主那里独立出来自己或跟其他客家人合伙创业。生意稳定之后，他们又资助自己的亲戚移民到秘鲁并在这些亲戚抵达秘鲁之初向他们提供住宿、餐饮和工作机会，一直到他们有一定积蓄并独立门户。

亲属链条和家长式领导是秘鲁华人家庭企业成功的两大要素。而使谢宝山得以获得对秘鲁社会各界的巨大影响力和权力的第三大要素则是其"全知领袖的地位"。德碧琪曾经引用过一段话，其中在讲到谢宝山

---

①Lausent-Herrera, I. (2011), The Chinatown in Peru and the Changing Peruvian Chinese Community (ies) 1, Journal of Chinese Overseas, 7(1), p.92.

②Lausent-Herrera, I. (2010), Tusans (Tusheng) and the changing Chinese community in Peru, The Chinese in Latin America and the Caribbean, p.125.

③赤溪和田头两个村庄位于广东省南部。根据对钟日平先生的采访。

的时候，说他是"一位在所有领域具有代表性而无所不在的人物"①。自德碧琪引用这种说法开始，便有人使用"全知领袖的地位"这一概念。

谢宝山一直留存在被他帮助过的人们的记忆中，正如他的一位后人回忆他的时候所说："我妈妈总是跟我们说，他不光帮助了我妈妈的家，他还像一位名誉中国领事。所有刚刚抵达秘鲁的华人移民都会去拜访他，这是必须的。他会尽其所能帮助那些新移民，从住宿、吃喝到找工作。"②"他以其仁慈的言行被整个华人社区视为最贴心的人。"③

谢宝山实行家长式领导，对华人亲属链条的发展完善贡献甚巨，并形成了他无所不在的领导地位。他的这种领导地位不仅在华人社区无人不知、无人不晓，而且被当年各种出版物记载并传播。德碧琪在其著作中指出，"在华人社区中心位置占有一席之地并赢得利马社会的好感与帮助的体面的华人家庭中就有谢宝山的家庭。"④

在那个以种族主义眼光蔑视东方人的年代，《世界》（*Revista Mundial*）杂志《社会要闻概览》栏目提到谢宝山时，称他是"具有开创精神的公民、极为成功的农场主和实业家、道德高尚并享有很高社会地位的人士"⑤。秘鲁当地报刊把他形容为"一位勤奋工作的秘鲁华人社区代言人"。德碧琪强调，他"不仅得到广大亚洲籍企业家的支持，而且也获得驻秘鲁外交使团的好评"。⑥

---

① Derpich, W. (1999), El lado Azul: 150 años de inmigración china al Perú. In Lima. Fondo Editorial del Congreso de la República del Perú，pp.83−84.

②谢宝山一位后人的说明。

③Derpich, W. (1999), El lado Azul: 150 años de inmigración china al Perú. In Lima. Fondo Editorial del Congreso de la República del Perú，pp.83−84.

④Derpich, W. (1999), El lado Azul: 150 años de inmigración china al Perú. In Lima. Fondo Editorial del Congreso de la República del Perú，p.83.

⑤Derpich, W. (1999), El lado Azul: 150 años de inmigración china al Perú. In Lima. Fondo Editorial del Congreso de la República del Perú，p.83.

⑥Derpich, W. (1999), El lado Azul: 150 años de inmigración china al Perú. In Lima. Fondo Editorial del Congreso de la República del Perú，p.78.

　　总之，谢宝山发挥了一种无所不在的领导作用，这巩固了他在包括经济、政治、外交直至社会等各个领域内的实力。他在经济领域的成就固然得益于家长式领导和亲属链条，但他之所以成为华人移民"荣耀的象征"①和秘鲁社会的"大善人"却源于"在个人主义盛行的环境中自己的道德修为"和"人脉的积累"。

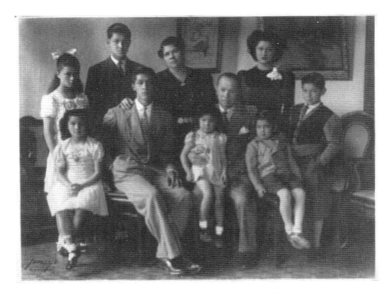

图 8　谢宝山的后代、江福·纳瓦罗一家合影
（洛莱塔·江福·纳瓦罗提供）

参考 文献

[1]ASOCIACIÓN PERUANO CHINA，APCH（2015），Cultura y Tradición Apellidos Milenarios-GENG.http://www.apch.com.pe/geng.html.

---

①Derpich, W. (1999), El lado Azul: 150 años de inmigración china al Perú. In Lima. Fondo Editorial del Congreso de la República del Perú，p.84.

[2]CASTRO OBANDO, Patricia.（2015），"Entrevista a Joseph Cruz Soriano". *En Lima*. 22 de marzo.

[3]卡斯特罗·奥班多，帕特里西亚：《谢宝山后人采访记》，2020年11月1日，电子邮件。

[4]Lausent-Herrera, I. (1996), *The Cuba Commission Report. A Hidden History of the Chinese in Cuba*, The Original English-Language Text of 1876.

[5]广东省地方史志编纂委员会编：《广东省志—华侨志》，广州：广东人民出版社，1996年。

[6]de Trazegnies Granda, F. (1994), En el país de las colinas de arena: reflexiones sobre la inmigración china en el Perú del S. XIX desde la perspectiva del derecho (Vol. 1), Univ Catolica Peru.

[7]Derpich, W. (1999), El lado Azul: 150 años de inmigración china al Perú. In Lima. Fondo Editorial del Congreso de la República del Perú.

[8]Gallo, W. D. (1985), El Perú hace 100 años: trabajo y migraciones. Secuencia, (01), pp.77−82.

[9]https://www.facebook.com/groups/HakkaPeru.

[10]何仲儒：《赤田侨情点滴》，世界赤溪田头客属第三届恳亲大会会刊，第33页，2011年9月。

[11]LA TORRE SILVA, Ricardo.(1992), La inmigración china en el Perú (1850−1890). Boletín de la Sociedad Peruana de Medicina Interna. Lima, volumen 5, número 3. s/n.http://sisbib.unmsm.edu.pe/bvrevistas/spmi/v05n3/inmigración.htm.

[12]Lausent-Herrera, I. (2015), Speaking Chinese: A major challenge in the construction of identity and the preservation of the Peruvian Chinese community (1870−1930). *Global Chinese*, 1(1), pp.203−225.

[13]Lausent-Herrera, I. (2011), The Chinatown in Peru and the

Changing Peruvian Chinese Community (ies) 1. Journal of Chinese Overseas, 7(1), pp.69−113.

[14]Lausent-Herrera, I. (2010), Tusans (Tusheng) and the changing Chinese community in Peru. *The Chinese in Latin America and the Caribbean,* pp.143−183.

[15]O'Phelan Godoy, S. (2000), Isabelle Lausent-Herrera. Sociedades y templos chinos en el Perú. Fondo Editorial del Congreso del Perú. Lima, 2000, Bulletin de l'Institut Français d'Études Andines, 29(2), pp.241−243.

[16]Martín, J. L. (1939), De dónde vinieron los chinos de Cuba.Editorial Atalaya.

[17]中山市地方志办：《中山市人物志》，2011年2月28日，中山市档案馆，广东人民出版社，2012年。

[18]RODRÍGUEZ PASTOR, Humberto.(2018), Periodización de la historia de la comunidad china en Perú. Ponencia presentada en Congreso Internacional ALADAA. Pontificia Universidad Católica del Perú. Lima, 2 de agosto.

[19]RODRÍGUEZ PASTOR, Humberto. Chinos Culíes, Notas Cronológicas. Nota introductoria según el original, cuyo título fue El infierno de los chinos en el Perú.

[20]SOCIEDAD EDITORIAL PANAMERICANA.(1924), La Colonia China en el Perú. Instituciones y hombres representativos. Lima: Gil-Lima.

[21]秘鲁中华通惠总局，《华人抵达秘鲁150周年纪念特刊——历史与发展》，利马，2003年。

[22]秘鲁中华通惠总局，《秘鲁中华通惠总局成立100周年纪念特刊双语版》，利马，劲华文化服务社，1986年。

[23]中华通惠总局—秘鲁同陞会馆，http://www.scbcperu.com/cn/shuxiahuiguan/36.html. 2022年1月25日线上访问

[24]中华通惠总局，http://www.scbcperu.com. 2022年1月25日线上访问

[25]钟日平，《秘鲁、马来西亚钟氏宗亲回乡寻亲记》，《赤溪侨刊》复刊第51期第25页，台山赤溪，2015年。

秘鲁华侨史话

李柏达 [1]

　　秘鲁是拉丁美洲一个小国，早在19世纪中叶，大批中国人以"契约华工"的名义到秘鲁做苦力。据史料记载，1849—1874年，以"契约华工"名义到秘鲁做苦力的中国人约10万人。他们与后来的华侨组成一支新劳动力大军，同秘鲁人民一起，用汗水浇灌安第斯山中麓东西两边的土地，甚至为秘鲁经济发展和社会进步献出了自己的生命。

　　华工初到秘鲁，一般是在钦查（Chicha）群岛鸟粪厂、塔拉帕卡-阿塔卡（Tarapaca-Atacama）硝石矿区、太平洋沿岸甘蔗种植园和棉花种植园干重活，或到山区修建铁路。华工在雇佣合同期满（一般为5~8年）后便可获得人身自由，成为"自由华工"。而后，他们从乡村流入城市，慢慢变成自由雇工或商人。他们依靠自己的双手和互助的力量，勤俭节约，做工经商，逐渐在秘鲁社会中获得一席之地。到1869年，不少华工靠每月4个比索的工资挣得了一份家业，有的积累至三四万元的资本。

　　第一批到秘鲁的华工曼努埃尔·拉德克努斯（在秘华人大多有西文名）获得自由后，在10年内便成为有地位的富商。后来颇有名气的永

---

①李柏达：广东台山人，现任广东省集邮协会理事、江门市华侨历史学会副秘书长、台山市银信文化研究会会长、台山市三益银信博物馆馆长、暨南大学黄卓才教授团队侨文化研究基地主办。

发、邓记、郑记、宝隆、保安、和安荣、正和、合昌、永安昌等都是华侨华人在19世纪末创办的。唐人街也在这一时期应运而生。利马的卡蓬（Capon）街成为中国人的中心区，中央市场前面的街道两旁，到处有华侨华人的杂货店、裁缝店、面包店、理发店、修鞋店、茶楼和小饭铺。20世纪20年代至30年代，华商的经济发展迅猛，其实力仅在美商和英商之后。

一、银信解密秘鲁华侨史

虽然大批华工到秘鲁谋生，但从秘鲁寄来五邑侨乡的银信却非常罕见，因此，欲从华侨文书的角度解读秘鲁侨史相当困难。数年前，本人收集到一个银信机构的书信集，经过细心的搜索，我惊喜地发现几封从秘鲁寄来的华侨银信，记录了20世纪20年代台山华侨在秘鲁的情况，其中一封为我破解秘鲁侨史提供了依据。

骏业仁弟台大鉴：

启者，昨接来函，敬悉详明矣，并付港银伍佰元，冧纸壹张，劳弟收交各人可也。早日付冧壹张，各人捐款雪山祖建立楼，亦劳台收，顺之（知）也。但台昨来信，闻及利马浓（农）工商一栖身，亦无生意全汝路。但利马有一商业苏杭可作落生意，及唐山猪油、米、各种货物以及花旗香水、香枧、香料、百国洋货过来仝用，可能作落亦发达也。但利马兄弟手足亦少，各欲枚公司亦艰难，拟秘鲁杂货店生意，亦无用各行货物。秘政府出新苛例，各货限价，难求溢利。前月买枚货亦无利，仍仍亦要缺本卖出门，如此如此，知之。去年秘鲁劫掳案，昨十月廿三号秘政府亦赔款我华人损失，货物亦照保险公司赔款得四成五知（之）间，我亦领回款，得银壹万四仟伍佰元之间，亦损失大伴（半），可惜可恨也。本埠各叔兄弟均各平安，勿劳锦念。新闻如常，好音。草此，

顺请

财安

另猪肉会壹份，弟领顺知也。

但去年我回埠有多少数尾，劳弟交杂志艮（银），祈为知之也。

庚申九月廿六日

约业托

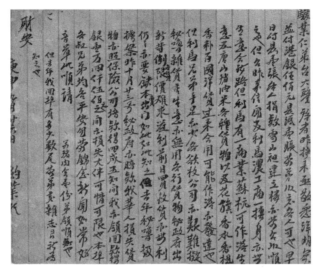

图　1920 年 9 月 26 日秘鲁华侨黄约业寄给广东台山
南坑黄骏业的银信（本书信为笔者收藏）

　　这是1920年9月26日秘鲁华侨黄约业寄给台山南坑黄骏业的银信。书信作者黄约业，早年移民秘鲁，在利马做杂货店生意，专营苏杭丝绸、猪油、大米国货，兼营美国香水、香枧（即香皂）、香料和各国洋货，赚了一笔钱。但秘鲁政局不稳，社会动荡，打劫店铺的现象时有发生。1919年，黄约业在利马的店铺遭贼匪打劫，财产及货物损失超过3万元，幸亏政府及保险公司赔偿部分损失，得赔偿金14500元，即便如此，还是损失了一大半，这事令他痛心疾首，但只能叹无奈。此时，他接到家乡亲人来信，说有兄弟欲往秘鲁做农工商生意，但秘鲁政府出台"新苛例，各货限价"，难以获利，前月他自己的店铺也亏损经营，在这种情况下，他认为无生意可做，请家乡亲人慎重考虑。

虽然旅秘华侨之中有不少的成功者，但秘鲁政局的动荡，影响了华侨在当地的可持续发展，上述银信中关于"利马兄弟手足亦少"等句，说明当时台山旅秘鲁者并不多。因而，在秘鲁没有排华的情况下，没出现大批华侨蜂拥而至的现象。这种情况，延续至20世纪90年代。

二、秘鲁"掘金"，梦断利马①

中国改革开放初期，五邑侨乡有大批乡民出国谋生，形成了一股移民潮。我有一位姓廖的同学（下称"阿洽"），高中毕业后，通过自己的努力，找到了一份装修工的工作，收入不错。然而，在当时移民潮的大环境下，萌生了出国淘金的念头。1993年，在其叔父（下称"廖叔"）的帮助下，东借西凑筹集了3800多美元，从台山出香港后，坐上了飞往秘鲁的飞机，走上了秘鲁掘金之旅。

由于当时没有开通香港—秘鲁直通航线，飞机先飞到伦敦，转飞委内瑞拉，再经哥伦比亚、智利等国家才抵达秘鲁。经过四十多小时的"空中长征"，阿洽来到了南美小国秘鲁。当他走下机舱后，秘鲁神秘的面纱终于揭开。只见秘鲁首都机场上，一台台中国产的东方红牌拖拉机在机场奔跑着，不停地为飞机拖运货物和行李，隆隆的发动机噪声响彻利马国际机场，犹如70年代正在春耕生产的中国农村。走出机场，廖叔已来到机场迎接他，两人寒暄一番后，坐上一辆老爷式的吉普车向利马市中心进发。一路上，很少见到西方国家进口的小轿车，偶尔遇见几辆中国产的东方红牌拖拉机呼啸而过，感觉好像回到祖国的六七十年代。阿洽跟着廖叔来到在利马市中心开设的一间中式小餐馆，开始了他在秘鲁"掘金"旅途。

①以下内容由廖洽同学口述，笔者负责整理。

312

　　上班第一天，廖叔安排他负责餐馆柜台管理工作。廖叔的餐馆生意不错，一天从早忙到晚。亮灯的时候，餐馆收市，按照叔父吩咐，他出去关门。当走出门口准备拉铁闸的时候，猛然见三个黑汉从侧门冲过来，跑在前面的大汉伸出黑漆漆如大猩猩般的双手用力抓住阿洽的右手，拼命地想将其手上的石英表抢去。阿洽在家乡时跟随几位台山著名的武师习武，有一定的武术功底。于是他趁势侧身一闪，借力一掌打向黑人，黑人用力过猛，跟跄地往前倒下，其他两人见势不妙，随即散去。虽然三位黑人未得手，但阿洽仍心有余悸，此后每逢晚上出门都要多加提防。

　　上班第二天，廖叔出门去办货，只剩下阿洽一个人负责管理。一个牛高马大的彪形大汉提着一根一尺多长的螺纹钢铁杆大摇大摆地走进餐馆，吆喝着要了一瓶啤酒，然后又大摇大摆地走出餐馆去。阿洽拦住他，要他付款后才能离开。由于语言不通，双方争吵起来。大汉怒吼着，指一指手上的螺纹钢杆，示意不让走他就用钢杆打人。阿洽即时明白这是一个要耍赖的地痞。说时迟，那时快，阿洽趁对方还未起手，即挥拳击中对方握铁杆的手腕，铁杆当即跌落地上。大汉随即低头用右手要去捡地上的铁杆，阿洽即一拳打中对方右臂，对方又用左手去捡铁杆，阿洽又挥拳击他的左臂，打得大汉痛得哇哇叫。几个回合后，大汉败下阵来，乖乖地付款溜走。

　　第三天早上，餐馆开门不久，阿洽看见昨天被他打跑了的那个大汉匆匆走进餐馆，和廖叔唧唧咕咕地唠叨起来，还不时听见大汉用不纯正的普通话讲"功夫"二字，以为他想来复仇，于是准备和对手战斗。一会儿，他拉着廖叔走过来，在阿洽面前跪下，叽咕着抱拳跪拜。阿洽犹如丈二和尚摸不着头脑。廖叔连忙解释说，他昨天被阿洽打败，从此口服心服，愿拜阿洽为师，跟随着学习"中国功夫"。阿洽觉得他既可恶又可笑，婉言谢绝了对方的请求。这件事迅速传开，震动了利马市的唐人街，那些平时专门来该餐馆白吃白喝的流氓地痞，此后不敢再来餐馆骚扰。

第四天下午，一位身穿制服的保安气急败坏地冲进餐馆，将手枪往阿洽面前的云石餐桌上大力一拍，似是打劫的样子。见对方来势汹汹，阿洽迅速钻进石台底下躲避。一会儿，保安员低头笑着向阿洽做个手势，邀他出来，指着他的手枪叽里咕噜地讲起什么。这时，廖叔走了出来，相谈一阵才明白。原来该保安的手枪坏了，想要一些工具给他修理一下。阿洽吓出一身冷汗，真的是让人哭笑不得。

第五天，餐馆来了一位十八九岁的年轻黑人，吃了一碟菜和一瓶啤酒，结账单为7.7元秘鲁索尔。黑人付款10索尔，阿洽找回2.3索尔。黑人却说收多了他的钱，由于阿洽不懂西班牙语，无论怎么讲也讲不明白。阿洽灵机一动，将那张10索尔从收款柜台取出来，给对方确认后，找换成10个1索尔，又将1个1索尔换成10个1分，先拿走了7个索尔，再拿走7个1分，剩下的零钱全交还给对方。那黑人收回余银后，竖起大拇指，微笑着离开了。原来，秘鲁人多数读书少、文化水平低，简单的算术口诀也不懂，到市场买东西时常与人争吵不休。

第六天下午，餐馆里人来人往，生意兴旺。忽然大街上传来一阵阵的嘈杂声，接着一辆警车呼啸而过，人们纷纷四处逃走。廖叔急忙吩咐拉下餐馆闸门。阿洽未及门口，迎面一股浓烈的刺激性气体扑鼻而来，感觉一阵眩晕，鼻涕眼泪齐出，视线模糊，再也无法前行了。廖叔质问为什么不去关门，阿洽告诉廖叔，他可能中毒了。廖叔连忙告知这是警方放的催泪弹，用来驱散游行示威的人群，快去洗手间用清水冲洗一会儿就没事了。原来秘鲁政局不稳，游行示威是常发生的事，警方常使用各种办法驱散游行示威的群众。

第七天，餐馆来了一位黑人女性，饮了一瓶啤酒后，扭着腰肢来到柜台前结账。在阿洽面前，伸手从胸围中掏出一枚1索尔硬币付款。阿洽觉得这个女人心术不正，不接她这枚钱，要她另付一枚钱币。两人僵持好一阵，在餐馆打工的一个秘鲁人过来接过硬币放进柜台，阿洽找了3分给她后她快快离去。一会儿，这位黑人女性带着两位警察气势汹汹地冲进餐馆，指骂阿洽欺骗顾客，要求跟去警察局协助调查此事。阿洽不懂西文，无论怎么讲也讲不明白，如果去警察局论理肯定吃亏的，决定不跟他们去警察局，双方为此争执得不可开交。后来，廖叔回到餐馆，问明事情发生的前因后果，吩咐在餐馆打工的秘鲁人跟他们去警察局。不久，秘鲁人从警察局回来，警察告诉他，那位"黑婆娘"是个骗子，专门选择不熟西文的华人开的商店、餐馆采取同样的手法进行敲诈勒索，不少新移民因此中招。

第八天晚上，一位华人来到餐馆，阿洽见对方很面熟的样子，双方打个招呼，就用台山话聊起来。来者"阿桥"是台山人，与阿洽同乡，曾经在同一间小学读书。大家一见如故，阿桥讲起了他出国的经历：阿桥的父亲、妹妹早年出国，在利马开一家小餐馆，生意很不错。几年前，在父亲的帮助下，阿桥移民来到这里，在父亲的餐馆当厨师，每月工资不足200索尔。阿桥到秘鲁第一个月起，父亲就克扣了全部的工资偿还出国的费用，这样一个月下来，阿桥无分文落袋。家乡的妻子、儿女还要等阿桥寄钱开饭，怎么办呢？阿桥想出一个办法：在餐馆收市以后，他独自回到餐馆加班，搞一些消夜在街边销售，以赚一点零钱。这样没干几天，一天晚上，阿桥的妹妹回餐馆撞个正着，于是大发雷霆，把他骂得狗血淋头。次日，阿桥被他父亲、妹妹赶出餐馆。无处落脚的阿桥到处流浪，露宿街头。想当初在家乡之时，父亲、妹妹常常寄些钱回乡，常觉得他们是很讲亲情的人，怎么现在变成凶神恶煞、无情无义之人呢？每念此事，阿桥不禁潸然泪下，心里极度悲伤。然而，人还是要生活下去，家里的亲人还要生活，自己一定要想办法走出困境。于是，他找了一些简单的厨具，在街边做无牌摊贩，过着"走鬼式"生活。经过几年的奋斗，还清了机票钱。又经过几年的拼搏，将他的妻子和两个儿子也接到了秘鲁。儿子出国后，很快学会了当地的语言，大儿子到一家日本人开办的农场打工，二儿子也到当地人开办的公司打工，直到近两年生活才有所好转。往事不堪回首，阿桥讲完这个故事，泪水湿了眼眶。阿洽也从中领略到"秘鲁人情薄过纸"的滋味。

第九天下午，一位年过古稀、衣衫褴褛的老华侨来到餐馆。阿洽见对方是华人，便上前与他打招呼，对方用粤语回答，一问才知道对方是个中山人。那老人二话没说，就在餐馆里帮忙做一些散工。忙了一个下午，快要下班了，阿洽拿了一碗剩饭给老人吃，老人吃饱后满意地走了。次日，老人又来到餐馆，同样当帮手做起散工来。到准备收市的时候，廖叔来到餐馆，问清楚这位老人的来历后，破口大骂阿洽不懂规矩，乱做一套，不准阿洽给东西让那老人吃，即时将那老人轰走。阿洽再一次领略到"人情薄过纸"的滋味。

第十天，餐厅来了几位东北大汉。廖叔上前招呼客人，问客人要吃些什么。廖叔年少在台山的乡村长大，青年时期就出国了，不懂普通话。客人讲了很久，廖叔却听不明白，急得他出了一身大汗。这时，阿洽刚好从厨房走出来，听到对方讲普通话，于是上前和客人打招呼。原来来者是吉林人，他们来秘鲁做生意，在利马市走了十多间中餐厅，也找不到适合他们口味的东西吃，只因利马市多数唐人餐厅店员不懂普通话。交谈中，得知他们想吃中国米粉、炒白菜和炒辣椒等菜，于是阿洽走进厨房，不久就将这三道菜端出来，几位东北大汉吃得津津有味，竖起大拇指连声赞好，不一会儿，风卷残云般吃个精光，同时称赞阿洽烹饪的中国菜，说他们吃得"很痛快"。按照正常的价格，这三道菜最多值十五六索尔，结账时廖叔却收了80多美元。阿洽见顾客是中国人，叫廖叔给个优惠价，廖叔却瞪着双眼叫他不要出声。

日子就这样过去，阿洽到来以后，廖叔的餐馆生意一天比一天好，生意兴隆，常见廖叔眉开眼笑。一个月下来，廖叔给阿洽发了200索尔工资。接过这少得可怜的工资，阿洽心里不知是什么滋味，心想，就这样干下去，干一年也不够买一张回乡的飞机票，到何时才发达呢？从此，他萌生了回乡的念头。

有一天，阿洽见到一位衣衫褴褛的老华侨畏缩在餐馆对面不远的街边，双手在打寒战，样子挺可怜的。廖叔瞥见阿洽有同情的样子，告诫不要理他。又过了一段时间，收到一封华文报纸，上面一篇讣告印着那位老华侨去世的消息。据了解，这位老华侨是台山人，在秘鲁打工数十年，没有积蓄，年老无力，65岁以上更无人雇用，生活无依，最后流浪街头，在饥寒交迫中死去。当地政府发现老华侨死去后，通知当地冈州会馆去处理后事。

两个月后，廖叔见侄子管理餐馆后生意越来越好，于是决定回乡省亲，将餐馆全盘交给阿洽管理。阿洽每天黎明即起，用学到的几句简单的西文去市场买菜、买鱼、买肉，回来又亲自下厨，还处理好餐馆的一切事务。由于阿洽厨艺好、待人接物好，深受来客欢迎，餐馆生意红火。廖叔回乡两个月间，餐馆账面多赚了一大笔。

廖叔返回利马后，阿洽高兴地将这两个月的账目交给他，见他脸上露出满意的笑容，满以为这两个月可以涨工资了。然而，阿洽接到的工资还是和以前一样，心里凉了一大截。他向叔父提出要辞职回乡。廖叔极力挽留，说未还清机票钱不得回乡，又将当初买的双程机票扣起来。

思前想后，阿洽觉得这个国家经济落后，政局不稳，社会治安动荡，没有稳定的社会保障体系，人情似纸一样薄，根本不是自己理想中的赚钱天堂。叔父更是只将自己作为赚钱的工具，根本没有值得留恋的地方，还是走为上策。他东借西凑，经过两个多月的努力，终于筹够买回乡机票的钱。在一位热心华人的帮助下，阿洽到利马一间华人开办的旅行社买上了回乡的机票。

阿洽去秘鲁"掘金"半年，出国发财之梦破灭，最后两手空空而回，还欠下了一笔债务。不过，回国的阿洽经过两年的努力，终于还清了所有的债务，开始了他新的人生历程。

不一样的古巴契约华工

黄卓才 [1]

  说起海外契约华工，人们就会想起那几百万流徙到南洋、拉美，被贩卖、欺凌、剥削、迫害的华侨先辈，无不一掬同情之泪。其中，最令人唏嘘和悲怆的，莫过于古巴契约华工。在人们的印象中，他们似乎只是逆来顺受、任人宰割而无力反抗的一群人。

  其实事实并非如此！古巴契约华工之中，也有不一样的人物。有非常了不起的能人，还有英勇善战，敢于为独立自由洒热血抛头颅的英雄好汉。他们早已载入史册，永远为中古两国人民所铭记。

  古巴位于地球的另一边，离中国遥遥两万多里，在长达四五个月的航行过程中，体弱或反抗的华工或病死或被打死，抛尸大海。有幸活着登陆古巴的，则被卖到种植园种甘蔗、烟草，到糖厂制糖，或者修铁路。在工头的凶暴监管下，每天工作16~22个小时。衣不蔽体，食不果腹，生病得不到医治，且动不动就以莫须有罪名被体罚、关禁闭、戴脚镣，甚至随意杀害。他们的遭遇与奴隶无异。史料显示，从1847年6月3日第一只西班牙苦力船到达哈瓦那，206名契约华工登上古巴岛开始，

---

①黄卓才：暨南大学中文系教授、华侨华人研究院兼职研究员。

到1874年迫于国际社会和清政府的压力，西班牙统治者不得不中止贩运华工为止，共有143040名中国人，乘搭法国、西班牙、葡萄牙、美国、英国、荷兰等16个西方国家贩运苦力的342只船前往古巴。途中死亡17032人，实际到达126008人。在当时的古巴岛上，中国人成了整个美洲大陆最为庞大的中国移民群体，成为继西班牙人、非洲黑人之后的古巴第三大社群。但这些契约期为八年的华工，还未到合同期满，早已死亡过半。14万多华工存活下来的只有6万余人。这是一段多么骇人听闻的血泪史！

就在这样凶险的环境下，也有些华工迅速挣脱了枷锁，改变了自己的命运，扬威古巴，成为中华民族和古巴民族共同的英雄，名垂青史。

据记载，在1847年6月3日乘坐西班牙"奥奎多号"双桅帆船从厦门到达古巴的第一批206名华工中，有一位中医，名叫Saanei（桑西），在为雇主工作了几周之后，他可能赎了身，或谈妥条件获得了自由。桑西通过行医很快赚到了钱，离开了古巴。在脱身之前，古巴人孔斯塔（Consta）先生根据桑西的口述，详记其药方和治疗方法，编辑成《中国医术》一书。该书只有64页，但影响颇大。1847年10月22日，哈瓦那著名报纸《海事日报》（*Maritime Daily*）刊登广告说："《中国医术》内中对令人惊异的医疗方法有详尽的记载。该书系由新近莅临哈瓦那之华人现身说法笔录而成。"其他各报纷纷转载，轰动一时，慕名前往就诊的古巴人络绎不绝。

西班牙殖民者把华工当作生财的工具，想方设法防止他们逃跑，用种种手段阻止他们赎身。桑西医生能够这么快挣脱枷锁，也许是幸运的特例。但常言道："知识改变命运。"桑西的中医知识和诊治技能，对他快速脱离险境取得自由显然起了关键的作用。

另一位中医陈黄阳，其事迹更加耀眼。他是在古巴民族独立战争中涌现出来的英雄人物。

1868年，古巴人民不满于西班牙殖民者的压迫剥削和残酷统治，揭竿而起。在此后30年里，他们为争取古巴民族独立进行了三场战争，即第一次独立战争（1868–1878年）、小战争（1879–1880年）和第二次独立战争（1895–1898年）。当时在古巴谋生的中国人主要就是契约华工，还没有自由移民。他们或者是尚未赎身、仍在水深火热中的华工，或者是熬过契约期获得了自由、实际上还在苦苦挣扎的华侨。但中国人有爱好自由、勇于反抗压迫剥削的传统，一向不甘于俯首低眉。契约华工与古巴人民一样憎恨殖民者。因此，民族独立战争的烽火一起，华人就一呼百应，数千人踊跃参战，陈黄阳医生就是其中之一。

陈黄阳原名黄森（Wong Seng，或王森，广东话黄、王同音），西文名利布里奥·黄（Liborio Wong），广东台山人。出身于中落医士之家，自小随父学医。1858年，为避当地的"土客械斗"而去古巴，是早期的契约华工。他契约期满获得自由后，先后在哈瓦那和马坦萨斯（Matanzas）行医。因医术高超，深受古巴人和华侨赞赏，被誉为"金黄色的太阳"，"黄阳"之名由此而来。至于"陈"，则可能是古巴人误读之故。

1895年，陈黄阳投身古巴第二次独立战争，为随军医生。曾任莫德斯托·迪亚斯（Modesto Diaz，旧译铁打士）将军的上尉副官。他用中草药救治了许多伤病员，功勋卓著，成为革命军中的英雄，被称为"中国神医"。战后他重返马坦萨斯悬壶济世，直至去世。

古巴人把陈黄阳奉若神明，越传越神，成了传奇式的人物。古巴驻中国大使馆官方编著的《古巴旅游指南》（中国旅游出版社，2000）一书讲述了陈黄阳的故事，说古巴人有句俗语"连中国医生也医不好"，意为"病入膏肓，无可救药了"。可见陈黄阳威望之高。而《广东台山华侨志》的记载，则确认了这位海外游子的身份和事迹。书中这样记述陈黄阳的事迹：

陈黄阳（？—？），古巴华侨名医。台山人。生于一个中落的医士之家。从小向父辈们学得治病之术。清咸丰八年(1858年)，为避土客械斗之乱，前往古巴哈瓦那，以行医为生。他精通脉理，善用中草药。1871年，迁居另一华侨聚居地马坦萨斯行医。初只为华侨治病，治好了不少奇难杂症，一时名声大噪。后来，许多古巴人慕名求医。他医术高明，医德高尚，对贫病交迫的人，不分国籍，常施医赠药，深得古巴人的赞誉，称他为"金黄色的太阳"（清朝国旗为黄龙旗，黄色视为中国的象征)，华侨也都称他为"陈黄阳"，久而久之，他的真姓实名却佚失了。1895年，古巴爆发反西班牙殖民统治的独立战争，陈黄阳参加古巴革命军，为随军医生。他用中草药医好了大量伤病员，功勋卓著。曾任铁打士将军的上尉副官，成为革命军中的英雄人物。独立战争结束后，重回马坦萨斯悬壶济世，直至去世。陈黄阳在医疗上的卓越成就，为祖国及中医药赢得了很高的荣誉，他被古巴人誉为"中国神医"，中医药被称为"中国良药"。

古巴独立战争中涌现了一大批华人战斗英雄，最著名的是胡德和赖华两位。

胡德，西文名何塞·胡·达科（Jose Bu tack），广东开平百合镇人。原名胡开枝，曾在邻县恩平县城（现恩城镇）读过四年书，胡德的父亲是在开平三埠镇开油糖铺子的商人。胡德17岁那年，因受骗误入赌局欠了赌债，被迫卖身，在澳门上了西班牙的苦力船去古巴。初到古巴，他与其他华工一样在甘蔗种植园当苦工。园主见他年轻力壮、相貌端正、诚实可靠、办事能力强，让他到家里当侍役。其后要他管杂货店，不久再让他做杂货总行的总管。此时恰遇清政府派陈兰彬到古巴调查华工遭遇，与西班牙政府交涉，胡德趁机辞去杂货总行的职务，摆脱契约华工的身份，到西恩富戈斯（Cienfuegos）开了一家杂货店。胡德攒了一些钱，跟一位土生华女结了婚。

当时何塞·米格尔·戈麦斯将军（Jose Miguel Gomez）等正在领导反殖民主义的战斗。革命军在圣克拉拉（Santa Clara）山林中展开活动，有华侨数百人入伍。粮食缺乏，斗争非常艰苦。胡德支持正义斗争，给革命军供应粮食，把自己的资金捐作军饷，因而被逮捕。革命军星夜出动，围攻监狱将他救出。胡德出狱后，加入了革命队伍，后来还将其妻接去参加了革命。他在革命军中十余年，身经百战，受伤五次，功勋卓著，升至中校军衔。根据古巴共和国1901年宪法，参加过两次独立战争的外国人享有作为古巴共和国总统候选人的权利，胡德具有这个资格，但他不居功，不愿参选。战后，他回到大萨瓜（Sagua la Grande）、马坦萨斯经商。古巴共和国没有忘记他的贡献，当了总统的昂美将军是胡德的亲密战友，继任总统也是他的好朋友，先后任命他为圣克拉拉卫生局长、移民部长。他廉洁奉公，事必躬亲，深得民心。退休后住哈瓦那。他薪俸很高，乐善好施，关爱穷苦人，做了许多好事，一家七口的生活却非常节俭。胡德于1940年逝世。出殡那天，哈瓦那万人空巷。哈瓦那大街上现在还有胡德的墓碑。

与胡德齐名的战斗英雄赖华，曾被误译为"赖娃"，西文名何塞·多隆（Jose Tolon）。有记载指为客家人。他初到古巴，被西班牙老板指派做仓库管理员。赖华三次参加不同阶段的古巴独立战争，在战斗中表现非常出色，被授予古巴革命军上尉军衔。

据记载，1895年5月13日，在荷维多（Jobito）的一场战斗中，赖华及其他华人战士在赫苏斯·拉比（Brigadier Jesua Rabf）领导下，以少胜多，重创了一支400余人的西班牙军队。

当年有不少华人参战者原是太平军官兵。太平天国失败后，逃亡求生或被卖去拉美的，数以万计，赖华就是其中之一。太平军官兵有作战经验，勇敢善战，所以不少人在古巴独立战争中都成了指挥官、战斗英雄。可惜一到古巴就改为西班牙文名字，大多数没有留下中文姓名。赖华是客家人，原籍不详。客家人性格刚烈，他们充分发挥了不屈不挠的"硬颈"本色，把鲜血洒在加勒比海岛上，甚至不惜牺牲自己的生命。赖华就是客家人的优秀代表。

独立战争结束后，赖华主动放弃总统候选权和应得的俸金，恢复平民身份。他复员回到哈瓦那，与胡德常有来往。胸前挂着一枚勋章，客家口音依然很重。他于1932年逝世，有二子四女。

如果说，桑西医生是靠知识和才智自救，那么，陈黄阳、胡德和赖华则是以青春热血来改变自己命运的。他们选择了一条最好的也是最危险的途径：参加古巴独立战争，以生命为代价，换得了自由和荣誉，既解放了自己，也拯救了"契约华工"同胞。他们顺利地融入了古巴社会，同时也为古巴人民做出了历史性的伟大贡献。

契约华工并非弱者，他们之中不仅有了不起的能人，还有名垂青史的英雄。

参考 文献

[1]黄卓才、袁艳：《从契约华工到改革先锋》，北京：中国社会科学出版社，2017年。

[2]袁艳：《疏离与融入：中国人在古巴》，广州：暨南大学出版社，2013年。

[3]黄作湛：《古巴见闻录》，载中国人民政治协商会议全国委员会文史资料委员会：《中华文史资料文库》，北京：中国文史出版社，1996年。

[4]黄马里奥：《19至21世纪古巴大萨瓜地区的华人及其后裔》（民

族学记略）书稿。

[5]《广东台山华侨志》编纂委员会：《广东台山华侨志》，内部印行，2005年。

书评

全球视野中的海外华人和中华文化

——读《美洲华人简史》

翁妙玮[①]

近20年来，关于华人迁徙和移民的研究引起了海外学界的极大关注，相关的研究成果可谓层出不穷。有学者以某一国家或地区作为框架来研究华人迁入史[②]；有以某一历史时期为轴线来分析华人移民的方方面面[③]；还有从华文媒体、华语文学或社会学研究等专业视角来切入海外华人群体内部结构及其与所在国之间的关系[④]。近年华人移民研究的兴起，一方面由于新研究对象的出现——20世纪末期出现了新一波的以知识和技术为主要特征的华人移民潮；另一方面也由于中国在世界政治经济舞

---

①翁妙玮：美国圣路易斯华盛顿大学西班牙语和比较文学联合博士，南康涅狄格州立大学世界语言文学系副教授，西班牙语项目负责人，校学术评审委员会委员。

②Knerr, Béatrice, and Fan Jieping. *Chinese Diasporas in Europe: History, Challenges and Prospects*. Kassel UP，2015；Reid, Anthony. *The Chinese Diaspora in the Pacific*. Routledge，2016；Sun, Wanning. *Media and the Chinese Diaspora: Community, Communications and Commerce*. Routledge，2006.

③*Contemporary Chinese Diasporas*. Red Globe PR.，2018.

④Ma, Laurence J, and Carolyn Cartier. *The Chinese Diaspora: Space, Place, Mobility, and Identity*. Rowman & Littlefield，2003；Miles, Steven B. *Chinese Diasporas: A Social History of Global Migration*. Cambridge UP，2020；Mu, Guanglun Michael, Bonnie Pang. *Interpreting the Chinese Diaspora: Identity, Socialisation, and Resilience According to Pierre Bourd*. Routledge，2013；Sun, Wanning. *Media and the Chinese Diaspora: Community, Communications and Commerce*. Routledge，2006；Tsu, Jing. *Sound and Script in Chinese Diaspora*. Harvard UP，2011.

台上的再次复兴，由此而引发的西方新一波的"中国研究热"。换句话说，研究的主体由两部分学者构成：一是希望探索本族群历史和根源的海外华裔学者，他们关注根本性的哲学和社会命题："我们是谁？我们从哪儿来？我们要到哪儿去？"二是将中国作为外部研究对象的汉学家及各智库，他们的主要焦点在于希望通过华人更了解中国和中华文化，以期揭开中国复兴之谜。

从大范围的分类而言，欧亨尼奥·陈·罗德里格斯博士（陈汉基，Euguenio Chang-Rodríguez）的《美洲华人简史》[①]（*Diásporas chinas a las Américas*）应该可以归入第一大类：以美洲这一特定地域的华人移民史为研究对象。全书的大部分章节对应着北美洲、中美洲和南美洲北部的各个国家，包括了加拿大、美国、墨西哥、加勒比、圭亚那群岛、古巴、哥斯达黎加、巴拿马、秘鲁等国家和地区。每章节又按照不同移民潮的先后顺序，囊括了从早至16世纪由菲律宾马尼拉到达美洲的华商，到19世纪以来成规模迁徙的华工潮，再到20世纪90年代以后以知识和技术为主要特征的新移民。陈博士耄耋之年出版《美洲华人简史》，字里行间充满着对古老中国的向往。从秘鲁到美国，他近百年的人生历程由学术与政治交织而成。他致力于回顾一生留下的足迹，2005年和2009年分别出版了两本回忆录：《两难抉择：美洲和亚洲回忆》（*Entre dos fuegos: reminiscencias de las Américas y Asia*）[②]以及《两难抉择：欧洲和非洲回忆》（*Entre dos fuegos: reminiscencias de Europa y Africa*）[③]。

2015年，91岁的陈博士出版了《美洲华人简史》，以此书来完成

①[秘鲁]欧亨尼奥·陈·罗德里格斯著，翁妙玮译：《美洲华人简史》，北京：新世界出版社，2021年。

②Chang-Rodriguez, Eugenio. *Entre dos fuegos: reminiscencias de las Américas y Asia*. Fondo Editorial del Congreso del Perú，2005.

③Chang-Rodriguez, Eugenio. *Entre dos fuegos: reminiscencias de Europa y Africa*. Fondo Editorial del Congreso del Perú，2009.

他的历史和文化寻根之旅。其父亲20世纪初由于政治原因被迫从中国广东经香港乘坐一艘英国轮船来到秘鲁，和许多第一代华裔移民一样，辗转在异国他乡成立家庭。陈博士将他和父亲的人生故事放在美洲华人移民史的大框架下娓娓道来，通过个人叙事将遥远的历史拉近，又以长达五个世纪的华人移民史来作为个人及家族叙述的参照。我们可以说这是《美洲华人简史》有别于同类著述的一大特征：作者将个人叙述和族裔的集体历史并列，以彼此相互参照的方式呈现在读者面前。本文希望能够将华人移民整体族裔的历史放在全球的框架下审视，以期更好地理解这段历史，理解我们的先驱们在最初迈出国门探索世界时所经历，以及面临的种种境况。《美洲华人简史》的另一大特征是它的文化关注：书中加入了陈博士关于中华文化的理解，这部分的写作一方面给了暮年时的他一个思考自己文化根源的机会，另一方面是他的社会责任感使然。陈博士在书的开篇写道："东方对西方的了解要超过西方世界对东方的了解，因此，我致力于能够澄清一些关于中国的错误的解读，这些误解往往导致西方一些带有偏见的行为……"（p.15）。关于这部分，我也希望能够提供一些我关于全球视野中的华人文化的解读。

1776年，亚当·斯密（Adam Smith）在《国富论》（*Wealth of Nations*）里自豪地宣称"美洲的发现，以及通过好望角开辟的通往东印度群岛的通道，是人类历史上最伟大的两大事件"（The discovery of America, and that of passage to the East Indies by the Cape of Good Hope, are the two greatest and most important events recorded in the history of mankind. ）[1]。毫无疑问，亚当·斯密的人类历史指的是欧洲历史，欢欣鼓舞为之庆祝的也是欧洲白人。早在16、17世纪地理大发现的早期，世界上许多地方被欧洲普遍认为是"无主之地"（terra nullius），其中

---

[1]Smith, Adam. An Inquiry into the Nature and Causes of the Wealth of Nations. W. Strahan and T. Cadell, 1784, p. 458. Digitalized on Dec. 18, 2013. 中文部分由作者翻译。

就包括美洲，尽管土著印第安人已经世代居住在这里。西班牙和葡萄牙殖民者的口号是"黄金、荣誉和上帝（oro, honor y Dios）"，也就是为了物质财富、个人野心和传播宗教福音来到美洲。1493年5月4日，教皇亚历山大六世（Alexander Ⅵ）颁布教皇令，史称Inter Caetera，授权西班牙和葡萄牙占领美洲、奴役当地印第安人，前提条件是迫使土著印第安人必须皈依天主教。高举着《圣经》和剑来到美洲大陆的欧洲殖民者们在美洲实行奴隶劳工制度，被征服的土著世代臣服于征服者，并为他们劳作。由于极度恶劣的劳动条件，殖民者的武力征服，以及欧洲白人和他们带到殖民地的牲畜身上携带的细菌，美洲印第安人大量死亡，无论是对欧洲先进的火枪、火炮，还是对欧洲大陆经过历次大规模病毒侵袭后与白人共存的少量病菌，这些新大陆的土著居民都没有任何的抵抗能力。众所周知，从15世纪末到17世纪中期的150年间，美洲土著人口减少了四分之三。土著人口的大规模减少引起了劳动力的急剧短缺，殖民者开始从非洲大量贩卖黑奴到美洲劳作。而当19世纪前期欧洲各国开始陆续禁止黑奴贸易的时候，华工就成为替代品被引入许多美洲国家充当"苦力"。在以上这些简短的文字描述背后是美洲从土著印第安人到黑奴再到华工的长达三四个世纪的悲惨历史，也是欧洲和美洲历史上抹不去的黑暗一面。这无数的面目不清、咬牙度日的劳工成就了亚当·斯密及其后世欧洲白人引以为豪的自由繁荣的环大西洋经济圈。将《美洲华人简史》中介绍的华工放入这段美洲奴隶/苦力历史中审视，将有助于读者更好地理解书中详细描述的自19世纪以降被大规模引入美洲的华工如奴隶般的生存状态。

如果说，审视美洲的劳工历史和状况有助于我们了解19世纪华人移民在所在国所遭遇的历史境况的话，那么，分析同时期中国的社会情形或许能够让我们对华人移民先驱的境遇产生一些文化思考。中国地处亚欧大陆东部，有大面积的平原，气候温和、降水适中，于是发展出了具有强烈集体协作精神的发达的农业文明，孔子、老子，还有周易和法家的思想无不体现了这种集体文明。这种相对稳定而发达的组织形式，加上隋唐以降的科举制度使得中国在两千多年以来始终占据世界人口的多数，且相对高效。历史上，中华民族对外的最大困扰来自周边的游牧民族，而中国对这些觊觎中原富庶的游牧民族从未有过西方式的以精神臣服、资源掠夺和文化强制为主要目的的征战。中国农耕的百姓基本上生活在降水量400毫米线以内，中国的主要文化疆域也大致居于这个范围之内。

15—17世纪欧洲经历了轰轰烈烈的地理大发现或者叫大航海时代，以稳定的农耕文化为基础的中国依旧置身事外。明仁宗后，明朝停止尝试出海和造海船。15世纪中期土木之变后，明朝战略和国力倾向防御西北，国家建制的大规模出海再也没有出现。与此同时，葡萄牙、荷兰等商人、殖民者到达东南亚后，四处侵扰。史料记载了荷兰军舰在17世纪劫掠中国船只并掳掠壮丁的事件，这也是"崇祯明荷海战"的缘由。明荷海战中彻底击溃荷兰军舰的福建郑芝龙舰队具有极强的战斗力，但郑氏舰队最大的野心也仅限于称雄周遭的东南沿海海域，在摇摇欲坠的大明王朝末期垄断周边来往的海上贸易。半个世纪之后，清朝出现了一个半官半商的神奇机构——广州十三行，该机构垄断了清王朝所有的对外贸易渠道，迅速积累了富可敌国的财富，因为中国大量的丝绸、茶叶、瓷器等价格昂贵的商品经菲律宾、太平洋、墨西哥、大西洋而运达欧洲，而输入国内的有香料、宝石、玻璃和金银器皿等，所有海上丝绸之路或公开或私下的往来贸易都需要得到广州十三行的许可。历史让人唏嘘之处在于，广州十三行的财富足以控股东印度公司，但是这并没有发生；广东十三行的财富足以让中国成为世界海军强国，但清政府也没有这么做。农耕文化下形成的强大的稳定性让中华文明牢牢地固守着欧亚大陆东部这片富饶的土地，直到1840年，贩卖鸦片的沙逊家族鼓动英国政府以虎门销烟为借口通过大炮轰开了中国的国门。

与此同时，华工开始从中国南方，主要是沿海地区被大规模地引入美洲，作为"土著印第安人—黑奴—苦力"这条底层劳工历史链条上的最后一环漂洋过海。自此，从未有过征服西方念头的华人和高举《圣经》和枪炮的西方白人在美洲新大陆遭遇了，其碰撞结果没有任何悬念。正如陈博士在《美洲华人简史》里无比心酸地描述的那样："许多华工在悲惨的劳动条件的折磨下失去了生命。"（p. 102）陈博士的史料研究显示，那些临别时告诉家人三五年内攒些钱然后就回家的华人，大部分终其一生也未能回归故里，他们中的有些由于劳累或疾病埋骨异乡，有些逃往美洲的其他国家，在艰难的条件下幸存下来，在历史的波涛汹涌中起起伏伏，繁衍生息。

如果海外华人移民史突然终结于19世纪末甚至20世纪上半期的话，那似乎中华文化和西方基督教文化在全球范围内的首次大规模遭遇就以悲剧收场了。但是，历史并非如此，陈博士在《美洲华人简史》中的关于每一单独国家的章节都从悲惨的历史开始，以后代华人在该国的成就和影响力结束，我不知道这算不算幸福的结尾，但是起码为美洲华裔这个被称为"模范少数裔"的群体做了具体的例注。有人或许会说，20世纪末21世纪初，华人在美洲的影响是否得益于20世纪90年代开始的以知识和技术为主要特征的"新移民"的大量涌入？但是，如果我们仔细看陈博士列举出的名字的话，我们不难发现这些杰出华裔大多数并非第一代华人移民，而是在漫长的移民史中幸存下来的华人移民们的后代。根据《美洲华人简史》的记载，这些华人为所在国的政治、经济、文化、艺术等做出了巨大的贡献，产生了深远的影响。从19世纪初至今200年以来，固然有美洲各国华裔移民生存环境的改善，但这也仅仅是近半个世纪以来的事情——例如，臭名昭著的美国《排华法案》直到1943年年底才被废除。

　　如果我们依旧回到文化的比较上看，将文化理解为人类的组织方式及其动员能力的话，那么人类的力量在于集体能否形成合力并且达到一定的效率，至少在目前没有完全实现全面的人工智能化之前，一个族裔或者民族的组织能力和它的生存发展潜力息息相关。以色列学者尤瓦尔·赫拉利（Yuval Noah Harari）认为，一切文明话语体系的本质都是在讲述一个宏大叙事，包括宗教以及各种主义，其目的是把群众有效地组织起来。[①]我们纵观西方历史不难发现，赫拉利的话有一定道理，同源的犹太教、基督教和伊斯兰教，无一不是如此，都具有强大的组织能力。犹太人居于地中海东岸的巴勒斯坦地区，地处三大洲交界处的要地，历史上不断地被附近的强大族群侵扰而流离失所，种族生存一直是犹太人的首要关注，换句话说，犹太教的产生首先就是为了族群团结起来生存下去。一个强有力的单一神的认同和信仰有效地团结了散布在世界各地的犹太人，他们以犹太社区为核心而互相支持，有效地集合了族群力量。与具有很强封闭性的犹太教不同的是源于前者的基督教，后者历史上以征服和扩张为主要特征。西班牙、葡萄牙殖民者带到美洲的是罗马天主教，美洲其他地区被引入了英国的新教、荷兰的加尔文教派、苏格兰长老会、法国胡格诺教派、德国和瑞典的路德教派，等等。而在北美的盎格鲁-撒克逊人崇尚加尔文派教义，坚信天选论，认为他们生来就是上帝的选民，面对其他族裔也因此有了天然的优越感。显然，大航海时代欧洲白人的表现充分地体现了基督教文明的效率，几十人、几百人、几千人，就能驰骋美洲、澳大利亚、南非，甚至新西兰岛、塔斯马尼亚岛。而欧洲各国国内，资本加工业革命，社会生产细分并规模化，生产效率大大提高。资本从自由竞争，走向垄断，最后达到了金融帝国阶段。近半个世纪以来，犹太文明和基督教文明再一次你中有我、我中有

---

① [以色列]尤瓦尔·赫拉利著，林俊宏译：《人类简史：从动物到上帝》，北京：中信出版社，2014年。

你，而历史也似乎终结了，直到当代中国的复兴。

与西方一神教传统不同的是，中华文明敬鬼神而远之，我们祭拜祖先、天地，但是没有一个单一的神。陈博士在其书中花了相当的笔墨描述儒家，认为中华文化由儒释道为主体构成，尤以儒家为主。他认为儒家对"仁义礼智信"的尊崇深入中华文化，并在华人的日常生活中处处体现，而随着华人的迁徙，他们也将这种价值观以及生活方式带到了美洲各地。但我并不认为这种贯穿于日常生活方方面面的哲学体系有强有力的组织能力，我们没有看到以儒家社团或者儒学为中心的带有广泛的凝聚力的组织。海外华人在各个国家的主要城市都建立了唐人街，但大大小小的中国城或唐人街更多的是地理位置上的聚居区，起到组织作用的更多的是以地域划分的各种同乡会和社团，以及后来慢慢出现的各种职业和行业协会。相比较于中华文化在中国国内的超强的组织能力，海外华人在这方面明显有许多需要改善的空间。原因也可能是中国人在大一统中央集权的社会结构下进化了几千年，习惯了强有力的领导，也正所谓"百代皆行秦政法"，而以独立个体到达海外的华人，需要在中华文化中重新找到能够凝聚整体族群力量的元素，才能在新的土地上获取更进一步的发展，为华人及中华文化在全球范围内谋求更大的影响力，同时也为中国和美洲的合作发展谋求更积极的前景。

一代又一代的海外华人筚路蓝缕、艰难创业，尽管过程坎坷，但幸已收获颇丰。他们在探索世界的同时，也将中华文化传播到了世界的各个角落，和全球不同的文化碰撞、交织、混合。无论经历了多么漫长的时间，无论经历了多少代人，他们都依然有一个共同的名称，那就是——华人。

《美洲华人简史》是一本充满文化情怀的移民史著作，无论是研究华人移民的专家、学者和研究生，还是感兴趣华人在美洲轨迹的普通读者，我相信，大家都能从陈博士的书中受益匪浅。

观察拉丁美洲电影的中国视角
——评《拉美电影作品分析》

檀秋文 [①]

对于大多数中国人来说，拉丁美洲是一片遥远而陌生的土地。近年来，随着"一带一路"倡议的推进，拉美地区成为"21世纪海上丝绸之路"的自然延伸，中国与拉美在政治、经济、贸易等领域的往来逐渐升温，联系日益紧密，然而，中拉之间在电影领域的交流依然有限，提升空间很大。

事实上，拉美电影的艺术成就非常高，在世界范围内具有广泛影响。尤其是近十多年来，拉美电影屡次在"戛纳""柏林""威尼斯"等三大顶级国际电影节上斩获重量级大奖，并且，以亚历桑德罗·冈萨雷斯·伊纳里图（Alejandro González Iñárritu）、阿方索·卡隆（Alfonso Cuarón）、吉尔莫·德尔·托罗（Guillermo del Toro）为代表的拉美电影人已经深度融入好莱坞电影产业当中，为世界电影工业的发展做出了卓越贡献。正是由于拉美电影和拉美电影人的巨大影响力，它受到了越来越多的研究和关注。

与世界范围内对拉美电影的广泛关注形成鲜明对比的是，或许由于

---

①檀秋文：《当代电影》杂志编审。

337

距离遥远、语言不通、文化差异等因素，拉美电影在中国的影响相当程度上只能局限在深度"迷影"发烧友的极小范围内。就学术研究来看，虽然从严格意义上而言，拉美电影属于电影研究和拉美研究的交叉领域，但无论是在电影学界，还是在拉美学界，对拉美电影的研究都属于小众和冷门，始终乏人问津。事实上，在当下的中国电影学术界，对拉美电影的研究几乎是其中最薄弱的一个板块。此前只有零星的若干论文散见于各学术期刊，以拉美电影为研究对象的博硕士论文也仅有寥寥数篇。在此背景下，中国传媒大学副教授付晓红的新书《拉美电影作品分析》及其前著《孤独迷宫——拉丁美洲电影的空间研究》的出现就具有相当重要的、开拓性的意义，填补了此前中国人鲜少撰写此类专著的遗憾，显得难能可贵。

　　《拉美电影作品分析》是作者在此前研究基础上进一步深入探索的成果。书中涉及对近30部电影的细读，既有亚历桑德罗·佐杜洛夫斯基（Alexandro Jodorowsky）、费尔南多·索拉纳斯（Fernando Solanas）等老导演的作品，也有沃尔特·塞勒斯（Walter Salles）、吉尔莫·德尔·托罗这样中生代导演的作品，还有利桑德罗·阿隆索（Lisandro Alonso）、希罗·盖拉（Ciro Guerra）等年轻导演的作品，几乎囊括了近几十年来最重要的拉美电影导演及其代表作。全书分《行旅篇》《魔幻现实主义电影》《爱情篇》《罪与罚篇》《政治与现实主义》《20世纪60年代至70年代的拉丁美洲新电影》等六章，分别对应公路片、魔幻现实主义影片、爱情片、犯罪片、政治电影等广泛存在于拉美电影中不同的类型风格，并对20世纪六七十年代拉美"新电影"运动这一具有世界影响力的重要电影运动进行了专题讨论。这种内容上的编排，突破了一般人印象当中将拉美电影与"魔幻现实主义"简单等同的刻板印象，为读者呈现出拉美电影丰富的类型特征和多面色彩。

　　书中每一章开始处均有一个综述，对该章讨论的内容进行整体概括，介绍这一类型或者电影运动的来龙去脉及发展概况。尤其是在第二章关于"魔幻现实主义"的介绍中，作者对魔幻现实主义产生的原因、魔幻现实主义电影的表现手法等进行了清晰的勾勒，使得读者能够更好地理解这一拉丁美洲最重要的文化特征。从整体上看，该书具有点、线、面相结合的特点，既有扎实细致的微观个案，也有条分缕析的历史梳理，还有全面兼顾的宏观架构。

正如书名所体现的，这是一本关于拉美电影的分析之作。作者对每部影片的影像风格都进行了详细的品评，体现出电影学者深厚的专业功底。书中收录的影片不仅有像《中央车站》（*Central do Brasil*）、《摩托日记》（*Diarios de motocicleta*）、《蜘蛛女之吻》（*El beso de la mujer araña*）、《上帝之城》（*Cidade de Deus*）、《精英部队》（*Tropa de Elite*）、《官方说法》（*La historia oficial*）等经典拉美电影，还有《低度开发的回忆》（*Memorias del subdesarrollo*）、《希律王法则》（*La ley de Herodes*）、《庞达隆上尉与劳军女郎》（*Pantaleón y las visitadoras*）等知名度不那么高但同样优质的电影。光是这些影片本身就需要作者花相当大的功夫四处寻找片源。从行文看，作者显然对这些影片进行过反复多次的详细观摩，才能够如庖丁解牛般将之细致拆解。

电影作品是文化的载体和媒介，能够较为全面生动地展示一个国家或社会的思想文化和生活万象。拉美文化是欧洲文化、土著印第安文化和非洲黑人文化相结合的产物，在世界范围内独树一帜，为拉美电影提供了丰沛的滋养，自然也会影响到拉美电影的创作。一代代拉美电影人用摄影机凝视着生于斯、长于斯的这片土地。从这个意义而言，拉美电影是生长在拉丁美洲这片广袤大陆上鲜艳亮丽的花朵，是拉丁美洲独特性的一个映射，承载着丰富而独特的文化内涵。可以说，如果不理解拉美社会及其历史文化，也就无法真正理解拉美电影。因此，该书最为难得的一点在于，作者并没有停留于仅仅只是在文本层面对影片进行分析，而是敏锐地抓住了电影影像与拉美社会、历史、文化之间的关系，努力尝试以中国学者的视角，从跨文化的角度对每部电影进行背景解读，从而使得该书在内容上更加厚实，进而成为一面透过电影来观察拉美社会的镜子。

《拉美电影作品分析》虽然是一本学术著作，但并不像通常的学术文体那样晦涩难懂。相反，本书在内容上具有理论思辨的深度，但在语言文字的表达上做到了既冷静深邃又文采斐然，同样适合普通电影爱好者阅读。对于专业人士而言，可以通过作者鞭辟入里的影像分析，更深入地把握这些电影作品的艺术特色；对于普通读者而言，可以跟随作者细腻流畅的笔触，漫游在那些奇谲瑰丽的故事世界当中。

选择拉美电影这样的小众领域展开研究，光凭一腔热爱是远远不够的，更需要有持之以恒的耐心，能坐得住冷板凳，并付出艰苦努力。从全书来看，作者显然是经过了长时间的积累，才能够对这些影片、影人及其背景有着如此深入到位的把握。当然，由于本书是第一部有关拉美电影分析的专著，因此在选片上更侧重于经典电影，近十余年间的拉美电影所占篇幅较少，同时仅收录了克劳迪亚·略萨（Claudia Llosa）一位拉美女导演的作品——《伤心的奶水》（*La teta asustada*），对路克蕾西亚·马特尔（Lucrecia Martel）等其他具有一定影响力的拉美女导演及其作品还缺少关注，也未涉及拉美体育电影等类型。这些都是未来的研究中可进一步开拓的路径。

乌拉圭著名作家爱德华多·加莱亚诺（Eduardo Galeano）说过："政治是一种语言，艺术也是一种语言。"我想，在所有的艺术语言当中，唯有电影才是影响力最大的一种语言，也是最能够被人们理解和接受的一种语言，能够跨越时空、阶级、种族、文化的差异，成为沟通生活在不同地域的人们心灵的桥梁。然而，这座电影之桥的搭建还需要研究者主动去添砖加瓦，对其进行解读、分析、品评，才能进一步推动其在更广大人群中的传播，使之真正成为一座互联互通的"文化之桥"。

对于中国的拉美电影研究者而言，该书都是一本基础性的、有指导意义的文献。有了这本书的存在，后来者将不必再在拉美电影的迷宫中独自逡巡，而是能够迅速找准方向，在此基础上将拉美电影研究继续向纵深推进。中国的拉美电影研究未来可期！

追寻拉美史研究范式的轨迹
——读《什么是拉美史》

潘欣源 [1]

　　《什么是拉美史》（*What is Latin American History*）是一本拉丁美洲史学史研究著作，介绍了拉美史作为一个学科出现至今在北美、拉丁美洲和欧洲的发展、主要思想流变和范式变迁。该书从"拉丁美洲"这一概念出发，解析拉丁美洲史的起源，随后以时间顺序为基础，介绍了以欧美作家为主的拉美史研究方法、涵盖范围的演变，最后回到"拉丁美洲"概念的适用性及其未来。作者马歇尔·C.埃金（Marshall C. Eakin）是范德比尔特大学（Vanderbilt University）的历史教授。埃金1975年在堪萨斯大学获得历史和人类学学士学位，1981年在加州大学洛杉矶分校获得拉丁美洲史博士学位，作者的求学治学历程与20世纪60年代以来从社会学方法主导到文化转向的史学范式变迁吻合。这段时期也是该书学术史书写的重点，因为有着亲身的经历，作者对该时段人文社科思想转型的时代性体验颇为生动翔实，选取的关键作品也具有代表性。

　　埃金的这本著作是一份简洁明了又包罗万象的拉美史综述性专著，为学生、学者和普通读者提供了一个关于拉丁美洲历史和历史学的全

---

①潘欣源：北京大学历史学系拉美史专业博士生。

景，概述了形塑拉丁美洲及其研究的关键社会、文化和政治力量。

一

拉丁美洲（América Latina）一词可以拆解为两个部分。"美洲"来源于德国制图师马丁·瓦尔德泽米勒（Martin Waldseeüller）于1507年绘制了该地区的首批地图之一。他阅读了佛罗伦萨航海家亚美利哥·韦斯普奇（Amerigo Vespucci）的跨大西洋航行记录，认为是亚美利哥"发现"了这个新世界，为了以资纪念，便将这块"新"陆地命名为"美洲"。"拉丁"则体现了19世纪60年代法国的扩张梦想与本地克里奥尔精英的救亡图存理想的结合。独立以来的美洲各国内部陷入军事考迪罗、自由派与保守派的争斗中，对外则感受到日益强大的美国带来的威胁。对于本地精英来说，一个团结统一，由拉丁语传统和天主教维系，并学习法国先进政治思想的拉丁美洲，是建设稳定且强大国家的基础。强调西班牙、法国和葡萄牙等拉丁民族老殖民地之间共同的文化纽带也迎合了法国拿破仑三世（Napoléon Ⅲ）在美洲扩张的野心，为其入侵墨西哥奠定合法性。对拉美地区的区域国别研究则是近一个世纪后的事情了。随着二战后出现"冷战"，美国出于战略目的对全球进行划分，并由联邦政府资助地区研究项目。拉丁美洲以其伊比利亚语言、政治和文化传统，成为可供研究的完整而连贯的区域。拉丁美洲研究中心的出现，使"拉丁美洲"作为一个区域概念得到强化，最终成为共识。

如今最为权威的对拉丁美洲历史的定义，可以参考英国历史学家莱斯利·贝瑟尔（Leslie Bethell）主编的《剑桥拉丁美洲史》（*The Cambridge History of Latin America*）：包括美国以南的美洲大陆，以西班牙语和葡萄牙语为主的地区——墨西哥、中美洲和南美洲，加勒比海地区的西班牙语国家——古巴、波多黎各、多米尼加共和国及海地。该定义的核心是这些地区的共同历史，即三个世纪以来的入侵、征服和殖民过程。以本地印第安人和黑奴为劳动力，为宗主国开采矿业和种植农产品的西葡殖民特点，将这一地区与英国殖民下的美国和加拿大历史分隔开来。

埃金认为，在"拉丁美洲"一词的发明过程中，起主导作用的是来自欧美或者思想上认同欧美的知识分子，而其推广普及也有基于大国冷战争霸的考虑。

在他看来，"拉丁美洲"这个称呼至少有四个重大的缺陷。其一，19世纪中期生活在美洲的绝大多数人都是美洲原住民、非洲裔和混血儿，其中许多原住民根本不讲"拉丁语"。其二，与拉丁美洲相对应的美国也是非裔、原住民居多，而欧裔美国人有很大比例来自南欧或东欧，他们既不是盎格鲁-撒克逊人，也不是新教徒。其三，是"非拉丁"而现在被归于拉美研究范围的地区困境，如加勒比地区。它们曾经构成西班牙帝国在美洲殖民地的一部分，但最终被英国、法国、荷兰和美国控制。其四，随着各个民族国家走上了自己的历史道路，它们各自重新塑造、改造和抛弃了越来越多的共同殖民遗产，作为一个连贯地理历史区域的拉丁美洲已不复存在。

此外，在拉美史学界，史学方法的创新和视野的扩大——诸如边疆史、全球史的出现——也动摇了"拉丁美洲史"这一概念。跨国研究的兴起，使得由民族国家定义的拉丁美洲的旧模式变得不太可行。

尽管对"拉丁美洲"一词系统性的批驳始终存在，但是就该书的名称来看，目前尚无更好的词语来代指该地区。或者说，这一概念的所指已不再关键，殖民时期和独立初期的研究大可继续沿用"拉丁美洲"一词背后浓重的伊比利亚和欧陆隐喻，近现代历史则或成为国别研究，或超越民族国家界线，拥抱全球史。正如作者在结语中所说："拉丁美洲或许有一个共同的过去，但它可能没有一个共同的未来。"

二

全书的主体内容是对拉丁美洲进行学术史的梳理，作者将其划分为五大阶段，分别对应从第二章到第六章的内容：19世纪到20世纪四五十年代的初创期；20世纪60年代的迅速成长期，主要特点是受经济学的影响；20世纪70到80年代社会学方法占据主流的时期；20世纪90年代的文化转向时期；21世纪以来史学的新发展趋向，包括性别、族群、大西洋史、全球史。

作者首先对19世纪到20世纪50年代拉丁美洲史的出现与初步专业化做了概述。美国、欧洲和拉丁美洲三个地区的学者相对独立地发展了本土的拉丁美洲史研究，其侧重点和路径有所不同，各有特点。

19世纪研究拉丁美洲历史的是一群有财富、有地位的"绅士学者"。以美国为例，19世纪上半期，美国学者受到浪漫主义的影响，赞美殖民者哥伦布（Cristoforo Colombo）和科尔特斯（Hernán Cortés）的英雄事迹，认为他们象征的"文明"打败了美洲原住民的"野蛮"。在19世纪下半叶，这种思想受到实证主义和社会进化论的"佐证"。学者们通过对原住民进行人类学研究，证明了其社会相比于西葡更加简单而低级，而经过殖民的拉美由于天主教和种族混合更加落后，这也为美国19世纪末在菲律宾的扩张提供辩护。20世纪初，美国的拉美史研究逐步专业化，以1918年付梓出版的《西班牙美洲历史评论》（*Hispanic American Historical Review*）和工具书《拉丁美洲研究手册》（*Handbook of Latin American Studies*）为代表。由于地理上的邻近和历史上的纠葛等，美国学者更关注美墨边境和墨西哥革命等主题。

就拉丁美洲本土而言，19世纪新兴民族国家寻求身份认同的构建是书写历史的强大驱动力，但由于独立初期的政权频繁更迭、经济破坏和社会动荡，直到20世纪，对教育和文化的投资兴旺起来后，专业的历史学家才出现。尤以墨西哥革命为突出例证，革命后的新国家积极推进新的民族认同叙事，摆脱伊比利亚殖民传统，而以几个世纪以来种族和文化的融合（mestizaje）为民族自豪感的来源。此外，拉美的知识分子精英受到法国学术思潮影响明显，从最初"拉丁美洲"一词的起源，到20世纪阿根廷、智利和巴西的大学建设，都有欧陆哲学的影子。比如，20世纪30年代，年鉴学派的大师布罗代尔就参与了巴西圣保罗大学历史系的建设。

总而言之，到20世纪四五十年代，随着二战的结束和人口的复苏，欧洲、美国和拉美形成了人数可观的拉丁美洲历史学者团体，彼此在思想上有联系但是自成一体。

20世纪60年代的拉丁美洲历史研究迎来了世界范围内的关注，其规模迅速扩张，研究也越发多元化和专业化。究其原因，有以下几点：首先，二战后出生的新一代步入大学，大学的扩张使得历史研究的涵盖面扩展到诸如拉丁美洲这样的地区。其次，冷战促使美国在50年代掀起地区研究的热潮，而60年代的古巴革命则加强了拉丁美洲及加勒比海地区在地缘政治和意识形态冲突中的重要性。此外，美国经济的发展与越来越多的基金会和机构为美国学者在拉丁美洲的考察和档案研究提供了空前的机会。

就拉美研究本身，在60年代最为突出的特征是经济学的影响。经济学家在二战后直到70年代成为政策制定和区域研究的引导者。从一战到二战，全球霸权从以自由放任、自由贸易为主要意识形态的英国转移到依靠经济和军事实力称霸的美国。美国在大萧条后采用的凯恩斯主义政策受到推崇，经济学由此占据统治地位。

拉美史学界受到的经济学影响表现在对量化的推崇和依附理论的出现。在美国，量化的影响主要来自经济学家对历史专业的影响。学者利用统计和数据收集，绘制表格和图表，建立模型，并以数据作为历史知识生产的可经验性和真理性的来源。在拉丁美洲，对量化的强调则是来自年鉴学派和结构主义的影响，经常采用计量的手段对某一地区进行

"长时段"的结构性考察。对于拉美学者而言，量化方法更是为了揭示历史演进中的结构性变化和趋势（conjuncture）。

依附理论是20世纪60年代拉美国家经济社会形势变动的产物，在思想渊源上体现了结构主义和马克思历史唯物主义对经济条件和物质的关注，直接与西方世界的现代化理论对话。根据冷战以来发达国家的现代化理论，"第三世界"亚非拉国家没有走上英美资本主义道路，导致仍处于发展的低等阶段，因此需要发达国家的引导和援助。然而在当时，拉美国家先后经历了独立以来出口导向战略的失败、进口替代工业化的衰竭，经济增长率下降、通货膨胀和国际收支赤字又接踵而至，成为现代化理论的反例。依附理论应运而生，其核心是：第一世界的"发达"建立在第三世界"不发达"的基础上，通过对第三世界的系统性剥削而富有。因此，拉丁美洲不发达恰恰是因为参与世界市场太深，无法摆脱对第一世界的经济依附。

20世纪七八十年代拉丁美洲史研究逐渐普及化、专业化，三大洲的学者交流也更加密切。普及化表现在大学中开设拉丁美洲史课程，并出现了综述类的教科书。专业化则体现在历史丛书的出现，如英国历史学家莱斯利·贝瑟尔主编的《剑桥拉丁美洲史》。交通和通信技术的革新使得各国学者交流学习、实地考察更为便捷，史学研究范式的相互影响也更为显著。对加勒比地区的研究也不可避免地需要各国学者的参与，因为这一地区受到西班牙、英国、法国和荷兰的统治，他们在政治、语言上是分割的，但都采用了种植园经济模式，经历了奴隶制社会与受到废奴运动的影响。

历史书写方面，社会学和人类学的方法深深影响了60年代之后的历史学家，主要表现在对非精英群体的关注和书写自下而上的历史。

在社会学转向的潮流中，拉美史学与全球的史学转向有着相似性。以法国的年鉴学派为例，在第三代学者勒高夫（Jacques Le Goff）的倡导下，眼光朝下、从关注精英人物的行动和思想转向社会底层的集体行为与心理的"新史学"，对世界历史的研究有示范作用。对于早有研究的主题——奴隶制、大庄园、矿业、城市工人、妇女等研究的重点，从行政、经济、制度、法律层面转移到民众的生活、对强权的抵抗及能动性。比如，农民不再是任由摆布的政治棋子的角色，而是面对资本主义经济体系冲击和国家权力入侵的积极行动者。

人类学方法对印第安人历史的研究有着深刻影响，人类学家通过实地考察，重建了哥伦布到来前的中美洲和安第斯山脉印第安人的历史。如澳大利亚历史学家印加·克伦丁（Inga Clendinnen）的《矛盾的征服》（*Ambivalent Conquests*）一书，通过对西班牙人和印第安人两方面史料的解读，表现出双方的世界观和宗教观的巨大差异，以致发生了种种冲突、理解错位和不可调和的矛盾。人类学家的研究揭示出印第安人不是殖民控制的被动受害者，而是通过修改自己的生活方式和吸收西班牙文化的元素，在打造自己的命运方面发挥了积极作用。

正如社会史在20世纪60年代至80年代占主导地位一样，文化史在80年代兴起，到90年代成为该领域最重要的方法。两者都研究被边缘化的人群及其自我赋权的行动，但文化史侧重于话语、叙事和表现，而非社会史的物质现实。经济学和社会学的方法强调量化和实证数据、结构和阶级，而文化方法强调身份、意义、话语和微观历史，研究话语如何为人建构意义。

文化转向的理论来源包括语言学、人类学的发展，以及后现代主义、后殖民主义和后结构主义。这几种"后"主义批判启蒙理性、宏大叙事、普遍性，以及对客观现实、真理和进步的信念，这些信念被认为是西方中心的现代性理论的基础。因此，历史学的文化转向带有强烈的批判色彩，将传统的西方中心的历史书写打碎，历史学更加多元和碎片化。例如，福柯、德里达、萨义德等人的理论帮助学者解构知识和话语体系，将既有的民族国家、族群身份和性别概念看作在特定历史时期和地点被想象、构建或发明的产物。由此，推动了对拉丁美洲性别研究和原住民研究的发展，揭开了概念和分类背后的权力、社会关系和大众心理。

在拉丁美洲，文化转向还成就了新政治史。新政治史深刻地受到哈贝马斯的公共领域理论影响，认为处于私人领域和国家控制之外的公共领域是人们交流与传播思想的地点，在普通个人、族群和国家政治之间建立起可供研究的空间。史学家将目光投向19世纪初拉丁美洲民族国家建构过程，颠覆了以往两极化和扁平化的描述，关注平民（无论男女、族群、阶层）如何发挥能动性，参与自由主义、共和主义和立宪实践。

进入21世纪，传统西方中心的宏大叙事已经被20世纪90年代兴起的后现代、后殖民主义打破，人们认识到根植于西方文化的史学著作及其构建的世界历史并不具备普遍的意义。因此，跨越传统国家边界的研究（如边疆史、大西洋史移民研究）和全球史兴起，为了逃脱西方中心的窠臼，转而强调各个族群、文明之间的联系、交流和碰撞。

在拉美史领域，首先开花结果的就是不同族群交流最为频繁的边疆地区。延续史学目光朝下的趋势，边疆史也将印第安人对于帝国争夺、国家机构渗透的反应和对策作为研究重点，强调帝国时代的文化流动、纠葛、身份转变和族群多样性。紧随其后的是跨国研究和移民研究，主要关注美国和拉丁美洲国家的民间交流，强调文化沟通与互化。

再进一步，拉丁美洲被置于大西洋世界乃至全球史的视野中。由于连接多个大陆和上千种语言，宏观地书写大西洋史乃至全球史是几乎不可能的，所以每一部著作基本都是在一特定主题下进行研究，试图以小见大，见微知著。我们知道，人与人的接触不仅能带来征服殖民和商业贸易，也会带来物种与疾病的传播、思想的交流和科学技术的相互借鉴。由此衍生出大西洋史对于某一特定群体的迁移（如奴隶贸易）的研究、新经济史对特定商品（烟草、棉花、巧克力、葡萄酒、糖、咖啡、大米、绿宝石、珍珠）从生产到消费的网络和路径的考察、科技史对边缘地区科学成就的探索及疾病史对微生物和传染病传播与防治的探求。这些对于史学家而言是富有新意又可以驾驭的题目。

更加具有超越性的是环境史，它将历史书写的主体从人类移向人与自然的互动。它的出发点天然地超越了政治局限，与全球史产生了紧密的联系。新的史学研究趋势把历史学家的目光从拉丁美洲重新定位到新的地理和概念单元，质疑了长期以来对拉丁美洲历史不完美的概念定义。在这种趋势下，作者对拉丁美洲史这一概念在历史研究中的存续表示了担忧，回扣第一章拉丁美洲概念本身的意义含混和错置，使整本书形成了圆满的回环。

三

拉丁美洲史研究的作品卷帙浩繁，对任何一个研究角度或方向的学术史梳理都足以独立成书，但该书作者难能可贵的是抓住时代脉搏，将社会学和文化转向的影响提炼为拉美史学界动态的核心，并将最为经典的作品列出。对某一方面有兴趣的读者，可以按图索骥，饶有兴味地探索。大学里的历史专业学生，对于他正在阅读的经典作品，也能找出自己在学术长河中的位置，辩证地看待其创新、突破和局限性。致力拉美史研究的学者，亦可以在最新的研究动态中找到学术生长点，准确地认识自己的研究能为拉美史带来何种贡献。

正如作者在后记所说，随着中国在拉丁美洲的影响力日益扩大，中国本土的区域研究也有望对拉美史产生深刻影响。作为中国拉丁美洲史的学者，需要了解史学研究的范式转变，跟进更新研究方法和视角，才能与国内外学者进行有效对话，在将来的史学研究中做出独特的贡献。总之，《什么是拉美史》富有启发意义，为我国学者和对拉丁美洲历史感兴趣的读者提供了简洁易懂的指南，值得认真研读。

英文摘要

A Review of the History of Chinese Emigrants to Brazil

Gao Weinong

Abstract: Brazil is one of the countries with the earliest and largest number of overseas Chinese immigrants in Latin America. At every stage of emigration, Chinese with different numbers came to Brazil, many of whom stayed and gradually integrated into the local to become Brazilian Chinese. From the late Qing Dynasty to the Republic of China, to the first 30 years after the founding of the People's Republic of China, and finally to the decades after China's reform and opening-up, those overseas Chinese emigrants who came to Brazil had different historical backgrounds, places of origin, types of migration, the amount of people and the distribution of their residence. This article roughly reviews the history of Chinese immigrants in Brazil.

Keywords: Brazil; Overseas Chinese; History of Migration

Reis Act and Japanese Exclusion in Brazil during the Early 1920s

Du Juan

Abstract: At the beginning of the 20th century, Brazilian nationalism began to sprout. Social elites strove to get rid of their recognition and attachment to Europe in culture and economy to seek an independent status. Also, they reckoned the connotation and peculiarity of the Brazilian nation. Instead of blindly pursuing the reproduction of European civilization, they were trying to build a new identity in their American regions. In this process, Brazil's cultural nationalism and economic nationalism were surging, and the promotion of national integration and pluralism was the mainstream voice. However, there were also the voices of extreme nationalism and racial discrimination in the meantime. Coupled with the influences of anti-Japanese movement in the United States, some forces took the opportunity to set the Japanese immigrant group as the "others", opposite to the national identity, facilitating the introduction of the Reis Act in 1923, though it was repealed in three years. This suggests that Brazil was still a country with relatively harmonious racial relations and relaxed social environment in general compared to the United States.

Keywords: Brazil; Nationalism; Racist; Japanese Immigrants; Reis Act

The Most Distant Impressions in the World: Survey and Analysis of Chinese College Students' Stereotypes of Argentina

Wang Zigang, Zhu Wenhao, Lu Qianyi, Li Manting, Wang Xuqing

Abstract: In 2022, China and Argentina has celebrated their 50th anniversary of the establishment of diplomatic relations. With the rapid development of bilateral relations between China and Argentina, Chinese college students are gradually becoming a powerful force in shaping bilateral relationship. Under this background, Chinese college students' stereotype of Argentina provides an important reference for grasping the status quo and future of the "people-to-people exchanges" of the two countries. The survey consists of an open-ended questionnaire to obtain a total of twenty-eight stereotypes about Argentina from four hundred and twelve aimed students. Based on this data, five dimensions of stereotypes about Argentina were found through exploratory factor analysis. Then, regression analysis is used to determine the influence of these different dimensions of stereotypes on the subjects' favorability of Argentina, the favorability of the nationals, and the degree of interest in exploring this country. The study also analyzes the influence of different information channels on different stereotype dimensions. Ultimately, data collected is discussed and considered in more depth.

Keywords: Argentina; Stereotype; College Students

Research Trend on Chinese Mexican History in the United States over the Past Decade

Ren Jian

Abstract: Since 2010, five monographs on the history of Chinese Mexicans have been published by reputable US-based academic presses. In the history of Latin America, few immigrant groups have received such concentrated attention from the US academia. Analyzing these monographs' intellectual backgrounds and historiographical contributions, this article explains the reasons for the research trend on Chinese Mexican history in the United States over the past ten years. This article points out that the reasons for this phenomenon are closely related to the following points: the increased significance of migration in Latin America history, the "transnational turn" in US History, and the feasibility of Mexican Chinese history in reshaping US Latino history, national histories of Latin America, and other fields.

Keywords: Mexican Chinese; History of Immigration; History of the United States; Interdisciplinary Methods

Study on Newly-Arrived Chinese Immigrants to Chile from the Perspective of Social Capital Theory

——Based on a Field Research at the Hometown of Overseas Chinese in Wuyi, Guangdong

Wu Yifan

Abstract: Mainly based on field research and supplemented by online interview and archives, this article focuses on the background, motivation, ways of emigration and economic mode of the new immigrants from Wuyi to Chile. This study has found that although the newly arrived immigrants from Wuyi lacked economic and cultural capital, they acquired wealth through immigration by using social capital. A long history of emigration and strong emigration motives are the foundation of emigration social capital. Family emigration dominated by kinship and family economy gathered through the Chinese food industry are the operational mechanism of emigration social capital. Economic capital and symbolic capital are the aim of exchange of emigration social capital.

Keywords: Chile; Wuyi Prefecture; Newly Arrived Immigrants; Social Capital; Chinese Restaurant

Analysis on the Official Identity Transformation of Chinese Coolie in Cuba

Shi Guang

Abstract: Cuba was once the largest destination for overseas Chinese in Latin America. The first large-scale Chinese immigration to the region dated back to the Chinese coolie trade in 1847-1874, when nearly 150,000 Chinese left Xiamen, Shantou, Hong Kong, Guangzhou and Macao to work in Cuba with an eight-year contract, either voluntarily or under duress. Upon arrival in Cuba, most of them worked in the sugar plantations, others in the railroads construction, docks, tobacco factories and domestic service, thus replenishing the Cuban sugar plantation economy. On completing the contract, Chinese workers had to obtain the certificates issued by the employer and the Cuban authorities to be free temporarily. The process of obtaining these two documents, however, was remained restrictive by many parties. In 1879, the first job that the Chinese Consul in Havana did after arriving in Cuba was to issue identity certificates to Chinese citizens on the island. Since then, all Chinese coolies in Cuba finally retrieved their freedom. This article analyzes the identity transformation process of Chinese coolies in Cuba, including the contracts signed by the Chinese workers before their departure, the "cédula" obtained after achieving the contracts and the identity certificates distributed by the Qing government's consulate in Havana.

Keywords: Contracted Chinese Workers; Coolies; Chinese Labors; Cuban Sugar

The Historical Formation of Immigrants and Latin America from the Global Perspective

Author: José Moya   Translator: Shi Jialin

Abstract: This article analyzes various forms of trans-continental migration, including the first settlement in the Paleolithic Age, conquest and colonialism, slavery, free mass movement and commercial migration. It also analyzes how the interaction of these immigrants in the receiving environment shaped the history of Latin America. The article reveals how these interactions have shaped Latin America today. It is not only the most racially diverse region in the world, but also the most culturally homogeneous region. It has the highest crime/murder rate, but the lowest level of civil wars and international wars, massacres and other forms of collective violence. It is the region with the highest social inequality in the world, but also the most equal region in history.

Keywords: Immigration; Slavery; Latin America; Race and ethnicity; The Atlantic Ocean

The Latin America that Exists as A Research Objective

——Reflections on Latin America and Eight Propositions

Author: Waldo Ansaldi   Translator: Lin Yao

Abstract: The studies with Latina America, in the field of social sciences, is that it exists as a problem and as an objective to be investigated. The article starts from the hypothesis that Latin America exists, contrary to some propositions that had some impact from the 1990s.Then, it can be apprehended as a very elusive hare through the Braudelian metaphor of Latin America. In view of that, the researcher must resort to various strategies, with a recognition that one of the long-term characteristics of the region is the structural heterogeneity of Latin America, which unfolds over three major durations: the Pre-columbian Latin America; the era of conquest and colonial domination by the Europeans; the periods of legal independence. In addition, to explain the existence of Latin America, eight propositions are formulated, which include epistemological, theoretical-conceptual elements, methods and techniques: 1) Analyzing Latin America as a problem; 2) Recovering the principle of totality；3) Recovering the economic formation category of society; 4) Redressing the explanation of Latin American societies by hybridizing disciplines and theories; 5) Attending to the translatability of the categories; 6) Considering Latin America as the key to the formation and development of capitalism in the central countries; 7) Recovering the subjects as makers of history; and 8) Using the comparison method.

Keywords: Latin America；Existence；Three Durations；Heterogeneity；Research Strategies

编后记

　　在新冠肺炎疫情肆虐、全球化受挫、我国步入双循环的今天，国际移民问题在不同的层面成为我国当前尤为关注的问题之一。我们如何面对外部世界，尤其是如何"走出去"，推动"一带一路"倡议在全球范围的开展，在今天尤其需要给予审慎的思考。拉美移民因为其特殊性，应受特别的关注。

　　本辑的主题——拉美的移民问题——很早就得以确定，征稿的过程总体上较为顺利，稿件数量和篇幅都大大超过预期，以致我们不得不进行删节拣选。希望最后选择的这十几篇稿件能够较好地体现当前我国学术界有关拉美移民研究的状况，为学界贡献一点微薄之力。

　　本辑的出版比预期迟了数月。这除了一些不可抗力之外，主要是由于我们的经验严重不足，让诸位作者和关心本辑刊的诸位学人久候，对此我们深表歉意。

　　本辑我们特别邀请谭道明博士来主持书评栏目，这是本辑的特别设计。他为该栏目付出了很多心血，不仅广泛邀稿，还数次编校相关稿件，极为认真负责，并且把下一辑的书评稿件都已经准备好了。编辑部的苟淑英、罗泽龙和李仁方三位老师功不可没，从选稿、审校、外联、翻译、宣传，到签约、发布和装帧设计等各个环节，都做出了很多贡献。另外，这一辑的封面照片由李柏达老师提供，乔建珍老师、薛淇心老师和张晓旭博士都曾辛苦地帮忙物色封面照片，在此一并感谢。

　　本辑的顺利出版，还有赖于学术顾问彭文斌教授的悉心指导，从策划、邀稿和出版，他都提出了许多宝贵意见。学术委员会多位委员在编辑过程中都给予了各种关心，编委会前主任陈才教授也为本辑的出版给出了很多中肯意见，在此一并谢过。

最后，特别感谢学生助理杨冰冰和顾倩两位同学的付出，以及朝华出版社刘小磊编辑的耐心、细致、专业的工作。没有你们的支持，本辑的出版是不可能的事情。

"中国与拉美"编委会

2022年12月